新编经济学系列教材

# 涉外经济法新编

（第二版）

施正康　陈明皓　翟小琪　编著

复旦大学出版社

## 内容提要

全书共分十四章，即导论、涉外经济法律关系、涉外代理法律制度、涉外合同法律制度、涉外货物买卖法、涉外支付工具的法律规定、涉外支付方式的法律规定、涉外货物运输和保险法、涉外贸易管理法、涉外金融法、涉外税法、涉外投资法、涉外知识产权法、涉外纠纷处理的法律制度。每章后有思考题，书末附有案例题。知识广，信息多，编排体系合理，适合各大专院校经济、管理类专业师生和涉外经济管理、实务人员。

# 前　言

本书完稿恰逢新千年的到来，新千年给我们带来新的机遇和希望。

自1978年改革开放以来，我国与世界各国的经济交往日益频繁，国内的政治、经济、法制环境不断完善，不但使中国成为国际资本投资的重点，而且为中国经济走向国际市场开辟了通道。但是，要成为一个世界经济强国，我们还有许多路要走。有人说21世纪是亚洲的世纪，亚洲将为全人类做出重大贡献，中国理应感到重任在肩。

机遇，其实就是挑战，应战必须作好充分的准备。本书编写的目的，就是要为新世纪的经济、管理类专业的大专院校学生提供一种新的熟悉和掌握涉外经济法律的路径，同时，也为外经贸管理人员和外经贸实务人员提供一种提高自身素质的进修参考书籍。

本教材采用适合教学进程的编排体系，有利于学习者循序渐进，深入理解和掌握本学科的基本内容，并能结合实际思考问题，解决问题。但是本书的主要特点，并不在体例上的刻意求新，而是注重内容上的新、实、精，具体表现在以下几个方面。

一、力求采用最新的资料，吸收近年来国内外有关方面的最新研究成果

改革时期律法多变在所难免，"入世"之前，我国法律法规更需进行相应的调整和健全。经济法教材如何适应这一特点，确实较

难处理。作者讲授涉外经济法十几年，至今没有用到过一本满意的教材，这恐怕也是原因之一。本书一方面力求利用最新信息，另一方面，根据我国法制改革的趋势，尽量介绍我国将会采取的国际通则和规范，使它具有前瞻性。因为不管今后怎么变，与国际接轨的方向是不可逆转的，更何况这样做能进一步拓宽学生的视野和知识面。

二、删繁就简，突出实用的内容

空洞的说教过多是以往我所用过的教材的明显不足。诸如不断重复的意义、原则、作用等等，学生不爱听，教师不好讲。本书力求精简，除了必要阐述的原则、作用外，尽可能将文字花费在实处，删繁就简，开门见山，使学生花较少的时间获得更多实用的知识和信息。

三、深入浅出，增强基础理论和知识

经济法教学，如果缺少理论阐述和分析，就成了普法宣传。法律条文大部分人都能读得懂，但要正确理解和掌握却很不容易。要正确了解和掌握涉外经济法，必须增强基本概念和基础理论的教学。另一个被大多数涉外经济法教材作者忽略的问题是，选修该课程的经济管理专业的学生，大多不先选修经济法或其他法律课程，因此上课时经常要为他们补讲有关的基础知识。本书编写时，遇到必须掌握的基础知识，虽然有些属于经济法或其他法律基本知识，也进行简略介绍。

四、理论联系实际，引导学生思考，培养实际分析能力

举一反三，学以致用，是教学的目的。许多人误以为学法律需要死记硬背，因此望而生畏。其实学法律更需要的是理解和分析，因而它绝不是枯燥乏味，而应该是生动有趣的。本教材每章后有思考题，意在增强学习者的独立思考能力和创新意识。书末附有案例题，意在培养学习者的实际分析能力。案例的编序不严格按照教材章节，而且不加提示和参考答案，目的在于不束缚讨论时的

思路。案例分析的重点不在哪方胜诉哪方败诉，而在如何运用已经掌握的知识和原理。法律适用正确、理解正确、再加上正确的逻辑推理，正确的答案就离其不远了。

执教多年，尚肯用心，自信能编一本让自己满意，让同行不感失望的教材。去年年初动笔，计划年底交稿，讵料教学繁忙，时间局促，遂请陈明皓先生帮助起草第三章、第十四章初稿，翟小琪女士起草第十章、第十一章、第十二章初稿，最后由我统一修订整理。陈明皓先生是明立律师事务所主任，一个事业有成的资深律师。翟小琪女士是复旦律师事务所的青年律师，在职读我的研究生，正在紧张地准备毕业论文。他们能抽出宝贵的时间为我效力，令我十分感动。

本书的出版得到复旦大学成人教育学院的资助，得到本系李洁明、马文奇教授的全力支持，得到复旦大学出版社徐惠平先生的热情帮助，在此一并鸣谢。同时，还要感谢选修“中外经济法研究”课程的全体研究生，他们的课堂讨论和提问给我很大的启迪和帮助。限于水平，书中若有疏漏不当之处，由我承担全部责任，恳请广大师生和读者批评指正。

**施正康**

**2008 年 7 月于复旦大学**

# 目　　录


**第一章　导　论** …………………………………………………… 1

第一节　涉外经济法的概念 ………………………………………… 1

第二节　涉外经济法的基本原则 ………………………………… 5

第三节　涉外经济法的渊源 ………………………………………… 8

第四节　法律冲突和法律适用 ………………………………… 13

**第二章　涉外经济法律关系** …………………………………… 18

第一节　涉外经济法律关系的概念 …………………………… 18

第二节　涉外经济法律关系的要素 …………………………… 19

第三节　涉外经济法律事实 ……………………………………… 29

**第三章　涉外代理法律制度** …………………………………… 35

第一节　涉外代理的概念 ………………………………………… 35

第二节　代理权的产生和终止 ………………………………… 38

第三节　代理的有效和无效 ……………………………………… 41

第四节　涉外代理的种类 ………………………………………… 43

第五节　我国的外贸代理制度 ………………………………… 45

**第四章　涉外合同法律制度** …………………………………… 50

第一节　涉外合同法概述 ………………………………………… 50

第二节　涉外合同的订立 ………………………………………… 52

第三节 涉外合同的履行 …………………………………… 64
第四节 涉外合同的变更、转让和终止 …………………… 67
第五节 违约责任 ………………………………………… 72
第六节 涉外合同的担保 ………………………………… 77
**第五章 涉外货物买卖法** ……………………………………… 88
第一节 涉外货物买卖法概述 …………………………… 88
第二节 国际贸易术语 …………………………………… 94
第三节 涉外货物买卖合同 ……………………………… 99
**第六章 涉外支付工具的法律规定** …………………………… 104
第一节 涉外结算和支付的货币 ………………………… 104
第二节 涉外票据法概述 ………………………………… 107
第三节 汇票、本票和支票 ……………………………… 120
**第七章 涉外支付方式的法律规定** …………………………… 134
第一节 涉外支付方式概述 ……………………………… 134
第二节 信用证 …………………………………………… 139
第三节 国际贸易支付协定 ……………………………… 150
**第八章 涉外货物运输和保险法** ……………………………… 154
第一节 涉外海上货物运输法 …………………………… 154
第二节 涉外铁路货物运输法 …………………………… 166
第三节 涉外航空货物运输法 …………………………… 169
第四节 涉外货物多式联运法 …………………………… 173
第五节 涉外货物运输保险法 …………………………… 176
**第九章 涉外贸易管理法** ……………………………………… 186
第一节 涉外贸易管理法概述 …………………………… 186
第二节 进出口贸易管理制度 …………………………… 191
第三节 海关法 …………………………………………… 200

第四节　进出口商品检验法 …………………………………… 209
第五节　反倾销和反补贴法 …………………………………… 216
第六节　涉外产品责任法 ……………………………………… 229
**第十章　涉外金融法** ……………………………………………… 237
第一节　涉外金融法概述 ……………………………………… 237
第二节　涉外金融机构管理法 ………………………………… 241
第三节　外汇管理法 …………………………………………… 247
第四节　涉外信贷法 …………………………………………… 257
第五节　涉外担保法 …………………………………………… 268
第六节　涉外证券融资法 ……………………………………… 274
**第十一章　涉外税法** ……………………………………………… 286
第一节　涉外税法概述 ………………………………………… 286
第二节　涉外流转税法 ………………………………………… 289
第三节　涉外企业所得税法 …………………………………… 295
第四节　涉外个人所得税 ……………………………………… 301
第五节　涉外财产税法 ………………………………………… 307
第六节　国际双重征税及逃避税 ……………………………… 310
**第十二章　涉外投资法** …………………………………………… 317
第一节　涉外投资法概述 ……………………………………… 317
第二节　外商投资企业的组织形式 …………………………… 322
第三节　外商投资企业的设立 ………………………………… 324
第四节　外商企业的出资方式 ………………………………… 342
第五节　灵活投资方式 ………………………………………… 346
**第十三章　涉外知识产权法** ……………………………………… 356
第一节　涉外知识产权法概述 ………………………………… 356
第二节　涉外专利法 …………………………………………… 369

第三节　涉外商标法 …………………………………… 378
第四节　涉外技术转让法 ………………………………… 386
第五节　涉外著作权法 …………………………………… 391
**第十四章　涉外纠纷处理的法律制度** …………………… 398
第一节　涉外合同争议的解决 …………………………… 398
第二节　涉外行政争议的解决 …………………………… 402
第三节　涉外经济仲裁法 ………………………………… 406
第四节　涉外经济诉讼法 ………………………………… 416
第五节　司法协助 ………………………………………… 424
**附　涉外经济纠纷案例 30 题** ………………………… 432

# 第一章　导　　论

## 第一节　涉外经济法的概念

### 一、涉外经济法的概念

涉外经济法是一个国家按本国法制原则制定的调整涉外经济关系的法律规范的总称。涉外经济关系就是带有涉外因素的经济关系。各国经济中涉外经济因素的增长是人类社会发展和进步的必然。马克思、恩格斯曾经说过，“由于开拓了世界市场，使一切国家的生产和消费都成为世界性的了”，“过去那种地方的和民族的自给自足和闭关状态，被各民族的各方面的互相依赖所代替了”。在当今的世界，闭关自守的日子早已一去不复返，一国经济的发展离不开国际经济交往，这正是我国实行改革开放的基本原因。国与国之间的经济联系越来越密切和广泛，产生越来越多的涉外经济关系，必须用相应的法律去规范、调整和保护。就一国而言，它必须从本国的法制原则和实际情况出发，在制订国内经济法的同时也制订能调整涉外经济关系的法律、法规。这就是涉外经济法。

涉外经济法调整的涉外经济关系包括纵向的涉外经济管埋关系和横向的涉外经济合作关系。

涉外经济管理关系是指国家作为主权者在对涉外经济活动实行管理和监督中，与从事或参与涉外经济活动的公司、企业、其他经济组织或个人之间的关系。这种关系因国家对涉外经济活动的管理而产生,具体表现为国家有关主管机关行使管理和监督的职能,参加涉外经济活动的当事人必须服从和配合。例如,海关对进出口贸易的监管、工商管理机关对成立中外合资企业的审核批准、税务部门对涉外税收的征收等。在涉外经济管理关系中,主体的法律地位是不平等的,双方的权利和义务并不对称。国家主管机关是权利方、管理方,而参加涉外经济活动的当事人是义务方、被管理方。

涉外经济合作关系是指从事或参与涉外经济活动的我国公司、企业、其他经济组织或个人与外国公司、企业、其他经济组织或个人在经济合作和交往中形成的经济关系。涉外经济合作关系是平等主体之间的经济关系,各方当事人的法律地位是平等的,都能在涉外经济活动中享受自己的权利,并承担自己的义务。例如,对外货物买卖合同关系、中外合资经营关系、中外合作经营关系、涉外借贷关系、涉外租赁关系等。在涉外经济合作关系中,当事人各方的权利义务基本是对称的,体现了平等互利、等价有偿的原则。

## 二、涉外经济法与邻近法律部门的关系

涉外经济法是经济法的一个分支,是经济法中一个相对独立的部分,与国内经济法和国际经济法等邻近法律部门既有联系又有区别。涉外经济法、国内经济法和国际经济法调整的都是经济关系,同属于经济法领域的部门法。涉外经济法与国内经济法同属国内立法,这是两者最重要的联系,随着一国经济开放程度的加深,涉外经济法与国内经济法趋同的迹象会日益明显,例如,我国《合同法》实施后,《涉外经济合同法》废止,国内经济合同和涉外经济合同都由同一部合同法规范和调整。涉外经济法和国际经济法也有很强的联系,国际经济法其实是由各国的涉外经济法共同组

成的，从广义上说，涉外经济法是国际经济法的一部分。但是，涉外经济法与国内经济法、国际经济法又有明显的区别。

（一）与国内经济法的区别

1. 调整的对象不同。涉外经济法所调整的经济关系具有涉外因素。涉外经济法律关系的主体、客体和内容三要素中至少要有一个与国外有关。即主体有一方是外国政府、公司、企业、经济组织或个人，或者客体在国外或是进出口的货物、技术，或者当事人的权利或义务需要在国外实现或履行；国内经济法所调整的经济关系没有涉外因素，其三要素都在国内。

2. 法的渊源不同。涉外经济法的渊源除了主要为国内立法外，还辅以有关的国际条约和国际惯例；国内经济法的渊源则全部为国内立法。

3. 解决争议的方法不同。涉外经济纠纷的解决，可以在中国也可以在外国仲裁或诉讼，仲裁机构或法院处理争议所依据的法律可以是国内法，也可能是外国法、国际条约或国际惯例；国内经济纠纷的解决，只能在国内仲裁或诉讼，适用的法律完全是国内法。

（二）与国际经济法的区别

1. 调整的对象不同。涉外经济法调整的是一国中具有涉外因素的经济关系；国际经济法调整的是以国际条约或协定为基础所形成的国家或国际经济组织之间双边或多边的国际经济关系。

2. 法的渊源不同。涉外经济法的渊源是以国内立法为主，以国际条约和国际惯例为辅；国际经济法的渊源是以国际条约和国际惯例为主，以其他国家的涉外经济立法为辅。

## 三、涉外经济法的作用

（一）维护国家主权和经济利益

维护国家主权和经济利益是一国制定和实施涉外经济法的

首要目的。当今世界殖民主义时代虽然早已过去,但发展中国家在经济上要完全独立仍需作很大的努力。在国际经济交往中,常有一些发达国家、跨国公司和外国商人利用经济、技术上的优势,迫使经济落后的国家作出重大让步,损害它们的国家主权和经济利益。涉外经济法以法律手段有效地防止和制止有损国家主权和经济利益的行为发生,保障国际经济往来平等互利。

(二) 加强对外经济合作,发展国际经济关系

国际经济合作需要有一定的规则,使合作双方或多方有章可循,有法可依。涉外经济法正是为中外经济合作者提供的一种权威性的有效制度保障。如投资合作,要吸引和鼓励外商到本国投资,必须具备一个良好的投资环境,包括很重要的法律环境。没有健全有效的外商投资法律法规,无法保障外商投资者的正常活动和合法权益,就不可能引进外资。

(三) 提高国家对涉外经济管理的效率,保障涉外经济活动的有序进行

国家对涉外经济的管理可采用行政手段、经济手段和法律手段。由于涉外经济关系的特殊性,采用法律手段管理涉外经济就成为最基本最有效的手段。在法制社会,行政手段需要法制化,需要用法律形式加以规范,以免人为因素的干扰。经济手段也必须在法律规定的范围内运用,在法律规范的保护下发挥作用。

(四) 使涉外经济纠纷的解决有法可依,保护当事人的合法权益

在涉外经济活动中产生纠纷是不可避免的,只要纠纷能得到公正及时的处理,就不会影响国际经济关系的顺利发展。涉外经济法正是公正处理涉外经济纠纷、保护当事人合法权益的可靠依据。

## 第二节　涉外经济法的基本原则

### 一、国家主权原则

国家主权原则是指在国际交往中各国主权平等，各国应相互尊重主权，每一个国家都有按照自己意志处理国内或国际事务，不受任何其他国家或国际组织的干涉和限制的权利。1974年联合国大会通过的《各国经济权利义务宪章》中明确规定："每个国家对其全部财富、自然资源和经济活动享有充分的永久主权，包括拥有权、使用权和处置权在内，并得自由行使此项主权。"

在涉外经济关系中，国家主权原则主要表现为：

1. 一国可以自主地选择自己的经济制度，有权制订并实施本国的涉外经济政策、法律和法规，不受其他任何国家或国际组织的控制和干涉。

2. 一国对自己的自然资源享有永久主权。国家有权独立开发、利用及自由处置其境内的自然资源，任何国家或国际组织不得以任何理由阻碍资源国自由行使这一主权。

3. 一国对在其境内的外国公司、企业、其他经济组织和个人的投资经营活动，有管理和监督的权利。国家有权按照本国的法律法规，在维护国家主权和经济利益的前提下，对外国投资进行管理和行使权力。任何外国公司、企业、其他经济组织和个人在中国境内从事经济活动，必须遵守中国的法律法规，不得损害中国的国家安全、社会公共秩序和社会公共利益，并尊重我国的司法独立和审判权。

4. 一国有权根据本国经济发展的需要实行国有化。根据《各国经济权利义务宪章》规定，各国有权将外国财产的所有权收归国有、征收或转移，在收归国有、征收或转移时，应给予适当赔偿，因赔偿问题引起的任何争议均应由实行国有化国家的法院依照其国内法加以解决。

## 二、平等互利原则

平等互利原则是指在国际经济交往中，国家之间、当事人之间在法律上一律平等，在经济上互惠互利。法律上的平等和经济上的互利是相辅相成，不可分离的。没有法律上的平等，就会以大欺小、以强凌弱，利益归向强大者，互利成为泡影；没有经济上的互利，就体现不出平等，或者说只是一种虚假的平等。因此可以说，平等是互利的前提，互利是平等的保证。平等互利必须作为一个原则提出。

国家之间的平等互利原则在《各国经济权利义务宪章》中得到强调："所有国家在法律上一律平等，并作为国际社会的平等成员，有权充分和有效地参加解决世界经济、金融和货币问题作出国际决定的过程，并公平分享由此产生的利益。"我国主张的国际关系五项原则中，也包括平等互利。国家之间在经济交往中的平等互利主要体现在国民待遇、最惠国待遇的给予应以互惠为原则；国家之间相互给予司法协助，相互承认、执行对方的法院判决和裁决等。

当事人之间的平等互利原则，要求从事涉外经济活动的公司、企业、其他经济组织和个人，在法律上地位平等，双方权利义务对等，平等协商，互相有利。如在订立涉外经济合同时，双方的意思表示应当自愿真实，协商一致，公平合理；在吸引外商投资时，应当保护外国投资者的合法权利和利益。

平等互利原则不仅是指形式上的平等互利，更是指实质内容上的平等互利。在国际交往中，发达国家和发展中国家经济实力差别悬殊，即使以平等的无歧视的条件进行交换，发展中国家往往仍处于非常不利的地位。当形式上的平等互利不能达到实质上的平等互利时，就必须实行非对等的优惠待遇，以谋求实质上的平等互利。例如，普惠制(GSP)，对发展中国家的出口产品给予非互惠的普惠待遇和非互惠的关税普惠制，在一定程度上纠正了国际贸易中的不公平现象；国际金融机构在发放贷款时，以较优惠的条件优先照顾发展中国家等，都能促进平等互利原则的真正实行。

## 三、信守国际条约的原则

信守国际条约的原则是指严格遵守本国缔结或参加的国际条约(包括各种双边或多边的条约、公约、协定和协议)，切实履行国际条约规定的本国所承担的各项义务。这是参加国际交往的基本准则之一，也是我国涉外经济法的重要原则。国际条约是主权国家平等协商一致的结果，是每一个缔约国家真实意志的表现，也是每一个缔约国家对其他国家和国际社会的一种承诺。违反国际条约，不履行自己的义务，就会失信于国际社会。不但会严重损害该国的国际形象，而且将给该国带来严重的经济后果。

对于我国缔结或参加的国际条约，我国一贯严格遵守，切实履行，并要求参加涉外经济活动的我方当事人严格按照有关国际条约的规定办事，不得违反。一旦发生争议，即按国际条约的有关规定处理。如果这些条约的规定(除我国声明保留的条款外)同国内法发生冲突，优先适用国际条约的有关规定。

## 四、参照及适用国际惯例的原则

国际惯例是指世界各国在长期经济交往中逐渐形成的，并为许多国家所公认、使用或遵守的有固定内容的行为规则和具体做法。由于历史的原因，国际惯例大多在发达国家形成。一些世界贸易强国对国际惯例的形成有过很大的影响。我国是发展中国家，国际惯例与我国的国内商业惯例有一定差异，但是要改革开放，要与国际接轨，就不能不认真对待国际惯例。因此，把参照及适用国际惯例作为我国涉外经济法的基本原则之一是十分必要的。

在我国的涉外经济立法中，参照国际惯例相当明显。在有关对外贸易、对外支付、货物运输、保险和涉外仲裁等方面的法律法规中，就大量参照了国际惯例进行制订或修订。而且，我国法律允许当事人在我国立法和缔结或参加的国际条约没有规定时，可以适用国际惯例。

## 第三节　涉外经济法的渊源

法的渊源是指法律规范的表现形式。由于法律的表现形式实际上说明的是法律效力的来源，由此法学上称之为法律效力的渊源，简称法的渊源。涉外经济法的渊源以国内立法为主，辅以有关的国际条约和国际惯例。

### 一、国内法渊源

涉外经济法的国内法渊源是指由国家权力机关和行政机关制订颁发的调整涉外经济关系的法律、法规，具体可分为：

#### （一）宪法

宪法是国家的根本大法，由国家最高权力机关依据特定立法程序制定，具有最高法律效力。宪法为各部门法包括涉外经济法规定了基本原则和立法依据，除了对涉外经济法有根本的指导意义外，并有对涉外经济活动的原则性规定。例如，《中华人民共和国宪法》规定了我国国际交往的总政策："中国坚持独立自主的对外政策，坚持互相尊重主权和领土完整、互不侵犯、互不干涉内政、平等互利、和平共处的五项原则，发展同各国的外交关系和经济、文化交流。"规定了利用外资的基本国策："中华人民共和国允许外国的企业和其他经济组织或者个人依照中华人民共和国法律的规定在中国投资，同中国的企业或者其他经济组织进行各种形式的经济合作。在中国境内的外国企业和其他经济组织以及中外合资经营的企业，都必须遵守中华人民共和国的法律。他们的合法权利和利益，受中华人民共和国法律的保护。"

（二）法律

作为涉外经济法渊源的法律是狭义的法律，即指由全国人民代表大会及其常务委员会制定或者批准的规范性文件。法律的制订不得与宪法相抵触。法律是制订行政法规、地方性法规和行政规章的依据。有关涉外经济的法律，主要有《中华人民共和国对外贸易法》、《中华人民共和国中外合资经营企业法》、《中华人民共和国中外合作经营企业法》、《中华人民共和国外资企业法》、《中华人民共和国外商投资企业和外国企业所得税法》、《中华人民共和国海关法》等，以及在《民法通则》、《合同法》、《保险法》、《仲裁法》等法中有关涉外经济的条款。

（三）行政法规

行政法规是指由国家最高行政机关即国务院以及中央各部委根据宪法和法律制订发布的规范性文件，包括各种条例、规定、办法、命令等文件。一般来说，对某一方面的行政工作作比较全面、系统规定的，称为条例；对某一方面的行政工作作部分规定的，称为规定；对某一项行政工作作比较具体规定的，称为办法；更具体更单一的规定，称为命令。有关涉外经济的行政法规很多，例如，《中外合资经营企业法实施条例》、《对外合作开采石油资源条例》、

《外汇管理暂行条例》、《中外合资经营企业各方出资的若干规定》、《关于设立外商投资股份有限公司若干问题的暂行规定》、《关于外商投资企业外汇抵押人民币贷款的暂行办法》、《境外金融机构管理办法》、《出口商品商标管理办法》等。行政法规能补充法律的不足,使法律更具体化,更具有操作性。我国的行政法规发布后,均刊登于《中华人民共和国国务院公报》上。

(四) 地方性法规

地方性法规是指由各省、自治区、直辖市以及省、自治区人民政府所在地的市和经国务院批准的较大的市的人民代表大会及其常务委员会或人民政府,根据法律和行政法规制订的适合于本地区的规范性文件。地方性法规的名称有条例、规定、办法、规则等。有关涉外经济的地方性法规也很多,例如,《上海市外商投资企业审批条例》、《上海市中外合资经营企业劳动人事管理条例》、《广东省经济特区涉外公司条例》、《上海市关于鼓励外商投资的若干规定》、《上海市中外合资经营企业土地使用管理办法》、《浙江省涉外房地产开发经营管理办法》等。地方性法规只在颁布机关所辖区域内生效,由于它们是由当地行政机关根据本地区实际情况而制订的法规,所以往往能更具体更详细,因而也更适于操作。

## 二、国际法渊源

(一) 国际条约

国际条约是主权国家之间缔结的确定缔约国之间相互权利义务关系的书面协议。两个国家之间缔结的,称为双边条约;三国以上缔结的,称为多边条约或公约;多数国家缔结和参加的而对非缔约国开放的,通常称为协议。

作为我国涉外经济法渊源的国际条约应该符合以下条件:首先,条约的内容应当是涉及国际经济贸易的;其次,该国际公约是我国缔结或参加的，而且其中不包括我国声明保留的条款。

可以作为我国涉外经济法渊源的国际条约主要有：

1. 普遍性国际条约。重要的有《国际货币基金协定》、《国际复兴开发银行协定》和包括《关税与贸易总协定》等在内的《世界贸易组织协定》。我国已加入前两个协定，在加入世贸组织后，也将成为后几种国际条约的成员国。

2. 专门性国际条约。主要有以下几种。

(1) 有关国际贸易方面，主要有《联合国国际货物买卖合同公约》，以及我国与其他国家签订的一些双边贸易条约和协定；

(2) 有关国际货物运输方面，主要有《华沙公约》、《海牙议定书》、《国际铁路货物联运协定》等；

(3) 有关国际投资保护方面，主要有我国和美国、日本、瑞典、德国、加拿大等20多个国家签订的投资保护或投资保证协定；

(4) 有关知识产权保护方面，主要有《巴黎公约》、《马德里协定》、《世界知识产权组织公约》等；

(5) 有关涉外仲裁和司法互助方面，主要有《承认与执行外国仲裁裁决的公约》、《关于向国外送达民事或商事司法文书和司法外文书公约》等。

(二) 国际惯例

国际惯例是指世界各国在长期经济交往中逐渐形成的，并为许多国家所公认、使用或遵守的有固定内容的行为规则和具体做法。构成国际惯例有两个要素：一是物质要素，即需要有重复的类似行为；二是心理要素，即对人们心理上产生一定的法律拘束力，成为人们遵循的行为准则。

国际惯例的效力通常可分为两类：一类属于强制性规范，不管当事人是否表示引用都必须遵守而且不能随意加以更改，例如"国家财产豁免"原则；另一类属于任意性规范，只有在当事国或者当事人表示承认或采用时，才对当事人有拘束力。任意性惯例，允许当事人在采用时作适当修正或补充。

可以作为我国涉外经济法渊源的国际惯例有下列几种情况：

1. 我国认可的国际惯例。国际商会整理编纂了不少成文的国际惯例，如《国际贸易术语解释通则》、《跟单信用证统一惯例》等，为世界上绝大多数国家和银行所接受和采纳，我国在对外贸易中其实也早已广泛采用。1994 年 11 月我国加入国际商会，同时也正式承认和接受了这些惯例。

2. 当事人明示或默示适用。当事人双方可以合同条款的形式明示采用国际惯例。也可以默示，在实践中适用他们双方已经知道或应当知道的国际惯例，除非双方对此另有协议。

3. 国内法及我国缔结或参加的国际条约中没有规定的，可以适用国际惯例。这种适用是我国《民法通则》所规定的。当处理某些涉外经济纠纷时，如果国内法和有关国际条约中对此都没有规定，法院或仲裁机构可以适用国际惯例来处理，以弥补国内立法的不完备。

（三）外国法律

外国法律一般不能成为本国涉外经济法的渊源，但在处理涉外经济关系时，却经常发生需要外国法律介入的情况。例如，涉外经济合同的双方当事人约定选择适用某一外国法律，又不违反我国法律或社会公共利益，一旦发生争议需要法律解决时，外国法的适用就不可避免了。在现代国际交往中，有条件地适用外国法来解决涉外经济纠纷的法律观念和规则，已得到世界各国的承认和遵守。

世界各国或地区大多都有自己的法律，各国法律的内容各不相同，但是，如果根据它们的特点和历史传统的外部特征进行分类，可以分成几个大的法系。同一法系国家的法律具有较大的相似性，不同法系国家的法律则有较大的差异和冲突。一般认为世界上有五大法系，即中国法系、印度法系、阿拉伯法系、英美法系和大陆法系，而其中对现代经济社会影响较大的是英美法系和大陆法系。

1. 英美法系。也称“英吉利法系”或“普通法系”。源于中世纪英国法，包括普通法和后来产生的衡平法。17世纪起，普通法随着英国的对外扩张传播到世界各地。美国独立后仍仿照英国法，但有较大改动，形成自己的特点，故称英美法系。英美法系的基础是普通法，以判例法为主。属英美法系的有：英国、美国、大部分英联邦国家以及原属英国殖民地或附属国的国家。

2. 大陆法系。也称“罗马法系”或“民法法系”。源于古罗马法，以《法国民法典》和《德国民法典》为代表，并由此分出法国、德国两个支系。大陆法系受罗马法的影响较大，以成文法为主。属于大陆法系的有：欧洲大陆和拉丁美洲各国，亚洲、非洲部分法语国家和地区，明治维新后的日本，以及美国的路易斯安那州和英国的苏格兰。

## 第四节　法律冲突和法律适用

### 一、法律冲突

#### （一）法律冲突的概念

法律冲突，也称法律抵触，是指不同国家的不同法律要求对同一民事法律关系实施管辖而形成的法律适用上的矛盾现象。法律冲突是普遍存在的一种法律现象。在涉外经济领域，由于当事人分属于不同国家，法律冲突更为明显。这是涉外经济法必须解决的问题。

#### （二）涉外经济法法律冲突产生的原因

1. 涉外经济关系是跨国的经济关系，必然涉及不同国家的法律，而不同国家的法律对同一问题的处理往往有不同的规定，会产生迥然不同的结果。

2. 本国现行法律法规的规定与其缔结或参加的有关国际条约或国际惯例中的规定不相符合,或有明显抵触。

3. 各国法律一般都承认外国人在本国的法律地位,允许外国人在本国享有民事权利和承担民事义务,从而使不同的法律规定发生联系,引起法律冲突。

4. 由于各国法律大多会有条件地承认外国民商法或经济法在本国的域外效力,从而导致本国法与外国法之间的冲突。

(三)解决法律冲突的方法

1. 运用冲突规范解决。冲突规范,又称法律适用规范或法律选择规范,是指在解决涉外经济法律纠纷时,确定适用哪一个国家(或地区)的法律的一般规则。具体地讲,就是在相互冲突的法律体系中,选择哪一种法律作为解决具体争议案件的准据法。例如,我国民法规定,“不动产的所有权,适用不动产所在地法律”,就是一条冲突规范。

冲突规范的结构由范围、联结因素和系属公式三部分组成。范围,是指冲突规范所要解决的经济法律关系;联结因素,是指涉外法律关系与适用法律联系起来的根据;系属公式,是指冲突规范确定的适用法律原则,即准据法原则。常见的准据法原则主要有属人法、属地法、法院地法、最密切联系地法等。

2. 统一实体法解决。统一实体法解决方法主要是通过国际条约或国际惯例来直接确定当事人的权利和义务,从而避免或消除法律冲突。如在国际贸易中发生纠纷时,适用《联合国国际货物买卖合同公约》,或《国际贸易术语解释通则》,或《跟单信用证统一惯例》等,都能有效地解决因法律冲突引起的麻烦。

## 二、涉外经济法的法律适用

法律适用是指仲裁机构或法院在处理争议时以何国的法律规

范作为依据的法律。在涉外经济交往中，法律适用问题关系到维护国家主权和国家利益，关系到维护本国当事人的权益，也关系到维护外国当事人的合法权益，因而对我国的经济发展和改革开放具有十分重要的意义。涉外经济法法律适用的一般原则是：

（一）当事人意思自治原则

在对法律适用的选择上，尊重当事人意思自治，是世界各国法院或仲裁机构普遍承认和采取的一般原则。但是，对当事人选择法律适用的方式和范围，各国的法律规定却不尽相同。有些国家允许当事人可以采取明示也可以采取默示或推定的方式进行选择。明示方式，如在合同中订立准据法条款；默示或推定方式，如在合同中指定特定国家的仲裁机构，则可认为双方选择适用该国的法律。英国法就有这样的规定。有些国家则认为当事人必须采取明示的方式进行选择，如我国要求当事人的选择必须是经双方协商一致和明示的。当事人可以在合同中明确规定适用那一国的法律，而且除非当事人另作规定，适用法律应指该国的实体法而不是程序法。

（二）根据冲突法规则选择适用法律

如果当事人未选择解决适用法律，法院或仲裁机构可按照冲突法规则来确定应适用的法律。如我国《合同法》规定："涉外合同的当事人可以选择处理合同争议所适用的法律，但法律另有规定的除外。涉外合同的当事人没有选择的，适用与合同有最密切联系的国家的法律。"

最密切联系原则是世界大多数国家采用的冲突法规则，具体内容主要有：

1. 国际货物买卖合同，适用合同订立时卖方营业所所在地的法律。如果合同是在买方营业所所在地谈判并订立的，或者合同主要是依买方确定的条件并应买方发出的招标订立的，或者合同明确规定卖方须在买方营业所所在地履行交货义务的，则适用合同订立时买方营业所所在地的法律。

2. 银行贷款或者担保合同,适用贷款银行或者担保银行所在地的法律。

3. 保险合同,适用保险人营业所所在地的法律。

4. 加工承揽和技术转让合同,适用受让人营业所所在地的法律。

5. 工程承包合同,适用工程所在地的法律。

6. 科技咨询或者设计合同,适用委托人营业所所在地的法律。

7. 劳务合同,适用劳务实施地的法律。

8. 成套设备供应合同,适用设备安装运转地的法律。

9. 代理合同,适用代理人营业所所在地的法律。

10. 关于不动产租赁、买卖或抵押的合同,适用不动产所在地的法律。

11. 动产租赁合同,适用出租人营业所所在地的法律。

12. 仓储保管合同,适用仓储保管人营业所所在地的法律。

但是,如果合同明显地与另一国家或地区的法律具有更密切的关系,人民法院应以另一国家或地区的法律作为处理合同争议的依据。如果当事人有一个以上的营业所,应以与合同有最密切关系的营业所为准;若当事人没有营业所的,以其住所地或居所为准。

此外,在国际上通常适用的原则还有:国际投资纠纷,适用东道国的法律;侵权责任赔偿,适用侵权行为地的法律;涉外诉讼和仲裁,适用法院或仲裁机构所在地的法律。

(三) 适用国际条约和参照国际惯例的原则

根据国际法优于国内法的原则,一国缔结和参加的国际条约对该国的公司、企业、其他经济组织和个人均有优于国内法的效力。当事人必须履行所在国缔结和参加的国际条约所规定的义务。在选择适用法律时，自然应当优先适用这些国际条约。另外，在当事人没有选择所适用的法律或虽选择了适用法律但该法律对争议问题未作有关规定，法院或仲裁机构也可以直接适用有关的国际惯例。

（四）特殊规定除外原则

在对法律适用普遍采取当事人意思自治的同时，有些国家会对某些类型的合同或争议所适用的法律作出强制性的规定。特殊规定除外，即国家法律有明确规定必须适用本国法的个别类型的合同或争议，必须适用本国法，当事人不能自由另作选择。例如，我国法律规定，在中国境内履行的中外合资经营企业合同、中外合作经营企业合同、中外合作勘探开发自然资源合同，必须适用中国法律。

**思考题**

1. 涉外经济法调整的涉外经济关系包括哪些？
2. 涉外经济法有什么重要的作用？
3. 简述我国涉外经济法的基本原则。
4. 概述我国涉外经济法的渊源。
5. 涉外经济法产生法律冲突的原因有哪些？
6. 涉外经济法法律适用的原则是什么？
7. 名词解释：国际惯例、普惠制、法律冲突、冲突规范、法律适用。

# 第二章　涉外经济法律关系

## 第一节　涉外经济法律关系的概念

涉外经济法律关系是指在涉外经济法律规范调整下所形成的,具有权利和义务内容的经济关系。

涉外经济法律关系以涉外经济法律规范的存在为前提,涉外经济法律关系的形成正是涉外经济法律规范调整的结果。当一国与他国进行经济合作和交往时,必然要产生许多经济关系,但是,这些经济关系并非全部都是涉外经济法律关系,只有受到有关的涉外经济法律规范的确认和调整,才能成为涉外经济法律关系。

涉外经济法律关系是一种意志性的社会关系。首先它是按照国家的意志建立起来的社会关系,国家通过制定涉外经济法规及对涉外经济活动的调控和干预,体现它的意志。当事人的意志则在各项具体的涉外经济法律关系中,以各种形式得以体现,受到有关法律规范的保护。当事人的意志必须符合国家的意志,即不能违反法律的规定。

涉外经济法律关系是一种具有涉外经济内容的权利义务关系。在横向的涉外经济协作关系中,双方当事人的地位平等。如在涉外货物买卖、租赁、合营、合作、借贷、保险等关系中,任何一方都不能把自己的意志强加给对方。双方必须平等协商,在意思表示一致后,建立双方相互享有权利并承担义务的经济法律关系。

在纵向的涉外经济管理关系中，双方当事人的地位不平等。如在进出口管理、外汇管理、税收管理等活动中，国家规定了行为规则，并赋予有关国家机关享有涉外经济管理的权利。其他当事人则承担服从管理的义务。

## 第二节　涉外经济法律关系的要素

涉外经济法律关系由主体、客体和内容三要素构成。三要素缺一不可，缺少其中任何一个，就无法构成法律关系；一变全变，任何一部分要素发生变化，整个法律关系就不再是原来的法律关系了。

### 一、涉外经济法律关系的主体

涉外经济法律关系的主体是指参加涉外经济法律关系，依法享受权利和承担义务的当事人。要成为涉外经济法律关系的主体必须具备主体资格，主体资格是由法律规定或者由有关权力机关授予的。涉外经济管理关系的权利主体资格是由有关权力机关授予的。涉外经济合作关系的主体资格是法律规定并赋予的。法律赋予各民事主体的民事权利能力（即主体能够依法享有民事权利和承担民事义务的资格）和民事行为能力（即主体能够以自己独立的行为依法享有民事权利和承担民事义务的资格），是确定他们在经济活动中法律地位的根据。

根据我国法律规定，我国涉外经济法律关系的主体有：

（一）国内主体

1. 公民个人。按照法律的一般规定，具有我国国籍的自然人在大多数情况下不能作为涉外经济法律关系的主体。但是，可以在国家许可的某些范围内，有条件地成为涉外经济法律关系的主体，参与涉外经济活动。例如，在涉外技术转让、专利申请及边境小额贸易等经济活动中，国家允许公民个人以主体的身份参加。个体工商户、私人独资企业和农村承包户也是以公民的身份从事经济活动，他们在涉外经济法律关系中的地位与公民相同。

2. 中国法人。法人是指具有民事权利能力和民事行为能力，依法独立享有民事权利和承担民事义务的组织。中国法人是指在中国登记注册，取得法人地位的公司、企业和其他经济组织。因此，除了国内公司、企业外，在我国境内的中外合资经营企业、中外合作经营企业和外资企业都是中国法人。

公司、企业和经济组织要成为涉外经济法律关系的主体，首先必须具备法人资格。法律规定法人应当具备的条件是：

(1) 依法成立；

(2) 有必要的财产或者经费；

(3) 有自己的名称、组织机构和场所；

(4) 能够独立承担民事责任。

四个条件必须同时具备，缺一不可。法人以自己所有的或受权经营管理的财产，或国家拨给的固定经费，承担有限责任。

其次，必须具有相应的民事行为能力。虽然具备法人资格的国内企业、公司和经济组织都是涉外经济法律关系的主体，但仍有一定的限制。在我国，只有经过国务院对外经济贸易主管部门批准，取得对外贸易经营权的公司、企业才可直接参加对外贸易活动，其他公司、企业因为缺少从事对外贸易的行为能力，只能由外贸公司代理完成它们的进出口业务。

3. 合伙。合伙是指两个或两个以上公民按照协议组成的共同投资，合伙经营，分享受益，分担责任的一种经济组织。合伙可以起字号，在依法经核准登记的经营范围内从事经济活动。

合伙有以下几个法律特征。

(1) 合伙必须由两个或两个以上合伙人设立。一人不能设立合伙企业,这是合伙与一人独资企业的区别。合伙是合伙人之间通过合伙协议建立起来的一种合同关系,以全体合伙人共同一致的意思表示为存在的前提。合伙人的权利义务由合伙协议规定,只有全体合伙人都毫无保留地接受协议的全部条款,合伙关系才能成立。有些国家甚至规定,若合伙人有变动,合伙即告解散。

(2) 合伙是一种财产的集合。合伙企业必须由合伙人共同出资,出资的方式可以是提供资金、实物或者技术性劳动。出资的数额由合伙协议规定,只要合伙人的出资符合合伙协议的约定,即为共同出资。合伙人投入的财产,由合伙统一管理和使用,形成财产共有关系,个人无权任意处分。在合伙企业存续期间,合伙人向合伙人以外的人转让或出质其在合伙中的财产时,须经其他合伙人的一致同意。

(3) 合伙是一种共同经营关系。合伙的经营活动,由合伙人共同决定。每个合伙人既有对合伙事务的共同决策权,也有对合伙经营业务的执行权,有权作为合伙的代表处理合伙事务。每个合伙人有参加合伙经营的同等权利,不等于必须参加合伙经营。合伙可以推举负责人,负责人和其他经营人的行为,由全体合伙人承担责任。

(4) 合伙企业由合伙人共享收益、共担风险。合伙企业在经营活动中产生的收益和风险,由全体合伙人共同享有和承担。各合伙人享有收益和承担风险的多少,一般可按照合伙人的出资比例来确定。合伙协议中约定了盈余分配和债务承担比例的,按照协议约定的比例分配或分担。合伙协议中没有约定出资比例和债务承担比例的,按照约定的或者实际盈余分配的比例承担。同时,对造成合伙经营亏损有过错的合伙人,应当根据其过错程度相应地多承担责任。

合伙企业与法人企业是两种不同的经济组织形式,它们之间的重要区别有以下五个方面。

（1）每个合伙人对合伙的财产都有其应有份。在合伙关系持续期间，合伙人投入的财产不能由个人支配或转让，但所有权仍属各合伙人。如果合伙人退伙或合伙解散，各合伙人可以要求取回自己投资的原物，退还原物确有困难的，才可折价处理。法人成员对法人财产没有应有份，法人解散，各投资人只能按照各自出资比例分配剩余财产，不能要求退还原物。

（2）合伙企业的财产与合伙的出资人不相分离，由合伙人直接使用、管理和经营。法人的财产与法人成员相分离，法人企业的投资人不能直接使用、管理和经营法人财产。

（3）合伙企业不需要设立专门的意思表示机构，由合伙人（可以是全体合伙人、部分合伙人或者一个合伙人）直接对外表示合伙企业的意思。法人必须设立专门的意思表示机构，由专门的意思表示机构或者法定代表人对外表示法人的意思。

（4）法律对每一个合伙人的出资数额及全体合伙人的出资总额都没有明确的最低限度的规定。合伙人可以根据经营活动的实际需要确定出资总额，并根据合伙协议确定各合伙人的出资数额。法人则根据其不同的经营范围有最低出资限额的规定。

（5）每个合伙人对合伙的债务承担无限连带责任，以各自的财产承担清偿合伙债务的责任。合伙人以个人财产出资的，以其个人财产承担；以其家庭共有财产出资的，以其家庭共有财产承担；合伙人以个人财产出资，合伙盈余分配所得用于家庭成员生活的，先以其个人财产承担，不足部分以其家庭共有财产承担。法人则以其所有的或受权经营管理的全部财产对债务承担有限责任，法人成员以其认定的出资额对法人承担有限责任。法人资不抵债，债权人不能要求股东以出资额以外的财产承担清偿责任。

2006 年 8 月 27 日我国修订《合伙企业法》，并自 2007 年 6 月 1 日起施行。新的《合伙企业法》增加特殊普通合伙和有限合伙两个重要概念，对健全和完善我国合伙制度有重大意义。

特殊的普通合伙是指由两个或两个以上普通合伙人组成，其合伙人对特定合伙企业债务只承担有限责任的经济组织。当一个合伙人或者数个合伙人在执业活动中因故意或者重大过失造成合伙企业债务的，应当承担无限责任或者无限连带责任，其他合伙人以其在合伙企业中的财产份额为限承担责任。合伙人在执业活动中非因故意或者重大过失造成的合伙企业债务以及合伙企业的其他债务，由全体合伙人承担无限连带责任。合伙人执业活动中因故意或者重大过失造成的合伙企业债务，以合伙企业财产对外承担责任后，该合伙人应当按照合伙协议的约定对给合伙企业造成的损失承担赔偿责任。

可以设立特殊普通合伙企业的通常应当是以专业知识和专门技能为客户提供有偿服务的专业服务机构，如律师事务所、会计事务所等。特殊普通合伙企业名称中应当标明“特殊普通合伙”字样。

有限合伙是指至少有一名普通合伙人和一名有限合伙人组成的合伙。普通合伙人对合伙债务承担无限连带责任；有限合伙人以其出资份额对合伙债务承担有限责任。有限合伙企业由普通合伙人执行合伙事务。有限合伙人不执行合伙事务，不得对外代表有限合伙企业。

合伙在国家许可的范围内也可以成为涉外经济法律关系的主体。

4. 国家。国家在涉外经济法律关系中有双重主体资格：一是在对外发行公债，向外国政府、银行、国际金融组织贷款，及对外贸易时，以中华人民共和国的名义，与外方直接发生经济法律关系。在这种法律关系中，双方地位平等，相互享有权利和承担义务，国家以国库的财产对自己的活动负责；二是赋予政府机构某种涉外经济管理职能。由有关政府机构代表国家对涉外经济活动进行管理和监督。在这种法律关系中，国家政府机构是权利主体。

（二）外国主体

1. 外国个人。外国个人是指不具有我国国籍的自然人，包括具有外国国籍的人和无国籍的人。外国个人成为我国涉外经济法律关系的主体，必须具有完全民事行为能力。限制行为能力的人或无行为能力的人不能成为经济法律关系的主体。他们所进行的民事活动，不发生法律效力。

自然人的行为能力一般是依其属人法确定的。但是，不少国家为了保护国内交易的安全，在遇到因当事人行为能力的法律冲突而影响行为的有效性时，比如当事人属人法认为当事人无行为能力，而行为地法却认为有行为能力时，各国一般主张以行为地法作为准据法。我国也采用这种规定，对自然人属人法原则加以限制。外国人在我国境内从事民事活动，如依其本国法律为无民事行为能力，而依我国法律为有民事行为能力，应当认定为有民事能力。

2. 外国法人。外国法人是指在外国已经登记注册取得法人资格的公司、企业及其他经济组织。外国法人成为中国涉外经济法律关系的主体，其法人资格必须经过我国确认。外国法人以其注册登记地国家的法律为其本国法，法人的行为能力依其本国法确定。不过，对自然人属人法原则的限制，一般也适用于法人属人法原则。这样可以防止外国法人以其属人法中无行为能力的规定对抗行为地法，逃避其应负的责任。

3. 合伙企业。英美法国家的合伙通常有两种类型：普通合伙和有限合伙。普通合伙的合伙人享有同等的参与合伙事务管理的权利，并都承担无限责任。有限合伙至少有一名普通合伙人和一名有限合伙人组成。普通合伙人享有经营权并承担无限责任，有限合伙人不参与经营管理，只承担有限责任。有限合伙人的收益可以在协议中事先约定，只要合伙盈利，他就能获得稳定的收益。

大陆法国家的合伙分为民事合伙和商事合伙，强调合伙的人合公司性质，以承担无限责任为主。大多数国家都不承认合伙企业具有独立的法律人格，不予合伙企业以法人资格。但是，法国、荷兰等大陆法国家及苏格兰的法律却是例外，合伙企业在那里经过登记就可以依法取得法人资格。我国虽然不承认合伙有法人资格，但实际上外国合伙企业也可以成为中国涉外经济法律关系的主体。

此外，国外还有一种相对于显名合伙的隐名合伙。显名合伙即普通合伙，隐名合伙又称内部合伙，是合伙的特殊形式。隐名合伙由隐名合伙人和出名合伙人组成。隐名合伙人的出资为出名合伙人所有，其关系类似借贷。隐名合伙人对外隐名，不作为合伙人；对内不参与经营和决策；对合伙债务承担有限责任。

4. 外国政府。外国政府作为我国涉外经济法律关系的主体，可以其国家的名义参加我国涉外经济活动。例如，与我国政府缔结经济条约或协定，与我国政府、企业或经济组织签订各种经济合同。

我国在国家参与的经济交往中，坚持国家及其财产豁免原则，主张国家以其名义从事的一切活动享有豁免权。其内容包括：

(1) 管辖豁免。即未经一国同意，不得在他国法院对其起诉或以其财产作为诉讼标的；

(2) 执行豁免。指即使一国同意放弃管辖豁免，未经该国同意，不得对其财产采取诉讼保全或强制执行。

5. 国际经济组织。国际经济组织是指根据国家之间的条约而成立的具有一定法律人格和一定经济职能的组织。如世界银行、国际货币基金组织、世界贸易组织、欧洲共同体、亚洲开发银行、亚太经济合作组织等都能成为我国涉外经济法律关系的主体。国际经济组织的权利能力和行为能力来自成员国的授权，其职能和活动范围必须严格按照有关条约和组织章程的规定，超越其职能和活动范围的行为无效。下面介绍两个和我国经济发展关系密切的国际经济组织。

(1) 亚太经济合作组织。亚洲及太平洋经济合作组织(APEC),简称亚太经合组织,是区域性的国际经济组织,1989年11月成立于堪培拉。我国于1991年与香港、台湾地区共同参加。亚太经济合作组织的宗旨是:通过亚太地区在贸易和投资方面减少贸易壁垒,促使货物、服务和资本在地区内自由流动,保证区域内人民分享经济增长带来的利益和好处,并通过地区内合作扩大全球多边贸易体制。

亚太经合组织是非条约约束性的国际经济组织,强调成员以自愿为基础,以开放的地区主义为原则,以单边基础上的集体协商为行动准则,体现亚太模式的协商一致和合作精神。该组织原先只是一个松散的经济协商论坛,每年召开一次部长会议。1993年在新加坡正式成立常设秘书处,并召开每年一次的各成员国领导人非正式会议。

中国一向高度重视和积极推动亚太经合组织的发展,我国领导人在历次会议上提出过许多建设性建议和倡议。我国参加了该组织设立的10个专题小组和2个有关经济和区域贸易自由化的特设小组的工作,大力加强成员国之间的经济和技术合作,并积极而又谨慎地推进贸易投资自由化。

(2) 世界贸易组织。世界贸易组织(WTO)是关税和贸易总协定(GATT)乌拉圭回合谈判后,由欧共体和加拿大提案,经各成员国努力,于1993年12月15日达成《建立世界贸易组织协定》,并于1995年1月1日正式成立的。WTO是一个拥有完全法律人格和健全组织机构的永久性国际组织。

WTO的宗旨是:提高人类生活水平,保证充分就业、大幅度稳步提高其实际收入水平和有效需求,增加货物产量和商品贸易并扩大服务贸易;遵照可持续发展的目标和不同经济发展水平国家的各自需要，实现对世界资源的最佳利用及对环境的保护和维护；并积极努力，确保发展中国家在国际贸易的增长中得到与其经济发展相称的份额。

WTO 的职能是：

① 组织实施 WTO 下的各项多边贸易协定；

② 为各成员国提供多边贸易谈判场所，并为谈判结果的实施提供框架结构；

③ 设法公平合理地解决成员国之间的贸易争端；

④ 监督各国贸易政策，定期对各成员国的贸易政策和法规进行审议；

⑤ 协调与其他参与国际经济决策的国际组织的关系，以保障全球经济决策的一致性。

WTO 继承了 GATT 的宗旨、职能和法律规范的基本框架，它以一个永久性的国际组织代替了一个临时适用的协定，并首次将货物贸易、服务贸易、知识产权和投资措施纳入多边贸易体制之中，初步形成一个可以全面调节国际贸易的法律体制。而且 WTO 又将 GATT 中的“祖父条款”[①]排除在自己的法律体制之外，要求各参加谈判方对乌拉圭回合达成的所有多边贸易协定（除附件 4 中的 4 个外）作出一揽子接受或不接受的选择，不允许成员国以国内法为由减削或部分排除 WTO 规则，从而保证 WTO 体制的完整性。

WTO 的法律规则体系由《世界贸易组织协定》和 4 个附件组成。有关多边贸易管制的实质性的规则主要体现在 4 个附件中。

---

① 祖父条款：或称“现行立法条款”，是 1965 年《GATT 临时适用议定书》作出的一项规定。即允许各缔约国在与现行国内立法不相抵触的范围内，最大限度地适用总协定的有关规定。该规定意在解决总协定条款与缔约国国内法的冲突，但给总协定日后的执行带来了困难。

附件1由13个货物贸易多边协定和《服务贸易总协定》、《与贸易有关的知识产权协定》组成。13个货物贸易多边协定是指:《1994年关税和贸易总协定》、《农产品协定》、《卫生和植物检疫措施协定》、《纺织品和服装协议》、《贸易技术性壁垒协议》、《与贸易有关的投资措施协议》、《实施1994年GATT第6条的协议》、《实施1994年GATT第7条的协议》、《装船前检验协议》、《原产地协议》、《进口许可证协议》、《补贴与反补贴协议》和《保障措施协议》。

附件2为《贸易争端解决规则和程序谅解》。

附件3为《贸易政策审议机制》。

附件4为4个复边贸易协议,即《民用航空器贸易协议》、《政府采购协议》、《国际乳制品协议》和《国际牛肉协议》。

## 二、涉外经济法律关系的客体

涉外经济法律关系的客体,是指涉外经济法律关系主体的权利和义务所共同指向的事物。它是涉外经济法律关系主体参加涉外经济活动所要达到的目标,在法学上也称为标的。根据我国法律规定,能够成为涉外经济法律关系客体的主要有三类。

### (一)物

是指现实存在的能够为人们所控制所支配并具有经济价值的物质财富。包括自然物、劳动产品、货币和有价证券等。

### (二)行为

是指主体为了实现一定的经济目的而进行的活动。包括完成工作、服务和经营管理行为等。

### (三)智力成果

也称无形资产,是指运用于生产,即能转化为生产力的人的脑力劳动成果。它是非物质财富,具有经济价值。如专利权、商标权、专有技术、著作权等。

### 三、涉外经济法律关系的内容

涉外经济法律关系的内容,是指涉外经济法律关系主体享有的权利和承担的义务。所谓权利,是指主体在法定的范围内可以根据自己的意志进行一定的行为,或要求他人作一定的行为(包括不行为),以实现自己的权益。权利人因他人的行为无法实现权利时,可要求国家强制机关的保护。所谓义务,是指主体必须进行或不进行一定的行为,以保证对方合法权益得以实现的责任。义务人应该自觉履行义务,如果不履行或不完全履行,就要承担相应的法律责任和经济赔偿责任。

## 第三节　涉外经济法律事实

涉外经济法律关系的确立,除了要有涉外经济法律规范外,还需要有涉外经济法律事实。所谓涉外经济法律事实,是指由涉外经济法律确定,能够引起涉外经济法律关系设立、变更和终止的客观现象。法律事实可分为法律事件和法律行为两类。

### 一、法律事件

不以当事人的主观意志为转移,能够引起法律关系设立、变更和终止的客观现象,称为法律事件。法律事件可以是自然现象,如飓风、暴雨、地震、海啸等自然灾害,能造成财产毁灭、交通中断等后果,从而引起财产所有权的消灭、国际货物买卖合同的被迫变更或取消,以及一些财产保险赔偿责任的发生;也可以是社会现象,如战争、动乱、罢工等，同样会引起一些涉外经济法律关系的变更或终止。

## 二、法 律 行 为

依当事人的主观意志为转移，能够引起法律关系设立、变更和终止的客观现象，称为法律行为。法律行为是当事人有意识的活动，是当事人为了取得一定的法律后果而故意进行的行为。在涉外经济活动中能够引起涉外经济法律关系设立、变更和终止的行为，就是涉外经济法律行为。如涉外经济管理行为、涉外经济协作行为、涉外经济仲裁行为和诉讼行为等。

法律行为和作为法律关系客体的行为不同，它以主体的意思表示为基本特征。当事人把自己内在的意思通过一定形式表达出来，使他人了解，并具有法律意义，叫做意思表示。不具有意思表示的行为，不是法律行为。大多数行为具有意思表示即为法律行为，但有些行为，如赠与等要物行为，除了意思表示外，还必须有实物的交付才能成立。

### （一）法律行为的形式

法律行为必须通过一定的形式表达出来才能成立。这些形式主要有以下四种。

1. 口头形式。以口头语言方式（当面交谈、电话洽谈等）进行意思表示而成立的法律行为。这种形式简便易行，但口说无凭，容易发生纠纷。

2. 书面形式。以书面文字方式进行意思表示而成立的法律行为。这种形式虽比较麻烦，但有凭有据，日后发生争议容易解决。不过订立时必须慎重仔细，如果随便签下对自己不利的书面文件，反会陷自己于被动。书面形式有三种情况：

（1）普通文书。指一般书面形式，可由当事人自行协议、自行完成。只要当事人意思表示明确，文字表达清楚，即可成立。

(2) 要式文书。指必须履行法律规定某种形式或程序才能生效的书面形式。如房地产买卖合同必须经过审核登记，方始有效。

(3) 特定文书。指经过公证机关或鉴证机关证明其真实性和合法性的书面文件。

3. 推定行为。以当事人已经实施的积极活动，可以推知他已经作了某种意思表示，即构成推定行为。例如租赁期满，承租人继续交纳租金，出租人继续收下，则可推定双方已就延长原有租赁关系达成协议。

4. 默示行为。当事人不作任何积极行为，而以相应的沉默进行意思表示，即为默示。默示是一种不行为，除非法律有特别规定，默示与明示有相同的法律效力。但是，默示只有在法律规定的范围内，或社会承认的习惯等条件下才可成立。如异地托付承收，银行发出承付通知书后一定期限内(验单承付方式为 3 天，验货承付方式为 10 天)，付款方不作答复，即默示承付。

行为采取什么形式取决于行为的内容，可以由当事人协商决定，但是，如果法律有明确规定，当事人必须采取法定形式。

(二) 法律行为的分类

法律行为依照不同的标准，可以有多种分类。在涉外经济活动中，值得注意的主要是以下几种分类。

1. 单方法律行为和双方或多方法律行为。单方法律行为，是指只要有一方的意思表示即成立的法律行为。如授权、捐赠、免除、抛弃等行为。

双方或多方法律行为，是指必须有两个以上当事人的意思表示一致才能成立的法律行为。如合同，当事人之间的意思表示必须一致才能成立。

2. 诺成法律行为和实践法律行为。诺成法律行为，又称不要物行为，是指除了意思表示之外，不需要有其他现实成分就可成立生效的法律行为。如买卖双方意思表示一致,买卖合同成立,对当事人双方即产生法律效力。

实践法律行为,又称要物行为,是指除了意思表示之外,还需要有其他现实成分才能成立生效的法律行为。如赠与行为,只有当赠与人将钱财交付给被赠与人,赠与行为才能成立生效。如果光有意思表示,赠与人可以反悔而不负任何法律责任。但是根据我国法律,具有救灾扶贫等社会公益、道德义务性质的赠与合同或者经过公证的赠与合同不是要物行为,当事人一旦作出明确的意思表示,不得反悔。

3. 要式法律行为和不要式法律行为。要式法律行为,是指必须依照法定方式进行意思表示或者再履行一定的形式方可成立的法律行为。如票据的制作要按照法律规定,缺少必须记载事项的票据无效。房地产买卖必须办理过户登记手续,否则无效。

不要式法律行为,是指当事人可以自由采用任何方式都能成立的法律行为。法律行为一般都是不要式的,要式行为是例外。对于要式行为,当事人约定不履行或变更法定方式,不能有效。对于不要式行为,当事人约定一定方式的,则不按该约定作成的行为无效。

4. 有因法律行为和无因法律行为。有因法律行为,又称要因行为,是指以其原因的存在或合法为有效条件的法律行为。有因行为与其原因不可分离,如货物买卖,买方因为要取得货物,需要支付货款。如果买卖合同被撤销,买方就无需再付款。

无因法律行为,又称不要因行为,是指不以其原因的存在或合法为有效条件的法律行为。无因行为一旦成立,就与其原因分离,如为某项交易签发一票据,即使该交易取消,签发票据的原因已不存在,票据行为仍然有效。

(三) 附条件的法律行为

国际形势风云变幻,使涉外经济活动中潜在大量不确定因素。

当事人为了避免一些不确定发生的客观事实给自己造成的困难，在进行意思表示时，设立一定的条件，以该条件的成就与否限制其法律行为效力的发生或存续，即为附条件的法律行为。

根据条件对法律行为效力的作用，条件可分为停止条件和解除条件。

停止条件，又称延缓条件，是限制法律行为效力发生的条件。附停止条件的法律行为，在条件成就前，当事人之间的权利义务虽已确定，但处于停止状态，不发生效力。等条件成就时，效力始行发生，当事人才开始享受权利和履行义务。

解除条件，是限制法律行为效力存续的条件。附解除条件的法律行为，在条件成就前，当事人已经行使权利和履行义务，法律行为已经发生效力。等条件成就时，效力即行终止，当事人之间的权利义务关系随之解除。

附条件的法律行为中所附的条件必须符合以下要求：

1. 条件必须是尚未发生的客观事实；
2. 条件必须是不确定发生或者不发生的事实；
3. 附停止条件的法律行为，条件须为合法的事实；
4. 条件必须是当事人约定，而不是法定；
5. 条件不能和当事人希望发生的法律效果相矛盾。

条件的成就与否，应当是事实自然发展的结果。当事人不得为了自己的利益故意促成或阻碍条件的成就。许多国家的法律规定，当事人恶意促成条件成就的，视为条件没有成就；恶意阻碍条件成就的，视为条件已经成就。若因第三人的行为促成或阻碍条件的成就而损害当事人期待权的，第三人也应承担赔偿责任。

**思考题**

1. 涉外经济法律关系有哪些特点？

2. 我国公司、企业和经济组织要成为涉外经济法律关系的主体必须具备哪些条件?
3. 合伙有哪些法律特征,合伙企业与法人企业的区别主要表现在哪些方面?
4. 如何确定外国当事人在我国涉外经济法律关系中的主体资格?
5. 简述世界贸易组织的宗旨和职能。
6. 附条件的法律行为中所附的条件必须符合哪些要求?
7. 名词解释:主体资格、法人、有限合伙、隐名合伙、法律事实、推定行为、默示行为、诺成行为、要物行为、要式行为、无因行为、停止条件、解除条件。

# 第三章　涉外代理法律制度

## 第一节　涉外代理的概念

### 一、涉外代理的概念

代理是指一方(代理人)在代理权限内,以他方(被代理人,也称本人)的名义向第三人(相对人)作意思表示或接受第三人的意思表示而实施的民事法律行为。代理行为的法律后果直接由被代理人承担。大陆法系将代理列为单方法律行为,英美法系将代理视为多种法律制度的综合,包括合伙、雇佣、经营管理、企业交易代理等,是一种广义代理。我国《民法通则》将"民事法律行为和代理"作为一章,分为两节,使代理与民事法律行为成为并列的两个概念,但实际上代理只是民事法律行为的一种特别形式。

代理的存在是因为被代理人受时间、地点及其他方面条件的限制不能亲自去进行,或即使能亲自进行也不及他人进行效果更好,这种情况在涉外经济活动中尤其突出。因此,涉外代理在涉外经济活动中有十分重要的意义。

代理关系可以分解为三个方面去理解:一是被代理人与代理人之间的授权委托关系,即代理权关系;二是代理人针对第三人进行的代理活动,即代理行为;三是被代理人与第三人之间因代理行为而建立起来的民事法律关系,即法律后果的归属。

显然，在代理关系中通常应该有三方当事人参加。涉外代理是指在代理关系三方中同时有我方当事人和外方当事人参加的代理活动。包括我国代理人受国内被代理人委托对外国第三人实施的代理行为，我国代理人受外国被代理人委托对中国或外国第三人实施的代理行为，外国代理人受外国被代理人委托对我国第三人实施的代理行为，外国代理人受我国被代理人委托对中国或外国第三人实施的代理行为。

## 二、代理行为的法律特征

（一）代理行为必须是有法律意义的行为

代理人代替被代理人所实施的行为必须是能产生法律后果的行为，也就是能使民事法律关系设立、变更和终止的行为，如代购房产、代签合同等。因此，代理行为必须是代理人有意地对第三人所实施的行为，其法律后果是使被代理人与第三人之间产生一定的权利和义务关系。代他人实施不具有法律意义的活动，如代抄稿件、整理资料等，不是法律上的代理行为，而是事实上的代理活动，不产生相应的法律后果。

（二）代理行为是以被代理人的名义实施的行为

代理人以被代理人的名义进行民事活动，称为直接代理，其后果直接归被代理人承担。我国《民法通则》中规定的代理就是直接代理。

大陆法将代理分为直接代理和间接代理两种。间接代理是指代理人以自己的名义与第三人进行民事行为，再将其法律后果转让给被代理人，被代理人并不直接承担责任。

英美法将代理分为显名代理、隐名代理和未披露委托人的代理。显名代理是指代理人在进行代理活动时，表明自己的代理人身份，并公开被代理人的姓名或名称。隐名代理是指代理人在进行代理活动时，虽表明其代理人身份，但不公开被代理人的姓名或名称。这两种代理都是以被代理人的名义行事，性质与直接代理相同。

未披露委托人的代理是指代理人既不指明被代理人，也不表明自己的代理人身份，而是直接以自己的名义与第三人进行法律行为。未披露委托人的代理相当于间接代理。但是代理人虽然以自己的名义实施行为，却是为了被代理人的利益。

根据英美法的规定，未披露身份的委托人拥有介入权，可以介入代理人与第三人签订的合同并直接向第三人行使请求权。行纪行为则一般不被认为是代理。行纪人虽然受他人委托为他人完成事务，但行纪人是以自己的名义和第三人建立法律关系，而由委托人支付报酬。在行纪关系中，委托人和第三人之间没有直接关系，双方都不能直接向对方行使权利和履行义务。

（三）代理人在授权范围内独立进行代理活动

代理人在为被代理人向第三人作意思表示或者接受意思表示时，可以在被代理人授权范围内独立地表现自己的意志。

代理行为是代理人的行为，因此代理人必须是有完全行为能力的人，限制行为能力的人或无行为能力的人不能做他人的代理人。代理人在代理活动中独立地表现自己的意志，选择最有利于被代理人的方式积极地实现被代理人希望的后果。这是代理人与传达人、居间人等中间人的区别。

（四）代理行为的法律后果直接由被代理人承担

代理活动的结果是建立被代理人和第三人之间的某种权利义务关系，其后果当然由被代理人直接承担。被代理人应承担代理活动的全部法律后果，包括有利的后果和不利的后果，以及进行代理活动的必要费用和意外损失等。

但是，因代理人违反委托协议不履行职责而给被代理人造成损害的，代理人要承担法律责任。代理人严格遵守委托协议，按照被代理人的指示进行代理活动，产生不利于被代理人的后果，由被代理人承担。代理人在情况紧急无法及时通知被代理人时，出于维护被代理人利益的意思，未按委托协议行事，代理人不负任何责任，由此产生的合理费用应由被代理人承担。

## 第二节　代理权的产生和终止

### 一、代理权的产生

根据我国民法规定，代理可分为委托代理、法定代理和指定代理三种。

委托代理也称意定代理或授权代理，是指按照被代理人的委托授权而产生代理权的代理。法定代理，是指按照法律的直接规定而产生代理权的代理。指定代理是指按照人民法院或者指定单位（多为国家主管机关）的指定而产生代理权的代理。在涉外经济活动中，绝大部分是委托代理。

委托代理的产生必须有被代理人的授权行为，被代理人的授权是单方法律行为，仅凭被代理人一方的意思表示，委托授权即可发生法律效力。代理人可以接受委托，也可以拒绝委托，代理人拒绝委托也是单方法律行为。

（一）委托合同和委托证书

涉外经济活动中的委托代理，一般应采用书面形式，以委托合同或委托证书确立代理关系。

1. 委托合同。委托合同是被代理人与代理人之间就建立代理关系，意思表示一致而产生的书面协议。委托合同的主要条款应包括以下几个方面。

(1) 委托人（被代理人）和受托人（代理人）的姓名或名称；

(2) 代理事项；

(3) 代理权限；

(4) 委托人和受托人双方的权利和义务；

(5) 代理合同的有效期限，合同生效的时间和终止的时间。

委托合同经委托人和受托人双方签名盖章后生效。

2. 委托证书。委托合同中如果没有明确具体的授权内容，代理关系的正式成立还需要委托人出具授权委托书，即委托证书。委托证书是证明代理人有代理权的法律文书，必须载明具体的委托事项和委托权限，并由委托人签名盖章。委托书中授权不明，委托人向第三人承担民事责任，被托人负连带责任。

3. 委托方式。委托代理的委托方式可分为以下三种。

(1) 一次委托。被代理人委托代理人代理一次性的某项事务，代理活动完毕，代理关系即告终止。例如，代为购买一批设备、代为推销一批产品等。

(2) 特别委托。被代理人委托代理人在一定时期内反复代理同类法律行为。例如，代为收取每月的租金，代为支付某项经常性的费用等。

(3) 总委托。被代理人委托代理人在一定时期内代理与某项事务有关的全部法律行为。例如收购某处产业，办理与购置有关的一切事务。

(二) 集合代理和共同代理

被代理人委托两个以上代理人代理同一事项，根据委托授权的不同，可有两种情况。

1. 集合代理。集合代理是指被代理人同时委托两个以上代理人代理某项事务，每一个代理人都有独立的代理权，可以不受其他代理人的干扰，单独以被代理人的名义作意思表示或接受意思表示。被代理人通过各代理人的代理活动实现自己的经济目标。

2. 共同代理。共同代理是指被代理人同时委托两个以上代理人代理某项事务，每一个代理人没有独立的代理权。共同代理人必须共同行使代理权，也就是说只有全体代理人意思表示一致时才能生效。如果没有得到全体共同代理人的同意，所实施的行为损害被代理人的利益，由实施行为的代理人承担赔偿责任。

（三）本代理和复代理

代理人接受委托后应亲自办理受托事务，这是本代理。但在有些情况下，本代理无法实施，就需要转托他人进行复代理。代理人将代理权的一部分或全部转托他人代理，即为复代理，也称再代理。复代理是以原代理人的名义授权建立的，但只有符合下列条件才为有效。

1. 被代理人事先已授权代理人，允许复代理的；

2. 代理人事先虽然没有取得复代理授权，但事后及时告知，并得到被代理人追认的；

3. 代理人事先虽然没有取得复代理授权，但遇到紧急情况，为保护被代理人的利益，不得不转托他人代理的。

凡不符合上述条件的，复代理无效，原代理人对转托行为负全部责任。复代理一旦成立，复代理人就是被代理人的代理人，其代理权限不能超过原代理人的权限，而行为后果直接由被代理人承担。

## 二、代理权的终止

（一）代理期限届满，代理权即行终止

（二）在代理有效期间内，被代理人取消委托或代理人辞去委托，都可以终止代理权

被代理人取消委托和代理人辞去委托均为单方法律行为，不必征得对方同意即可成立。但是，任何一方要求解除委托，必须提前通知对方，让对方有时间作好准备，以免造成意外损失，否则解

除方要对因此而造成的损失承担赔偿责任。

（三）作为代理人的公民必须具有民事行为能力，代理人死亡或丧失民事行为能力，代理权随之消灭

（四）被代理人死亡，代理权一般也应消灭，但有以下四种情况，代理仍然有效

1. 代理人尚不知道被代理人已经死亡；

2. 被代理人的继承人予以追认；

3. 代理期限以某代理事务的完成而确定；

4. 必须继续完成，否则将给被代理人的继承人造成损失。

被代理人或代理人是法人的，法人终止，代理权随之消灭。

## 第三节 代理的有效和无效

代理是否有效，可根据以下条件判别。

### 一、委托代理事项和代理人的代理行为必须合法

被代理人委托代理人代理的事项必须合法。代理人知道被委托代理的事项违法而仍然进行代理活动的，或者被代理人知道代理人的代理行为违法而不表示反对的，代理人和被代理人负连带责任。

代理人滥用代理权，损害被代理人的利益，是无效的法律行为，通常为法律所禁止。代理权的滥用主要有下列三种情况。

（一）自己代理

即代理人以被代理人的名义，同自己实施民事法律行为。

（二）双方代理

即代理人同时代理当事人双方，进行同一项法律行为。

（三）代理人与第三人恶意串通，损害被代理人的利益

代理人滥用代理权给被代理人造成损害，应承担赔偿责任，与其串通的恶意第三人负连带责任。

## 二、代理人必须有代理权并在代理权限内进行代理活动

行为人没有代理权、超越代理权限或者代理权终止后所实施的代理行为，属于无权代理行为。无权代理造成的法律后果，被代理人不必承担责任，由行为人自己负责。被代理人若因此受到损害，可要求无权代理人赔偿。

无权代理是一种相对无效的法律行为。被代理人对无权代理行为可以拒绝也可以追认。无权代理一经被代理人追认，即成为有权代理，其法律后果由被代理人承担。但是，已经为被代理人拒绝的无权代理，就不能再进行追认。

无权代理行为的相对人有催告权和撤销权。相对人可以催告被代理人在一定期限内予以追认，被代理人未作表示的，视为拒绝追认。在被代理人未追认前，相对人有权撤销与无权代理人进行的法律行为。撤销应当以通知的方式作出。无权代理一经相对人撤销，被代理人就不能追认，相反，如果被代理人已经承认，相对人就不能再撤销。

无权代理造成的后果给善意相对人带来损失的，相对人可以要求无权代理人承担赔偿责任。相对人知道行为人是无权代理人而故意与其实施民事行为，造成他人损失的，相对人要负连带责任。

## 三、表见代理的法律后果由被代理人承担

表见代理，是指无权代理人因与被代理人有一定的关系，使第

三人误以为他有代理权，而与他实施的代理行为。表见代理是一种无权代理，但是，为了保护善意第三人的利益，被代理人应负授权人的责任。

表见代理主要有两种情况。

（一）被代理人的明示或默示

被代理人曾公开表示过以代理权授予某无权代理人，以后虽无正式授权，但第三人却误以为该无权代理人已有代理权；或被代理人明知无权代理人向人宣称是他的代理人而不加反对，使第三人误以为此人有代理权，而与他进行民事法律行为的，均可发生表见代理。

（二）代理权已经终止，而第三人不知情

被代理人撤回代理权，或代理权已经终止，而相关的第三人不知情，仍与已经失去代理权的原代理人进行民事法律行为，被代理人应负授权人的责任。

需要注意的是，第三人是否知情，得由被代理人负举证责任，被代理人如果不能举出反证，就只能推定第三人不知情。表见代理成立，被代理人负授权人的责任，即对代理行为的法律后果承担全部责任。

## 第四节　涉外代理的种类

涉外代理的范围广泛，种类很多。根据不同委托代理人的身份，可分为民间代理和律师代理两大类。

### 一、民间代理

民间代理的代理人是不具有律师身份的公民或法人社会团

体。在涉外经济活动中,这类代理相当普遍,如代购、代销、代管、代理经营等。在涉外贸易中,以下委托代理方式常被采用。

(一) 一般代理

一般代理(Commission Agency)也称佣金代理,一般代理的代理人不享有行使代理权之外的其他特权(如专卖权)。一般代理人根据代理协议收取佣金。

(二) 独家代理

独家代理(Exclusive Agency)是指被代理人在委托代理人代理某项事务的同时,保证在此代理期间和代理地区内不再授予任何第三人相同内容的代理权,以确保代理人的权益。例如,在涉外贸易中的独家代理商享有某种、某类,甚至某家公司生产的所有产品在一定地区内的专卖权,该授权委托公司就不能再指定其他代理商在该地区销售同类商品。

(三) 总代理

总代理(General Agency)是带有独家代理性质的总委托。被代理人委托代理人在一定时期、一定地区内代理与其利益有关的全部事务,并且保证不再授予任何第三人相同内容的代理权。总代理既有权以被代理人的名义从事签订买卖合同、处理索赔等商务,也有权代表被代理人从事一些非商务性活动,甚至可以委派分代理。

## 二、律 师 代 理

律师代理的代理人必须是具有律师资格的律师。律师涉外代理的范围很广,除了诉讼代理之外,还可包括许多非诉讼代理。例如代理各类行政申请事务、声明事项、行政复议申请、专利申请、商标注册、见证、公证等,以及各种纠纷争议调解或仲裁的代理。

律师代理是国际上通行的诉讼代理制度,有些国家实行强制诉讼代理，规定涉外案件的当事人必须请律师代理，本人可以不亲自出庭。“委托本国律师”也是国际通行的制度，即外国当事人委托律师代理诉讼，必须委托法院地国律师，以维护本国的司法主权。

我国《民事诉讼法》规定：“外国人、无国籍人、外国企业和组织在人民法院起诉、应诉，需要委托律师代理诉讼的，必须委托中华人民共和国的律师。”可见我国也实行“委托本国律师”制度，但是我国法律不禁止外国当事人委托中华人民共和国的其他人代理诉讼。

外国当事人委托中国律师代理，必须出具授权委托书，载明代理事项、代理的权限和期限，并由委托人亲笔签名。境外当事人寄交或者托交中国律师的授权委托书，必须经其所在国公证机关公证，并经我国驻该国使、领馆认证，或者履行我国与该所在国订立的有关条约中规定的证明手续后，才具有效力。

中国当事人委托外国律师代理境外诉讼或仲裁，可先委托与外国律师有协作关系的中国律师事务所，由中国律师事务所转托较为适当的外国律师代理。若通过国外亲戚朋友直接与当地律师联系，办理委托代理手续，发往境外的授权委托书同样需要经过国内公证机关的公证和该国驻我国使、领馆的认证。

## 第五节　我国的外贸代理制度

我国在对外进出口贸易中所实行的外贸代理制是一种特殊的代理制度。外贸经营权由审批制向依法登记制过渡是我国外贸经营体制改革的一项重要内容，但目前适用登记制的范围尚只扩大到全国大型工业企业，仍然有许多没有外贸经营许可的公司、企业需要委托外贸公司（包括有外贸经营许可的其他企业）代理外贸进出口业务。

根据《对外贸易法》的规定:“没有对外贸易经营许可的组织或个人,可以在国内委托对外贸易经营者在其经营范围内代为办理其对外贸易业务。接受委托的对外贸易经营者应当向委托方如实提供市场行情、商品价格、客户情况等有关的经营消息。委托方与被委托方应当签订委托合同,双方的权利义务由合同约定。”

国家有关外贸代理制的规定,最早见于 1984 年 9 月外经贸部颁发的《关于外贸体制改革意见的报告》。推行外贸代理制的目的,是“使生产企业和外贸企业之间的购销关系转变为委托代理关系,把工贸双方的利益捆在一起,提高经营和开拓国际市场的能力”。1991 年 8 月,外经贸部颁发《关于对外贸易代理制的暂行规定》,对外贸代理制作了详细的规定,把它作为外贸体制改革的主要内容。以后颁布的《对外贸易法》进一步确定了这一制度。

## 一、我国外贸代理的方式

我国现行外贸代理的方式大致可分为两种:一种是外贸公司在批准经营的范围内,接受国内其他企业的委托,以委托企业的名义与外商签订进出口合同。这是直接代理形式,委托企业要承担代理行为的后果,直接对所签合同负责。采用这种方式的前提条件,是被代理人必须享有对外贸易的经营权,可以直接从事进出口业务。

另一种是外贸公司在批准经营的范围内,接受国内其他企业的委托,以自己的名义与外商签订进出口合同。这是间接代理形式,也类似英美法未披露委托人的代理。这种代理方式不要求被代理人具有对外贸易的经营权,适用的范围很广,因而成为我国外贸代理的主要形式。我们通常所讲的外贸代理制是指后一种间接形式的外贸代理。

## 二、我国外贸代理制的特征

（一）外贸代理是一种委托合同关系

外贸代理关系必须经过国内企业（被代理人）与外贸公司（代理人）签订委托合同，确定双方的权利义务才能产生。《合同法》第 21 章，对委托合同作了专门的规定，可以补充民法中有关规定的不足。

（二）代理人以自己的名义与外商签订外贸合同

外贸公司接受国内企业委托后，以自己的名义与国外买方或者卖方签订进出口合同。这种现象虽不符合民法规定的代理特征，但却符合合同法中有关委托合同的规定。外贸代理的代理人以自己的名义签订进出口合同有其合理性。一方面，国内没有外贸经营权的企业大多数缺乏专门的外贸知识和经验，缺少专业人员和信息来源；另一方面，国外企业对我国内一般企业的资信状况也很少了解，采用直接代理的方式，不容易为外商所接受，而间接代理则可避开这些不利条件。

（三）进出口合同所确定的义务由被代理人履行

外贸公司虽以自己的名义签订进出口合同，但合同中规定的各项义务却仍需由委托方国内企业去履行。这是外贸代理与行纪行为的重要差别。在行纪关系中，委托人与第三人没有直接关系，双方都不能直接向对方行使权利和履行义务。

（四）合同后果由代理人外贸公司承担

进出口合同既然是以外贸公司的名义签订的，从法律角度看，就是外贸公司与外商之间的合同，合同所产生的后果理当由外贸公司承担。因此，如果委托方企业不能按时供货或者付款，外贸公司就会首先被外商要求赔偿损失或者支付货款，而且只有在先向外商理赔后，才能向国内委托方企业行使追索权，要求赔偿。

## 三、外贸代理中双方当事人的权利和义务

外贸代理中双方当事人的权利义务是以委托合同的方式确定的，即完全由当事人双方本着自愿平等的原则协商而定的。但根据有关的法规和商业习惯，双方的权利义务一般包括以下几方面。

（一）委托方的权利和义务

1. 依法办理商品进出口报批手续；

2. 向受托人详细说明委托进出口商品的情况；

3. 经受托人同意，委托人可以参加对外谈判，但不得自行对外承诺；

4. 按照委托合同的规定及时付款或交货；

5. 按照委托合同的规定向受托人支付手续费或佣金。

（二）受委托方的权利和义务

1. 根据委托合同，以自己的名义与外商签订进出口合同，并及时将合同副本送交委托人；

2. 在执行委托合同时，受托人有义务保证进出口合同条款符合我国法律法规，符合国际惯例，并能维护委托人的利益；

3. 向委托人提供委托商品的市场行情、商品价格、客户情况等有关的经营消息，及时报告对外开展业务的进度和履行受托人义务的情况；

4. 办理进出口合同所需的各种手续；

5. 按委托合同向委托人收取手续费或佣金。

## 四、外贸代理中委托人介入合同的法律规定

根据《合同法》的规定，以间接代理方式进行代理活动，委托人、受托人和第三人之间的关系有以下几种情况。

1. 受托人以自己的名义，在委托人的授权范围内与第三人订立的合同，第三人在订立合同时知道受托人与委托人之间的代理关系的，该合同直接约束委托人和第三人，但有确切证据证明该合同只约束受托人和第三人的除外。

2. 受托人以自己的名义与第三人订立合同时，第三人不知道受托人与委托人之间的代理关系的，受托人因第三人的原因对委托人不履行义务，受托人应当向委托人披露第三人，委托人因此可以行使受托人对第三人的权利，但第三人与受托人订立合同时如果知道该委托人就不会订立合同的除外。

3. 受托人因委托人的原因对第三人不履行义务，受托人应当向第三人披露委托人，第三人因此可以选择受托人或者委托人作为相对人主张其权利，但第三人不得变更选定的相对人。

4. 委托人行使受托人对第三人的权利的，第三人可以向委托人主张其对受托人的抗辩。第三人选定委托人作为其相对人的，委托人可以向第三人主张其对受托人的抗辩以及受托人对第三人的抗辩。

## 思考题

1. 什么是涉外代理，涉外代理有哪些特征？
2. 委托代理有哪些形式，委托证书应具备哪些内容？
3. 代理权的滥用有哪几种情况？试举例说明。
4. 无权代理发生后，被代理人和相对人各有什么权利？
5. 简述委托律师涉外代理的程序和条件。
6. 我国的外贸代理制有哪些法律特征？
7. 在外贸代理中，法律对委托人介入合同有哪些特殊规定？
8. 名词解释：直接代理、间接代理、显名代理、隐名代理、未披露委托人的代理、复代理、无权代理、表见代理、独家代理、律师代理、外贸代理。

# 第四章　涉外合同法律制度

## 第一节　涉外合同法概述

### 一、涉 外 合 同

合同是指平等主体的自然人、法人、其他组织之间设立、变更、终止民事权利义务关系的协议。涉外合同是指具有涉外因素的合同，主要是指在合同主体中既有本国当事人又有外国当事人的各种合同，如对外货物买卖合同、中外合资(合作)经营企业合同、涉外贷款合同、涉外租赁合同、涉外技术转让合同、涉外工程承包合同、涉外委托代理合同等。

涉外合同具有以下法律特征：

(一) 涉外合同是双方或多方的法律行为

合同必须由双方或多方意思表示一致才能成立。在涉外合同的当事人中，一方是我国的自然人、法人或经济组织，另一方是外国的自然人、法人或经济组织。

(二) 涉外合同主体的法律地位平等

涉外合同的当事人虽属不同的国家，但他们的法律地位完全平等。无论本国当事人还是外国当事人都不得将自己的意志强加给另一方。

（三）涉外合同是一种债权合同

涉外合同是中外双方当事人之间确定债权债务关系的根据。根据合同，一方享有请求他方作一定行为或不作一定行为的权利，就是债权；另一方负有作一定行为或不作一定行为的义务，就是债务。通过合同建立的债权债务关系受我国法律保护。

（四）涉外合同是合法的民事行为

涉外合同的内容、形式必须符合中国法律、法规的规定，凡违反中国法律的涉外合同均属无效合同，不但得不到我国法律的保护，还可能受到追究。但是，涉外合同争议可以由我国的仲裁机构或法院处理，也可以由国外的仲裁机构或法院处理。处理争议适用的法律可以是国内法，也可以是外国法或国际公约、国际惯例。

## 二、我国的涉外合同法

涉外合同法是调整涉外合同关系的法律规范的总称。我国现行调整涉外合同关系的法律、法规除《中华人民共和国合同法》外，主要有：《中华人民共和国对外贸易法》(1994 年 7 月 1 日起施行)、《中华人民共和国中外合资经营企业法》(1997 年 7 月 1 日起实施)、《中华人民共和国中外合作经营企业法》(1988 年 4 月 13 日公布施行)、《中华人民共和国中外合作开采海洋资源条例》(1982 年 1 月 12 日公布施行)、《中华人民共和国技术引进合同管理条例》(1985 年 5 月 24 日公布施行)等，其中有不少法律、法规在颁布施行后已作修改。

1985 年 3 月 21 日通过，1985 年 7 月 1 日施行的《中华人民共和国涉外经济合同法》是我国第一部调整涉外经济合同关系的专门法，专门调整国内的企业或者其他经济组织同国外的企业和其他经济组织或者个人之间订立的经济合同(国际运输合同除外)。但是，随着我国改革开放的深入，社会主义市场经济的进一步发展，合同法律制度上的缺点日渐明显。尤其是合同法因部门分别立法，虽然强调了经济合同和非经济合同、商事合同和民事合同、国内合同和涉外合同的区别，但却造成各合同法的重复规定、互不协调，甚至相互抵触。制定统一合同法势在必行。

1999 年 3 月 15 日第九届全国人民代表大会第二次会议通过了《中华人民共和国合同法》，新合同法自 1999 年 10 月 1 日起施行，同时废止《中华人民共和国经济合同法》、《中华人民共和国涉外经济合同法》、《中华人民共和国技术合同法》。

新合同法总结了我国合同立法和司法实践的经验，吸取了近年来国内法学理论研究的成果，广泛参考借鉴世界发达国家立法的成功经验和理论学说，采用适合现代市场经济运行规律的共同规则，尽可能与国际公约、国际惯例协调接轨。《涉外经济合同法》废止后，涉外合同关系主要依据《合同法》调整，并适用我国《民法通则》等其他现行法律、法规中的有关规定，以及我国缔结或参加的国际公约和协定中的有关规定。

## 第二节　涉外合同的订立

涉外合同的订立，是指中外双方当事人为了确立相互之间的权利义务关系，就合同的各项条款协商谈判，达成一致意见的过程。这一过程主要包括要约和承诺两个阶段，以及以后签订书面合同。

### 一、要　　约

要约(Offer)，即订约提议，是一方当事人希望和他人订立合同的一种意思表示。发出要约的一方称为要约人(Offeror)，收受要约的一方称为受要约人(Offeree)。

(一)要约的有效条件

一个有效的要约必须符合下列条件:

1. 要约必须是特定人向他人表示订立某种合同的意思。在一般情况下,要约是由要约人向特定的受要约人提出的,并且明确表示要与该特定人订立合同。但有时候要约也可以向不特定人提出,如悬赏广告,商品零售中的明码标价等,可以理解为是向所有人提出的要约。

2. 要约的内容必须具体确定,即已经包括了成立合同的主要条款(如标的名称、数量、价格或确定数量、价格的方法)。商业广告一般不是要约,但英、美、法等国认为措辞明确,足以形成特定允诺的商业广告是要约。我国《合同法》也规定,如果该商业广告的内容符合要约规定的,视为要约。

3. 要约必须传递给受要约人,并让受要约人理解要约的内容。要约的效力是在相对人了解要约人的意思表示后才发生的,相对人不可能对自己不了解的要约作出承诺。

要约在到达受要约人时生效。口头要约在对方听懂其内容时生效;书面要约(包括信函、电报、电传、传真等)在送达到对方时生效。

采用数据电文形式订立合同,收件人指定特定系统接收数据电文的,该数据电文进入该特定系统的时间,视为到达时间;未指定特定系统的,该数据电文进入收件人的任何系统的首次时间,视为到达时间。

不能同时符合上述三项条件的,不是要约,而是一种要约引诱,或称邀请要约。邀请要约是希望他人向自己发出要约的意思表示,本身不具有任何法律效力,对邀请人没有约束。如寄送的价目表、报价单、商品目录、拍卖公告、招标公告、招股说明书、商业广告等。

（二）要约的约束力

要约发出后，要约人要撤回要约，撤回要约的通知应当在要约达到受要约人之前或者与要约同时到达受要约人。要约人不能在要约到达对方前撤回，要约即生效。要约对要约人的约束力主要体现在要约一旦被受要约人接受，要约人即负有与受要约人按照要约的内容订立合同的义务。至于要约在被受要约人收到之后至作出承诺之前这段时间，要约人是否应受要约的约束，世界各国法律有不同的规定。

1. 英国普通法认为，要约在受要约人承诺之前，并不使要约人承担合同义务，而只是给受要约人一个可以接受要约的权利。因此，在要约被对方承诺之前，即使要约人已经规定了要约的有效期限，或已经表明该要约是不可撤回的，要约人仍有单方撤回要约的自由。只有两种情况例外：

（1）受要约人已经支付了对价（Consideration）。有对价的要约，要约人必须承担在规定期限内不撤回要约的义务。

（2）属于签字蜡封合同的要约，要约人不得撤回。签字蜡封是要式文书，签订时有一定规矩和仪式，合同文件应标明“L. S”或“Seal”等字样。

美国《统一商法典》在对要约约束力的规定上与普通法稍有不同，主要表现在对商人所作的无对价的确定要约，也规定不能撤回。这种能使要约人受约束的无对价要约，应该符合以下条件：

（1）要约必须由商人（Merchant）作出。商法典对商人的定义是：“指那些从事于经营所涉某类货物交易的人；或指那些按其职业表明对交易所涉的业务活动或货物具有专门知识或技能的人；或指那些通过雇用代理人、经纪人或中间人而被认为具备此种知识或技能的人。”

（2）发出要约的目的是为了购货或售货。提供劳务或买卖不动产的要约不在此列。

(3) 要约中必须有保证要约不予撤回的条款，规定的不可撤销期限不得超过 3 个月。

(4) 要约必须以书面形式作出，并经要约人签署。如果保证要约不予撤回的条款存在于对方提供的书面表格之中，此条款得由要约人单独签署。

2. 大陆法系国家大多认为，要约对要约人具有约束力，要约人如果不能使撤回通知在要约到达受要约人之前或者与要约同时到达受要约人，就不能再撤回要约。除非要约人在要约中以明确的文字事先排除这种约束力。

意大利、日本等国的规定与大陆法系的其他国家不同，要约人可以不受要约的约束，享有对要约的撤回权，但如果在要约中已经规定了有效期间，则该要约不能撤回。法国认为，要约人在对方承诺之前，有权撤回要约，但要承担损害赔偿的责任。

3. 联合国《国际货物买卖合同公约》对要约的约束力作了明确规定。要约可以撤回，撤回要约的通知应当在受要约人发出承诺通知之前到达受要约人。但有下列情况之一的，要约不得撤回：

(1) 要约写明承诺期限或者以其他方式表示要约是不可撤销的。

(2) 受要约人有理由信赖该项要约是不可撤销的，并已本着对该项要约的信赖行事，如已经为履行合同作了准备工作。

我国《合同法》对要约约束力的规定基本与《公约》一致。

(三) 要约的失效

要约在下列情况下失效：

1. 受要约人发出拒绝要约的通知，并送达要约人。

2. 要约人依法撤回要约。

3. 承诺期限届满，受要约人未作承诺。

4. 受要约人对要约的内容作了实质性的变更。

## 二、承　　诺

承诺(Acceptance)是受要约人同意要约的意思表示，也就是受要约人接受要约中提出的各项条件，愿意与要约人照此条件订立合同。承诺一旦生效，合同即告成立。

### (一) 承诺的有效条件

一个有效的承诺必须符合下列条件：

1. 受要约人必须完全无条件地接受要约人提出的各项条款。

受要约人若在接受要约时附加其他条件，限制或更改原要约的内容，则为拒绝原要约的反要约(Counter-Offer)。

英美法对承诺与要约的一致性通常适用“镜中影像”(Mirror Image)规则，即要求承诺必须与要约完全一致。其极端者，甚至把两者之间极细小的差异也作为否定承诺有效的依据。

“镜中影像”规则可使要约人避免因误解对方意思而产生的麻烦。但随着现代商业的发展，买卖双方越来越多地采用互寄印式表格来达成交易，就会发生“格式冲突”。比如，发出要约的商人为了省事，通常会根据自己的要求设计印制订货单。接受要约的商人不愿意仔细研究订货单中的众多条款，为了方便，就寄回一份自己设计印制的回执单。订货单和回执单可能表示的是同一种意思，但是文字表述却有很大的差异。要弥合这些差异将花费更大的精力，不过在通常情况下，双方会理解对方的意思，一方发出货物，另一方支付货款，于是买卖顺利完成。然而，一旦交易发生障碍，双方发生纠纷，他们将发现在他们之间其实还没有成立合同。

为了解决格式冲突带来的麻烦，美国商法典规定，在商人之间，一个在合理期间内作出的承诺，尽管其所载条款对要约已构成添加或不同，仍当有效。这些添加条款应被视为构成合同的一部分，除非：

(1) 要约中明确规定承诺只限于要约中的条款，不能作任何添加；

(2) 这些添加的条款构成对要约的实质性变更；

(3) 要约人在收到承诺后，已在合理期间内发出拒绝这些添加条款的通知。

我国《合同法》对此也有相同的规定：承诺对要约的内容作出非实质性变更的，除要约人及时表示反对或者要约表明承诺不得对要约的内容作出任何变更的以外，该承诺有效，合同的内容以承诺的内容为准。并明确实质性变更，是指有关合同标的、数量、质量、价款或者报酬、履行期限、履行地点和方式、违约责任和解决争议方法等的变更，即对合同主要条款的变更。

2. 承诺必须由受要约人或其代理人作出。受要约人或其代理人之外的第三人所作的承诺对原要约人无效，它只是一个新的要约，原要约人可以接受也可以拒绝。向不特定人发出的要约，在未被人承诺之前，任何人都是受要约人，作出的承诺都可能有效。

3. 承诺必须在要约确定的期限内向要约人表示。要约中如果没有确定承诺的期限，以对话方式作出的要约，除非当事人另有约定，应当即时作出承诺。以非对话方式作出的要约，承诺应当在合理期限内作出。所谓合理期限，是指要约和承诺来回传递所花费的时间加上在通常情况下受要约人考虑接受所需要的时间。书面要约，承诺期限自信件载明的日期或者电报交发之日开始计算。信件未载明日期的，自投寄该信件的邮戳日期开始计算。要约以电话、传真等快速通讯方式作出的，承诺期限自要约到达受要约人时开始计算。

受要约人超过承诺期限发出承诺的，除要约人及时通知受要约人该承诺有效的以外，为新要约。受要约人在承诺期限内发出承诺，按照通常情形能够及时到达要约人，但因其他原因承诺到达要约人时超过承诺期限的，除要约人及时通知受要约人因承诺超过期限不接受该承诺的以外,该迟到承诺有效。

（二）承诺的方式

受要约人可以用口头、书面及其他任何合理的方式作出承诺。在国际贸易中曾经通行一种承诺必须以作出要约的相同方式表示的规则,即以信函发出的要约必须以信函方式表示承诺,以电报发出的要约必须以电报方式表示承诺。这种规则很不适应现代商业的需要,所以逐渐为人们放弃,但是,如果要约人事先已明确限定了承诺的具体方法(如信函、电报、传真等),受要约人必须以限定的方法承诺,否则无效。

推定承诺,是指当事人一方以推定行为作出的承诺。我国合同法规定,根据交易习惯或者要约表明可以通过行为作出的承诺有效。推定承诺成立,合同便告成立。即使法律、行政法规规定或者当事人约定采用书面形式订立合同,而当事人未采用书面形式,但一方已经履行主要义务,对方也已经接受的,或采用书面形式订立合同,在签字或者盖章之前,当事人一方已经履行主要义务,对方接受的,合同都已经成立。

普通法对推定承诺的效力,依据单务合同和双务合同作了不同的规定。单务合同要约人的目的是要求受要约人履行某种行为,受要约人只要按要约的要求履行该行为,就满足了要约人的要求,推定承诺有效,合同成立。双务合同要约人的目的是要求受要约人作出某种允诺,受要约人必须作要约中提出的允诺,才算满足要约人的要求,合同方能成立。单作履约行为在双务合同中一般不能构成对要约的有效承诺。

美国商法典规定,对于一项要求迅速或立即发货的要约,受要约人可以通过作出立即发货的行为或发出立即发货的通知来进行承诺。如果受要约人立即发货,即使发送的货物与要约的规定不符,承诺仍为有效,但同时也构成卖方违约。除非卖方及时通知对方该行为只是一种融通行为(as an Accommodation to the

Buyer)，则不构成承诺，而是一项反要约。此外，受要约人开始履行的行为也可以产生承诺的作用，其要件是受要约人必须在合理期间内将此情况通知要约人，否则要约人不受约束。

(三) 承诺生效的时间和地点

承诺生效的时间和地点在异地合同成立中格外重要。世界各国采用的原则主要有两种。

1. 发信主义，也称投邮主义。英美法系的国家大多采取此种立场，认为发出承诺的时间(信函以邮戳，电报以电报局收电的时间印章为准)和地点，就是承诺生效的时间和地点，也就是异地合同成立的时间和地点。承诺何时达到，是否到达不影响承诺的效力，受要约人只要证明自己确已付了邮资，将写妥地址的函件交给邮电局即可。日本和法国在这方面的规定也大致与其相同。

2. 受信主义，也称到达主义。大陆法系除法国和日本外大多采取此种立场，认为承诺到达要约人的时间和地点，为承诺生效的时间和地点，也就是异地合同成立的时间和地点。承诺如果在传递中失误，迟到或不到要约人手里，承诺就不能发生法律效力。但是，如果承诺有效期间的最后一天在要约人的营业地是节假日或非营业日，则顺延至下一个营业日。

联合国《国际货物买卖合同公约》对承诺生效的时间和地点，原则上采用到达主义，即承诺于承诺通知送达要约人时生效。但是，如果受要约人可以用履约行为表示承诺，则承诺从该项行为作出时生效，而不是等履约行为完成时生效。

## 三、签 订 合 同

(一) 涉外合同的形式和格式

1. 涉外合同的形式。我国的《涉外经济合同法》曾明确规定，涉外经济合同必须采取书面形式。1999 年 10 月 1 日新《合同法》生效后,《涉外经济合同法》同时废止。《合同法》规定:当事人订立合同,有书面形式、口头形式和其他形式。法律、行政法规规定采用书面形式的,应当采用书面形式。当事人约定采用书面形式的,应当采用书面形式。书面形式指可以有形地表现所载内容的一切形式,包括合同书、信件和数据电文等。

其他形式应当包括行为形式和默示形式,即以推定行为或默示行为订立的合同。但这些行为的成立必须具备一定的条件。

以视听形式(录音、录像、多媒体光盘等视听资料)订立的合同是否有效,合同法中尚未明确规定,但根据《最高人民法院关于实施〈民法通则〉意见》第 65 条规定:"当事人以录音、录像等视听资料形式实施的民事行为,如有两个以上无利害关系人作为证人或者有其他证据证明该民事行为符合《民法通则》第 55 条的规定,可以认定有效。"因此,视听形式也属其他形式之一。

2. 涉外合同的格式。涉外合同采用书面形式一般都有一定的格式。由于涉外合同的内容大多比较复杂,人们为了方便,常常会根据本行业的特点和需要,预先将合同的主要条款印成格式文本。其格式主要有:

(1) 统一文本格式。由国家工商行政管理局统一制定,具有规范性和强制性,当事人一般均应使用。

(2) 部门文本格式。适用于某一行业、某一部门的同类合同,由国家有关部门或行业组织制定,具有一定的法律约束性,不能随意用其他形式文本替代。

(3) 参考文本格式。根据习惯归纳整理而成,没有法律的强制约束力,但能向当事人提供一种合理有效的格式参考,选择适宜的合同内容。

(二) 涉外合同的主要内容

1. 一般应具备的条款。

（1）双方当事人的姓名或名称、法定地址；

（2）合同签订的日期、地点；

（3）合同的类型和合同标的的种类、范围；

（4）合同的技术条件、质量、标准、规格、数量；

（5）履行期限、地点和方式；

（6）价格条件、支付金额、支付方式和各种附带的费用；

（7）合同能否转让或合同转让的条件；

（8）违反合同的赔偿和其他责任；

（9）合同争议的解决方法；

（10）合同适用的文字及其效力。

2. 特定条款。根据不同种类的涉外合同的不同性质、目的，当事人应当制定的一些条款。特定条款有法定的也有约定的，对此类的合同都是必不可少的。如：

（1）风险承担和保险条款。对于风险较大的合同，应当约定各方承担风险的界限及对标的的保险范围；

（2）合同有效期条款。对需要长期或连续履行的合同，应当约定合同有效期及延长合同期限或提前终止合同的条件。

3. 可由当事人自行约定的条款。根据双方当事人的意愿可以自行约定各种条款，约定的条款只要不违反国家法律的规定，都可对双方产生约束力。如：

（1）合同担保条款。需要对合同履行作担保的，应当约定担保方式、担保责任范围等；

（2）不可抗力条款。规定不可抗力事件范围及免责条件。所谓不可抗力，是指不能预见、不能避免并不能克服的客观情况。世界各国对将严重的自然灾害、灾难性事故、战争、动乱等看作不可抗力事件比较一致，对政府干预、禁令、禁运、国家计划变更、经济危机、金融风潮、价格暴涨、罢工，以及得不到许可证或配额等能否看作不可抗力事件则有较大分歧。因此，当事人应当在合同中事先约定不可抗力事件的范围；

(3) 准据法条款。约定处理合同争议所适用的法律；

(4) 解除合同条款。约定有关解除合同的条件及后果。

(三) 涉外合同的无效和撤销

1. 无效的涉外合同。无效的涉外合同是指因违反法律规定，或缺乏合同生效条件，自订立时起就没有法律效力的涉外合同。可以确认为无效的涉外合同大致有以下10种情况：

(1) 订立合同的当事人不具备合法的主体资格的；

(2) 订立合同的我国当事人未经国家主管机关批准授予对外经营权的；

(3) 订立合同的我国当事人超越其经营范围的；

(4) 没有代理权、超越代理权或代理权终止后以被代理人的名义订立合同，未经被代理人追认的，但被代理人在知道上述情况后未及时作否定表示的除外；

(5) 我国法律和行政法规规定应当由国家主管机关批准成立的合同未经批准的，或者其重大变更或权利义务的转让未经原批准机关批准的；

(6) 一方当事人以欺诈、胁迫手段订立合同，损害国家利益的；

(7) 双方当事人恶意串通，损害国家、集体或者第三人利益的；

(8) 以合法形式掩盖非法目的的；

(9) 损害社会公共利益的；

(10) 违反我国法律、行政法规的强制性规定的。

2. 可变更或者撤销的涉外合同。可变更或者撤销的涉外合同是指当事人一方有权请求人民法院或者仲裁机构变更或者撤销的涉外合同。可变更或者撤销的涉外合同有：

(1) 因重大误解而订立的合同。重大误解是指当事人对合同内容在理解上有重大错误，如对合同标的、数量、品质、合同法律关系的性质、价格条件等有重大误解。

(2) 在订立合同时显失公平。显失公平是指一方当事人利用自己经济上、技术上的优势或利用对方没有经验，使双方当事人享受的权利和承担的义务不平等，合同的履行将给一方造成重大损失。

(3) 一方当事人以欺诈、胁迫手段或者乘人之危，使对方在违背真实意思的情况下订立的合同，受损害方有权请求变更或者撤销。

当事人请求变更的，人民法院或者仲裁机构不得撤销。当事人请求撤销的，经依法撤销后，合同即告无效。未经当事人请求撤销，可撤销的合同仍然有效，当事人要受该合同的约束。

具有撤销权的当事人自知道或者应当知道撤销事由之日起1年内没有行使撤销权，或者知道撤销事由后明确表示或以自己的行为放弃撤销权的，撤销权消灭。

3. 涉外合同被确认无效或者被撤销后的处理。

(1) 无效合同或者被撤销合同自始没有法律约束力；合同部分无效，不影响其他部分效力的，其他部分仍然有效；

(2) 合同无效、被撤销或者终止的，不影响合同中独立存在的有关解决争议方法的条款的效力；

(3) 合同无效或者被撤销后，因该合同取得的财产，应当予以返还；不能返还或者没有必要返还的，应当折价补偿；有过错的一方应当赔偿对方因此所受到的损失；双方都有过错的，应当各自承担相应的责任；

(4) 当事人双方恶意串通，损害国家、集体或第三人利益的，因此取得的财产收归国家所有，或者返还集体、第三人。情节严重的，给以行政处罚，或追究刑事责任。

## 第三节　涉外合同的履行

### 一、涉外合同履行的原则

涉外合同的履行是指合同成立后，合同双方当事人按照合同约定的内容，全面履行自己所承担的义务的行为。涉外合同的履行一般应遵循以下原则。

（一）实际履行原则

实际履行原则要求合同当事人必须按照合同约定的标的履行各自的义务，不得以合同约定标的以外的标的代替。如履行标的是物的，必须按照合同规定的实物来履行，不能以其他物品、行为或货币来代替；履行标的是货币的，也应该以货币来履行，不能以实物代替。合同当事人一方不履行合同时，另一方除了要求对方支付违约金或赔偿金外，还有权要求继续实际履行。

但是，在下列情况下允许当事人不实际履行：

1. 以特定物作为履行标的，特定物已经灭失；

2. 一方当事人迟延履行，使标的物的交付对另一方已无实际意义，甚至反而造成对方的损失。

（二）全面履行原则

全面履行，又称适当履行，该原则要求当事人必须按照合同约定的标的、数量、质量、价格、履行期限、地点和方式及其他主要条款的内容，全面完成合同的义务。凡不履行或不全面履行都是合同的不履行，不履行一方当事人将承担违约责任。

（三）协作履行原则

协作履行原则要求合同当事人遵循诚实信用原则，在履行合同时相互协助、相互配合。根据合同的性质、目的和交易习惯履行通知、协助保密等义务。

## 二、双务合同的履行

双务合同是指当事人双方相互享有权利,相互负有义务的合同。双务合同双方当事人的关系是建立在对价的基础上的,即双方相互负有的义务是对价的。因此,在双务合同的履行中,当事人可以行使下列抗辩权。

### (一) 同时履行抗辩权

同时履行抗辩权,是指当事人互负债务,没有先后履行顺序的,应当同时履行。一方在对方履行之前有权拒绝其履行要求。一方在对方履行债务不符合约定时,有权拒绝其相应的履行要求。显然,在上述情况下,任何一方当事人在自己未履行合同规定的义务之前,都无权向对方要求先行履行。任何一方当事人在没有接受对方的履行前,都有权拒绝履行自己的义务。一方当事人的履行进度应与他方保持一致。

### (二) 不同时履行抗辩权

不同时履行抗辩权,又称后履行抗辩权,是指当事人互负债务,有先后履行顺序,先履行一方未履行的,后履行一方有权拒绝其履行要求,先履行一方履行债务不符合约定的,后履行一方有权拒绝其相应的履行要求。后履行抗辩权是一种延期抗辩权,只能暂时对抗对方的请求,一旦对方当事人履行了全部义务,后履行抗辩权即告消灭,后履行方应及时履行自己的义务。因一方当事人行使不同时履行抗辩权使合同履行迟延的,迟延履行的责任应由对方承担。

### (三) 不安抗辩权

不安抗辩权,又称先履行抗辩权,是指当事人互负债务,有先后履行顺序,先履行一方有确切证据证明对方不能履行合同义务,或者有不能履行合同义务的可能时，有权中止履行。

行使不安抗辩权需要具备以下条件：

1. 应当先履行债务的当事人要有确切证据，以证明对方有下列情形之一：

(1) 经营状况严重恶化；

(2) 转移财产，抽逃资金，以逃避债务；

(3) 丧失商业信誉；

(4) 有丧失或者可能丧失履行债务能力的其他情况。

当事人如果没有确切证据中止履行的，应当承担违约责任。

2. 当事人行使不安抗辩权，中止履行，应当及时通知对方。如果不及时通知对方，中止履行不能成立，先履行一方仍要承担迟延履行的责任。

中止履行只是当事人一方暂时停止履行自己的义务，对合同的效力并不发生影响。中止履行后，如果对方提供适当担保时，应当恢复履行。中止履行后，如果对方在合理期限内未恢复履行能力并且未提供适当担保的，中止履行的一方可以解除合同。

## 三、合同的保全

合同的保全，是指法律为防止债务人采取某种规避行为损害债权人的债权时，赋予债权人的代位权和撤销权。

### (一) 代位权

代位权是指因债务人怠于行使其到期债权，对债权人造成损害的，债权人可以向人民法院请求以自己的名义代位行使债务人的债权。债务人对第三人享有债权，行使这些债权可以增加或恢复债务人的履行能力，但有些债务人故意不去行使或者不积极行使，使自己无偿还能力，债权人即可行使代位权，以保障自己的权利。但是，如果该债权专属于债务人自身的除外，如债务人的劳保福利或离退休金等。

债权人行使代位权，必须经过人民法院，依法行使，而不能直接向第三人行使。代位权的行使范围以债权人的债权为限。债权人行使代位权的必要费用，由债务人负担。

（二）撤销权

撤销权是指因债务人放弃其到期债权或者无偿转让财产，对债权人造成损害的，债权人可以请求人民法院撤销债务人的行为。债务人以明显不合理的低价转让财产，并且受让人知道该情形的，债权人也可以请求人民法院撤销债务人的行为。

对于债务人放弃债权或者无偿转让财产的行为，不管第三人（受益人）是否知情，是善意还是恶意，都可以撤销。债务人以明显不合理的低价转让财产的行为，如果受让人不知情，是善意第三人，则不能撤销。

撤销权的行使范围以债权人的债权为限。债权人行使撤销权的必要费用，由债务人负担。

撤销权自债权人知道或者应当知道撤销事由起 1 年内行使。自债务人的行为发生之日起 5 年内没有行使撤销权的，该撤销权消灭。

## 第四节　涉外合同的变更、转让和终止

### 一、涉外合同的变更

涉外合同的变更是指在合同主体及合同性质不变的前提下，对尚未全部或部分履行的合同内容进行修改和补充的行为。涉外合同一经成立，即具法律约束力，双方当事人都必须全面履行合同义务，任何一方不得擅自变更。但是，在签约后客观情况会发生变

化，甚至是重大的变化，致使原合同无法履行，本着实事求是、经济合理的原则，合同当事人可以依照法律规定变更合同。

（一）涉外合同变更的程序

1. 合同变更必须经双方当事人协商同意。合同变更实际上是重新确定当事人双方的权利义务，其程序与订立一个新合同相同，要经过要约和承诺，达成一致意见，方能成立。

2. 法律和行政法规规定变更合同应当办理批准、登记手续的，必须按规定办理。

3. 书面合同的变更应采取书面形式。

（二）涉外合同变更的法律后果

1. 合同变更的后果自变更生效之日起，双方当事人应该按照变更后的债务履行。不完全按照变更后的规定履行，就是违约行为，要承担相应的责任。

2. 变更前的债务，若有未了事宜，应当依照变更前的内容处理。

3. 当事人对合同变更的内容约定不明确的，推定为未变更。

4. 合同变更不影响受损害的一方要求索赔的权利，除非合同中对此另有规定或属于免责条件。

## 二、涉外合同的转让

涉外合同的转让是指合同当事人一方将合同的权利、义务全部或者部分转让给第三人的行为。合同的转让不是改变合同的权利、义务内容，而是改变合同的主体。根据主体改变的不同，可分为债权的转让和债务的转移。

（一）债权的转让

债权的转让是指债权人与第三人达成协议，将合同的权利全部或者部分转让给第三人。债权人转让权利的，受让人取得与债权有关的从权利，除非该从权利专属于债权人自身。

债权人转让权利，通常不必征得债务人的同意即可成立，但有下列情况之一的除外：

1. 根据合同性质不得转让；

2. 按照当事人约定不得转让；

3. 依照法律规定不得转让。

债权人转让合同，应当通知债务人。未经通知，该转让对债务人不发生法律效力。因原债权人未通知转让事实，而使债务人遭受损失的，原债权人要承担赔偿责任。债权人转让债权的通知不得撤销，但经受让人同意的除外。

债务人接到债权转让通知后，债务人对让与人的抗辩，可以向受让人主张。债务人接到债权转让通知时，债务人对让与人享有债权，并且债务人的债权先于转让的债权到期或者同时到期的，债务人可以向受让人主张抵消。

（二）债务的转移

债务的转移是指债务人与第三人达成协议，并征得债权人的同意，将合同的义务全部或者部分转移给第三人。债务人转移义务的，新债务人应当承担与主债务有关的从债务，除非该从债务专属于原债务人自身。债务的转移，必须得到债权人的同意。债务人转移义务的，新债务人可以主张原债务人对债权人的抗辩。

在双务合同中，由于当事人双方互有权利和义务，所以合同的转让通常是一方当事人经对方同意，将自己在合同中的权利和义务一并转让给第三人。

## 三、涉外合同的终止

（一）涉外合同的终止原因

涉外合同的终止是指基于一定的法律事实使合同确定的权利

义务关系归于消灭。合同的权利义务终止所基于的法律事实有下列 7 种情形：

1. 债务已按照约定履行。即债务人已完成合同中规定的全部义务，债权人的权利得以实现，合同的权利义务终止。

2. 合同解除。

3. 债务相互抵消。当事人互负到期债务，该债务的标的物种类、品质相同，任何一方可以将自己的债务与对方的债务抵消，债务的标的物种类、品质不相同的，经双方协商一致，也可以抵消，但依照法律规定或者按照合同性质不得抵消的除外。抵消自通知到达对方或双方协商一致时生效，不得附条件或者附期限。

4. 债务人依法将标的物提存。债的提存是指债务人因有一定情况出现，难以履行债务，将标的物交付法律规定的提存机关的法律行为。

有下列情况之一，债务人可以将标的物提存：

(1) 债权人无正当理由拒绝受领；

(2) 债权人下落不明；

(3) 债权人死亡未确定继承人或者丧失民事行为能力未确定监护人；

(4) 法律规定的其他情况。

标的物不适于提存或者提存费用过高的，债务人依法可以拍卖或者变卖标的物，提存所得的价款。标的物提存后，毁损、灭失的风险由债权人承担。提存期间标的物的孳息归债权人所有。提存费用由债权人负担。

标的物提存后，除债权人下落不明的以外，债务人应当及时通知债权人或者债权人的继承人、监护人。债权人可以随时领取提存物，但债权人对债务人负有到期债务的，在债权人未履行债务或者提供担保之前，提存部门根据债务人的要求应当拒绝其领取提存物。债权人领取提存物的权利，自提存之日起 5 年内不行使而消灭，提存物扣除提存费用后归国家所有。

5. 债权人免除债务。除法律、行政法规规定必须履行的债务外，债权人免除债务人部分或者全部债务的，合同的权利义务部分或者全部终止。

6. 债权债务同归于一人。即债的混同，债权人和债务人的法律地位合二为一，合同的权利义务终止，但涉及第三人利益的除外。

7. 法律规定或当事人约定终止的其他情形。

合同的权利义务终止后，当事人应当遵循诚实信用原则，根据交易习惯履行通知、协助、保密等义务。

（二）涉外合同的解除

涉外合同的解除是指合同成立后，尚未履行或完全履行前，因当事人的意思表示而终止合同的法律行为。合同解除是合同的权利义务终止的主要情形之一。双方当事人协商一致，可以解除合同。附解除条件的合同，解除条件成就，解除权人可以解除合同。

一方当事人单方面要求解除合同的，必须具备下列条件：

1. 因不可抗力致使不能实现合同目的；

2. 在履行期限届满之前，对方当事人明确表示或以自己的行为表明不履行主要债务；

3. 对方当事人迟延履行主要债务，经催告后在合理期限内仍未履行；

4. 对方当事人迟延履行债务或者有其他违约行为致使不能实现合同目的；

5. 法律规定的其他情形。

法律规定或者当事人约定解除权行使期限，期限届满当事人不行使的，该权利消灭。法律没有规定或者当事人没有约定解除权行使期限，经对方催告后在合理期限内不行使的，该权利消灭。

当事人一方依法主张解除合同的，应当通知对方。合同自通知到达对方时解除。对方有异议的，可以请求人民法院或者仲裁机构确认解除合同的效力。

法律、行政法规规定解除合同应当办理批准、登记手续的，必须按照规定办理。

合同解除后，尚未履行的，终止履行；已经履行的，根据履行情况和合同性质，当事人可以要求恢复原状、采取其他补救措施，并有权要求赔偿损失。合同部分解除，与其相对独立的其他部分仍然有效，不受影响。合同解除后，合同中有关结算和清理条款，不因合同解除而失去效力，当事人要求赔偿损失的权利不受影响。

## 第五节 违约责任

### 一、违约责任的概念和构成要件

（一）违约责任的概念

涉外合同的违约责任，是指合同当事人不履行合同或者没有按照合同的约定全面履行合同义务而应当承担的经济责任。涉外合同一经成立，就具有法律效力，当事人如果不履行合同或者履行合同义务不符合约定的，即构成违约，应承担相应的违约责任。受损害的一方有权要求违约方承担继续履行、采取补救措施或者赔偿损失等违约责任。

违约责任是一种民事责任，具有补偿性和惩罚性。其补偿性体现了合同关系中的等价有偿原则，违约方应补偿因违约行为所造成的他方损失。其惩罚性体现了对违反合同行为的制裁，强制违约方承担因不履行合同而造成的不良后果，以减少违约现象的发生，保障市场经济秩序。

### （二）违约责任的构成要件

违约责任的构成要件，是当事人承担违约责任应具备的条件，包括：

1. 有违约行为的发生。违约行为是指当事人不履行合同义务或者履行合同义务不符合约定。违约行为是已经发生的客观存在的事实，而不是一种推论或想象。违约行为发生的前提是当事人之间已经存在有法律效力的合同关系，并且合同的履行期已到。但如果当事人一方明确表示或者以自己的行为表明不履行合同义务的，对方可以在履行期限届满之前要求其承担违约责任。

2. 违约行为人有过错。行为人的过错包括故意和过失，但这种区分在合同法上并无特殊意义。不管是故意还是过失，只要行为人有过错，就要承担违约责任。行为人是否有过错，通常适用“过错推定”原则，即当事人有违约行为且没有合法根据，又不能证明自己没有过错，就推定其主观上有过错。有下列情况，当事人可免除不履行合同的责任：

（1）因不可抗力不能履行合同。因不可抗力不能履行合同的，可以根据不可抗力的影响，部分或者全部免除责任，但法律另有规定的除外。

当事人一方因不可抗力不能履行合同的，应当及时通知对方，以减轻可能给对方造成的损失，并应当在合理期限内提供证明。

（2）因对方的过错不能履行合同。

（3）法律规定或者当事人约定的免责条件已经成就。

3. 损害事实的存在。

当事人一方不履行合同义务使对方受到经济损失，违约行为人应承担赔偿责任。经济损失一般以财产上的损失为限，不包括精神损失，可分为直接损失和间接损失。直接损失是指现有财产的减少，间接损失是指应当增加的财产没有增加。损害事实的存在，是违约赔偿责任的构成要件，但不是违约金责任的构成要件。

4. 违约行为和损害事实之间有因果关系。当事人一方受损害的后果必须是因为违约行为人不履行合同义务才造成的，也就是说违约行为和损害事实之间有因果关系。如果损害事实和违约行为之间没有因果关系，违约责任就不能成立。

## 二、承担违约责任的方式

（一）违约金

违约金是一种由合同当事人事先约定或者法律直接规定，任何一方违反合同时，向对方支付一定数额现金的责任形式。

违约金是对违约方不履行合同义务的一种经济制裁，带有惩罚性。违约金的数额是事先确定的，当事人只要违约，不管是否给对方造成损失，都应当按照事先约定支付违约金。但是，如果约定的违约金过分高于造成的损失的，当事人可以请求人民法院或者仲裁机构予以适当减少。

违约金又是对因违约产生的实际损失的一种补偿，带有补偿性。如果约定的违约金过分低于造成的损失，使实际损失无法得到弥补的，当事人可以请求人民法院或者仲裁机构予以增加。

当事人就迟延履行约定违约金的，违约方支付违约金后，还应当继续履行合同义务。

（二）赔偿金

赔偿金是违约方对另一方因违约行为造成的财产损失的补偿。在没有法律特别规定或者当事人另行约定的情况下，赔偿金的数额应当相当于全部实际损失，即除了直接损失外，还包括间接损失，也就是合同履行后可以获得的利益，但是，不得超过违反合同一方订立合同时预见到或者应当预见到的因违反合同可能造成的损失。

当事人一方违约后，对方应当采取适当措施防止损失的扩大；没有采取适当措施致使损失扩大的，不得就扩大的损失要求赔偿。当事人因防止损失扩大而支出的合理费用，由违约方承担。

（三）继续履行

当事人一方不履行合同义务或者履行合同义务不符合约定的，另一方除了要求其支付违约金或者赔偿金外，还可以要求其继续实际履行。当事人一方未支付价款或者报酬的，对方可以要求其支付价款或者报酬；当事人一方不履行非金钱债务或者履行非金钱债务不符合约定的，另一方通常也可以要求其实际履行，但有下列情况之一的除外：

(1) 法律上或者事实上不能履行；

(2) 债务的标的不适合于强制履行或者履行费用过高；

(3) 债权人在合理期限内未要求履行。

（四）补救措施

补救措施，也称违约救济，是指违约事实发生后，合同当事人为减少或者弥补可能造成的损失，而采取各种合理措施，以实现合同的目的。

当事人一方履行合同质量不符合约定的，受损害方根据标的的性质以及损失的大小，可以合理选择要求对方承担修理、更换、补齐、重作、退货、减少价款或者报酬等违约责任。卖方不按时交货，买方急需此货，可以在国际市场或国内市场上另行购买；买方无正当理由拒绝收货，货物不易保存或保存费用过高，卖方可以将货物另行出售。违约方将承担赔偿合同价与另行购买价或另行出售价之间的差额损失。当然，另行购买或另行出售的价格都不应超出合理的范围。

采取补救措施不是受损害方的义务，但是，如果可以采取补救措施减少实际损失，而当事人没有采取，违约方将不承担这部分本可减少的损失。

（五）解除合同

解除合同是一种较严厉的违约责任，通常在发生较重大的违约行为时才被确认，而各国法律对解除合同的条件有不同的规定。

1. 英国法把违约行为分成违反要件和违反担保。

（1）违反要件（Breach of Condition），是指当事人违反合同中的主要条款，如有关标的的质量、数量、交货时间等，但对付款的时间，一般不视作要件。当事人一方违反要件的，另一方有权解除合同，并要求赔偿损失。

（2）违反担保（Breach of Warranty），是指当事人违反合同中的随附条款，或默示担保责任。当事人一方违反担保的，另一方不能解除合同，只能要求赔偿。

默示担保制度的发展是现代合同法发展的特征之一，所谓"担保"（Warranty），是指法律推定当事人一方在订合同时对另一方作出的担保。例如，卖方的担保义务包括权利担保义务和品质担保义务。前者是指卖方应保证对其所出售的货物享有合法的完整的权利，任何第三者不会就该货物向买方主张权利；后者是指卖方除了保证货物符合合同要求的质量外，还必须符合有关的国家法律和公认的国际惯例。这些担保义务尽管没有载入合同条款，对当事人仍然有效。

2. 美国《统一商法典》把违约行为分成重大违约和轻微违约。

（1）重大违约（Material Breach），是指一方违约，致使另一方不能从该项交易中得到其主要的利益。当事人一方重大违约的，另一方有权解除合同，并要求对方赔偿全部损失。

（2）轻微违约（Minor Breach），是指一方虽有违约行为，但另一方已经从该项交易中得到其主要的利益。当事人一方轻微违约的，另一方无权解除合同，只能要求赔偿损失。

3.《联合国国际货物买卖合同公约》把违约行为分成根本性违约和非根本性违约。

(1) 根本性违约(Fundamental Breach),是指当事人一方违反合同的结果,使另一方蒙受损失,以至实际上剥夺了他根据合同有权期待得到的东西。当事人一方根本性违约的,另一方有权解除合同,并要求赔偿损失。

(2) 非根本性违约(Non-fundamental Breach),是指当事人一方违反合同的结果,没有达到上述违约所造成的后果,即并没有剥夺另一方有权期待得到的东西。当事人一方非根本性违约的,另一方无权解除合同,只能要求赔偿损失。

《国际货物买卖合同公约》中对违约行为的分类与美国《统一商法典》比较接近,都着重于违约实际造成的后果及严重程度,因而在确定能否解除合同时,通常还应考虑:

(1) 违约金额的大小;

(2) 违约行为对合同目标实现的影响;

(3) 违约方能否及时作出补救,使对方避免实质上的损害;

(4) 迟延履行一般不算根本性违约,除非是特别强调时间性的合同。

## 第六节　涉外合同的担保

### 一、合同的担保

合同的担保,是指为了保证合同能够得到切实履行,根据法律规定或者当事人约定所采取的保证措施。合同担保是以保障债权实现为目的的民事行为,本身也是一种合同关系。我国《担保法》规定的担保方式有 5 种,即保证、抵押、质押、留置和定金。

担保合同是确立债权人与担保人之间担保权利和义务关系的协议,可以合同担保条款的形式确定,也可另订担保合同。不管采取什么形式，担保合同都是依附于主债合同的从合同。担保合同以主合同的存在为前提，可随主合同的转移而转移，随主合同的消灭而消灭，但如果担保合同中另有规定的除外。例如，法律允许担保合同中可以规定担保合同不因主合同的无效而无效。当事人若作此规定，则主合同虽无效，担保合同依然有效。

担保合同成立后，债务人不履行合同并不能承担相应责任时，担保人有代为履行合同的义务或承担相应责任。担保人代替债务人履行义务后，享有对债务人的追索权。

担保合同被确认无效后，债务人、担保人、债权人有过错的，应当根据过错程度，各自承担相应的责任。

## 二、保　　证

保证是指合同当事人以外的第三人（保证人）向债权人担保债务人履行合同义务，当债务人不履行义务时，保证人将代为履行或者承担赔偿责任。

### （一）保证的方式

1. 一般保证（Surety），是指保证合同中规定，只有当债务人不能履行合同义务时，保证人才承担保证责任。

承担一般保证责任的保证人享有先诉抗辩权，或称检索抗辩权。即在主合同债务纠纷未经审判或仲裁，并将债务人财产依法强制执行仍不能清偿债务前，一般保证人有权拒绝承担保证责任。

2. 连带责任保证（Guaranty），是指当事人在保证合同中约定，保证人与被保证人对债务负连带责任。

连带责任保证的保证人没有先诉抗辩权。被保证人在债务履行期届满不履行合同义务的，债权人可以要求债务人履行，也可以要求保证人在其保证范围内承担保证责任。

连带责任保证要求保证人承担比一般保证更为严格的保证责

任，对保障债权人的利益有利。如果当事人对保证方式事先没有约定或者约定不明确的，按连带责任保证处理。

（二）保证人

保证是一种人的担保，保证人担保债务人履行合同义务，必须具有代为清偿债务的能力。在我国，涉外合同的保证人可以是银行、公司、企业法人或其他经济组织。企业法人的分支机构、职能部门不得作保证人，因为它们没有法人资格，不能独立承担民事责任。企业法人的分支机构有法人的书面授权，可以在授权范围内提供担保。在这种情况下，授权的企业法人将以自己的全部财产承担保证责任。国家机关原则上不能成为涉外合同的保证人，但是，经国务院批准为使用外国政府或者国际经济组织贷款进行转贷的除外。

我国境内企业为涉外合同提供外汇担保的，根据《境内机构提供外汇担保的暂行管理办法》的规定，担保人仅限于法定经营外汇担保业务的金融机构和有外汇收入来源的非金融性质的企业法人。

保证人必须有自愿为债务人承担保证责任的明确意思表示，任何部门、单位和个人不得强令银行等金融机构或者企业为他人提供保证。法律禁止强制作保行为，银行等金融机构或者企业对要求其为他人提供保证的强制命令，有权拒绝。

共同保证人应按照保证合同约定的保证份额承担保证责任，合同没有约定保证份额的，保证人承担连带责任。已经承担保证责任的保证人，有权向债务人追偿，或者要求有连带责任的其他保证人清偿其应承担的份额。

（三）保证责任

保证人的保证责任可以通过订立保证合同或者出具保函的形式加以确定，当事人没有约定或者约定不明确的，依照法律规定：

1. 担保范围。保证人可以与债权人约定担保范围，保证人的担保范围应等于或者小于被保证人的义务，即保证人可以保证全部债务，也可以保证部分债务。当事人对担保范围没有约定或者约定不明确的，推定保证人对全部债务负担保责任，包括主债权、利息、违约金、赔偿金及实现债权的费用。

同一债权既有保证又有物的担保的，保证人只需对物的担保以外的债权承担保证责任，债权人放弃物的担保的，保证人在债权人放弃权利的范围内免除保证责任。

2. 主债权债务的转让和变更。在保证期间内，债权人依法转让主债权，保证人在原担保范围内继续承担保证责任，除非合同中另有规定。债务人经债权人同意未经保证人同意转让债务的，保证人不再承担保证责任。

在保证期间内，债权人和债务人协议变更主合同的，应当取得保证人的书面同意，否则保证人不再承担保证责任。新增加的债务，未经保证人同意担保的，保证人不承担保证责任。

3. 保证期间。保证人可以与债权人约定保证期间，在保证期间内，保证人承担保证责任。保证人与债权人未约定保证期间的，按照法定保证期间，为主债务履行期届满之日起 6 个月。在约定或者法定的保证期间内，如果债权人不对债务人提起诉讼或者申请仲裁，保证人可以免除自己的保证责任。

## 三、抵　押

抵押是指债务人或者第三人不转移财产的所有权和占有，将该财产作为债务的担保。当债务人不履行债务时，债权人有权依法从变卖抵押物的价款中优先受偿。其中债权人为抵押权人，债务人或第三人为抵押人，供作担保的财产为抵押物。

### （一）抵押权的法律特征

1. 从属性。抵押权从属于所担保的债权，其效力决定于主债权。抵押权人可以将抵押权与债权一起转让给第三人,但不能只出让债权而保留抵押权,也不能只出让抵押权而保留债权,更不能将债权和抵押权分别出让给两个人。

抵押权随债权的成立而成立,随债权的消灭而消灭,但有时抵押权可先于债权成立。如抵押物的价值大于债权的,可以为将来继续发生的债权或者尚未确定的债权预先担保。

2. 特定性。抵押权的特定性是通过公示原则来体现的。

首先是标的的特定性,作为抵押的财产必须是特定物。大部分国家规定,以不动产设立抵押的,必须进行登记,否则不能对抗第三人(但在当事人之间仍可有效)。我国法律规定,不动产抵押为强制登记制度,抵押合同自登记之日起生效。其他抵押为自愿登记,自合同签订之日起生效,但不得对抗第三人。此外,标的的特定性还表现在抵押人只能以现存的财产作抵押,不能以未来可能产生的财产作抵押。例如,在房地产抵押合同签订后,土地上新增的房屋不属于抵押财产。

其次是所担保的债权的特定性。抵押权只为特定的债权作担保,而不能担保债务人的一切债务。抵押权设定时,担保哪种哪部分债权都必须在抵押合同中明确规定。只有被担保的那部分债不能履行时,抵押权人才能实现自己的抵押权。

3. 排他性。抵押权的排他性表现在三个方面:

一是抵押权人对抵押物的处分,排除抵押人及第三人的干扰和制约。当债务人不能履行到期债务时,抵押权人可以直接向法院申请执行,变卖抵押物,并从变卖所得的价金中优先受偿。这一系列行为都无需经过抵押人的同意。

二是排除抵押物占有人的干扰和制约。作为抵押物的标的,不管转移到何人之手,抵押权人均有依法向物的占有人进行追索的权利。

三是先设定(登记)的抵押权对后设定(登记)的抵押权有排他

效力。当债务人或第三人破产清算或者被强制执行时，抵押权对其他债权有排他效力，即优先受偿。

（二）抵押物

抵押设立的目的和内容不在物的实际使用、收益，而在于对物的交换价值的取得，因此抵押物本身不但要具有价值，而且必须是可流通物。凡法律禁止抵押的，如土地所有权、矿产资源等，不得作抵押；禁止或限制流通物原则上也不得作抵押，如果双方当事人以此设立抵押，当处分抵押物时，可由国家有关部门收购，以价抵偿。

抵押物一般为不动产，特殊情况下也可以是动产。在我国，可以作为涉外合同抵押物的财产包括属抵押人所有的房屋、地上建筑物和附属物、土地使用权、交通运输工具、机器设备和其他依法可以抵押的财产。

抵押人转让抵押物给第三人，不影响抵押权的存在。抵押人的行为足使抵押物价值减少的，抵押权人有权制止。抵押物部分灭失，未灭失部分仍担保全部债权。抵押物全部灭失，抵押权消灭，但因灭失而取得的赔偿金，应当作为抵押财产。

（三）抵押权的实现

1. 抵押权的实现条件。

（1）债务履行期届满，债务人不履行债务的；

（2）抵押合同期间，抵押人被宣告解散或者破产的；

（3）抵押人死亡而无继承人或受遗赠人的。

2. 抵押权实现的程序。债务履行期届满，抵押权人未受清偿时，可与抵押人协议以抵押物拍卖或变卖，抵偿债务，也可与抵押人订立代物清偿契约以取得抵押物的所有权；协议不成的，抵押权人可向法院申请拍卖、变卖抵押物，优先受偿。

为债务人抵押担保的第三人，在抵押权人实现抵押权后，有权要求债务人赔偿其因抵押物的丧失而造成的损失。

## 四、质　　押

质押是指债务人或者第三人将其财产移交给债权人占有，作为债务的担保。当债务人不履行债务时，债权人有权依法从拍卖、变卖质押财产的价款中优先受偿。

### （一）动产质押

动产质押是指以动产作为标的的质押。出质的动产必须是可流通物。质权人和出质人应订立书面协议确定质押担保双方的权利与义务关系。质押合同是要物行为，自质物移交于质权人占有时生效。

除非合同另有规定，质权人可以收取质物所生的孳息。当质物有损坏或者价值有明显减少之虞时，质权人有权采取质权保全措施。这些措施包括要求出质人提供相应的担保，或者拍卖、变卖质物。在质物由质权人占有期间，质权人有妥善保管质物的义务，因保管而支出的必要费用，可要求出质人偿还。质权所担保的债权消灭，质权随之消灭，质权人应当返还质物于出质人。

### （二）权利质权

权利质权是指以依法可以转让的权利作为标的的质押。根据法律规定，可以作为质押标的的权利包括：

1. 汇票、支票、本票、债券、存款单、仓单、提单；

2. 依法可以转让的股份、股票；

3. 依法可以转让的商标专用权、专利权、著作权中的财产权利；

4. 依法可以质押的其他权利。

以汇票、支票、本票、债券、存款单、仓单、提单作为权利质押标的的，应当在合同约定的期限内将权利凭证交付质权人，质押合同自交付之日起生效；

以依法可以转让的股份、股票作为权利质押标的的，出质人与质权人应当订立书面合同，并向证券登记机构办理出质登记，质押合同自交付之日起生效；

以依法可以转让的商标专用权、专利权、著作权中的财产权利作为权利质押标的的，出质人与质权人应当订立书面合同，并向其管理部门办理出质登记，质押合同自登记之日起生效。

## 五、留　置

留置是指债权人因合同关系占有债务人的财物，当债务人不按期履行债务时，债权人有权留置该项财物作为担保。债权人的这种权利称为留置权，债权人即为留置权人。

（一）留置权的成立要件

1. 留置权人必须合法占有债务人的财物。任何以侵权行为取得的财物，不能作为留置物。留置物通常是根据合同的约定，由债务人交给债权人的。如保管、承运、修理、加工等合同，要求一方将财物交给对方。

2. 留置物必须与债权的发生有直接关系。留置物通常就是债发生的原因。如保管、承运、修理、加工等合同中的债权都与合同中标的物有直接关系。

3. 留置权人有未实现的债权。只有当债务人不履行已到期的债务时，债权人才可行使留置权。

（二）留置权的行使

1. 债权人在留置债务人的财物后，应当根据留置物的特性妥善保管留置物，因疏于保管致使留置物毁损、灭失的，应负赔偿责任。因保管留置物而支付的必要费用，由债务人承担。

2. 债权人在留置债务人的财物后，应当通知债务人在法定期限或者约定期限内履行债务。债务人到期仍不履行债务的，债权人可以与债务人协议以留置物折价，或者依法拍卖、变卖留置物，并从所得的价款中优先受偿。所得价款在扣除主债金额、利息、违约金、赔偿金、留置保管费用后有剩余的，应当返还债务人，不足的由债务人补偿。

（三）留置权的消灭

留置权因下列原因而消灭：

1. 主债权消灭。如债务人在约定的期限内履行自己的义务，债权获得清偿；

2. 债务人另行提供相当的担保；

3. 留置权人放弃留置权。

留置权消灭后，留置权人负有返还留置物的义务。

## 六、定　　金

定金是指合同的一方当事人以担保合同的履行为目的，预先给付对方一定数额的现金或其他代替物。如果给付定金一方不履行约定的义务，将无权要求返还定金；收受定金的一方不履行约定的义务，应当双倍返还定金。

（一）定金的种类和性质

定金在国际贸易中经常被采用，根据定金给付的目的和效力的不同，可以分为成约定金、证约定金、违约定金、解约定金和预付定金等。

法国、日本等大陆法系国家规定，解约定金为定金的通常形式。英美法系国家及德国等规定，给付定金方违约，失去定金；接受定金方违约，只需退还定金，不必双倍返还。

我国法律规定，定金兼有证约定金和违约定金的性质，但是，定金的给付和收受双方当事人可以根据私法自治原则，约定合同中定金的性质。另外，定金的数额也由当事人根据实际需要约定，但不得超过主合同标的额的20%。

（二）定金的作用

1. 证明合同的成立。定金并不是合同成立的必要条件，但有定金事实，可更确切地证明合同的成立。定金要证明合同的成立，首先必须以书面形式约定，如果采取口头形式，且无相应的证据，不但不能证明合同的成立，连定金的成立也无法认定。其次，定金是一种要物的民事行为，即只有实际交付了定金，定金合同才能成立，才能起证约作用。

2. 担保合同的履行。定金的惩罚制度对当事人双方都有约束力。给付定金一方违约，将失去定金；收受定金的一方违约，要双倍返还定金。不论哪一方违约都将受到制裁，而使另一方获得相应的补偿，从而促使双方当事人认真履行合同。

3. 预付和协助履行的作用。定金是合同应付款项中的一部分，而且是在合同履行前先行给付的，起了相当于预付款的作用，可增强对方的履约能力。如果合同履行，定金应当抵作价款或者收回。但是，定金和预付款有很大的区别。预付款是一种诺成行为，预付款的约定是主合同的一部分，当事人不按约定支付，将承担违约责任。不支付定金的后果，仅在于定金合同的不成立，对主合同的效力并无影响，当事人也不必另行承担违约责任。

**思考题**

1. 简述涉外合同的法律特征。
2. 要约和承诺的有效成立必须具备哪些条件？
3. 如何确定无效涉外合同和可变更或者撤销的涉外合同，涉外合同被确认无效或者被撤销后当如何处理？
4. 构成违约并承担违约责任的条件是什么？
5. 合同当事人一方违约后，另一方可采取哪些补救措施？

6. 各国法律对解除合同的条件主要有哪些不同的规定?

7. 名词解释:要约、邀请要约、承诺、推定承诺、发信主义、受信主义、不可抗力事件、同时履行抗辩权、先履行抗辩权、不安抗辩权、中止履行、合同的保全、违约金、赔偿金、连带责任保证、抵押权、质押、留置权、定金。

# 第五章 涉外货物买卖法

## 第一节 涉外货物买卖法概述

### 一、涉外货物买卖法的概念

涉外货物买卖是指我国当事人与外国当事人之间所进行的跨越国境的货物买卖活动。与国内货物买卖不同,这类买卖具有涉外因素,具体表现为以下几个方面。

(一) 当事人双方处于不同的国家

涉外货物买卖双方当事人的涉外因素,并不强调双方的国籍不同,而是指双方的营业所在地位于不同的国家。如果两个相同国籍的当事人,他们的营业所在地分别在两个不同的国家内,他们之间的买卖就是一种具有涉外因素的买卖。相反,不同国籍的两个当事人,他们的营业所在地位于在同一个国家内,他们之间的买卖就不具有涉外因素,只能按国内货物买卖处理。

(二) 买卖的标的是货物

涉外货物买卖的客体是有形财产,而不包括票据、其他无形财产或服务买卖。

(三) 买卖活动超越一国国境

涉外货物买卖是指需要将货物从一国运往另一国,作跨越国境转移的买卖活动。如果双方当事人处于不同国家，但他们之间交接货物并不需要超越一国国境，就不是涉外货物买卖。

涉外货物买卖法是调整涉外货物买卖关系的法律规范的总称。涉外货物买卖关系是指在涉外货物买卖活动中形成的当事人之间的权利和义务关系，是一种平等主体之间的合同关系。广义的涉外货物买卖法，应当包括涉外货物买卖合同法、涉外货物买卖支付法、涉外货物运输和保险法等，调整的范围涉及货物买卖的全过程。狭义的涉外货物买卖法，仅指涉外货物买卖合同法。

## 二、涉外货物买卖法的渊源

### （一）涉外货物买卖法的国内法渊源

涉外货物买卖法的国内法渊源主要是《合同法》。1999 年 10 月 1 日《中华人民共和国合同法》生效后，《中华人民共和国涉外经济合同法》同时废止。原来由《涉外经济合同法》调整的涉外货物买卖关系归由《合同法》统一调整。

### （二）涉外货物买卖法的国际法渊源

涉外货物买卖法的国际法渊源主要是《联合国国际货物买卖合同公约》和国际贸易惯例。

1.《联合国国际货物买卖合同公约》。涉外货物买卖活动受到各国国内法的保护，但由于各国在政治、法律制度上差异很大，各自实施的涉外货物买卖法难免发生矛盾和冲突，从而给世界贸易的发展造成障碍。从 20 世纪 30 年代起，国际社会就致力于国际货物买卖合同法的统一。

1964 年，在海牙外交会议上通过了《国际货物买卖统一法公约》(ULIS)和《国际货物买卖国际合同成立统一法公约》(ULF)。

这两个海牙公约于1972年生效,但参加的国家很少。1978年,联合国贸易法委员会在两个海牙公约的基础上,制定了《联合国国际货物买卖合同公约》。该公约于1980年3月获得通过,1988年1月1日正式生效,我国是缔约国之一。

《联合国国际货物买卖合同公约》共101条,除了序言和结尾外,分为四大部分。

第一部分:关于公约适用范围。

公约第1条第1款规定:"本公约适用于营业地在不同国家的当事人订立的合同:(a)当这些国家是缔约国;(b)当国际私法规则指向适用一个缔约国的法律。"

对于(b)款一向颇有争议,许多国家认为此款对缔约国不利。比如,A是缔约国,而B不是。A国商人与B国商人在合同中约定适用A国法,根据(b)款,公约适用于该合同;双方在合同中约定适用B国法,公约不适用该合同,合同适用B国法。这样,缔约国的国内法将被完全排斥在国际货物买卖之外,没有适用的机会,而非缔约国的国内法反而有适用的机会。美国认为,《统一商法典》是相当现代化的,对国际贸易有很好的规范和调整作用,被完全排斥在外十分不妥,要求对此款提出保留。我国在参加公约时也对此提出了保留。

另外,公约对6种买卖合同不适用,即消费合同、拍卖合同、依法律程序出售货物、证券买卖、船舶或飞机买卖和电力买卖。

第二部分:关于合同的成立。

在合同成立问题上,公约吸取了大陆法系和英美法系中的合理部分,采用传统的要约、承诺理论。9条内容主要包括:要约的定义和要求、要约的撤销、收回和终止、与要约不一致的承诺、承诺的期限、承诺的撤销,及合同成立的时间。

第三部分:关于货物买卖。

该部分内容最多,共分5章。第一章总则,是适用于该部分的一般性规定；第二章关于卖方的义务和卖方不能履行义务时买方的救济办法；第三章关于买方的义务和买方不能履行义务时卖方的救济办法；第四章关于风险转移；第五章关于卖方和买方义务的一般规定。

公约规定的卖方义务主要是交付货物、移交单据和转让货物的所有权；买方义务主要是支付价款和收取货物。卖方的违约行为包括不交货、迟延交货和所交货物与合同规定不符，买方对此的救济方法有要求实际履行、索取赔偿、撤销合同或减低价金；买方的违约行为包括不付货款和拒收货物，卖方对此的救济方法有要求实际履行、索取赔偿和撤销合同。

公约规定的风险转移的基本原则是从交付货物时起，风险即由卖方转移给买方。风险转移前发生的货物灭失或毁损由卖方负责，风险转移后发生的货物灭失或毁损由买方自己负责，除非风险转移后货物发生的损失是由于卖方的过失或行为所造成。

第四部分：最后条款。

有关公约的保管人、公约的效力、公约的生效、声明保留、退出公约等规定。

《联合国国际货物买卖合同公约》的缔约国可以在签字、批准、接受、核准或加入时根据公约规定，声明它不受部分条款的约束。我国在加入时，除了对公约第 1 条第 1 款(b)项作保留外，还对第 11 条中“买卖合同无需以书面订立或书面证明，在形式方面也不受任何其他条件的限制”的规定声明保留，并在《涉外经济合同法》中明确规定，涉外经济合同需以书面形式订立，其转让、变更和解除，均须采取书面形式方为有效。

2. 国际贸易惯例。国际贸易惯例是在国际贸易长期实践中逐渐形成的一些习惯做法和通用规则。这些做法和规则带有很大的任意性，可以由当事人选择是否适用，而且任何一方当事人都不能强迫另一方适用。但是，由于大多数国家特别是发达国家在国际贸易中大量适用国际惯例，其他国家的当事人如果不采用国际惯例简直很难开展国际贸易业务，所以国际惯例的影响越来越大，已在世界范围内通行。

与国际货物买卖活动有关的国际惯例，主要是关于国际贸易术语解释的一系列规则。

(1)《华沙—牛津规则》。1932 年国际法协会制定，共 32 条，主要是对 CIF 的解释，对 CIF 条件下所有权和风险的转移、买卖双方的权利和义务等内容作了较为详细的规定。规则没有强制性约束力，但在欧洲大陆曾被广泛采用。

(2)《美国对外贸易定义》。1941 年由美国商会、美国进口商理事会等几个商业组织共同制定，对包括 CIF、FOB、C&F 在内的 6 种贸易术语进行了解释。规则没有强制性约束力，但在美洲大陆曾被广泛采用。

(3)《国际贸易术语解释通则》。1936 年，国际商会制定了第一份对国际贸易术语进行统一解释的文件，此后经过多次重大修改和补充，每次修改后都形成一个新的版本，如 1953 版本、1967 版本、1976 版本、1980 版本、1990 版本等。

《1953 年国际贸易术语解释通则》(International Rules for the Interpretation of Trade Terms 1953，简称 INCOTERMS 1953) 对 9 种贸易术语作了解释。它们是：工厂交货(Exworks)、铁路交货—敞车交货(FOR—FOT)、船边交货(FAS)、船上交货(FOB)、成本加运费(C&F)、成本加运费加保险费(CIF)、运费付至……指定目的地(FCP)、目的港船上交货(EXS)、目的港码头交货(EXQ)。

1967 年版本增加边境交货(DAF)和完税后交货(DDP)两个贸易术语。

1976 年版本增加启运机场交货(FOB airport)一个贸易术语。

1980年版本增加货交承运人(FRC)和运费保险费付至(CIP)两个贸易术语。

20世纪80年代人类科技取得重大发展,国际贸易不断发生新的变化,尤其是电子数据交换(Electronic Data Interchange, EDI)在商业上日益频繁的应用和新运输方式的普及,国际贸易术语必须进行更大的修改。1990年7月1日生效的新版本主要有以下三方面的重大修改:

(1) 将以前14种贸易术语修订、增减成13种,并规范术语的缩略语;

(2) 允许以相等的电子单证代替卖方必须提供的商业发票及其他单证;

(3) 按照卖方承担义务的大小,将13种贸易术语分为E、F、C、D四组:

E组。卖方在自己的所在地交货。仅1种术语: EXW工厂交货。

F组。卖方将货物交给买方指定的承运人。包括3种术语: FAS装运港船边交货,FOB装运港船上交货,FCA货交承运人。

C组。卖方支付运费、保险费,但不负担装运后产生的风险或额外费用。包括四种术语: CFR成本加运费,CIF成本加保险费、运费,CPT运费付至,CIP运费、保险费付至。

D组。卖方承担货物至目的地的所有风险和费用。包括五种术语: DAF边境交货,DES目的港船上交货,DEQ目的港码头交货,DDU未完税交货,DDP完税后交货。

1999年为使贸易术语进一步适应世界上无关税区的发展、交易中使用电子信息的增多以及运输方式的变化,国际商会再次对《国际贸易术语解释通则》进行修订,并于1999年7月公布《2000年国际贸易术语解释通则》(简称《INCOTERMS 2000》或《2000年通则》),于2000年1月1日起生效。

## 第二节　国际贸易术语

### 一、装运港交货的三种贸易术语

(一) FOB 装运港船上交货

1. 定义。FOB(Free on Board)是指卖方将货物在指定港口交到买方租赁的船上,即履行了交货义务,在我国通常被称为离岸价格。在 FOB 条件下,买方和卖方的责任与费用承担以船舷为界。当货物越过船舷时,卖方的义务终止,而买方自此刻起,将负担一切费用和货物灭失、损坏的风险。

2. 买卖双方的义务。

(1) FOB 卖方的义务包括以下七个方面。

① 提供符合合同要求的货物及商业发票等有关凭证;

② 自负风险和费用,取得出口许可证或核准书,并办理货物出口所需的一切海关手续。但在有些国家(如英国法),此项并不是卖方的当然义务;

③ 按时将货物交至买方租赁的船上,负担货物在越过船舷前的一切费用和风险;

④ 给予买方关于货物已经交至船上的充分通知;

⑤ 自负费用,向买方提供关于证明货物已经按合同约定交付的通常单据;

⑥ 根据买方请求并由买方负担风险和费用,协助买方取得有关运输合同的运输单据,以及为货物进口或过境所需的由装运国家或原产地国家签发的单据或传输具有同等效力的电子信息;

⑦ 支付交货时所需检验的费用,自费提供为货物运输所需的包装,包装上应适当地做好标记。

(2) FOB 买方的义务包括以下六个方面。

① 按照合同规定支付价款；

② 自负风险和费用，取得进口许可证或核准书，并办理进口或过境所需的一切海关手续；

③ 自负费用租船订舱，订立自指定装运港运输货物的合同及保险合同，并给予卖方关于船名、装船地点和交货时间的充分通知；

④ 在指定装运港接受卖方交付的货物，负担货物越过船舷时起的一切风险和费用。但若买方没有及时通知卖方或指定船只未能按时到达，则自双方约定的交货期届满起，买方负担货物灭失或损坏的一切风险及因延误装船而发生的任何额外费用；

⑤ 接受卖方提供的交货证明及其他单据；

⑥ 支付因卖方履行协助义务而发生的一切费用。

(3) FOB 的变形。FOB 的变形是在 FOB 条件后再附加一些条件，以划分装船费用的分担，主要有：

① FOB 班轮条件(FOB Liner Term)：卖方只负责将货物交到装运港码头，由船方装船、理舱，费用计入买方支付的运费中。

② FOB 吊钩下交货(FOB Under Tackle)：卖方负责将货物交到买方指定的船只吊钩所及之处，以后的装船费由买方负担。

③ FOB 理舱(FOB Stowed)：卖方负责将货物装入买方指定的船舱，并支付包括理舱费在内的装船费用。

④ FOB 平舱(FOB Trimmed)：卖方负责将货物装入买方指定的船舱，并支付包括平舱费在内的装船费用。

(二) CIF 成本加保险费、运费

1. 定义。CIF(Cost Insurance and Freight)是指卖方负责租船订舱，将货物装上船并支付装运港至目的港的运费和保险费，在我国通常被称为到岸价格。到岸价格 CIF 中的成本，即离岸价格 FOB。在 CIF 条件下，买方和卖方风险责任的转移仍以船舷为界。

自货物在装运港越过船舷时起，卖方不再负担货物的风险，转由买方负担货物灭失、损坏的一切风险。

2. 买卖双方的义务。

(1) CIF 卖方的义务包括：

① 提供符合合同要求的货物及商业发票等有关凭证。

② 自负费用租船订舱，订立自装运港至目的港的货物运输合同。在 CIF 条件下，卖方只需按通常条件和惯驶航线将货物用通常类型的运输工具运至目的港，支付正常运输费。

③ 自负风险和费用，取得出口许可证或核准书，并办理货物出口所需的一切海关手续。

④ 自负费用按期在装运港将货物装船，及时给予买方关于货物已经交至船上的充分通知，以及为使买方能够采取正常必要的措施收取货物所需的其他通知。

⑤ 自负费用与信誉良好的保险人或保险公司订立货物运输保险合同，支付保险费并取得可以转让的保险单。在 CIF 条件下，卖方只需按保险条款中最低责任的保险险别投保，即按 110%的价款投保平安险或水渍险，除非买方要求扩大保险范围或要求加大保险金额，并为卖方接受。额外保险费由买方负担；

⑥ 自负费用，及时向买方提供货物运至目的港的可流通的运输单据，包括提单、商业发票和保险单。提单应载明合同货物、注明在约定装运期内的日期。根据买方请求并由买方负担风险和费用，协助买方取得货物进口或过境所需的由装运国家或原产地国家签发的单据或传输具有同等效力的电子信息。

⑦ 支付装货时所需检验的费用，自费提供为货物运输所需的包装，包装上应适当地做好标记。

(2) CIF 买方的义务包括以下五个方面。

① 按照合同规定支付价款；

② 自负风险和费用，取得进口许可证或核准书，并办理进口

或过境所需的一切海关手续；

③ 在指定目的港接受货物，负担货物装船之后除运费、保险费之外的与货物运输有关的一切费用，直至货物到达目的港为止，其中也包括驳船费、码头费等卸货费用，除非这些费用在订立运输合同时已经包括在运费之内；

④ 负担货物越过船舷时起的一切风险，但若买方应当通知卖方装运的时间和目的港而没有通知，则自双方约定的装运日期或装运期届满起，买方负担货物灭失或损坏的一切风险；

⑤ 支付因卖方履行协助义务而发生的一切费用。

3. CIF与FOB合同的主要区别。

(1) 价格的构成不同：CIF合同下的价格比FOB合同下的价格多包含了运费和保险费，所以同样的货物到岸价格要比离岸价格贵。

(2) 卖方的责任不同：在CIF合同下，卖方不仅要提供货物，而且要自费租船订舱，订立货物运输合同和保险合同。而在FOB合同下，卖方只要提供货物，装上买方指定的船舱，不需负责办理运输和保险手续。但是两种合同货物装船后的风险转移是一致的，都在货物越过船舷时起，转移给买方。

(3) 合同的性质不同：CIF合同是一种典型的"象征性交货"或称"单证买卖"。在CIF条件下，卖方的交货义务不是通过实际交货完成，而是通过交付与货物有关的单据来完成。买方在收到卖方提交的单据后必须付款，而不能等货物实际到来再付；卖方也不能以货物实际交付代替单据的交付，即使货物已到，卖方不能提交符合合同规定的单据，买方仍然有权拒绝付款。当然，"象征性交货"是有一定限度的，卖方交付了单据而不能交付货物，仍属违约行为。买方接受了单据，但仍有权拒收不符合合同规定的货物，并提出索赔。

(三) CFR 成本加运费

CFR(Cost and Freight)是指卖方必须支付将货物运至指定目

的港所必需的费用和运费，但当货物在装运港越过船舷时，货物灭失或损坏的风险，以及由于货物已装上船后发生的事件而引起的任何额外费用，自卖方转移至买方。在CFR条件下，除货物运输保险由买方自己负责外，双方当事人的其他权利和义务，与CIF完全相同，因此它也被视为CIF的一种变形。

## 二、向承运人交货的三种贸易术语

（一）FCA 货交承运人

FCA(Free Carrier)是指卖方在指定地点将货物交付给买方指定的承运人或其代理人接管，即履行了交货义务。所谓“承运人”，是指依据运输合同承担铁路、公路、航空、内河、海上运输、多式联运或者负责安排运输的任何人。在FCA条件下，卖方负担货物交付承运人前的一切风险和费用，自费负责办理货物出口清关手续，买方则负担货交承运人后的一切风险和费用。如果买方未指明确切地点，卖方可以在规定的地区或地段内选择适当的交货地点由承运人接管货物。货物的风险自承运人接管时起由卖方转移至买方。

（二）CIP 运费、保险费付至

CIP(Carriage and Insurance Paid to)是指卖方支付货物运至指定目的地的运费和保险费，在货物交给承运人保管时，货物灭失或损坏的风险，以及由于在货物交给承运人后发生的事件而引起的额外费用，即从卖方转移至买方。如果货物需经后续承运人运至指定目的地，则风险自货物交给第一承运人时转移。CIP条件要求卖方办理货物出口清关手续，但只要求卖方按最低责任的保险险别订立保险合同，支付保险费。CIP条件适用于各种运输方式，包括多式联运。

（三）CPT 运费付至

CPT(Carriage Paid to)是指卖方支付货物运至指定目的地的

运费，在货物交给承运人保管时，货物灭失或损坏的风险，以及由于在货物交给承运人后发生的事件而引起的额外费用，即从卖方转移至买方。如果货物需经后续承运人运至指定目的地，则风险自货物交给第一承运人时转移。CPT 条件要求卖方办理货物出口清关手续，货物保险由买方自己负责。CPT 条件适用于各种运输方式，包括多式联运。

## 第三节　涉外货物买卖合同

### 一、涉外货物买卖合同的内容

（一）约首

合同的开头部分，包括序言、合同的名称、编号、签约日期和地点，以及双方当事人的姓名、名称、国籍、法律地位、营业所或住所地址、联系方式、开户银行账号等。必要时还应载明据以订立合同的有关函电的编号和日期，及合同中一些关键词的定义。

（二）本文

合同的主体部分，由一系列实质性条款构成：

1. 标的物条款，也称商品条款。包括商品的名称、品质、数量、质量、包装等。

(1) 商品的名称。必须与实际交付时的货物名称一致。

(2) 商品的品质。可以凭样品买卖，也可以用文字表明货物的规格、等级、标准、品牌或根据说明书确定质量。

(3) 商品的数量。数量的表示包括数字和计量单位。在涉外贸易中，由于各国度量衡制度不同，在合同中必须明确规定以哪一种度量衡制度为准。对于某些在装运过程中会发生损耗的物品，应增加“溢短装条款”。

(4) 商品的包装。规定包装方式、包装材料、包装尺寸、运输标志及包装费用的承担者。

2. 价格条款。一条完整的价格条款应包括五项内容，即计量单位、计价货币、单位金额、价格术语和交货地点(装运港或目的港)。如“每千克 3.15 美元，CIF 纽约”，“每码 4.20 港元，FOB 上海”。

3. 装运条款。装运条款规定的是运输方式、装运或分批装运日期、装运港和目的港、装运通知等。在 FOB、FAS 等由买方负责运输的条件下，卖方必须在装运期前 45 天通知买方；在 CIF、CFR 等由卖方负责运输的条件下，卖方应在装货前 40 天将预订船名和航线通知买方，让买方确认，并在货物装船后 48 小时内向买方发出装运通知。

4. 支付条款。规定支付方式、支付工具、支付日期、支付金额以及支付时需要提供的单证等。

5. 商检条款。规定检验权的归属、检验时间、检验地点、检验机构、检验方法、检验标准和检验证书。检验权通常由卖方行使，同时允许买方复检，以条款指定的检验机构出具的证明为准。检验地点对不能在口岸进行复检的买方至关重要，如果合同中不写明最终检验地点，就可能失去复检的机会。

6. 索赔条款。规定索赔的依据、索赔的方式、索赔的期限、索赔金额的确定方法及索赔时需要提交的单证文件。

7. 不可抗力条款。又称免责条款，规定当出现不可抗力事故使合同不能履行时，当事人可免除违约责任。其内容包括：不可抗力事故的范围；不可抗力事故引起的法律后果；不可抗力事故发生后，受害方通知对方的期限和需要提供的证明。

8. 准据法条款。又称法律适用条款，规定产生纠纷后适用哪一国的法律。

9. 仲裁条款。当事人双方如一致同意以仲裁方法解决争议，应订立仲裁条款，规定仲裁地点、仲裁机构、仲裁程序、裁决效力等。

（三）约尾

载明合同用哪几种文字作成、各种文本的法律效力、正本、副本和附件的效力，最后由双方当事人签名。

## 二、涉外货物买卖合同的成立

1. 询盘。询盘(Inquiry)不是要约，而是要约引诱，对当事人没有法律约束力。目的在于了解对方的情况和意向，以便更好地选择买卖商品的时机和对象。

2. 发盘。发盘(Offer)，也称为发价或报价，一般由卖方主动提出，或应对方询盘发出。由买方提出的发盘，通常称为递盘(Bid)。发盘是要约，对发盘人应当具有法律效力，但由于不同法系的国家对要约能否撤回或修改有不同的规定，所以发盘又可分为实盘和虚盘。

(1) 实盘。实盘(Firm Offer)是一项要约，对发盘人有约束力。实盘具备要约的各项要件，即发盘人有明确要求订立合同的意思；发盘中提出了明确肯定的交易；发盘中规定了有效期限。在规定的有效期限内，发盘人不得撤回或更改实盘，一旦受盘人作出有效的承诺，合同即告成立。

(2) 虚盘。虚盘(Offer Without Engagement)是发盘人有保留地愿意按所示条件达成交易的一种表示。虚盘对发盘人没有约束力，它实质上只是一方邀请对方向自己发盘，和询盘没什么差别。虚盘的特点是发盘的内容不明确，或附有保留条件，虚盘中不规定有效期限。

3. 还盘。还盘(Counter Offer)是指受盘人不完全同意发盘人的交易条件而提出修改意见的一种表示。还盘既是对原发盘的拒绝，又是向原发盘人提出的一项新的发盘，即是一项拒绝原要约的反要约。

4. 接受。接受(Acceptance)，也就是承诺，是指受盘人无条件地完全同意发盘人提出的各项交易条件，并愿意按此条件成立合同的一种表示。一项有效的接受必须由特定受盘人在有效期内作出，并且是无条件的，即接受的内容和发盘的各项条件完全一致。接受一经生效，合同即告成立。

5. 签订货物买卖合同。在通常情况下，接受生效的时间和地点就是合同成立的时间和地点。但是，当事人约定采用合同书形式订立合同的，双方当事人签字或者盖章时合同成立；当事人在合同成立之前要求签订确认书的，签订确认书时合同成立；双方当事人事先没有约定采用合同书或确认书形式的，合同在接受函电生效时成立，但若双方事后又签订合同书的，则应以合同书为依据。

(1) 销售合同书。销售合同书(Sales Contract)的内容比较全面，双方当事人的权利和义务明确，有利于合同的履行和争议的解决。在国际货物买卖中，标准合同的使用相当广泛。标准合同由有关贸易组织制定，属示范合同性质，供当事人或律师在起草合同时参考，但由于标准合同内容完备、使用方便，当事人一般都愿意使用或在其基础上修订使用。

附和性合同和示范性合同不同，附和性合同是指由当事人一方向另一方提出的具有事先拟定的格式条款的标准合同，对方要么接受，要么拒绝，很少有机会修改。

合同法规定，提供格式条款的一方应当遵循公平原则确定当事人之间的权利和义务，并采取合理的方式提请对方注意免除或者限制其责任的条款，按照对方的要求，对该条款予以说明。

提供格式条款的一方故意免除己方责任、加重对方责任、排除对方主要权利的，该条款无效。对格式条款的理解发生争议的，应当按照通常理解予以解释，对格式合同有两种以上解释的，应当作出不利于提供格式条款一方的解释。格式条款和非格式条款不一致的，应当采用非格式条款。

(2) 销售确认书。销售确认书(Sales Confirmation)的内容通常比销售合同书简略，是一种简式合同。适用于金额不大，批量较多的商品，或者已经订有代理、包销等长期协议的交易。

**思考题**

1. 涉外货物买卖有什么特征？
2. 《联合国国际货物买卖合同公约》对买方和卖方的权利义务以及买卖中的风险转移是如何规定的？
3. 我国在加入《联合国国际货物买卖合同公约》时，作了哪些声明保留？
4. CIF合同与FOB合同有哪些重要的区别？
5. 向承运人交货的贸易术语包括哪些，为什么说它们更适合现代国际贸易？
6. 名词解释：贸易术语、离岸价格、到岸价格、询盘、发盘、实盘、虚盘、递盘、还盘、标准合同、附和性合同、销售确认书。

# 第六章　涉外支付工具的法律规定

## 第一节　涉外结算和支付的货币

涉外结算和支付本质是相同的，都是我国和外国当事人之间的货币支付。结算一般是指当事人双方在账面上的冲销，支付一般是指一方当事人向另一方单向支付货币。引起涉外结算和支付的原因非常广泛，如因进出口货物买卖、运输、保险等引起的货款、运费、保险费及其他费用的支付，因涉外工程承包和劳务合作等引起的价金、报酬及其他费用的支付等。

涉外结算和支付涉及不同国家或地区的当事人、不同的货币、不同的支付工具和不同的支付方式，因此常会遇到比较复杂的法律问题。当事人必须事先协商，就支付工具和支付方式取得一致意见，以免日后发生纠纷。

在涉外结算和支付中，国际通行的支付工具有货币和票据两种。

### 一、币种的选择

涉外支付采用什么货币计价结算，应由双方当事人在合同中约定。实际可以有三种选择：本国货币、对方国货币和第三国货币。我国当事人通常采取后两种选择。

选择计价货币的依据，首先考虑的是该货币的自由兑换程度。一般应尽可能选择自由兑换货币。世界各国的货币按照自由度，可区分为：

（一）自由兑换货币

根据《国际货币基金组织协定》的定义，自由兑换是指可以不加限制地用来支付国际性经常项目（贸易和非贸易），不采取差别性汇率，在另一会员国要求下，随时有义务换回对方经常项目往来所积累的本国货币。自由兑换货币有美元、英镑、德国马克、法国法郎、瑞士法郎、欧元、日元、港币等约五十种。这些货币在国际往来中广泛使用和流通，不需要货币发行国外汇管理机构的批准，即可兑换成他国货币，是国际结算和支付最方便的工具。

（二）有限制自由兑换货币

有限制自由兑换货币是指对国际性经常往来的支付加以一定限制的货币。它通常有一个以上的汇率，外汇交易也有限制，如印度的卢比、原南斯拉夫的第纳尔、非洲金融共同体法郎等。我国的人民币原来只能作为对外贸易中的计价结算单位，限于账面结算。1994 年起，实行人民币在经常项目下有条件可兑换，也属于有限制自由兑换货币。

（三）不能自由兑换货币

不能自由兑换货币是指没有外汇市场，因而不能与其他国家货币进行自由兑换的货币。前苏联和东欧一些国家的货币，以及大部分发展中国家的货币都属这种性质。此外，凡按照政府间贸易和支付协定，规定采用记账方式的交易，其出口所获的记账外汇只能用于从对方国的进口支付。这些记账外汇即使是自由兑换货币，不经货币发行国或协定对方国的批准，不能兑换成他国货币或向第三国进行支付，因此也属于不能自由兑换货币。

其次，应考虑该货币的稳定性。对于进口商，对外支付选择“软通货”比较适宜；对于出口商，向外收汇自然要选择“硬通货”。

由于买卖双方利益不同，必须根据平等互利原则，在不损害国家政治、经济利益的前提下，充分协商，选择双方都能接受的方案。

## 二、货币保值条款

涉外支付一般都不是即期交付，而是定期或远期交付，从签订合同到实际支付往往有一段时间，在这段时间里，合同中的计价货币有可能升值或贬值，使一方当事人遭到额外的损失。为了避免这种损失，可在合同中事先规定货币保值条款，其形式主要有外汇保值条款、物价保值条款、特别提款权保值条款、黄金保值条款等。

### （一）外汇保值条款

又称汇率保值条款，是指规定合同中计价或支付的货币单位与另一种较为稳定的货币单位的兑换比率（汇率），支付时汇率若有所变动，则按变动的比率计算应支付的货币数量。例如，新加坡P公司（买方）与我国H公司（卖方）签订一份金额为11万新加坡元的货物买卖合同，合同中规定新加坡元与美元的比价为1.1∶1，合同项下11万新加坡元的货物，折合10万美元。到半年后付款时，美元升值，1美元等于1.3新加坡元，则买方实际应支付的就不是11万，而是13万新加坡元。

### （二）物价保值条款

采用物价保值的方法是，以合同签订时美元和美元的出口制成品值指数之间的比例，来确定当时美元的实际价值，到需要支付时，若该指数有变，即按新的比例来确定美元数额。物价保值条款适合以美元计价或支付、标的大、时间长的合同。美元的出口制成品值指数根据《联合国统计月报》确定。例如，某合同项下的货物价值100万美元。签约时，美元与美元的出口制成品值指数的比例为1∶2，但到实际支付时美元的出口制成品值增加，美元与其比例变为1∶3，美元贬值，付款方支付的货款将是150万美元。

(三）特别提款权保值条款

特别提款权(S. D. R)是1969年9月由国际货币基金组织创设的一种国际储备和记账单位,其单位值是由各种不同的货币单位占有的不同比例值的总和,含金量为0.888 671克,一单位相当于1美元。1981年起,改为用美、英、法、德、日五种货币作为定值标准,这些货币有软有硬,汇率变化的风险均摊在各种货币上,相互抵消,便可达到保值的目的。

(四）黄金保值条款

又称黄金条款,是指规定计价或支付货币的单位含金量,到实际支付时,不管该货币的含金量有什么变化,仍按合同条款中规定的含金量计算应付的货币数量。黄金保值条款在固定汇率时期被广泛使用,1978年黄金价格浮动后,则很少再有人使用。只是在我国与外国政府间的支付协定中,一般对支付的货币规定了黄金保值条款。

除以上四种方式外,还有价格保值法,即事先估计实际支付时计价货币可能下跌的百分比,将合同价相应提高,以避免卖方的损失。浮动计价保值法,即在合同中明确规定,如果计价货币币值出现变化,价格可以作相应的调整。这些方法各有利弊,使用得当均可达到货币保值的目的。

## 第二节　涉外票据法概述

票据和货币都是国际通行的支付工具。在国际结算和支付中,货币通常只用于现付、汇付等个别以现金结算的场合,大量的非现金结算则要通过票据这一支付工具来完成。国际上一般认为,票据应包括汇票、本票和支票三种。在涉外贸易中,大量使用的是汇票,本票和支票一般只用于数额不大的贷款或辅助费用的支付。

## 一、票据的性质和作用

票据是指由出票人依照法律规定签发的、约定由自己或委托他人在见票时或指定日期支付一定金额的有价证券。

（一）票据的法律特征

1. 票据是文义证券。票据上的权利、义务以及与票据有关的一切事项，都以票据上所记载的文字为准，不受票据文义以外事项的影响。票据上的签名者，对票据文义负完全责任。

2. 票据是要式证券。票据的作成必须具备法定的形式，才能产生票据的效力。各国票据法对票据的格式和必要记载事项都有明确的规定，不遵守这些规定对票据的效力有一定影响。如票据法规定，票据必须载明种类、金额、付款人名称、出票日期、出票人签章等，如不记载，票据无效。

3. 票据是设权证券。票据权利因出票人签发票据而发生，没有票据就没有票据上的权利。换言之，票据上的权利不能先于票据而发生，票据的作成不是证明已经存在的权利，而是创设一种新的权利。这和作为物权凭证的提单、仓单不同。

4. 票据是债权证券。票据权利以行使债的请求权为内容，是一种以表示债权为目的的证券。持票人是债权人，可以就票据上载明的金额，向票据债务人请求支付。

5. 票据是有价证券。票据是一种完全的有价证券。票据所表示的权利与票据本身不可分离，要行使票据上的权利必须占有票据。持票人一旦丧失票据，就不能主张票据权利，除非通过法定方式证明其权利后，才能行使。这和离开证券仍能主张权利的不完全有价证券如股票、提单等不同。

6. 票据是货币证券。票据是以货币作为给付标的的证券。

票据上的权利，仅限定为一定数额金钱的支付。

7. 票据是流通证券。票据权利可以通过交付或背书后交付而转让，无需通知原债务人，除非该票据上已有禁止转让的记载。

8. 票据是提示证券。票据上的债权人请求债务人履行票据义务时，必须向债务人提示票据，否则债务人可以拒绝履行给付义务。

9. 票据是返还证券。票据债权人在请求给付时，应将票据交还给债务人。票据债务人在履行给付义务后即收回票据，以免重复付款。

10. 票据是无因证券。票据上的权利义务关系与产生票据的原因关系是分离的。票据债权人持有票据，即可行使票据上的权利，不必说明取得票据的原因，更不以票据原因的存在或合法为有效条件。除非该票据的原因关系和票据关系存在于同一当事人之间，则债务人得以原因关系对抗票据关系。

（二）票据的作用

在涉外经济交往中，票据可以代替现金，作为流通手段和支付手段，大量地用于非现金结算和债务抵消。票据的使用可节约通货并降低流通费用，是异地交易中的最佳支付工具。票据又是商业信用的重要工具。出票人可以利用自己的信用，延期付款；持票人可以利用出票人的信用，将票据向银行贴现获取资金融通。

## 二、票据当事人和票据法律关系

（一）票据当事人

1. 基本当事人和非基本当事人。票据当事人可分为基本当事人和非基本当事人。在票据签发时就已经存在的当事人为基本当事人。汇票和支票上有三个基本当事人，即出票人（Drawer）、付款人（Payer）和受款人（Payee）。本票因为其付款人就是出票人，所以只有出票人和受款人两个基本当事人。基本当事人是构成票据关系的必要主体，没有基本当事人或者基本当事人不全，票据均无效。

非基本当事人是在票据签发后通过各种票据行为加入到票据关系中的当事人，如背书人（Endorser）、被背书人（Endorsee）、票据保证人（Guarantor）等。

2. 票据债权人和票据债务人。票据债权人是持有票据享有票据权利的人。票据债务人是因实施一定的票据行为而在票据上签名的人。票据债务人有主次之分，主债务人是负有付款义务的人，如汇票承兑后的承兑人、本票的出票人。次债务人是负有担保付款义务的人，如汇票、支票的出票人、背书人。票据债权人应先向主债务人行使付款请求权，被拒绝后，才可向次债务人行使追索权。

3. 前手和后手。在票据流通转让时，对每一个当事人而言，在其之前进入转让关系的就是前手，在其之后进入转让关系的就是后手。例如，甲出票人签章后将汇票给乙，乙签章后又转让给丙。甲是乙、丙的前手，乙是丙的前手；乙是甲的后手，丙是甲、乙的后手。在票据转让中，所有前手都是后手的债务人，而所有后手都是前手的债权人。

### （二）票据法律关系

票据法律关系是指因票据的作成而产生的票据当事人之间的法律关系，包括票据关系和票据法上的非票据关系。

1. 票据关系。票据关系是基于票据行为而发生的债权债务关系，如出票人与受款人或持票人之间的关系，受款人、持票人与承兑人、付款人之间的关系，背书人与被背书人之间的关系等。票据关系的内容可分为两类，一类是债权人的付款请求权和债务人的付款义务，另一类是债权人的追索权和债务人的偿付义务。

票据关系具有以下特点：

(1) 票据关系必须基于票据行为而产生；

(2) 票据关系与票据的基础关系相分离；

(3) 同一票据上有多种票据关系，各票据关系独立。

2. 票据法上的非票据关系。票据法上的非票据关系是由票据法规定的，与票据行为有关但不是基于票据行为直接发生的法律关系。如因某种原因丧失票据上权利的持票人对出票人或承兑人行使利益返还请求权而发生的关系，票据上的正当权利人对于恶意取得票据人行使票据返还请求权而发生的关系等。

票据法中规定非票据关系是为了保障票据关系和票据权利。非票据关系中的权利不是票据权利，因此行使这些权利不需以持有票据为必要条件。

3. 票据的基础关系。票据的基础关系是票据的实质关系，但与票据关系完全分离。票据的基础关系是民法上的非票据关系，是通过民事法律行为而产生的法律关系。票据的基础关系包括：

(1) 票据的原因关系。即因出票原因而产生的关系。如甲开一汇票代替现金向乙交付货款，该汇票的原因关系就是甲乙之间的货物买卖关系。

(2) 票据资金关系。即票据出票人与付款人之间约定为该票据付款的关系。如汇票出票人与付款银行签订承兑协议所建立的关系。另有票据准资金关系，存在于承兑人与付款人之间，参加付款人与被参加付款人之间，保证人与被保证人之间，是一种类似于资金关系的票据基础关系。

(3) 票据预约关系。是指票据当事人之间有了原因关系后，在发出票据前，就票据授受事宜确立的合同关系。如双方就票据的种类、金额、到期日等的约定，达成的协议，可存在于出票人和受款人之间，也可存在于背书人和被背书人之间。

## 三、票据法的体系

西方各国的票据立法有其共同的特点，但也有比较大的差异，主要可分为三个法系。

### （一）法国法系

法国票据法规定在商法典中，票据仅指汇票和本票。注重票据的资金关系，强调票据代替现金输送的作用，没有把票据关系和基础关系严格分开，后经修改，才将票据关系和基础关系分开。

### （二）英国法系

票据指汇票、本票和支票，注重票据的流通作用和信贷作用。英国法系把票据关系和基础关系严格分开，即不问票据的对价关系或资金关系怎样，凡票据的善意取得人都可受到法律保护。

### （三）德国法系

德国票据法的基本原则与英国法大体相同，把票据关系和基础关系严格分开，而在一些具体形式上与法国法系相似，如德国、法国都不承认无记名式汇票，而英国则许可。德国法系在世界上影响较大，奥地利、意大利、瑞士、瑞典、挪威、荷兰、日本等国都采用德国法系。

### （四）有关票据的国际条约

为了消除国际票据流通和国际支付中产生的票据法律冲突，一些大陆法系的国家在国际联盟的主持下，于 1930 年通过《汇票及本票统一法公约》、《解决汇票、本票若干法律冲突公约》和《汇票本票印花税公约》，于 1931 年通过《支票统一法公约》、《解决支票若干法律冲突公约》和《支票印花税公约》。

目前，欧洲大多数国家、日本及部分拉丁美洲国家都已采用上述各项日内瓦公约，英美等国则以公约的规定与国内法差异太大而拒绝参加。联合国国际贸易委员会为促进各国票据法的统一，于 1973 年提出《国际汇票和国际本票公约》(草案)和《国际支票公约》(草案),并于 1988 年联合国第 43 次大会上通过。联合国的票据公约不具有强制适用的效力,其适用范围也仅限于“作为国际贸易结算手段”而使用的“国际票据”。

(五) 我国涉外票据的法律适用

涉外票据是指票据行为中,既有发生在中国境内又有发生在中国境外的票据。涉外票据法律适用的主要规定有:

1. 我国缔结或者参加的国际条约优先适用,但我国声明保留的条款除外。我国票据法和我国缔结或者参加的国际条约没有规定的,可以适用国际惯例。由于我国还没有参加有关票据的国际公约,故公约对我国没有拘束力。但我国在制定票据法时,借鉴和吸收了公约中的许多合理规定,并在对外贸易结算中,有时也可适当参照日内瓦公约和联合国草案。

2. 票据债务人的民事行为能力,适用其本国法。但如果依照其本国法为无行为能力或者限制行为能力而依照行为地法为完全行为能力的,适用行为地法。

3. 票据出票时的记载事项,适用出票地法。但支票出票时的记载事项,经当事人协商也可适用付款地法。

4. 票据的背书、承兑、付款和保证行为适用行为地法。

5. 票据追索权的行使期限,适用出票地法。

6. 票据丧失后,失票人请求保全票据权利的程序,适用付款地法。

## 四、票据法的一般规定

(一) 票据权利

票据权利是票据法赋予持票人的权利,即持票人有依票据记载的金额向票据债务人请求支付的权利。票据权利包含着两次请求权，第一次为付款请求权，第二次为追索权。

票据权利可以是从出票人处取得，从持票人处取得，或其他依法取得。票据权利的善意取得，是指持票人从无处分权人手中支付对价后的取得，且在取得时无恶意或重大过失。法律保护善意取得人的权利。

持票人行使票据权利，应当在票据当事人的营业场所和营业时间内进行，票据当事人无营业场所的，应当在其住所进行。

票据权利在下列期限内不行使即告消灭：

1. 持票人对出票人和承兑人的权利，自票据到期日起 2 年，见票即付的汇票、本票，自出票日起 2 年；

2. 持票人对支票出票人的权利，自出票日起 6 个月；

3. 持票人对前手的追索权，自被拒绝承兑或者被拒绝付款之日起 6 个月；

4. 持票人对前手的再追索权，自清偿日或者被提起诉讼之日起 3 个月。

持票人因超过票据权利时效或者因为票据记载事项欠缺而丧失票据权利的，仍享有民事权利，可以请求出票人或者承兑人返还其与未支付的票据金额相当的利益。

（二）票据行为

票据行为是指以发生、变更、消灭票据上一定权利义务为目的的法律行为，或者说是以承担票据债务为目的的法律行为。我国票据法规定的票据行为主要有五种：出票、背书、承兑、保证和付款。其中出票是基本票据行为，出票以外的其他行为是附属票据行为。

1. 票据行为的有效条件。

（1）票据行为人必须具有票据能力。无民事行为能力的人或限制民事行为能力的人所作的票据行为无效，超越当事人行为能力的票据行为无效。因无票据能力而导致的票据行为无效，不影响同一票据上其他有效票据行为的效力。

(2) 票据行为人实施票据行为的意思表示必须自愿真实。行为人在受到欺诈、胁迫、恶意串通等外部因素的干扰,或因重大误解等导致意思表示有瑕疵,作出的票据行为无效或可以撤销。但票据行为人不得以该票据行为的无效或可撤销对抗善意第三人。

(3) 票据行为必须采取法律规定的书面形式。票据行为是要式行为。票据行为人必须按照法律规定,将法定内容记载于票据之上。缺少法定记载事项或出票人没有在票据上签章的,票据无效。

(4) 同一票据上如果有多个票据行为,各票据行为相互独立,不因其他票据行为的无效而受影响。

2. 票据的记载事项。

(1) 绝对应记载事项。指票据法明文规定必须记载的事项,如果没有记载,票据即告无效。如表明票据种类的字样、无条件支付的委托、确定的金额、付款人的名称、受款人的名称、出票日期、出票人签章等。

(2) 相对应记载事项。指票据法上规定应记载,如果当事人不记载,则依照法律规定的方法予以确定,不使票据无效的事项。如票据上没有记载付款日期的,依照规定为见票即付;没有记载出票地的,以出票人的营业所、住所或经常居住地为出票地;没有记载付款地的,以付款人的营业所、住所或经常居住地为付款地(但德国票据法规定,汇票上既未记载付款地,又未记载付款人地址的无效)。

(3) 任意记载事项。指当事人可以在票据上记载也可以不记载,而不影响票据效力的事项,但它们一旦记载到票据上,即具有票据法上的效力,当事人必须受到约束。如出票人或背书人在汇票上注明“不得转让”的字样,其后手就不能将该汇票转让。

(4) 无效记载事项。指当事人可以记载票据法规定事项以外的其他出票事项，但这些记载事项不发生票据上的效力。如签发票据的原因或用途、该票据项下的有关凭证等。

(5) 禁止记载事项。指票据法规定不能在票据上记载的事项，记载后会使票据无效。如对付款的委托附加了某些条件，则此票据无效。

3. 票据代理。票据行为允许由他人代理。票据代理除了适用民法中关于代理关系设定的所有规定外，还有以下特别规定。

(1) 票据代理必须是显名代理。代理人必须在票据上签章，并在票据上载明其代理关系。如果票据上没有记载他为代理人的文句，而他在票据上签了名，签名者将自负票据上的责任。

(2) 无权代理和越权代理的后果确定。无权代理人在票据上以代理人的名义签章的，由该签章人自己承担票据上的责任。代理人超越代理权限的，就其超越权限部分承担票据上的责任，未超越部分仍由被代理人负责。

(三) 票据抗辩

票据抗辩权是票据法赋予票据债务人在一定范围内对抗票据权利人请求的权利，即票据债务人因某些法定事由，对票据债权人拒绝履行票据债务的权利。票据抗辩包括：

1. 物的抗辩。又称绝对抗辩，是指票据债务人以票据本身内容发生的抗辩事由而行使的抗辩。物的抗辩可以向一切票据债权人行使。如因票据欠缺法定形式要件或票据系伪造、变造而提出的抗辩。

2. 人的抗辩。又称相对抗辩，是指票据债务人以与特定债权人之间发生的抗辩事由而行使的抗辩。如票据债务人可以向不履行约定义务的与自己有直接债权债务关系的持票人行使抗辩。人的抗辩只能向特定债权人行使，不能对抗其他债权人。

根据票据法的规定，票据债务人是不能以自己与出票人或与持票人前手之间的抗辩事由对抗持票人的，除非持票人明知这一抗辩事由的存在而恶意取得票据。如果持票人在取得票据时，已知票据债务人与出票人或持票人的前手之间存在抗辩事由，票据债务人可以持票人恶意取得票据为由，拒绝履行票据义务。

（四）票据的伪造、变造和更改

1. 票据的伪造。票据的伪造，是指假冒他人名义而为票据行为的行为，包括基本票据行为的伪造（出票的伪造）和附属票据行为的伪造（背书的伪造、承兑的伪造、保证的伪造）。

票据的伪造不产生票据法上的效力，伪造票据人将被依法追究刑事法律责任。但是，在伪造的票据上作有真实签章的其他人，要对自己所作的票据行为负责。

对于背书的伪造，英国法认为完全无效，被背书人即使是有对价地善意取得伪造背书的汇票，仍然不能享有正当持票人的权利。德国法及日内瓦公约则认为伪造背书不影响善意持票人的权利，付款人只需核对票据背书的连续性，而不承担调查背书真伪之责。我国票据法规定："付款人及其代理付款人付款时，应当审查汇票背书的连续性，并审查提示付款人的合法身份证明或者有效证件。付款人及其代理付款人以恶意或者有重大过失付款的，应当自行承担责任。"

2. 票据的变造。票据的变造，是指没有票据变更权限的人以行使票据权利为目的，擅自变更票据上除签章以外的记载事项的行为。

票据经过变造后仍然有效，在票据记载事项变造之前签章的人，对原记载事项负责；在票据变造之后签章的人，对变造之后的记载事项负责；不能辨别是在票据变造之前或者之后签章的，视同在变造之前签章，对原记载事项负责。

3. 票据的更改。票据的更改，是指有更改权限的人更改票据上记载事项的行为。根据票据法规定，票据的金额、日期、受款人的名称是不得更改的，若有更改则票据无效。而其他记载事项，可以由原记载人进行更改，更改时必须由原记载人签章证明。

（五）票据丧失及补救方法

票据的丧失，是指票据权利人没有抛弃票据的意思，而丧失对票据的占有。票据的丧失可分为绝对丧失和相对丧失。绝对丧失，即票据在物质上的灭失，如焚毁、撕毁等。相对丧失，即非因权利人的意思而失去占有，如遗失、被盗等。由于票据是完全有价证券和提示证券，票据的丧失不但使票据权利人无法行使权利，而且可能造成道德风险，各国票据法对票据丧失都有补救方法的规定。

各国票据法对票据丧失所采取的补救方法主要有两种。大陆法系的国家大多通过公示催告，宣告票据无效；英美法系的国家则多数主张通过诉讼行使权利。我国票据法对票据丧失规定有三种补救方法：挂失止付、公示催告和提起诉讼。

1. 挂失止付。挂失止付是指持票人在遗失票据后，及时将票据丧失情况通知票据付款人，并请求停止付款的一种补救方法。收到挂失止付通知的付款人，应当暂时停止付款。

失票挂失止付通知应具备两个条件。

(1) 发出挂失止付者必须是真正的票据权利人；

(2) 票据权利人已经丧失票据，而且所失票据是有效票据。

失票人应当在通知挂失止付后 3 日内，向人民法院申请公示催告或提起诉讼。

2. 公示催告。公示催告是指具有管辖权的法院根据失票人的申请，经过一定程序，宣告票据无效而使票据权利与票据相分离的一种制度。

申请公示催告必须具备下列条件。

(1) 申请的主体必须是按照规定可以背书转让的持票人，即票据丧失前的最后持有人；

(2) 申请的原因必须是可以转让的票据丧失，而且利害关系人处于不明状态；

(3) 必须向票据支付地的地方法院提出；

(4) 必须在通知挂失止付后3日内或在票据丧失后，向法院递交申请书。

公示催告的程序。

(1) 提出申请。失票人向有管辖权的法院提出公示催告申请。

(2) 法院审查。法院收到申请后，应立即进行调查。如认为符合受理条件的，即通知予以受理；认为不符合受理的，应在7日内裁定驳回申请。

(3) 公示催告。法院通过公告催促利害关系人申报权利。公示催告期间由法院根据具体情况决定，但不得少于60天。在公示催告期间，付款人应停止付款，转让票据权利行为无效。

(4) 权利申报。利害关系人应当在公示催告期间向法院申报权利。利害关系人一般是指善意持票人，申请人对其申报没有争议，公示催告程序结束；若有争议，法院将按票据纠纷适用普通程序审理。

(5) 除权判决。在公示催告期间无人申报权利或虽有人申报却被法院驳回的，公示催告申请人应自公示催告期间届满的次日起1个月内申请法院判决。法院根据申请作除权判决，宣告票据无效。逾期不申请判决，公示催告程序结束。除权判决生效后，失票人即可依此向票据债务人行使票据权利。

利害关系人因正当理由不能在判决前申报权利的，自知道或应当知道判决公告之日起1年内，可向作出判决的法院起诉。法院将按票据纠纷适用普通程序审理。

3. 提起诉讼。根据票据法规定，票据丧失后，失票人可以在通知挂失止付后3日内，也可以在票据丧失后通过普通诉讼程序起诉，请求票据债务人履行付款义务。

## 第三节 汇票、本票和支票

### 一、汇 票

汇票(Draft;Bill of Exchange)是出票人向受票人开出的,委托受票人在见票时或在一定时间内,对收款人或其指定人或持票人无条件支付一定金额的书面凭证。汇票分为银行汇票和商业汇票。

(一) 汇票的出票

出票(Issue)是指出票人制作票据,将自己的真实意思表示依照法律规定记载在原始票据上,签章后交付给受款人的全部行为,即包括作成票据和交付两种行为。

1. 作成汇票。作成汇票必须依法记载的事项,各法系和日内瓦公约的规定有所不同,大致包括以下七个方面。

(1) 标明“汇票”的字样。日内瓦公约和德国法系均要求汇票上必须有表明其为汇票的字样。我国汇票以统一格式印制,有“汇票”字样作标题。英美法等国则没有此种要求。

(2) 无条件支付的委托。汇票付款委托不能附加任何条件,如果出票人在票据上记载了受款人必须完成某种行为后才能给予付款,即为有条件支付,此汇票无效。在我国,无条件支付的委托通常以“凭票付”或“请于到期日无条件支付”等文句表示。

(3) 确定的金额。汇票上所记载的金额必须是确定的,而且要以大写和小写同时记载。如果票据金额的大写数目与小写数目不一致,各国法律有不同的规定。德国、意大利、瑞士等国法律都规定以数额较少者为准,而英美等国法律则规定以大写金额为准。我国则认定该票据无效。

（4）付款人的名称。票据付款人是受出票人委托向受款人支付票据金额的人。汇票的付款人一般为出票人以外的第三人（银行、公司或其他商人）。以出票人自己为付款人的汇票，称为“对己汇票”，或“己付汇票”，有些国家（如瑞典、挪威等国）把它作为本票，有的（如日内瓦公约、日本等）视为汇票，而英、美、法等国则认为持票人可以选择把它作为汇票或作为本票。如果汇票上记载的付款人不止一个，受款人可以选择其中任何一个付款人要求支付汇票全部金额，但不能要求各付款人分别支付部分金额。当其中一个付款人付款后，其他付款人就免除了付款责任。

（5）受款人的名称。受款人是票据最初的权利人，即汇票上的第一债权人，故应当记载。我国和其他许多国家及日内瓦公约都不准许无记名的汇票。英美法系的国家则规定可以有无记名式汇票。

（6）出票日期。出票日期是指汇票签发时所记载的年月日，不是指汇票实际发出的时间。我国和大多数大陆法系国家及日内瓦公约都规定汇票必须记载出票日期。汇票的出票日期有多种作用，比如，可以此判定出票人出票当时有无行为能力；可确定出票后定期付款的汇票的到期日；可确定见票后定期付款的承兑提示期限；可确定利息起算日。英、美、法等国允许不记载出票日期的汇票仍然有效，也不规定提示承兑或付款的期限，但都要求必须在合理期间内提示，否则付款人可以拒绝。

（7）出票人签章。出票人签章为汇票成立的绝对条件，汇票经出票人签章后才能生效。我国票据法规定汇票签章为签名、盖章或签名加盖章。出票人签章，一般是一个人，如果有两人以上各自签章，应负连带责任。

除了以上 7 项绝对应记载事项外，汇票上还可记载一些相对应记载事项、任意记载事项，及无效记载事项，但不能记载禁止记载事项。

（二）背书

背书(Endorsement)是指持票人在票据的背面或者粘单上记载有关事项并签章的票据行为。持票人在将汇票权利转让给他人或者将一定的汇票权利授予他人行使时，应当背书并交付汇票。转让汇票在背面签章的人称为背书人，接受背书转让的人称为被背书人。汇票经背书转让后，背书人对包括被背书人在内的一切后手担保该汇票的被承兑或付款。如果汇票的承兑人或付款人拒绝承兑或者付款，任何后手都可以向前手背书人行使追索权。

背书不得附有条件。背书若附有条件，所附条件不具有票据上的效力。将汇票金额的一部分转让的背书或者将汇票金额分别转让给 2 人以上的背书无效。背书可分为非转让背书和转让背书两种。

1. 非转让背书。非转让背书，是指具有转让权利外的其他目的的背书。主要有以下两种。

(1) 设质背书。是指背书人以设定质权为目的所为的背书。被背书人是质权人，取得的只是质权，所以票据权利并不因设质背书而发生转移。被背书人只有依法实现其质权时，才可行使票据权利；

(2) 委托取款背书。简称委托背书，是指背书人以委托他人代为取款为目的所为的背书。被背书人是代理人，得到的只是代理取款权，对票据无处分权。委托背书的被背书人不得再作转让背书，但可以再作委托取款背书，委托他人代为取款。

2. 转让背书。转让背书，是指以转让票据权利为目的的背书。通常背书多属此类，又可分为一般转让背书和特殊转让背书。

(1) 一般转让背书。包括以下两种。

① 完全背书。又称正式背书或记名背书，是指背书人除自己签章外，同时写明被背书人的名称，或者在被背书人名称之后再加上“或其指定人”(Or Order)字样。完全背书不影响被背书人再次

背书转让汇票。

② 不完全背书。又称略式背书或空白背书，是指背书人仅自己签章，而不写出被背书人的名称。取得空白背书汇票的持票人可以不作背书直接转让，就不必负担票据上的任何责任，其该负的责任将由前背书人承担。但该持票人如果在前背书人签章后面加注了自己的名字，则空白背书又变成记名背书，他本人将承担背书人的一切责任。如果他只在空白内记载受让人为被背书人，空白背书也变成记名背书，但他因为没有签章，可以不负票据上的责任。国际统一票据法和西方大多数国家都承认不完全背书，我国因票据制度尚处初级阶段，至今仍要求票据以背书转让必须记载被背书人名称。

(2) 特殊转让背书。包括以下四种。

① 禁止背书。是指背书人在背书时记载了禁止票据再转让文句的背书。背书人禁止转让的效力不如出票人禁止转让强。出票人禁止转让，该票据就再也不能转让。背书人禁止转让，被背书人仍可转让，但是该背书人只对其直接被背书人负责，对被背书人的后手不负保证责任，而继续转让的被背书人要对其后手负责。

② 回头背书。又称还原背书、回环背书，是指以票据上的债务人为被背书人的背书。回头背书使票据债权人和债务人合而为一，但为了促进票据流通，不能以债的混同而消灭债务。回头背书的被背书人在票据到期前，可再背书转让。回头背书的持票人为出票人时，对其前手无追索权。

③ 无担保背书。是指背书人在背书时记载了不负担保责任文句的背书。如此，背书人即可对任何人不负担保票据责任。我国票据法不承认无担保背书。

④ 期后背书。是指在一定期限后所作的背书，包括在票据到期日以后所作的背书和在作成拒绝证书后或者在作成拒绝证书期限届满后作成的背书。我国票据法不承认期后背书。

3. 背书的效力。

(1) 转移力,即票据权利转移的效力。背书成立,票据上的一切权利皆因背书而转移给被背书人;

(2) 担保力,即票据责任担保的效力。背书人因背书而对其后手负担保承兑和担保付款的责任;

(3) 证明力,即票据权利证明的效力。票据权利的有效转移,可以背书的连续证明。所谓背书连续,是指从最初的受款人到最后的被背书人,在票据上的背书签章都依次前后衔接而不中断。背书连续足以证明持票人为正当权利人。

(三) 承兑

承兑(Acceptance)是指汇票付款人承诺在票据到期日支付票面金额,而将此意思表示在汇票上的行为。承兑是汇票特有的制度,本票和支票都无须承兑。付款人承兑后,即为承兑人,是汇票的第一债务人,对持票人负有如期无条件付款的责任。

1. 提示承兑。承兑必须先由持票人提示。提示承兑是指汇票的持票人向付款人出示汇票,并要求付款人承诺付款的行为。西方国家一般采取自由提示原则,持票人可以在汇票到期日前提示承兑,也可以在到期日直接要求付款,除非受到出票人或背书人的明确限制。我国票据法规定:定日付款或者出票后定期付款的汇票,持票人应在汇票到期日前提示承兑;见票后到期付款的汇票,持票人应自出票日起1个月内提示承兑;见票即付的汇票无须承兑。汇票未按期提示承兑的,持票人丧失对其前手的追索权。

付款人收到持票人提示承兑的汇票时,应当向持票人签发收到汇票的回单。回单上应记载提示承兑日期并由付款人签章。付款人对该汇票是承兑还是拒绝承兑,应当自收到提示承兑的汇票之日起3日内作出决定。付款人可以利用这3天时间查阅账目,了解出票人的资金情况,或与出票人联系,确认汇票的真伪。

2. 承兑的格式。承兑是要式行为,付款人承兑时,必须在汇票正面记载下列事项。

(1)“承兑”字样。可以用“照兑”、“照付”等同义文字。

(2) 付款人签章。这是承兑人承担支付义务的重要依据。

(3) 见票后定期付款的汇票,应当在承兑时记载付款日期。

承兑日期是相对应记载事项,承兑时没有记载,不影响承兑的效力,并可以自付款人收到提示承兑的汇票之日起的第3日为承兑日期。

承兑是不能附加条件的,付款人如果对承兑附了条件,应视为拒绝承兑。

(四) 保证

票据保证(Guaranty)是指由票据债务人之外的人,为担保票据债务的履行,以负担同一内容的票据债务为目的所作的一种票据行为。

1. 汇票保证的特征。

(1) 汇票保证是一种附属的票据行为。其附属性指票据保证是以被保证的债务在形式上有效为前提,并在已经作成的汇票上进行。它对出票行为和被保证债务有附属性。

(2) 汇票保证是一种独立的票据行为。其独立性指只要被保证人的债务并非因汇票记载事项欠缺而无效,即使被保证人的债务由于欠缺相应的民事行为能力或伪造签章等事由而归于无效,保证人的票据责任仍不能免除。

(3) 汇票保证是一种要式行为。必须依照法定的方式进行,即记载在汇票或者粘单上,并按票据法规定的事项记载。

(4) 汇票一经保证,保证人应当与被保证人对持票人承担连带责任。汇票到期得不到付款的,持票人便可要求保证人履行付款义务,即使持票人未向被保证人起诉而被保证人有清偿能力,保证人也不得行使先诉抗辩权而加以拒绝。保证人清偿票据债务后,可以代位取得持票人的追索权。

2. 汇票保证的格式。

(1) 表明“保证”的字样，包括同义文字，如“担保”、“保兑”等。日内瓦公约承认略式保证，即保证人只要在票面签名，即需承担保证责任。

(2) 保证人名称和住所。此项为我国特有，其他国家票据法和日内瓦公约未见规定。

(3) 被保证人的名称。为相对应记载事项，如未记载，已承兑的汇票，以承兑人为被保证人；未承兑的汇票，以出票人为被保证人。

(4) 保证日期。为相对应记载事项，若无记载，出票日期为保证日期。

(5) 保证人签章。日内瓦公约规定付款人和出票人不能作为保证人在票面签章。

(五) 付款

付款(Payment)是指汇票的付款人向持票人支付汇票金额的清偿行为。付款人按票面金额全部支付的，为全部付款，票据关系全部消灭；支付的金额不足票面金额的，为部分付款，已清偿部分的票据关系得以消灭，未清偿部分的票据关系继续存在。我国法律不允许部分付款。

1. 付款提示。汇票付款也需要提示。持票人应在规定期限内向付款人出示汇票，要求对方付款。对提示付款的期限，各国票据法有不同的规定。如大陆法系国家一般规定，见票即付的汇票，提示付款期间为自出票之日起1年；定日付款的汇票、出票后定期付款的汇票和见票后定期付款的汇票，提示付款期间为到期日及其后的两个营业日。英美等国则规定，见票即付的汇票应在出票后或者背书后的合理期间(依票据实务中当事人习惯的时间而定)内提示付款，其他汇票应在到期日提示付款。

我国票据法规定：见票即付的汇票，自出票日起1个月内向付款人提示付款;定日付款、出票后定期付款或者见票后定期付款的汇票,自到期日起10日内向承兑人提示付款。持票人通过委托银行或者通过票据交换系统向付款人提示付款,与持票人亲自向付款人提示具有同样的法律效力。

2. 支付票款。持票人在规定期间内提示付款,付款人就必须在当日足额付款。持票人获得付款后,应当在汇票上签收,并将汇票交给付款人。

持票人因故没有在规定期间提示付款,经说明原因后,承兑人或者付款人仍应继续对持票人承担付款责任。对定日付款、出票后定期付款或者见票后定期付款的汇票,付款人在到期之日前付款的,由付款人自行承担所产生的责任。

(六) 汇票的追索权

追索权是指汇票到期不获付款或期前不获承兑或有其他法定原因时,持票人对于其前手有请求偿还票据金额、利息及其他费用的权利。行使追索权的,除持票人外,已为清偿票据债务的被追索人(背书人、保证人等)可获得再追索权。

1. 行使追索权的实质要件。行使追索权的实质要件,是指追索权发生的法定原因,包括:

(1) 汇票到期被拒绝付款;

(2) 汇票被拒绝承兑;

(3) 承兑人或者付款人死亡、逃匿;

(4) 承兑人或者付款人被依法宣告破产或者因违法行为被责令停止业务活动。

原因(1)产生到期追索权,原因(2)、(3)、(4)产生期前追索权。

2. 行使追索权的形式要件。行使追索权的形式要件,是指持票人行使追索权必须采取的法定方式。即要求持票人必须先履行一定的手续保全追索权,使其不致丧失。保全手续包括:

(1) 在法定期限内提示承兑或提示付款。未经提示的汇票,持票人丧失对其前手的追索权，除非因法定事由使持票人无法提示；

(2) 在法定期限内作成拒绝证明，或者依法取得其他相关证明。持票人提示承兑或者提示付款被拒绝的，承兑人或者付款人必须出具拒绝证明，或者出具退票理由书。持票人不能出示拒绝证明、退票理由书或者其他合法证明的，丧失对其前手的追索权。承兑人或者付款人未出具拒绝证明或者退票理由书，使持票人无法及时行使追索权而造成损失的，应当承担法律责任。

3. 行使追索权的程序。

(1) 通知拒绝事由。持票人自收到被拒绝承兑或者拒绝付款的有关证明之日起3日内，将被拒绝事由书面通知其前手；其前手应当自收到通知之日起3日内书面通知其再前手。持票人也可以书面分别通知汇票各债务人。

拒绝事由通知在有些国家被视为行使追索权的要件，如英国票据法规定，持票人不按时发出通知，即丧失其对所有前手的追索权。我国票据法则规定，持票人未按规定期限通知的，仍可行使追索权。不过，他应该赔偿因延期通知给其前手或者出票人造成的损失，所赔偿的金额以汇票金额为限。

(2) 确定追索对象。汇票的出票人、背书人、承兑人和保证人都可作为追索对象，持票人可以不按照票据债务人的先后顺序，对其中任何一人、数人或者全体行使追索权。持票人对汇票债务人中的一人或者数人已经进行追索的，对其他票据债务人仍可行使追索权。

(3) 请求偿还。持票人可请求被追索人支付包括被拒付的汇票金额、利息和追索费用在内的全部金额。被追索人对追索人进行清偿后，可以向其他票据债务人行使再追索权，请求其他票据债务人支付包括已清偿的金额、利息和再追索费用在内的全部金额。

(4) 受领追索金额。追索人或再追索人受领追索金额后，应当向清偿债务的人交出汇票和有关拒绝证明,并出具所收到利息和费用的收据。被追索人清偿票据债务后,其责任解除。

## 二、本　　票

本票(Promissory Note)也称期票,是由出票人签发的,约定于见票时或指定日期,由自己无条件支付给受款人或其指定人一定金额的书面凭证。本票可分为银行本票和商业本票,我国票据法上的本票专指银行本票。

### (一) 本票的特征

本票除了具有票据的一般法律特征外,又有其自身的特点:

1. 本票的基本当事人只有两人,即出票人和受款人。本票的出票人直接向受款人承担付款责任。而汇票、支票都有三方当事人,出票人通常不直接付款。

2. 本票是出票人无条件支付的一种承诺。本票的出票人承诺向受款人或持票人按票面金额无条件支付,而汇票的出票人委托付款人按票面金额无条件支付,是一种命令或指示。

3. 本票是无因证券,但这种无因性不是绝对的。表现为签发本票必须有真实的交易关系或债权债务关系,必须给付对价等。

4. 本票是流通证券,但本票的转让只能以背书方式转让,不允许单纯交付转让。

### (二) 本票的出票

本票的出票人必须具有支付本票金额的可靠资金来源,并保证支付。各国票据法对本票出票人的资格都有严格规定,要求本票出票人承担与汇票承兑人基本相同的责任。我国票据法规定,本票出票人资格由中国人民银行审定,具体办法由中国人民银行规定。

1. 根据我国票据法规定,本票必须记载的事项为:

(1) 表明“本票”的字样;

(2) 无条件支付的承诺；

(3) 确定的金额；

(4) 受款人名称；

(5) 出票日期；

(6) 出票人签章。

日内瓦公约及大陆法系国家在这方面的规定大致和我国相近，英美法系则有较大的差异，如上述(1)、(4)、(5)事项，英美法都不认为是本票有效的基本要件，不记明并不影响本票的效力。

2. 相对应记载事项为以下两方面。

(1) 付款地。本票应清楚、明确地记载付款地，但如果没有记载，该本票仍然有效，并推定出票人的营业场所为付款地；

(2) 出票地。本票的出票地对确定法律适用有重要意义，应清楚、明确记载。但如果没有记载，该本票仍然有效，并以出票人的营业场所为出票地。

(三) 本票的见票

本票的见票是指本票的持票人在规定期限内，向出票人提示本票，由出票人在本票上记载"见票"字样、见票日期并签章的票据行为。本票的出票人在持票人提示见票时，必须承担足额付款的责任。见票是本票特有的制度，相当于汇票的承兑。不过，承兑是为了确定汇票付款人是否承担付款责任，而见票则是为了确定本票的付款日。各国票据法对见票提示期限有不同的规定，有些国家还允许当事人事先约定。我国规定的见票提示期限(即付款期限)最长为出票之日起2个月，当事人不得变更。

本票见票的效力，除确定到期日外，还在于持票人在出票人见票拒绝时可取得有关的拒绝证明。本票的持票人未在规定期限提示见票的，丧失对出票人以外的前手的追索权。

本票在其他方面的制度，与汇票基本一致，因此有关汇票的背书、保证、付款和追索权行使等规定,都可适用于本票。各国票据法一般也只对汇票作详细的规定,而对本票则较为简略。

## 三、支　票

支票(Check;Cheque),是由出票人签发的,委托银行或其他金融机构为付款人,于见票时无条件支付一定金额给受款人或持票人的书面凭证。我国的支票只有现金支票和转账支票两种。

### (一) 支票的特征

支票除了具有票据的一般法律特征外,又有其自身的特点:

1. 支票的付款人限于银行或者其他金融机构;

2. 支票为见票即付的票据;

3. 支票只能作为支付工具,不能作为信用工具。

### (二) 支票的出票

支票的出票人必须在银行开立支票存款账户。开立支票存款账户,申请人必须使用其本名,并提交证明其身份的合法证件。开立支票账户和领用支票,申请人应当有可靠的资信,并存入一定的资金,同时预留其本名的签名和印鉴。

1. 支票必须记载的事项为以下几个方面。

(1) 表明“支票”的字样;

(2) 无条件支付的委托;

(3) 确定的金额;

(4) 付款人名称;

(5) 出票日期;

(6) 出票人签章。

此外,付款地和出票地为相对应记载事项,若未记载,推定方法同本票,支票仍然有效。

2. 空白支票。空白支票,又称“空白授权支票”,是指持票人只在支票上签章，而将其他应记载事项授权给持票人补记的支票。根据票据是要式行为的特性，空白支票严格讲来当属无效，但在实际经济活动中却又难以避免，所以各国票据法大多对空白票据网开一面。

我国票据法规定，支票上未记载金额和收款人名称的，可以由出票人授权补记，即有限制有条件地承认空白支票的合法性。而且，空白支票必须在补记以后才能使用，这样和绝对应记载事项的规定就不相矛盾。在我国，空白汇票和空白本票仍为法律所不许。

（三）支票的付款

支票是见票即付的证券，不得另行记载付款日期。支票的持票人应当自出票日起10日内提示付款，异地使用的支票提示付款的期限由中国人民银行另行规定。超过提示付款期限，付款人可以拒绝付款。

如果出票人在付款人处的存款足以支付支票的金额，付款人就必须在持票人提示当日足额付款；如果出票人签发的支票金额超过其付款时在付款人处实有的存款金额，即为空头支票，付款人可以退票拒付；如果出票人签发与其预留本名的签名式样或者印鉴不符的支票，付款人也可以退票拒付。

持票人在付款人处提示付款遭到拒绝，可以请求出票人承担责任，出票人必须按照签发的支票金额承担保证付款的责任。

付款人依法支付票面金额后，对出票人不再承担受委托付款的责任，对持票人不再承担付款的责任。但是付款人以恶意或者有重大过失付款除外。

国外有许多国家允许当事人之间订立透支合同，出票人可在一定限额内透支签发支票，这种空头支票实质相当于临时贷款。而有些国家则认为空头支票属违法行为，主张处以罚款，甚至予以刑事制裁。我国也不允许空头支票的合法存在。对于空头支票，银行除退票外，并按票面金额处以5%的罚款；屡教不改的，停止其向收款人签发支票;数额较大,情节严重的,以诈骗论处,依法追究刑事责任。

支票在其他方面的制度,与汇票基本一致,因此有关汇票的背书、付款行为和追索权的行使等规定,都可适用于支票。

**思考题**

1. 为了避免涉外支付中因计价货币升值或贬值造成的额外损失,当事人可在合同中事先规定的货币保值条款有哪几种?
2. 简述票据的性质和作用。
3. 票据的基础关系指什么,主要包括哪些关系?
4. 什么是票据抗辩,票据抗辩包括哪几种?
5. 世界各国对票据丧失所采取的补救方法有哪些,我国法律是如何规定的?
6. 什么是票据的追索权,持票人行使追索的实质要件和形式要件有哪些?
7. 名词解释:汇率保值条款、黄金条款、物价保值条款、特别提款权、票据关系、票据权利、票据行为、汇票、本票、支票、前手、后手、公示催告、委托背书、完全背书、禁止背书、回头背书、承兑、拒绝证书、见票、空白支票、空头支票。

# 第七章　涉外支付方式的法律规定

## 第一节　涉外支付方式概述

对外货物买卖中的支付方式主要有三种，即直接支付、托收和信用证。

### 一、直 接 支 付

直接支付是涉外贸易中最简单的支付方式，通常是指由买方按约定的条件和时间，通过银行或其他途径将货款汇付给卖方的支付方式。由于银行在这种支付方式中只代办汇款业务，对货款的收付不承担任何责任，实质上并没有介入，因此等于是买方的直接支付。

根据买方在汇付时所采用的通讯手段不同，直接支付可分为：

（一）信汇

信汇(Mail Transfer，M/T)是由买方将货款交付给当地的汇出银行，由汇出银行通过邮件寄送付款指示给卖方所在地的汇入银行，委托汇入银行向卖方付款。

（二）电汇

电汇(Telecommunicated Transfer，T/T)是由买方将货款交付给当地的汇出银行，由汇出银行通过电报、电传发送付款指示，或通过 SWIFT[1] 系统，即银行间的电子计算机系统发送付款指示给卖方所在地的汇入银行，委托汇入银行向卖方付款。

(三) 票汇

票汇(Demand Draft，D/D)是由买方开具一份以卖方为受款人的汇票，通过邮件寄送给卖方，由卖方或者其指定人持票向指定的付款人要求付款。

直接支付的优点是简便，费用较低，缺点是风险较大。采用信汇或票汇方式，买方要冒邮件中途丢失的危险，尤其是票汇，一旦被他人恶意取得，伪造签名进行提款，买方将遭受重大损失。电汇虽然避免了中途丢失的风险，但由于银行在汇付过程中对货款的收付不承担任何责任，买方还将自己承担卖方是否按合同要求发货的风险。因此，汇付通常只适用于小额贸易或支付佣金等。大宗贸易，除了对方态度友好，资信可靠，且已经与我建立了密切业务关系外，都必须谨慎采用。

在外贸实践中，买方直接付款一般有三种做法。

1. 订货付款。买方在订货时预付全部或部分货款。这种做法对卖方非常有利，在涉外支付中不普遍，一般在卖方按买方特殊要求制造出口商品时，才坚持采用这种付款条件。

2. 见单付款。买方在收到货物装运单据后，按合同规定将货款汇付给卖方。这种做法对卖方不利，如果买方收到单据后拒绝付款或迟延付款，卖方就会因此遭受损失。

3. 交单付款。买方付款和卖方交单同时进行，双方都不吃亏，但付款用汇付方式就比较困难。通常是在工厂交货或铁路交货条件下，以交单付现或交货付现完成交易。

---

① SWIFT：环球银行财务电讯协会的缩略词。该协会从 1973 年起启用电脑网络，每周 7 天 24 小时连续运行，具有自动存储信息、自动加押或核押、自动区分文件等功能。

## 二、托　收

托收是由卖方开具以买方为付款人的汇票，委托银行向买方收取货款的一种支付方式。国际商会在1978年制定的《托收统一规则》(即《322号规则》)旨在将托收中各方权利义务规范化，在各国被广泛采纳。我国于1994年加入国际商会，而在此之前实际上早已采纳此规则。

根据《托收统一规则》中的定义："托收是银行根据指示为以下目的接受处理规定的单据：(1) 得到承兑或付款；(2) 在得到承兑或付款时交付单据；(3) 按其他条款或条件交付单据。"这里所指的单据包括金融单据和商业单据。

金融单据是指汇票、本票、支票、支付数据或其他可以获得货币支付的相似单据；商业单据是指发票、装运单据、物权凭证及其他非金融单据。

(一) 托收的特点和种类

1. 托收的特点。托收的重要特点是：无论托收银行或者代收银行对汇票的付款人拒付或拒绝承兑都不承担任何义务或责任，它们的责任只限于及时向付款人提出汇票，并在遭到拒绝时及时将详细情况通知卖方。至于卖方能否按时收回货款，全凭买方的商业信誉，银行并不给以任何保证。因而，托收是一种以商业信用而不是以银行信用为基础的支付方式，采用这种支付方式，对卖方有较大的风险。

2. 托收的种类。托收可以分为光票托收和跟单托收两种。

(1) 光票托收。光票托收，是指卖方只开具汇票交给银行，委托银行向买方收款，不附带任何装运单据。光票托收是金融单据的托收，不附有商业单据，商业单据由卖方自己直接寄给买方。这种托收风险较大，卖方的货已运出，单据也寄出，货物的所有权已经转移，而汇票不一定被接受。所以只有买方十分可信，或总公司与分公司之间才会使用，或者用于收取货款尾数、佣金等小额费用。

(2) 跟单托收。跟单托收，是指卖方不仅开具汇票，而且附带将提单、保险单、发票等商业单据一并交给银行，委托银行向买方收款。买方要取得提单等商业单据，必须先向银行付清货款，这样在买方未付款前，货物的所有权仍在卖方手里，比光票托收安全。

根据交单条件的不同，跟单托收还可分为付款交单（D/P，即买方付款后交单）和承兑交单（D/A，即买方承兑后交单），并有即期和远期之分。

对于卖方而言，即期付款交单最为安全，远期承兑交单最不安全。在出口贸易中，有时会发生货物先于付款日到达目的港的情况，买方以不及时提货要承担罚款为由，向银行借单提货。卖方若授权银行借单，以后买方可能不付款的风险就将由卖方自己承担，托收行不再负任何责任。此种情况应尽量避免，实在无法避免，最好采取凭信托收据借单提货的方式，即要求买方提供书面的或实物的信用担保作为借单的前提条件。

(二) 托收当事人

1. 托收的当事人，主要有四种。

(1) 委托人，即委托银行办理托收业务的客户。通常是货物买卖合同的卖方、出口商。

(2) 托收行，或称委托行，即接受客户委托办理托收业务的银行。通常为卖方所在地的银行。

(3) 代收行，或称代理行，即接受托收行委托代其向付款人收款或提示单据的银行。通常为买方所在地的银行。

(4) 付款人，即代收行向其提示单据，要求付款的对象。通常为货物买卖合同的买方。

2. 托收当事人之间的法律关系。

(1) 委托人与付款人之间的买卖合同关系。这是产生托收关系的原因和基础。托收如果遭到拒绝，委托人仍有权直接向付款人追索。

(2) 委托人与托收行之间的委托代理关系。委托人在托收行填写的“托收委托书”，是双方的代理合同，其中明确规定了托收指示和双方的责任范围。托收行应按委托书的规定办理托收事宜，收取托收费用，若违反规定使委托人受损，要承担责任。

(3) 托收行与代收行之间的委托代理关系。代收行应按照托收行的指示，及时向汇票上的付款人提示承兑或提示付款，若遭拒绝应及时通知托收行，否则将对因此产生的损失承担责任。

至于委托人和代收行，代收行和付款人之间则不存在直接的合同关系。

(三) 托收的基本程序

1. 委托人填写托收委托书发出托收指示，并将汇票、提单等有关单据交付托收行。

托收委托书的内容主要包括：

(1) 委托人和付款人的名称、地址；

(2) 托收的金额和币种；

(3) 单据的名称和数量；

(4) 交单方式和条件；

(5) 银行费用分担；

(6) 付款人拒付、不接受单据时的特别指示。

2. 托收行把托收指示、汇票、提单等有关单据寄送给代收行。

3. 代收行按照托收指示向付款人作付款提示，付款人向代收行付清货款。

4. 代收行收款后通知托收行，托收行向委托人交付贷款。

(四) 托收中银行的责任

托收行是委托人的代理人，必须严格按照委托人的指示行事，如果因没有遵守托收指示而造成损失，必须向委托人赔偿。代收行是托收行的代理人，必须严格按照托收行的指示行事。代收行应对没有遵守托收行的指示造成的损失向托收行进行赔偿。

银行在履行托收义务时应该是善意的和适当谨慎的，它必须认真核实所收到的单据在表面上与托收指示是否一致，发现遗漏或不符，应立即通知委托人。但除此之外，银行没有进一步检查单据的义务。银行对单据的格式、真实性及法律效力不负责任，不对单据上记载的条件负责，不对单据代表的货物的数量、质量、价值或存在负责，也不对信息、单据在传递过程中的延误、丢失和错误负责。

## 第二节　信　用　证

信用证(Letter of Credit,L/C)是现代国际贸易中最常见最主要的支付方式，也是我国涉外支付的主要方式。

### 一、信用证的概念和主要内容

#### (一) 信用证的概念

信用证是银行根据买方(进口商)的请求和指示，开给卖方(出口商)的一种保证承担支付货款责任的书面凭证。信用证是一种商业信用加银行信用的支付方式。采用这种支付方式，银行作为一个有资信的第三者在支付过程中充当第一付款人，使买卖双方的利益都得到保障，风险大为减少。对于出口商来说，他在交单时就能得到银行付款的绝对保证，担心货款落空的问题可基本解决；对于进口商来说，他不仅在付款后即能取得代表货物的单据，而且还可通过信用证条款督促出口商完全履行合同。

（二）信用证的主要内容

信用证没有统一的格式，但主要内容基本相同，一般应包括下列事项：

1. 信用证当事人。包括开证申请人、开证银行、通知银行及受益人的名称、地址。有的信用证还有指定的议付银行或付款银行。

2. 信用证的种类和号码。如不可撤销的信用证、可转让的信用证、保兑信用证等都必须写明，并注明开证的编号。

3. 信用证的金额。主要规定该信用证项下的最高金额，通常允许受益人按信用证金额的100%开立汇票，但有时也会规定受益人只能按信用证金额的90%或其他比例开立汇票，留下一部分余额作可能发生的违约赔偿之用。

4. 汇票条款。主要规定汇票的金额、种类、份数以及付款人的名称。但是，使用信用证也可以不开立汇票。银行对规定付款的信用证，不论其是否出具汇票，都必须承担付款义务。

5. 单据条款。这是信用证最主要的条款，主要规定单据的种类和份数。信用证要求的单据，主要是提单、保险单和商业发票，有时还可能包括商品检验证明书、原产地证明书、转运通知或重量证明等其他单据。当信用证要求除提单、保险单和商业发票以外的其他单据时，信用证应规定该单据的出单人及其措辞或项目内容。若信用证无此规定，但提交的单据内容能说明货物与信用证项下的有关，银行将予接受。

6. 装运条款。主要规定装运期限、装运港和目的港的名称，是否允许分批装运或转船等。运输单据，只要由同一承运人签发，签发的日期相同，货物的收受地或装运地、目的地相同，即不作为分批装运；邮包收据，只要是由信用证规定的发运地于同一日期盖的邮戳，即不作为分批装运。

7. 信用证的有效期。受益人如果不在有效期内向开证行提交有关单据，开证行即可以信用证过期为理由，解除付款责任。

8. 交单日期。一切信用证除了应规定最后装运日期和有效期外，还必须规定一个交单付款、承兑或议付的满期日。如信用证中对此期限没有作出规定，则以提单或其他货运单据的签发日期后21天为限。信用证中的这三个日期都不能违背，否则银行有权拒收单据，解除付款责任。

9. 开证银行保证条款。开证银行向受益人、议付银行或其他汇票的持票人保证，银行在收到信用证所要求的单据后，将对按信用证开立的汇票承担付款责任。

10. 特殊条款。可根据每一笔交易的具体要求，作不同的规定。

## 二、信用证的种类

在国际贸易实践中，信用证的种类很多。

### （一）按信用证项下的汇票是否附带货物装运单据，分为跟单信用证和光票信用证

1. 跟单信用证。跟单信用证(Documentary L/C)，是指凭跟单汇票或者凭货物装运单据付款的信用证。在国际贸易支付中使用的，绝大部分都是跟单信用证。

2. 光票信用证。光票信用证(Clean L/C)，是指凭光票汇票(即不附货物装运单据的汇票)付款的信用证。光票信用证在国际贸易支付中使用不多，主要用于非贸易支付。

### （二）按开证行所负责任的不同，分为可撤销信用证和不可撤销信用证

1. 可撤销信用证。可撤销信用证(Revocable L/C)，是指开证行可不经受益人同意，也无须事先通知受益人，在议付行议付前，有权随时修改或者取消信用证。可撤销信用证必须注明“可撤

销”字样，否则即为不可撤销信用证。可撤销信用证被修改或者撤销后，开证行有及时通知有关银行（付款行、承兑行、议付行等）的义务。有关银行在接到开证行通知之前已承兑、付款的，开证行仍应承担偿付责任。可撤销信用证对受益人保障不大，在我国涉外支付中很少采用。

2. 不可撤销信用证。不可撤销信用证（Irrevocable L/C），是指信用证一经开出，在有效期内，未经受益人及有关当事人的同意，开证行不得随意修改或者撤销信用证。开证行若要修改信用证，应及时通知受益人及有关当事人，向他们发出修改书。受益人及有关当事人如果不同意修改，必须在合理期间内退回修改书，否则就被视为接受修改。不可撤销信用证对受益人有较大保障，在涉外支付中被广泛采用。

（三）按信用证付款期限的不同，分为即期信用证和远期信用证

1. 即期信用证。即期信用证（Sight L/C），是指规定受益人可以开立即期汇票收款，银行保证见票即付的信用证。开证行或者付款行收到符合信用证条款的汇票和单据后，应立即履行付款义务。开证行凭单付款后，进口商也应立即付款赎单。

2. 远期信用证。远期信用证（Usance L/C），是指规定受益人须开立远期汇票收款的信用证。开证行或者付款行在收到远期汇票和单据后，并不立即付款，等汇票到期时才履行付款义务。

（四）按信用证是否可以转让，分为可转让信用证和不可转让信用证

1. 可转让信用证。可转让信用证（Transferable L/C），是指受益人有权指示银行，将信用证的全部或一部分转让给一个或一个以上的人（即第二受益人）使用。可转让信用证上必须注明“可转让”字样。可转让信用证可以分多次办理转让，分割转让的总和不得超过信用证的金额。但第二受益人不能再转让。

2. 不可转让信用证。不可转让信用证(Nontransferable L/C),是指受益人不能将信用证的权利转让给他人的信用证。

### (五) 按信用证是否有另一家银行保证兑付,分为保兑信用证和不保兑信用证

1. 保兑信用证。保兑信用证(Confirmed L/C),是指一家银行开出的信用证,由另一家银行保证对符合信用证条款规定的票据履行付款义务的信用证。保兑行通常是卖方所在地的银行,大多就是通知行,但也可由其他银行保兑。保兑信用证因为有开证行和保兑行双重付款保证,而且保兑行的付款是终局性的,不受追索,安全可靠,对出口商十分有利。

2. 不保兑信用证。不保兑信用证(Unconfirmed L/C),是指没有经过另一家银行保兑的信用证。不可撤销的不保兑信用证由开证行负保证付款的责任。

### (六) 循环信用证

循环信用证(Revolving L/C),是指允许受益人在一定的时间和金额限度内,循环反复使用的信用证。循环信用证可以使一些需要较长时间分批装运的买卖减少逐笔开证的次数和费用,对进口商有利。具体做法有以下三种。

1. 自动循环信用证。出口商每次根据信用证支取金额后,无须等到开证行通知,信用证自动恢复全部金额。

2. 半自动循环信用证。出口商每次根据信用证支取金额后若干天,如果开证行不提出不能恢复原金额的通知,信用证自动恢复全部金额。

3. 非自动循环信用证。出口商每次根据信用证支取金额后,必须等到开证行的通知,信用证才恢复到原金额。

### (七) 备用信用证

备用信用证(Stand by L/C),是指规定在开证申请人不能切实履行有关合同的情况下,开证行保证代为支付有关合同金额的

信用证。

备用信用证是一种银行保证性质的支付承诺，类似于银行保函，较多用于借款保证、投标保证、履约保证、赊购保证等担保实务中。

在备用信用证规定的有效期限和金额限度内，如果开证申请人违约不履行自己的义务，受益人即可凭此信用证开具以开证行为付款人的汇票，连同一份证明或说明开证申请人未能履约情况的声明书，一并提交开证行，要求其按备用信用证的规定付款，以补偿受益人因对方违约所遭受的损失。相反，如果开证申请人切实履行了合同中规定的义务，该信用证就没有使用的必要。

## 三、信用证的当事人及其法律关系

### （一）信用证的主要当事人

1．开证申请人（Applicant），即向银行申请开立信用证的人，通常是进口商。

2．开证行（Issuing Bank），即接受开证申请人委托开立信用证的银行，通常是进口商所在地的银行。

3．通知行（Advising Bank），即接受开证行委托，将信用证开立的事实通知或者将信用证转交出口商的银行，通常是出口商所在地的银行。

4．受益人（Beneficiary），即有权根据信用证提款或要求支付货款的人，通常就是出口商。

### （二）其他当事人

1．保兑行（Confirming Bank），即为不可撤销信用证承担保证兑付责任的银行，通常由通知行充当。

2．议付行（Negotiating Bank），即愿意对受益人的单据进行支付或承兑支付的银行。议付行可以是通知行，也可以是其他银行;可以由信用证指明,也可以不加限制。

3. 付款行(Paying Bank),即信用证上指定的付款银行。通常就是开证行,也可以是其他银行。

(三)各方当事人的法律关系

1. 开证申请人与开证行之间的关系。开证申请人与开证行之间的关系是一种以开证申请书形式建立起来的合同关系。开证申请人在申请书中必须明确写明信用证的种类、有效期限、装运方式、保险条件、商品名称以及对单据的要求和交单付款的条件等内容。开证行接受申请书并据此开立信用证,双方的合同关系即告成立。

这种合同关系一旦确立,就不受任何与信用证有关的其他合同的影响。所以,不管以后买卖双方发生什么争执,开证申请人都不能要求银行撤回其对卖方开出的信用证。这是信用证的独立性原则。

2. 通知行与开证行及其受益人、开证申请人之间的关系。一个没有在信用证上加上自己的保兑的通知行,与开证行之间只是一种代理人与委托人的关系。这种关系依据委托代理合同建立,通知行的责任只是替开证行把信用证通知受益人。如果它在信用证上加了自己的保兑,就成了保兑行,要承担保证兑付责任。

通知行和受益人之间并无合同关系。通知行的任务只是把开证行开出的信用证通知受益人,而且对任何因传递寄送而发生的延误、遗失,不负责任。

通知行和开证申请人之间,也不存在直接的合同关系。开证申请人不能选择通知行,通知行是由开证行指定的。

3. 开证行与受益人之间的关系。开证行与受益人之间由于缺少对价(Consideration)支撑,其中是否存在合同关系,需视信用证的种类而判定。如果开出的是可撤销信用证,开证行在议付前随时可以撤销,而无需事先通知受益人,因此受益人并不能从开证行取得任何有约束力的允诺。如果开证行开出的是不可撤销的信用证,当该信用证送达受益人时,开证行与受益人之间就产生了一个对双方都有约束力的合同。开证行在信用证条件符合的情况下,必须向受益人支付款项,而不受买卖合同或其他合同的影响。

4. 开证申请人与受益人之间的关系。开证申请人作为买方对卖方(受益人)的付款义务是一种首要义务。这项义务在开证行承担承付汇票期间中断。但是,一旦开证行未能支付,此项义务又告成立。卖方(受益人)仍可主张直接从买方取得货款。这种情况称为"信用证短路",它使银行信用回复成商业信用,对卖方不利。

## 四、跟单信用证统一惯例与重要的法律问题

### (一)跟单信用证统一惯例的产生和修订

1. 统一惯例的产生。信用证支付方式的创始人是英国商人。到20世纪初,信用证在国际贸易中已得到广泛的使用。但是,由于贸易双方和各方银行对信用证条款往往有不同的理解,而且谁都只愿意选择对自己有利的解释,所以因信用证发生的争执、仲裁或诉讼不断发生,严重影响信用证使用的推广和国际贸易的发展。

为了解决因各国银行对信用证条款的解释和做法不同而引起各方当事人之间的矛盾,保证信用证结算的顺利进行,国际商会于1927年拟订了一份跟单信用证统一惯例草稿向各国银行和商业界征询意见。此后又以法国银行联合会的一本小册子为基础,在1929年制订了《商业跟单信用证统一规则》,建议于1930年5月15日实施。这就是第一个国际性的跟单信用证统一惯例,国际商会编号为第74号出版物(Publication No. 74)。

2. 统一惯例的修订。《商业跟单信用证统一规则》虽然在国际商会1929年阿姆斯特丹大会上正式通过,但愿意采纳的只有法国和比利时。1933年修订,改名为《商业跟单信用证统一惯例》,

内容较前完善,支持者增加到40国。1951年再次修订,支持者增加到近80国,而英国及其自治领的银行坚持不采纳。直到1962年第三次修订,内容进一步完善,并改名为《跟单信用证统一惯例》后,英国银行才接受了它。而其后又有三次重要的修订。

(1)《跟单信用证统一惯例》(290)。1971年3月,国际商会银行委员会成立一个专门工作组着手第四次修订。修订稿于1974年12月正式通过,为国际商会第290号出版物。《跟单信用证统一惯例》(290)实施后,得到163个国际银行的采用,并为许多国家的法庭和仲裁庭所接受。

为了增加“290”文本的操作性,国际商会于1978年出版了《跟单信用证业务指南》,以实例、单据样本、图解和通俗的文字说明“290”条文及跟单信用证的使用。这一措施不但促进和便利了跟单信用证的广泛使用,而且大大减少了使用各方的争议和纠纷。

(2)《跟单信用证统一惯例》(400)。20世纪70年代后期,随着国际通讯工具、运输工具、运输方式的进步,尤其是计算机在各方面的广泛使用和网络化趋势的出现,国际贸易、运输、保险、单据和国际结算等方面发生了巨大的变化,从而使信用证使用中产生出许多新问题。

为了适应新的变化,国际商会于1979年设立专门工作组,开始对“290”进行研究修订,着重解决如何适应集装箱、多式联运和远程传送(ADP交单)等新方式,备用信用证及明确银行责任等问题。修订稿于1983年正式通过,为国际商会第400号出版物。

《跟单信用证统一惯例》(400)的条文共55条,较前增加了8条,其基本精神和基本原则与“290”大致相同,而内容上更适合现代国际贸易发展的需要。我国于1987年开始正式采用统一惯例,适用《跟单信用证统一惯例》(400)。

(3)《跟单信用证统一惯例》(500)。国际商会于1992年决定对统一惯例进行第6次修订,是为了适应快速发展的国际商业形势。在“400”修订后的10年中，科学技术和社会生产力又有了显著的进步，从而使国际贸易结算方式发生一系列变化。

“500”文本不仅有适应这些变化的修改，而且还就“400”文本引起的误解和疑问作了补充和解答。修订的重点是新型单据和制单新方法，单据被详细划分，一种单据一个条款，并新增了不可转让的海运提单、租船合约提单、空运提单、公路、铁路、内陆水运运输提单等条款。同时，又相应加重了银行的义务和责任，从而保护买卖双方尤其是卖方的利益。《跟单信用证统一惯例》(500)于1994年1月1日起实行。

(二)信用证使用中的一些重要法律问题

1. 单证严格相符。《跟单信用证统一惯例》(400)第15条规定：“银行必须合理小心地审核一切单据，以确定单据表面上是否符合信用证条款。单据之间表面上互不一致者，将被认为不是表面上符合信用证条款。”

此规定只要求银行确定单证表面上的严格相符，是因为银行不是专业商人、承运人或保险公司，不具备也不必具备各种行业的专业知识，不可能对货物及其商业单据的实质作审核，同时，单据必须迅速处理，不允许银行作长期仔细的调查，只能把住单证表面上严格相符这个关。

因而，银行对任何单据的形式、完整性、准确性、真实性或法律效力，一律免责；对单据中货物的品质、数量、价值以及对于发货人、承运人、保险人等的诚信与否、清偿能力、资信情况，也概不负责。

开证行认为单证不符时，必须以单据为唯一依据，确定接受还是拒受单据。开证行拒受单据必须在合理的时间内完成，并立即以快速方式通知交单人，否则无权宣称单证不符。

单证严格相符原则，保证了信用证运作机制的严密性，提高了这种支付方式的安全系数，但同时也可能造成对卖方的不利。常常会发生这样一种情况，由于货物买卖合同与信用证的不一致，使卖方进退维谷，无所适从：严格履行合同，则无法满足信用证的要求，只要单证稍有不符，就可能遭到银行退单拒付；严格遵守信用证的要求，则无法完全履行合同，造成违约，最后要承担违约责任。

要避免陷入此类困境，务必先使信用证与合同完全一致，以除隐患。具体办法是，在订合同时明确信用证条款（支付条款），在申请开信用证时，要根据合同条款填写申请书。申请书内容一定要完整、准确，与合同相符，如交货品种、质量、数量、期限、运输方式和承运人等。对议付单据的具体要求更要明确，如质量声明书、原产地证书、卫生证书等应明确规定单据的签发机构、具体内容，防止事后发生纠纷。

2. 信用证的独立性。信用证虽然是买方根据贸易合同的规定，申请银行开给卖方的付款信用凭证，但是信用证的法律关系与贸易合同的法律关系之间并无主从关系。也就是说，信用证一经签发，其法律性即与贸易合同相分离，不受贸易合同或其他合同内容的约束，也不得引用贸易合同或其他合同来对信用证作修改或补充的解释。

但是在实践中，有时会因合同履行的需要而修改信用证，通常有两种情况：一是银行开出的信用证有问题，不符合合同规定或附加了另一方难以做到的规定，必须修改；二是合同履行中出现新的情况变化，需要修改信用证，否则无法执行。前一种情况由卖方（受益人）提出修改要求，后一种情况，买卖双方都可能提出要求。例如装运迟延，买方若同意卖方继续履行合同，则应修改信用证的装运日期，使单证相符。对信用证的修改，如受益人不提出异议，即视为接受，修改部分与原证其他内容具有同等效力。

3. 欺诈例外原则。当卖方提供的单据有假，或单据虽真而货物有假，或者根本没有货物时，在开证行尚未承兑或付款的情况下，经买方请求，法院可适用欺诈例外原则，禁止银行付款，冻结信用证项下的货款。这一原则已为各国司法实践所肯定和采纳。

但是,要适用欺诈例外原则应符合一定的条件。首先,对方所实施的必须是信用证欺诈行为,而不是一般的违约行为。对于违约行为只能要求赔偿或其他违约救济,不能适用此条原则。欺诈在主观上是故意的、恶意的,并且是完全缺乏对价的。其次,必须在开证行承兑或付款之前,如果开证行已经承兑或付款,则就无法适用欺诈例外原则。

## 第三节　国际贸易支付协定

### 一、国际贸易支付协定的概念

国际贸易支付协定,又称清算协定,是指两个或两个以上国家之间缔结的关于国际贸易中发生的债权债务结算办法的双边或多边协议。

采用贸易支付协定的方式,缔约国双方或多方指定银行互设清算账户,对协定范围内的债权债务采取记账冲抵,定期或超过一定额度时,清算差额,从而避免每笔货款需现汇支付的麻烦。

国际贸易支付协定是国际贸易结算和支付中的一种重要法律手段。这种由国家出面用条约的方式解决国际贸易结算和支付中出现的各种难题的方式,特别为发展中国家看好而被广泛采用。

### 二、国际贸易支付协定的主要内容

(一) 清算机构

协定中必须确定双方进行支付清算的机构。在我国,支付协定的清算机构是由中国人民银行授权的中国银行,而外国方则为其国家银行或指定银行。

（二）清算账户

清算账户是为进行清算业务，协议国互为对方在指定银行中提供的账户。在大多数情况下，都规定互开账户，但也有个别情况，因交易较少或对方请求，规定只设立单方账户，对方付款都经此账户办理。

（三）清算货币

清算时的记账货币，可以是我国货币、对方缔约国货币或双方接受的第三国货币。在我国的对外贸易中使用较多的是美元、英镑、瑞士法郎等第三国货币或可兑换货币。为了保障记账货币的稳定性，一般还需对该记账货币规定保值条款。

（四）清算范围

清算范围是指协定规定的清算业务的内容和项目。只有清算范围内的款项，才能记账支付。清算范围一般只涉及贸易货款支付，但有时也可能包括非贸易性支付。例如，支付驻对方境内使馆、领事馆的费用，支付居留在对方境内的政府、商务、文化和社会团体的代表团的费用等。

（五）清算方法

清算方法是指对双方互开账户中收付抵消后的差额的清偿方法。

1. 根据清算期限和清算定额的不同，有三种清算方法。

(1) 定期清算。双方在协定中规定一个清算期限，每隔半年或者一年清算一次。在协定年度终了时，由双方指定的清算机构进行清算。如有差额，负债方应在每一协定年度终了后 6 个月内清偿完毕。

(2) 定额清算。协定中规定，每当差额达到一定数目时，债权方即可要求债务方清偿。

(3) 定期与定额相结合的清算。协定中规定一个清算期限，到期清偿余额，同时又规定，若期限内差额超过一定数目时，债权方也可以要求债务方清偿。

2. 根据清偿手段的不同，也有三种清偿方法。

(1) 货物清偿。即由债务国增加出口商品，以货抵债；

(2) 货币清偿。以双方一致同意的货币进行清偿；

(3) 将差额转入下一年度账户。

## 三、我国对外贸易支付协定概况

建国以来，我国已与90余个国家和地区签订了贸易支付协定，并认真执行，收到良好的效果。这些协定的名称和形式各异，大致包括以下五种。

1. 专门的支付协定，如我国曾与缅甸、芬兰、阿联、柬埔寨等国签订的支付协定；

2. 包含在贸易(商务)条约中的支付条款，如我国曾与瑞典、突尼斯等国签订的贸易条约中的支付条款；

3. 直接签订的贸易与支付协定，如我国曾与几内亚、挪威、斯里兰卡、希腊等国签订的贸易与支付协定；

4. 经有关当局交换信件规定结算问题的协议，如过去的中日贸易协议；

5. 政府间年度货物交换和付款协议书以及交货条件中的支付条款，其数量最多，如我国与苏联、捷克、罗马尼亚、保加利亚、匈牙利、朝鲜、蒙古等国均有此类协定。

**思考题**

1. 涉外贸易中的直接支付有哪几种形式，有什么优缺点？
2. 试论涉外支付中托收当事人之间的法律关系。

3. 简述信用证各方当事人之间的法律关系。
4. 何为单证严格相符原则,在信用证贸易中为何必须遵行这一原则?
5. 简述欺诈例外原则的内容和适用条件。
6. 简述国际贸易支付协定的功能和主要内容。
7. 名词解释:跟单托收、跟单信用证、保兑信用证、循环信用证、备用信用证、信用证短路、清算协定。

# 第八章　涉外货物运输和保险法

## 第一节　涉外海上货物运输法

### 一、涉外海上货物运输法概述

涉外海上货物运输法是调整海上货物运输关系的法律规范的总称。海上货物运输是国际贸易运输的主要方式,具有运量大、费用低、可达口岸广等优点。国际海上货物运输已有悠久的历史,各国都制定相应的法律、法规规范和保护海上货物运输的正常进行。但是,由于海上运输要涉及几个国家,国与国之间的法律往往会发生冲突,使船货双方无所适从,影响国际贸易和航运。为了解决这些矛盾,国际社会作了很大的努力,产生了一系列有关海上货物运输的国际公约,从而使海上货物运输法在一定程度上成为国际性的法律。

1993 年 7 月 1 日起实施的《中华人民共和国海商法》是调整我国涉外海上货物运输的主要法规,其内容主要包括:对海上运输企业组织的法律规定、对海上运输合同的法律规定和对海上运输损害赔偿的法律规定。此外,在海上运输实务中也可适用有关海上货物运输的一些国际公约。

## 二、海上货物运输合同

海上货物运输合同是指承运人接受托运人的委托，负责将货物经海上运至目的港，而由托运人支付运费的合同。海上货物运输合同包括：租船运输合同和班轮运输合同(海运提单)。

(一) 海上货物运输合同的当事人

1. 出租人。租船运输合同是船东与承租人协商签订的。船东(船舶所有人)就是出租人。出租人将船舶租给承租人使用，收取租金或运费。

2. 承租人。承租人一般是指与船舶出租人签订海上货物运输合同的租船人。

3. 承运人。承运人是指其本人或委托他人以其本人的名义与托运人签订海上货物运输合同的任何人。

4. 实际承运人。实际承运人是指受承运人委托履行货物运输或部分货物运输的任何人，包括接受转委托履行此项任务的任何人。

5. 托运人。托运人是指其本人或委托他人以其本人的名义与承运人签订海上货物运输合同的任何人，或是指其本人或委托他人以其本人的名义代其将涉及海上运输合同的货物实际上交给承运人的任何人。

6. 收货人。收货人是指有权提取货物的人。

(二) 合同双方的责任

1. 承运人的责任主要包括以下几个方面。

(1) 提供船舶并保证适航。承运人应提供符合合同规定的船舶，并负有保证在开航前和开航当时使该船舶处于适航状态的义务。

所谓适航，是指在船舶方面，其构造、坚固性、装备，对于海上的一般风险具有航海安全能力;在船员方面,须配足适当人数和具有技术职称的人员;开航前必须备足燃料和给养。承运人必须使货舱、冷藏舱、冷气舱和其他载货处所适于并能完全收受、载运和保管货物。如果应当尽的注意没有尽到,致使货物遭受损失,承运人应当负责。

(2) 安全运输货物。承运人对货物的收受、操作、装载、搬移、积载、运输、保管、卸载、交付,都必须尽到谨慎处理的责任,尽到应有的注意,务使货物在目的地交货时的状态和在起运地受装时的状态相同。如果承运人应有的注意没有尽到,以至货物受到损害或灭失,承运人应当负责。

承运人向收货人交付货物时,收货人未将货物灭失或者损坏的情况书面通知承运人的,此项交付可视为承运人已经按照运输单证的记载交付及货物状态良好的初步证据。货物灭失或者损坏的情况非显而易见的,在货物交付的次日起连续 7 日内,集装箱货物交付的次日起连续 15 日内,收货人未提交书面通知的,即视为承运人已将货物按提单的记载交付。承运人自向收货人交付货物的次日起 60 日内,未收到收货人就货物因迟延交付造成经济损失而提交的书面通知的,不负赔偿责任。

(3) 免责范围。货物发生的灭失或者损坏是由于下列原因之一造成的,承运人不负赔偿责任。

① 船长、船员、引航员或者承运人的其他受雇人在驾驶船舶或者管理船舶中的过失;

② 火灾,但是由于承运人本人过失所造成的除外;

③ 天灾,海上或者其他可航水域的危险或者意外事故;

④ 战争或者武装冲突;

⑤ 政府或者主管部门的行为、检疫限制或者司法扣押;

⑥ 罢工、停工或者劳动受到限制;

⑦ 在海上救助或者企图救助人命或者财产;

⑧ 托运人、货物所有人或者他们代理人的行为；

⑨ 货物的自然特性或者固有缺陷；

⑩ 货物包装不良或者标志欠缺、不清；

⑪ 经谨慎处理仍未发现的船舶潜在缺陷；

⑫ 非由于承运人或者承运人的受雇人、代理人的过失造成的其他原因。

2. 托运人的责任主要包括以下三个方面。

(1) 妥善包装托运货物，并向承运人保证货物装船时所提供的货物的品名、标志、包数或者件数、重量或者体积的正确性；

(2) 及时向港口、海关、检疫、检验和其他主管机关办理货物运输所需的各项手续，并将已办理各项手续的单证送交承运人；

(3) 按照约定向承运人支付运费。

## 三、租 船 合 同

租船合同(Charter Party，C/P)，是指船舶所有人按一定条件将船舶全部或部分出租给承租人进行海上货物运输，并以此收取租金而订立的合同。租船合同，包括定期租船合同、光船租赁合同和航次租船合同。

### (一) 定期租船合同

定期租船合同(Time C/P)，又称期租船合同，是指出租人将指定的船舶提供给承租人在约定期限内按约定用途使用，由承租人支付租金的一种合同。在租船期间，出租人(即船舶所有人、船东)应保证船舶适航，并负责配备船员，提供给养和船舶装备。承租人应按约定支付租金，并负担有关的船舶营运费用。

定期租船合同的重要条款内容包括：船舶概况、航行范围、费用分担、交船与还船的时间、地点及条件、租金支付、船长责任、损害赔偿等。

定期租船合同的出租人必须按时交付船舶，并保证船舶适航，否则承租人有权解除合同，并要求赔偿损失；承租人必须保证船舶在约定的航行范围内航行和停靠港口，否则出租人有权解除合同，并要求赔偿损失。承租人有权就船舶营运向船长发出指示，但该指示不得违反合同中的约定。

定期租船合同的承租人转租租用的船舶，应将转租情况及时通知出租人。船舶转租后，原租船合同中规定的权利和义务不变；船舶所有人转让已出租的船舶，应当及时通知承租人，原租船合同继续履行，合同中的权利和义务不变。

（二）光船租赁合同

光船租赁合同（Demise C/P），是指船舶出租人仅保留船舶的所有权，而将船舶的占有、使用、收益权在约定期间内让与承租人，并向承租人收取租金的一种合同。光船租赁合同实际上是一种财产租赁合同，承租人租下的只是一条光船。在租赁期间，承租人要自己雇佣船长、船员，负责船舶的经营管理、保养和维修。

光船租赁合同的承租人未经出租人的书面同意，不得转让合同的权利和义务或者以光船租赁方式将船舶转租。出租人未经承租人事先同意，不得在租赁期间对船舶设定抵押权，否则致使承租人遭受损失的，由出租人负责赔偿。

（三）航次租船合同

航次租船合同（Voyage C/P），又称程租船合同，是指船舶出租人将船舶的全部或部分舱位提供给承租人，按照约定的航次运输特定的货物，由承租人支付运费的一种合同。航次租船合同又可细分为单航次租船合同、来回航次租船合同和连续单航次租船合同。

航次租船合同的出租人保留船舶的所有权和占有权，任命船长，雇用船员，负责经营管理，并承担一切营运费用。承租人除按货物数量或船舶吨位支付运费外，还承担货物装卸费、船舶滞期费、空舱费等。

出租人经承租人的同意可以更换船舶，但提供或更换的船舶必须符合合同的规定。承租人经出租人同意，可以更换货物，但更换的货物对出租人不利的，出租人有权拒绝或解除合同。承租人可以将其租用的船舶转租，并通知出租人，转租不影响原合同约定的权利和义务。

在国际航运市场中，许多国家或地区的航运组织或者商会为了简化程序、节省时间、加快成交速度，制订了一些统一的租船合同格式。每一种标准合同格式都有固定的条款，并以一个代号代表合同的全部内容，使当事人能方便地使用符号经电报往来签约。

国际定期租船合同使用最广泛的合同格式是波罗的海国际航运公会制订的"统一定期租船合同"，代号为"波尔的姆(Paltime)"，此外较常用的有美国纽约物产交易所制订的"Produce Form"合同，代号为"NYPF"。

国际航次租船合同使用最广泛的合同格式是波罗的海国际航运公会制订的"统一杂货租船合同"，代号为"金康(Gencon)"。其他较通行的还有"威尔士煤炭租船合同"、"澳大利亚谷物租船合同"、"太平洋谷物租船合同"、"北美谷物租船合同"、"古巴食糖租船合同"、"内燃机油轮租船合同"等。

## 四、提　　单

提单(Bill of Lading，B/L)，是指用以证明海上货物运输合同和货物已经由承运人接收或者装船，以及承运人保证据以交付货物的单证。

(一) 提单的性质和作用

1. 提单是货物收据。承运人签发提单，就证明承运人已从托运人处收到托运的货物或已装船，并承担日后按提单所载内容向收货人交付货物的义务。提单应在货物装船后由承运人签发才有效。承运人在收到货物尚未装船之前签发备运提单或者其他物权凭证的，托运人必须在货物装船后将它们退还承运人，换取已装船提单，或由承运人加注承运船舶的船名和装船日期。

2. 提单是合同凭证。提单的签发，证明托运人与承运人之间的海上货物运输合同已经成立。提单虽然由承运人一方签发，但其内容是双方一致同意的，对双方都有法律上的约束力。另外，对于收货人而言，他与承运人事先并没有货运协议，只是将来能成为提单的持有人。提单就是承运人与提单持有人之间唯一的凭证，其作用相当于货物运输合同。因此，提单必须是一种文义证券，双方当事人的权利义务均按提单中的文字记载内容确定。

3. 提单是物权凭证。提单是代表货物所有权的物权凭证。提单持有人拥有货物的所有权，有权要求承运人交付提单中载明的货物。作为物权凭证，提单通常可以自由转让和买卖，因此它又是一种流通证券或者有价证券。

(二) 提单的内容

1. 提单正面的内容应包括以下十一个方面。

(1) 货物的品名、标志、包数或者件数、重量或者体积，以及运输危险货物时对危险性质的说明；

(2) 承运人的名称和主营业所；

(3) 船舶名称；

(4) 托运人的名称；

(5) 收货人的名称；

(6) 装货港和在装货港接收货物的日期；

(7) 卸货港；

(8) 多式联运提单增列接收货物地点和交付货物地点；

(9) 提单的签发日期、地点和份数；

(10) 运费的支付；

(11) 承运人或者其代表的签字。

2. 提单反面的内容，是印制好的“提单一般条款”。各轮船公司、运输公司所印制的背面条款不尽相同，但一般都包括：

(1) 定义：明确承运人、运输合同、货物、船舶、托运人、收货人等名词的含义；

(2) 首要条款：按什么法律解释或者处理争议；

(3) 责任和责任期限；

(4) 免责条款；

(5) 绕航条款；

(6) 转运、换船条款；

(7) 承运人对甲板货物、危险货物的责任；

(8) 装货、卸货、交货条款；

(9) 索赔与赔偿条款；

(10) 留置权条款；

(11) 管辖权条款。

(三) 提单的种类

1. 按货物是否已经装船，分为已装船提单和备运提单。

(1) 已装船提单(Shipped B/L，on Board B/L)，是指承运人在货物装船以后签发的载明船名和装船日期的提单。

(2) 备运提单(Received for Shipment B/L)，是指承运人在收到货物后，实际装船前，签发的表明货物已收管待运的提单。

备运提单签发的日期，不是货物装船的日期。只有已装船提单上的日期，才是真正的装船日期。因此，买方要求的是已装船提单，通常都会拒绝接受备运提单。

在进出口贸易中，如果实际装船日期超过了信用证的有效期，填写真实日期将因信用证过期而不能结汇，货主会要求船方在提单上填写符合信用证规定的日期，即倒签提单。船方在一定条件下并取得托运人保函后，可能同意倒签提单。银行只审核单证的表面相符，对倒签的提单不会介意。在不知情的情况下，银行议付不负任何责任。但是，倒签提单是一种伪造单据的违法行为。一旦买方察觉，可以拒收并起诉，承运人和卖方将极其被动。

2. 按提单上有无批注，分为清洁提单和不清洁提单。

(1) 清洁提单(Clean B/L)，是指单据上没有任何批注的提单，表明承运人在签发提单时，货物完好无损。

(2) 不清洁提单(Unclean B/L, Foul B/L)，是指单据上有承运人声明货物或包装有缺陷等不良批注的提单，表明承运人在签发提单时，货物已有问题。但是，带有某些批注，如“重量、内容不详”、“据称……”等不知条款，或根据货物特征而批注的“不负破碎责任”、“不负汗湿责任”等免责条款，均不能视为不清洁提单。

除非信用证明确规定可以接受外，银行不会接受不清洁提单。不清洁提单也很难作为物权凭证自由转让。因此，卖方为及时交单议付，必须采取措施取得清洁提单：一是在货物发现缺陷时，及时更换或者过量提供货物以抵偿损坏的货物；二是向船东出具保函，保证当收货人索赔时，由发货人承担全部赔偿责任。

3. 按收货人抬头方式不同，分为记名提单、不记名提单和指示提单。

(1) 记名提单(Straight B/L)，是指单据上载明特定人为收货人的提单。除因债务关系，按法律程序转让外，记名提单不能通过背书方式转让，所以又称为“不可转让提单”。

(2) 不记名提单(Open B/L)，是指单据中不具体载明收货人是谁的提单。这种提单的收货人一栏只填写“交与持票人”(To bearer)，所以又称为“空白提单”。空白提单不经背书即可转让，对当事人风险较大。

(3) 指示提单(Order B/L)，是指据托运人或者收货人的指示交付货物的提单。这种提单经过背书就可以转让，所以又称为“可转让提单”，是国际贸易中使用最多的一种。如凭托运人指示(To

Order of the Shipper)，凭收货人指示（To Order of the Consignee)，凭银行指示(To order of the Bank)等。

4. 按运输方式不同，分为直达提单、转船提单和联合运输单据或提单。

(1) 直达提单(Direct B/L)，是指货物直接从装运港运往目的港的提单。直达提单由承运人签发并承担交货责任。

(2) 转船提单(Transhipment B/L)，是指允许货物中途换船的提单。转船提单由船公司或其代理人签发并承担全程责任。

(3) 联合运输单据或提单(Combined Transport Document or B/L)，是指货物以海陆、海空、海陆空等多种方式运输的单据或提单。联合运输单据可以是船公司签发，也可以由其他联合运输经营人签发。

(四) 有关提单的国际公约

1.《海牙规则》(Hague Rule)的全称为《1924 年统一提单若干法律规则的国际公约》。该公约因最初于 1921 年由国际法协会在海牙提出而得名，1924 年在布鲁塞尔由 26 个国家签订，1931 年 6 月 2 日起生效。

《海牙规则》是海上货物运输中最重要的国际公约之一，有 80 多个国家参加，影响很大。一些国家在国内法中吸收了该规则的有关内容，有的在提单中采用。《海牙规则》共 16 条，其中前 9 条是实质性条款，后 7 条是有关的程序性条款。其主要内容包括：

(1) 承运人的责任：在船舶开航前和开航当时，应当谨慎处理，使船舶处于适航状态；在货物运输期间（海牙时间：从货物装上船起至货物卸下船时为止，即所谓“钩至钩”）承担管货责任。

(2) 承运人的免责：共 17 项免责事项。

(3) 最高赔偿限额：承运人对于货物或与货物有关的灭失或损坏，每件或者每一计算单位的最高赔偿限额为 100 英镑或与其等值的其他货币。

(4) 诉讼时效：从货物交付之日或应付之日起1年，超过1年，承运人对货物的灭失和损坏一概不负责任。

由于当时参加制订《海牙规则》的大多是航运业发达的国家，其中的规定对承运人（船公司）比较有利，所以在执行中一直受到货主方和船运业不发达国家的非议。

2.《维斯比规则》(Visby Rules)，或称《海牙—维斯比规则》，其全称为《有关修改统一提单若干法律规则的国际公约的议定书》。该规则共17条，1968年在布鲁塞尔外交会议上通过，1977年6月起生效。

《维斯比规则》对《海牙规则》的修改主要有以下几方面。

(1) 以金法郎为货币单位，重新确定最高赔偿限额。承运人对于货物或与之有关的灭失或损坏的最高赔偿限额有两种计算方法，即每件或者每单位1万金法郎或者受损货物的毛重每千克30金法郎，以金额高者为准。

(2) 增加一项集装箱条款。如果提单中载明箱内货物件数或单位数，理赔时应按提单所载件数或单位数计算，否则，整个集装箱只能作为一件或一个单位。

(3) 将《海牙规则》中规定的只有在违反运输合同时才适用的抗辩和责任限制，扩大到侵权行为。使承运人及其受雇人或代理人不论该项诉讼是以合同为根据还是以侵权行为为根据，都有权享受规则中的抗辩和责任限制。

(4) 除保持《海牙规则》的1年诉讼时效外，规定经双方协商，期满后承运人还可有3个月向第三人索赔。

3.《汉堡规则》(Hamburg Rules)。《汉堡规则》的全称为《1978年联合国海上货物运输公约》。1978年3月在汉堡外交会议上通过，1992年11月1日生效。《汉堡规则》共34条，对《海牙规则》和《维斯比规则》作了较为全面的修改，重点在于合理扩大承运人的责任，使船方和货方的权利义务趋于平等。修改的内容主要有：

(1) 延长承运人的责任期限。《汉堡规则》规定，承运人对货物的责任期间自承运人接受货物时起，到交付货物给收货人时止，即包括货物在装运港、运输途中和卸货港在承运人掌管下的整个期间。这种“港至港”的规定，改变了《海牙规则》所规定的“钩至钩”的传统责任，加重承运人的责任，更好地保护了货主的利益。

(2) 改变赔偿责任基础。《汉堡规则》以推定完全过失责任制作为基础规定承运人的责任：除非承运人证明他本人、代理人和所雇佣的人为避免事故的发生及其后果已采取了一切合理要求的措施，否则将不能免除对货物的灭失、损坏及延迟交付所造成的损失负赔偿责任。《汉堡规则》废除了《海牙规则》中的17条免责条款，并增加了承运人延迟交货的责任。

(3) 提高承运人的赔偿金额。《汉堡规则》规定承运人的责任限制以每件或其他装运单位835记账单位或相当于毛重每千克2.5记账单位的金额为限，以其较高者为准。所谓记账单位，是指国际货币基金组织规定的特别提款权(S. D. R)。对于延迟交货，规定承运人的赔偿责任以相当于该延迟交付货物应付运费的2.5倍金额为限，但不得超过海上运输合同中规定的应付运费总额。

(4) 确定保函的效力。《汉堡规则》将保函合法化，规定托运人为取得清洁提单向承运人出具承担赔偿责任的保函在托运人或承运人之间有效，而对提单受让人包括收货人在内的任何第三方无效。

(5) 延长诉讼时效。《汉堡规则》将原来1年的诉讼时效延长为2年。时效期限自承运人交付货物或部分货物之日起计算，若未交付货物，则自应当交付货物的最后一日起计算。

## 第二节 涉外铁路货物运输法

### 一、涉外铁路货物运输法概述

涉外铁路货物运输法是调整涉外铁路货物运输关系的国内法律、法规及有关国际公约的总称。在我国的进出口贸易中，铁路货物运输仍然占相当大的比重。铁路运输具有快速、安全、运载量大、运费低、受气候影响小等特点，是其他运输方式不能替代的。国际铁路货物运输要经过两个或两个以上国家的铁路，通常按照有关国家政府间达成的协议或签署的公约，使用统一的国际铁路货物联运单证，联合完成托运货物的全程运输。

调整涉外铁路货物运输的法律规范主要是我国缔结或者参加的关于铁路货物运输的双边或多边公约，公约中未作规定的事项，可适用有关的国内铁路规章。

### 二、铁路货物运输的国际公约

#### （一）《国际铁路货物运输公约》

《国际铁路货物运输公约》(CIM)，简称《国际货约》。该公约最先由两名瑞士法学家于 1874 年倡议，后由瑞士出面，邀请英国、法国、荷兰和比利时等国于 1890 年在伯尔尼签订，并于 1893 年起生效。此后经过多次修改，到 1970 年在伯尔尼确定修订文本，称为《伯尔尼铁路货物运输公约》，于 1975 年 1 月 1 日生效。1980 年再次修订，把《伯尔尼铁路货物运输公约》和《伯尔尼铁路乘客行李运输公约》合并为一个新文本。该公约的成员国主要是欧洲国家，此外有少数西亚和西北非国家参加。我国尚未参加。

(二)《国际铁路货物联运协定》

《国际铁路货物联运协定》(CMIC),简称《国际货协》。该协定是1951年由苏联、波兰、罗马尼亚、匈牙利、保加利亚、阿尔巴尼亚等8个国家签订的,于1951年11月1日起生效。1954年起我国和朝鲜、蒙古、越南等4国加入该公约,使成员国增加至12个。《国际货协》是我国涉外铁路货物运输的主要法律依据。由于《国际货协》中的波、罗、保、匈等国同时又是《国际货约》的成员国,使两个公约间的铁路货物运输联系了起来。我国的进出口货物可以通过同时参加两个公约的波、罗、保、匈等国进出欧洲。

## 三、涉外铁路货物运输合同

(一)合同的订立

铁路货物运输合同的形式是铁路签发的书面运单。根据《国际货协》规定,发货人在托运货物的同时,应对每批货物按规定的格式填写运单和运单副本,由发货人签字后向始发站提出。自始发站在运单和运单副本上加盖印戳时起,合同即告成立。始发站所在国为合同成立地,戳记日期为合同成立时间。运单副本在加盖印戳后退还发货人。

运单中的承运人是铁路方,包括始发站和终点站;托运人是发货人,包括收货人。

运单是铁路在始发站收取发货人的货物、承运货物的凭证,也是到站向收货人核收运费、点交货物的依据,但是运单不是物权凭证,不能转让。

(二)托运人的权利和义务

1. 托运人的权利主要有以下两个方面。

(1) 变更合同。托运人可以在协定允许的范围内变更合同内容,如变更到站,变更收货人,要求将货物运回始发站等。因变更合同而引起的费用由要求变更的当事人负责。

(2) 拒收和索赔。当运单项下的货物毁损或腐坏时，可拒绝领取货物，并按规定向承运人索赔。

2. 托运人的义务主要有以下三个方面。

(1) 正确填写运单。托运人负有如实申报的义务，对在运单中填写和声明的事项的不正确、不确切或不完备以及未将应报事项记入运单所造成的一切后果承担责任。

(2) 支付运费。发站所在国境内的运费按发站国的国内运价计算，由发货人向发站支付；到站所在国境内的运费按到站国的国内运价计算，由收货人向到站支付；过境国铁路运费按合同订立日的国际货协统一运价计算，可由发货人向发站支付，也可由收货人向到站支付。

(3) 领取货物。到站凭单领取货物，既是托运人的权利，也是托运人的义务。收货人没有正当理由拒绝领取货物的，一切运费和罚金均由发站向托运发货人收取。

(三) 承运人的权利和义务

1. 承运人的权利主要有以下四个方面。

(1) 收取运费和其他费用。

(2) 行使留置权。

在未全部收取运杂费之前，承运人对货物享有留置权。留置权的效力和行使，依货物交付地国家的法律规定。

(3) 在下列情况下，承运人有权拒绝托运人变更合同的要求。

① 执行变更的车站在收到变更通知后无法执行；

② 与有关国家的现行法令、法规相抵触，或违反铁路运输管理；

③ 货物价值不能抵偿运到变更后新到站的一切费用。

(4) 在下列情况下，有权引用责任限制和免责条款，拒绝托运人的索赔：

① 因不可抗力；

② 因货物本身特性引起的自燃、损坏、生锈、内部腐坏及类似结果；

③ 由于发货人、收货人或押运人的行为或过失；

④ 货物在规定标准内的途耗。

2. 承运人的义务主要有以下三个方面。

(1) 负责货物从发站至到站的全程运输，包括办理一切业务和行政手续；

(2) 在责任期间内，即从签发运单时起至交付货物为止，对货物因逾期、毁损或灭失造成的损失负赔偿责任；

(3) 执行托运人按规定提出的变更合同的要求。

(四) 索赔和时效规定

运单项下的货物全部灭失，由发货人持运单副本向发站索赔；货物部分灭失、毁损或腐坏，由发货人向发站或收货人向到站索赔；逾期交货，由发货人持运单向到站提出赔偿要求。一切索赔都需以书面形式提出。

铁路必须在收到托运人索赔请求之日起180天内，完成审核并给予答复。托运人在请求得不到答复或满足时，有权向法院提起诉讼。

索赔的时效：逾期交货索赔时效为2个月，自货物交付之日起算；货物全部灭失，为9个月，自货物规定的运到期限届满后30天起算；货物毁损、部分灭失，为9个月，自货物交付之日起算。

## 第三节 涉外航空货物运输法

### 一、涉外航空运输法概述

涉外航空货物运输法是调整涉外航空货物运输关系的国内法

律、法规及有关国际公约的总称。航空运输具有快捷、安全、货物受损率低，特别适合于运输鲜活产品、易损易碎物品和贵重物品。

调整我国涉外航空货物运输关系的法律规范主要有：我国已经参加的两个国际公约，《华沙公约》和《海牙协定书》；我国与其他国家签订的航空运输协定；1995 年颁布，1996 年 3 月 1 日起生效的《中华人民共和国民用航空法》。

## 二、航空货物运输的国际条约

（一）《华沙条约》

全称为《统一国际航空运输某些规则的公约》。该公约由德国、法国、波兰、奥地利、比利时、丹麦、巴西等 23 个国家，于 1929 年在华沙签订，1933 年 2 月 13 日起生效，其后又经多次修订和补充。我国于 1958 年加入该公约。

《华沙公约》适用于运输合同中规定的启运地和目的地分别在两个公约成员国境内的航空运输，也适用于运输合同中规定的启运地和目的地都在一个公约成员国境内，但经停地点至少有一个是在该国境外的航空运输。

（二）《海牙协定书》

全称《为修改 1929 年统一国际航空运输某些规则的公约的协定书》。该协定书于 1955 年在海牙签订，1963 年 8 月 1 日起生效。我国于 1975 年加入该协定书。

《海牙协定书》对《华沙公约》作了较为重要的修改，特别是在航行过失免责、责任限制，以及提出索赔的期限等方面有了更明确更合理的规定。

（三）《瓜达拉哈拉公约》

全称为《统一非缔约承运人所办国际航空运输某些规则以补充华沙公约的公约》。该公约于 1961 年在墨西哥的瓜达拉哈拉签订，1964年5月1日起生效。我国尚未参加。

《瓜达拉哈拉公约》把《华沙公约》中有关承运人的各项规定的适用，扩大到非缔约承运人，即那些受合同承运人委托，履行合同中的全部或部分航空运输的实际承运人。

## 三、涉外航空货物运输合同

### （一）航空货运单

涉外航空货物运输合同所采用的形式是航空货运单。航空货运单由托运人填写，正本一式三份：第一份由托运人签字后交承运人；第二份由托运人和承运人共同签字后，随货物交收货人；第三份由承运人在收货后签字，交托运人。三份正本签字人不同，内容却完全相同，合在一起构成一个合同。

航空货运单是托运人和承运人之间存在合同关系的证明，也是航空公司接收承运货物后开立的货物收据。根据《华沙公约》的规定，航空货运单不同于海运提单，不是物权凭证，不可转让。《海牙协定书》修改规定，航空货运单能够作成可转让的，使航空货运单又具有物权凭证的特性。

航空货运单的主要内容包括以下几方面。

1. 启运地、目的地及约定的经停地点；

2. 托运人、承运人（第一承运人）的名称和地址，及必要时收货人的名称和地址；

3. 货物的名称、性质、包装、重量、数量、体积、价值及货物和包装的外观状况；

4. 运费金额、付款日期、地点及付款人；

5. 运输期限和航线。

### （二）托运人的权利和义务

1. 托运人的权利主要有以下三个方面。

(1) 在启运地或目的地的航空站将货物提回;

(2) 在中途站要求停止运输;

(3) 要求在中途站或目的站,把货物交付非货运单上指定的收货人,或将货物运回启运地航空站。

2. 托运人的义务主要有以下三个方面。

(1) 对航空货运单上所填写的各项内容的正确性负责;

(2) 提供货物及各种必要的单证资料,以便完成各项海关、税务或公安手续;

(3) 支付运费及其他必要的费用。

(三) 承运人的权利和义务

1. 承运人的权利主要有以下两个方面。

(1) 按照约定向托运人、收货人收取运费和其他费用。

(2) 在下列情况下,有权引用责任限制和免责条款,拒绝托运人的索赔:

① 承运人能证明自己或其代理人已经为避免损失采取了一切必要措施,或者根本不可能采取这种防范措施;

② 损失的发生是由于驾驶上、航空器的操作上或领航上的过失,或是因为受害人的过失引起或促成的;

③ 因货物本身特性或本身质量缺陷所造成的货物灭失或毁损。

2. 承运人的义务主要有以下两个方面。

(1) 保证飞行器处于适航状态。

(2) 在航空期间,对货物的灭失、毁损,及延误承担赔偿责任。根据公约规定,承运人对货物损失的赔偿责任为每千克 250 法郎。如果托运人在交货时特别申明货物的价值,并交纳附加费,承运人应赔偿对方申明的价值。

(四) 索赔和时效规定

收货人发现货物有损坏,最迟应在收到货物后 14 天内提出异议。如发生迟延交货，最迟应在收货后21天内提出异议，异议必须写在运输凭证上或者以书面方式提出。只有已经向承运人提出异议的损失，才能作为诉讼标的。

航空货物运输索赔时效为2年，自航空器到达目的地之日起，或自应该到达目的地之日起，或从运输停止之日起算。

## 第四节　涉外货物多式联运法

### 一、涉外货物多式联运法概述

涉外货物多式联运法是调整涉外货物多式联运关系的国内法律、法规及有关国际公约的总称。涉外货物多式联运是指至少利用两种以上不同的运输手段，将货物从一国境内接管货物的地点，运到另一国境内指定的交货地点的一种综合性运输方式。如陆海联运、陆空联运、海陆空联运等。

货物多式联运的出现是为了适应集装箱货物成组运输发展的需要。它使运输服务从原来的“港至港”延伸到“门至门”，即从卖方工厂、仓库大门到买方工厂、仓库大门，从而大大方便了托运人和收货人。与传统的单一运输方式相比，多式联运具有简化装卸过程，加快货物运输，减少货损货差，降低成本和费用等优点，是一种经济、安全、便利的运输方式。

但是，多式联运也带来了许多新的法律问题，例如，多式联运单据具有怎样的性质，买卖双方之间如何划分风险责任，几个不同的承运人之间如何分摊赔偿责任等等。为了解决诸多的法律问题，国际社会作了很大努力。1980年5月在联合国贸易与发展会议的主持下，制订并通过了《联合国国际货物多式联运公约》(简称《联运公约》)。我国在最后文件上签了字。

《联运公约》由序言和8个实质部分,及1个附件组成。实质部分为:总则、单据、联运人的赔偿责任、发货人的赔偿责任、索赔与诉讼、补充规定、海关事项和最后条款,共40条。附件为:《有关国际货物多式联运的海关事项条款》。

## 二、涉外货物多式联运合同

### (一)多式联运单据

多式联运单据是多式联运经营人在收到货物后,向发货人签发的一项多式联运凭证。多式联运单据在一般情况下就是多式联运合同,也是多式联运经营人接受货物的收据,又是收货人提取货物的凭证。

多式联运单据分为可转让的和不可转让的两种。多式联运经营人应按照发货人自己的选择制作和签发。但在实践中,只有单据的签发人承担全程责任时,才能作成可转让单据。可转让的多式联运单据,如果列明"按指示"交付的,经背书后方可转让;列明向持票人交付的,不经背书即可转让。不可转让的多式联运单据,应指明记名的收货人。

当多式联运经营人签发一份以上可转让单据正本时,应注明正本的份数。收货人只有提交正本单据才能提取货物,多式联运经营人按其中一份正本单据交货后,即完成了合同的义务。如果联运经营人签发的单据有副本,应注明"不可转让副本"字样。

根据《联运公约》的规定,多式联运单据应记载的内容主要包括:货物品类、标志、包数或件数、毛重、外表状况;多式联运经营人的名称和主要营业地;发货人和收货人的名称;接管货物的时间和地点;交付货物的时间和地点;多式联运单据签发的时间和地点;运费和支付方式;预期经过的路线、转运方式和转运地点;遵守本公约的声明;联运经营人或其授权人签字。

多式联运单据应记载上述有关事项，但缺少一项或数项，不影响单据的法律效力。联运经营人发现或有理由怀疑实际接收的货物与单据不符，可以在单据上注明不符之处及怀疑的根据或无适当核对方法。如不加批注，则表明其收到时货物的外表状况良好。

（二）联运经营人和发货人的赔偿责任

1. 联运经营人的赔偿责任主要有以下三个方面。

（1）完全过失责任制。多式联运经营人的赔偿责任，采用完全过失责任制，即联运经营人的全程统一责任制。多式联运经营人可以和参与联运的各区段承运人另订合同，约定各自的责任，但这种约定不得影响多式联运经营人对全程运输应负的责任。

（2）责任期间。联运经营人的责任期间，从联运经营人接管货物之日起到交付货物时为止。根据推定过失或疏忽原则。联运经营人对责任期间内的货物灭失、损坏或延迟交付负赔偿责任。

（3）赔偿责任限制。联运经营人对货物灭失或损坏的赔偿责任限制为每件 920 记账单位，或按毛重每千克不超过 2.75 记账单位，以较高者为准。如果多式联运不包括海上和内河运输，则按毛重每千克 8.33 记账单位计算。对延迟交货的损害赔偿责任，相当于延迟交付的货物应付运费的 2.5 倍，但不得超过合同规定的应付运费的总额。

如果货物的灭失、损坏或延迟交付是由于多式联运经营人有意造成，或明知可能造成而不在意，或故意欺诈，则联运经营人无权享受赔偿责任限制的利益，并需赔偿包括收货人在内的第三方因此而遭受的任何损失。

2. 发货人的赔偿责任。

（1）发货人对因其本人、代理人或其雇佣人的过失或疏忽而给联运经营人造成的损失，负赔偿责任。

(2) 发货人将危险品交付联运经营人运输时，应明确告之危险的特性，及预防危险的必要措施，否则将对联运经营人因此危险造成的损失负赔偿责任。

(三) 索赔与时效规定

1. 收货人的索赔。收货人应在收货后的下一个工作日将损失情况以书面形式通知联运经营人。如果货损不明显，则应在收货后6天内提出书面通知。但如果收货时各方当事人已进行了联合调查和检验，则无需再行通知。对于延迟交货，收货人应在交货后60天内提交书面通知。

2. 联运经营人的索赔。联运经营人应在损失发生后90天内，或在提交货物后90天内，以较迟者为准，向发货人送交书面损失通知。

3. 时效规定。凡已提出书面索赔通知的，自货物交付之日或应当交付之日起2年内未提起诉讼或者仲裁的，失去时效。未提出索赔书面通知的，自货物交付之日或应当交付之日起6个月届满，失去时效。

## 第五节　涉外货物运输保险法

### 一、涉外海上货物运输保险的法律规定

涉外海上货物运输保险是指以涉外海上运输过程中的货物作为保险标的，保险人对保险货物在运输过程中遭受保险单中规定损失负赔偿责任的保险。海上货物运输保险是涉外货物运输保险中最重要的一种。有关的法律问题，主要是保险范围、保险险别和保险合同。

(一) 海上货物运输保险范围

1. 危险保障。海上货物运输保险主要承保的风险，包括海上风险，外来风险和特殊风险。

(1) 海上风险，是指由海上偶发的意外事故或自然灾害引起的海难，如恶劣气候、雷电、海啸、搁浅、触礁、碰撞等；

(2) 外来风险，是指由外来原因引起的损失，如火灾、雨淋、玷污、渗漏、受潮、受热、偷窃、破碎、钩损、短量等；

(3) 特殊风险，是指一些特殊的外来风险，如战争、罢工、敌对行为或武装冲突、失踪、拒收等。

2. 损失保障。海上货物运输保险承保的损失就是海损(Average)。海损按损失程度，可分为全部损失和部分损失。

全部损失，简称全损，可分为实际全损和推定全损。实际全损，或称绝对全损，是指保险标的完全灭失，如货物沉没无法打捞、货物受损后完全失去使用价值、船舶失踪达到一定期限等。推定全损，是指保险标的的实际全损即将发生而不可避免，或抢救和修复保险标的的费用超过获救后的价值。

部分损失，是指损失没有达到全损的程度。部分损失按损失的性质不同，可分为共同海损和单独海损。

(1) 共同海损(General Average, G. A.)，又称共损，是指船舶在海上遭遇灾害事故，为了解除船舶和货物的共同危险，船方有意并合理地采取措施而引起的某些特殊损失和额外费用。共同海损的成立，必须具备下列条件：

① 船舶和货物所处的共同危险必须是实际存在的，而不是想象的或臆测的；

② 损失必须是特殊性质的，费用必须是额外的。只有属于共同海损行为直接后果的损失和费用，才能作为共同海损；

③ 采取的共同海损措施必须是有意的合理的，并且必须是有效果。

共同海损的损失和额外费用,应以船、货、运费等获救后的价值按比例由各方受益人分摊。

(2) 单独海损(Particular Average,P. A.),又称单损,是指除共同海损以外的部分损失。即因海上灾害事故直接造成的船舶或货物的部分损失。这类损失只使单独一方的利益受损,所以损失只能由受损害者单独负担。

3. 费用保障。海上货物运输保险承保的费用,主要是施救费用和救助费用。

(1) 施救费用。是指被保险人或其代理人、雇佣人为避免或减少损失,对保险标的进行抢救的合理费用。施救费用的最高赔偿额不得超过保险金额。

(2) 救助费用。是指保险人和被保险人以外的第三人采取救助行为使船货避免或减少损失,被救助方支付给救助方的报酬。救助费用的支付,以“无效果,无报酬”为原则,且不得超过保险金额。

(二) 海上货物运输保险的险别

1. 主要险别。海上货物运输保险的基本险别包括平安险、水渍险和一切险三种。

(1) 平安险(Free from Particular Average,F. P. A.),又称全损险,是指只承保自然灾害或意外事故造成的全部损失,不负责单独海损的一种海上货物运输保险。平安险承保的责任范围是:

① 被保险货物在运输途中由于恶劣天气、雷电、海啸、地震、洪水等自然灾害造成整批货物全损或推定全损;

② 由于运输工具搁浅、触礁、沉没、碰撞、失火、爆炸等意外事故造成的全部或部分损失;

③ 在装卸或转运时,一件或数件整件货物落海造成的全部或部分损失;

④ 施救费用、救助费用及共同海损的牺牲和分摊;

⑤ 根据“船舶互撞责任”条款[①],应由货方偿还船方的损失。

平安险,国际上旧称“不保单独海损险”。1982 年 1 月 1 日修订《伦敦保险协会货物保险条款》时,改称 C 险,责任范围比平安险略小。

(2) 水渍险(With Average, W. A., With Particular Average, W. P. A.),是指对单独海损也负赔偿责任的一种海上货物运输保险。水渍险承保的责任范围是:

① 平安险所承保的全部责任;

② 在运输途中被保险货物因自然灾害造成的部分损失。

水渍险,国际上旧称“包括单独海损险”。1982 年后改称 B 险,责任范围与水渍险基本相同。

(3) 一切险(All Risks, A. R.),又称综合险,是指除承保平安险和水渍险的各项责任外,对由于外来原因造成的货物全部和部分损失也负赔偿责任。一切险是三个主要险别中责任最大的一种。国际上 1982 年后改称 A 险。

以上三种为基本险别,被保险货物只有投保了其中之一后,才可加保附加险。

2. 附加险。包括一般附加险、特别附加险和特殊附加险:

(1) 一般附加险。有 11 种:淡水雨淋险、混杂沾污险、渗漏险、串味险、受潮受热险、偷窃提货不着险、碰撞破碎险、钩损险、包装破裂险、锈损险、短量险等。一般附加险不能单独投保,它们其实都已包括在一切险中。通常投保人在投保平安险或水渍险后,

① “船舶互撞责任”条款:《1910 年统一船舶碰撞国际公约》规定,互撞船舶货物损失由双方按过失比例分摊,而一般运输合同规定承运人对因船长、船员的过失造成的货物损失不负赔偿责任,因此,货主只能追偿到对方过失比例部分。美国没有参加这个公约,货主在美国起诉,可以获得对方船舶 100% 的赔偿。对方船舶赔付后,仍可向承运船摊回其过失比例部分。承运人为了保障自己的权益,在合同中加入“船舶碰撞责任”条款,明确规定货主应向承运人退还这部分赔款。投保平安险,即可由保险人赔付这部分损失。

根据需要再加保其中一种或几种附加险。

(2) 特别附加险。大多与政治、国家法令和行政措施等引起的风险有关，如交货不到险、进口关税险、舱面险、拒收险、黄曲霉素险、卖方利益险等。

(3) 特殊附加险。主要有战争险和罢工险。

特别附加险和特殊附加险在投保人向保险人提出申请后，经特别同意，并已投保基本险才可投保。

(三) 海上货物运输保险合同

1. 保险合同的主体。

(1) 保险人。是指经营保险业务，与投保人订立保险合同，收取保险费，在保险事故发生后对被保险人负责赔偿损失的人。在我国保险人是法人，保险公司。在国外有些国家允许合伙或个人充当保险人，经营保险业务。

(2) 投保人。是指向保险人申请订立保险合同，并负有交纳保险费义务的人。在海上货物运输保险中，一般要求投保人在投保时对保险标的具有可保利益。

(3) 被保险人。是指受保险合同保障，在保险事故发生后，有权向保险人要求赔偿损失的人。被保险人有时与投保人是同一个人。

(4) 保险经纪人。是指受投保人委托，办理投保手续，代交保险费的人。在英美等国，保险合同的订立都得经过保险经纪人。保险经纪人出具承保单，保险公司在承保单上签字，保险合同即告成立。保险经纪人代投保人交纳保险费并从保险公司收取佣金。

2. 保险合同的主要内容。

(1) 保险标的。是指合同载明的被保险财产，一般包括货物、运费、保险费和预期利润。

(2) 保险金额。是指投保人对保险标的实际投保的金额。保险金额是保险人负责赔偿的最高限额。海上货物运输保险的保险金额一般不能超过货物的实际价值。

(3) 保险费。保险费一般按保险金额与保险费率的乘积来计算。保险费率则根据保险标的危险程度、损失概率、责任范围、保险期限及经营费用来确定。

(4) 保险危险。是指造成保险人承担赔偿损失责任的事故原因。它规定了保险人的责任范围，只有发生保险合同中载明的危险事故，保险人才负赔偿责任。

(5) 保险期限。即保险合同的有效期限，保险合同各方当事人的权利和义务在此期间内有效。海上货物运输的保险期限通常按航程计算，以一个航程或几个航程为有效期，但也有以确定日期计算。

3. 保险单。海上货物运输合同的形式是保险单，主要有以下几种：

(1) 航程保险单。是指保险期限以航程起讫划分的一种保单。有单程、往返航程及多次航程等多种，由当事人根据需要投保。

(2) 定期保险单。是指保险期限由投保人和保险人事先商定，明确起讫日期的一种保险单。定期通常为 1 年，在规定的保险期限内，船舶每次航行不必再通知保险人。

(3) 定值保险单。保险人与被保险人事先对保险标的约定一个价值，作为收取保险费和计算赔偿金额的依据。通常以货物的到岸价格加上 10%的预期利润。

(4) 流动保险单。保险单中只载明总保险金额和总的承保条件，被保险人在每批货物发运时，通知保险人，保险单自动生效，保险费从预交的保险存款中扣除。

(5) 预约保险单。又称开口保单，是一种约定承保货物运输的长期保单，与流动保单大致相同，但保险单中不规定保险总金额。每批需要承保的货物启运时，被保险人只要申报船名、航程、货物数量和保险金额，保险人即自动按合同承保。

(6) 保险凭证。是一种简化的保险单，与正式保单具有同等效力。保险凭证通常只载保险单正面的内容，包括承保险别、货物名称、保险金额、被保险人名称、运输工具种类及名称、保险期限等，而对保险单反面的保险合同条款则不予登载。在采用流动保险单或预约保险单投保的条件下，保险人对每次承保，只签发保险凭证。

4. 投保人的主要义务有以下三个方面。

(1) 如实申报。投保人在填写保单时，应将其所知道的一切重要事实如实告知保险人。所谓重要事实，是指能影响谨慎的保险人在确定收取保险费的数额和决定是否接受承保此项风险的所有事实。投保人对重要事实没有如实申报，保险人有权解除合同；

(2) 履行保证条款。保证条款是指投保人保证做或保证不做某件事情，或者保证某种情况存在或不存在。如船舶适航、不绕航、经营业务的合法性等。保证可以是明示的也可以是暗示的，对投保人同样有效。投保人违反保证条款，保险人有权解除合同；

(3) 支付保险费。

5. 保险人的责任期限，通常称为"仓至仓"条款。

(1) 保险人的责任从货物运离保单上载明的启运地仓库或储存处时起，直至该货物运送到保单上载明的目的地收货人的仓库、储存处，或其他处所为止；

(2) 如果货物没有到达上述收货人仓库或储存处，则保险责任自货物卸离海轮时起满 60 天终止；

(3) 如果在上述 60 天内货物被转运至保险单所载目的地以外的地点，则保险责任从该货物开始转运时终止；

(4) 如果上述转运是由于投保人无法控制的原因造成，在投保人及时通知保险人，并在必要时加缴保险费后，保险仍继续有效。

6. 索赔和时效规定。被保险货物运抵保险单所载目的地后，被保险人应及时提货。提货时如发现货物受损、短缺等情况，应立即向保险单中指定的检验机构申请检验，向承运人、受托人或海关、港务当局索取货损货差证明，并以书面方式向保险人提出索赔要求。

在向保险人提出索赔时，应当备齐必要的单据，包括保险单正本、提单、货物发票、装箱单、磅码单、货损货差证明、索赔清单等单据和凭证。涉及第三者责任的，还需提供向责任方追偿的有关函电或文件。

海上货物运输保险的索赔时效为 2 年，自保险货物在最后卸载港全部卸离海轮时起计算。

## 二、涉外陆上和航空货物运输保险的法律规定

（一）涉外陆上货物运输保险

涉外陆上货物运输保险是指保险人承保以涉外铁路运输或公路运输的货物为保险标的的保险。涉外陆上货物运输保险的基本险别有陆运险和陆运一切险。

1. 陆运险。陆运险的责任范围与海上货物运输保险中的水渍险类似。包括：

（1）被保险货物在运输途中遭受暴风、雷电、地震、洪水等自然灾害造成的货物全部或部分损失；

（2）由于陆上运输工具遭到隧道坍塌、崖崩、火灾、爆炸、碰撞、翻车、出轨和水上驳运工具遭到搁浅、触礁、沉没、碰撞等意外事故造成的货物全部或部分损失；

（3）发生上述事故后，因采取抢救、防止或减少货损的措施而支付的合理费用，但以不超过被保险货物的保险金额为限。

2. 陆运一切险。陆运一切险的责任范围与海上货物运输保

险中的一切险类似，即保险人除了负责赔偿陆运险的责任范围外，还负责赔偿被保险货物在陆运过程中因外来原因造成的货物全部或部分损失。

3. 陆上货物运输保险的责任期限和索赔时效。陆上货物运输保险的责任期限，也适用“仓至仓”条款。

（1）保险人的责任从货物运离保单上载明的启运地仓库或储存处时起，途中包括正常陆运和有关的水上驳运，直至该货物运送到保单上载明的目的地收货人的仓库、储存处，或其他处所为止；

（2）如果被保险货物到达最后卸载车站后，没有送交上述收货人仓库或储存处的，则保险责任自货物最后卸载时起满 60 天终止。

陆上货物运输保险的索赔时效为 1 年，自保险货物在最后卸载车站全部卸离车厢时起计算。

（二）涉外航空货物运输保险

涉外航空货物运输保险是指保险人承保以涉外航空运输的货物为保险标的的保险。涉外航空货物运输保险的基本险别有航空运输险和航空运输一切险。

1. 航空运输险。航空运输险的责任范围与海上货物运输保险中的水渍险类似。包括：

（1）被保险货物在运输途中遭受雷电、火灾、爆炸或由于航空器遭受恶劣气候或其他危险事故而被抛弃等原因造成的货物全部或部分损失；

（2）由于航空运输工具遭到碰撞、倾覆、坠落或失踪等意外事故造成的货物全部或部分损失；

（3）发生上述事故后，因采取抢救、防止或减少货损的措施而支付的合理费用，但以不超过被保险货物的保险金额为限。

2. 航空运输一切险。航空运输一切险的责任范围与海上货物运输保险中的一切险类似，即保险人除了负责赔偿航空运输险的责任范围外，还负责赔偿被保险货物在航空运输过程中因外来原因造成的货物全部或部分损失。

3. 航空货物运输保险的责任期限和索赔时效。航空货物运输保险的责任期限，也适用“仓至仓”条款。

(1) 保险人的责任从货物运离保单上载明的启运地仓库或储存处时起，直至该货物运送到保单上载明的目的地收货人的仓库、储存处，或其他处所为止；

(2) 如果被保险货物到达最后目的地后，没有送交上述收货人仓库或储存处的，则保险责任自货物卸离飞机时起满 30 天终止。

航空货物运输保险的索赔时效为 1 年，自保险货物在最后目的地全部卸离飞机时起计算。

**思考题**

1. 海上货物运输合同中承运人的责任主要包括哪些方面？
2. 简述提单的性质和作用。
3. 租船合同有哪几类，各类合同中承运人的权利义务有什么不同？
4. 比较有关提单的三个国际公约的差别。
5. 涉外货物多式联运的特点是什么，关于联运经营人的赔偿责任有什么规定？
6. 简述海上货物运输保险的承保范围。
7. 名词解释：实际承运人、适航、备运提单、清洁提单、推定全损、共同海损、单独海损、流动保险单、预约保险单、保险凭证、平安险、水渍险、一切险、陆运险、航空运输险。

# 第九章 涉外贸易管理法

## 第一节 涉外贸易管理法概述

### 一、涉外贸易管理法的概念

（一）涉外贸易管理

涉外贸易是指我国与其他国家或地区之间进行的商品交换活动。随着世界经济的发展，涉外贸易在各国国民经济中的比重不断提高，涉外贸易的内涵从原来的货物买卖扩大到货物、技术与服务贸易，对各国国内经济发展的作用也越来越重要。由于涉外贸易对本国经济发展关系重大，世界各国都十分重视涉外贸易管理，包括对涉外贸易经营者的管理、货物进出口管理、技术和服务贸易管理、海关、商检以及外汇管理等。

（二）涉外贸易管理法的概念

涉外贸易管理法是调整涉外贸易管理关系的法律规范的总称。广义的涉外贸易管理法所调整的对象，包括涉外商品交换关系、与涉外商品交换活动有关的涉外服务活动关系，以及国家行政主管机关在管理本国涉外贸易活动中所形成的经济管理关系。狭义的涉外贸易管理法所调整的对象仅包括国家行政主管机关在管理本国涉外贸易活动中所形成的经济管理关系。我国颁行的《对外贸易法》是后一种狭义的涉外贸易管理法。

## 二、涉外贸易管理法的渊源

### (一) 国内立法

改革开放以来,我国制定颁布了一系列有关外贸管理的法律和法规,其中包括《对外贸易进口管理试行办法》(1980 年)、《关于出口许可的暂行办法》(1980 年)、《外汇管理暂行条例》(1980 年)、《进口货物许可制度暂行条例》及其《实施细则》(1984 年)、《海关进出口税则》(1985 年)、《关于加强外汇管理的决定》(1985 年)、《违反外汇管理处罚施行细则》(1985 年)、《中华人民共和国海关法》(1987 年)、《海关行政处罚实施细则》(1987 年)、《进出口关税条例》(1987)年、《进出口商品检验法》(1989 年)等。

1994 年 5 月 12 日通过,1994 年 7 月 1 日起正式施行的《中华人民共和国对外贸易法》是一部调整我国涉外贸易关系的基本法,一部旨在促进对外贸易发展,维护对外贸易秩序,规范国家对外贸易管理活动的经济行政法律。它的制定和实施,为我国对外贸易的快速发展提供了良好的法律环境和有效的法律保障。

《对外贸易法》共 8 章 44 条。它一方面规定了我国实行统一的对外贸易制度,维护公平、自由的对外贸易秩序,在法律、法规许可的范围内,允许货物和技术的自由进出口等基本原则;另一方面,从中国的实际出发,规定了国家实行对外贸易经营资格的许可制度,以及货物、技术进出口的配额、许可证管理制度;为保护我国的国民经济,规定了反倾销、反补贴和采取保障措施的条件与程序,从而当其他国家或者地区对我采取歧视性的贸易待遇时,我国对其采取相应措施有了法律依据;为扶持对外贸易,规定了建立和完善为对外贸易服务的金融机构、设立对外贸易发展基金和风险基金，采取进出口信贷、出口退税等措施。

加入世界贸易组织后，我国面临的外贸环境和条件发生诸多变化。为了适应这些变化，修订后的对外贸易法于2004年4月6日获得通过，并于2004年7月1日起实行。新《对外贸易法》共11章70条，比1994年外贸法增加了3章26个条款。增加的内容主要涉及与贸易有关的知识产权保护、对外贸易调查和对外贸易救济。新《对外贸易法》还根据中国“入世”承诺和世贸组织规则，对中国享受世贸组织成员权利的实施机制和程序作出新的规定。与旧法相比，新外贸法具备更大的可操作性，减少和规范了行政审批，完善了中介机构、金融扶持等外贸促进体系，建立健全了贸易防御和贸易救济措施的法律体系。

（二）双边贸易条约和协定

建国以来，我国同世界上许多国家签订的双边贸易条约或协定也是我国涉外贸易管理法的表现形式。双边贸易条约包括通商条约、商务条约、通商航海条约等。双边贸易协定包括贸易协定、贸易与支付协定、贸易协定书、交货共同条件议定书、年度贸易或换货协定等。这些条约和协定规定了缔约双方在贸易和其他经济关系方面的权利和义务，是我国与有关缔约国进行国际贸易活动的法律依据。

（三）国际贸易公约和协定

国际贸易公约和协定是国际社会为了避免因各国经济、文化、政治制度上的差异，导致国际贸易的种种不便，特别是为了避免因各国法律规定的不一致，给国际贸易带来的可能损失而制定的。国际贸易公约和协定有许多，至今最为重要的是《世界贸易组织协定》。在《世界贸易组织协定》所包括的4个附件中，对协调多边贸易关系、解决国际贸易争端及规范国际贸易竞争规则作了实质性的规定。根据国际法优于国内法的公认准则，这些国际公约和协定可以作为缔约国或参加国的对外贸易法律渊源。

## 三、涉外贸易管理机关

### （一）对外经济贸易主管部门及其职责

1. 对外经济贸易主管部门。我国的对外经济贸易主管部门是国务院对外贸易经济合作部。建国初，领导和管理全国对外贸易工作的是设立于贸易部内的对外贸易司。1952 年 9 月，中央对外贸易部正式成立，成为我国政府统一领导和管理对外贸易的行政机构。改革开放以后，国务院对外贸行政机构进行多次调整，先后成立了国家进出口管理委员会、外国投资管理委员会、国家进出口商品检验局，并将海关管理局改为海关总署。1982 年，根据五届人大常委会决议，对外贸易部、对外经济联络部、国家进出口管理委员会、外国投资管理委员会合并组成对外经济贸易部。1993 年更名为对外贸易经济合作部。2003 年决定组建商务部，作为主管国内外贸易和国际经济合作的国务院组成部门。将原对外贸易经济合作部职责、原国家经济贸易委员会的内贸管理、对外经济协调、产业损害调查和重要工业品、原材料进出口计划组织实施等职责和国家发展计划委员会组织实施农产品进出口计划的职责划入商务部。并明确规定：现行行政法规、国务院文件以及经国务院批准的部门规章和规范性文件中涉及原对外贸易经济合作主管部门的职责，均由商务部履行。

2. 商务部外贸管理的主要职责。

（1）研究制定发展对外经济贸易的战略方针、规则、国别政策及其他有关政策，经国务院批准后，负责组织实施；

（2）制定有关对外经贸管理的法规、规章，并组织监督实施；

（3）组织和协调管理外商投资、技术进出口、成套设备进口的对外谈判、签约，审批重大的利用外资和技术引进项目的协议和合同；

(4) 根据国家统一政策，指导和组织协调各地区、各部门的对外经济贸易工作；

(5) 依法审核并授予对外贸易经营者的经营资格；

(6) 会同国务院有关部门，依法制定、调整并公布限制或者禁止进出口的货物、技术目录；

(7) 按照国务院规定的办法，自行或者会同国务院有关部门对限制进出口的货物施行配额或许可证管理，对限制进出口的技术施行许可证管理；

(8) 根据国务院的规定，对属于采取保障措施和反倾销、反补贴的情况，依法进行调查，作出处理；

(9) 撤销有违法行为的对外贸易经营者的外贸经营许可。

(二) 国务院其他有关部门的职责

国务院其他有关部门根据分工也会参与对外贸易的管理工作。如：国家计划委员会负责全国一般商品进口配额和宏观管理、协调工作；国家科委和国防科工委负责技术进出口的技术审查工作；海关总署负责进出口货物、技术的关税征收，查验进出口许可证，查处违法行为。其他如中国人民银行、交通部门、财政部门等也负有相应的职能。

(三) 地方对外贸易管理机构

省级和计划单列市的对外贸易委(厅、局)是地方对外经济贸易的主管部门，其职责是：

1. 在当地政府和商务部的领导下，归口管理和监督检查本地区贯彻执行对外贸易法和有关法律、法规的状况，制定适合本地区实际的具体措施和实施办法；

2. 统一管理地方的进口，管理监督有配额的出口商品，协调、监督、检查本地区对外经济贸易工作；

3. 审批本地区对外贸易经营者的设立、变更或撤销，审核外国企业常驻代表机构的设立、延期及人员变更，报商务部备案。但全国性或者跨省、市外贸经营者的设立则需经商务部的批准。

## 第二节 进出口贸易管理制度

### 一、货物和技术的自由进出口制度

（一）WTO对自由进出口的要求

促进国际贸易自由化是WTO的主要目标之一。国际贸易自由化就是自由进出口，即保证货物、技术进出口不受阻碍地自由进行。为了实现国际贸易自由化，WTO主张通过签订旨在大幅度削减关税与其他贸易壁垒和国际贸易关系中取消歧视性待遇的议定书和互惠安排，以扩大国际贸易和促进世界经济的发展。

对进出口货物、技术征收关税，部分实施许可证管理或配额管理，本来都是一个主权国家为维护本国安全和其他利益所能采取的正常措施。但是，有些国家过分强调本国利益，实行贸易保护主义，超过合理限度使用强制管理措施，在对外贸易中设下层层壁垒，严重影响国际贸易的正常发展，必须通过国际磋商和协调，消除这些障碍。

但是，WTO所主张的国际贸易自由化，从目前看仍只能是有一定限度的自由。在关贸总协定中对限制进出口的措施，包括关税、许可证和配额管理等措施，只是作了规范和约束，并不要求全部取消。它允许缔约国在一定情况下可以合理使用这些限制性措施，并给予发展中国家一些优惠待遇，允许它们为保护本国幼稚工业、保障国际金融地位而维持必要的限制性措施。

（二）我国的自由进出口制度

《对外贸易法》第14条明确规定："国家准许货物和技术的自

由进出口。但是，法律、行政法规另有规定的除外。”显然，我国实行的是一种在一定限度管理下的自由进出口制度，与 WTO 的基本精神并不矛盾。这种进出口制度主要表现为：

1. 对不予限制或者禁止进出口的货物、技术允许自由进出口。这些货物、技术，只要求履行必要的进出口手续，即可自由进出口，任何部门不得变相限制或禁止。例如，我国对于不予限制或者禁止进口的货物实行自动登记制度。进口这类货物，只要事先向规定的登记机关办理登记，经登记机关确认，签发进口登记证明，海关即予一律放行。自动登记制度为许多国家所采用，是自由进出口的重要体现。

2. 对部分属下情况之一的货物、技术实行限制进口或者出口。

(1) 为维护国家安全、社会公共利益或者公共道德，需要限制或者禁止进口或者出口的；

(2) 为保护人的健康或者安全，保护动物、植物的生命或者健康，保护环境，需要限制或者禁止进口或者出口的；

(3) 为实施与黄金或者白银进出口有关的措施，需要限制或者禁止进口或者出口的；

(4) 国内供应短缺或者为有效保护可能用竭的自然资源，需要限制或者禁止出口的；

(5) 输往国家或者地区的市场容量有限，需要限制出口的；

(6) 出口经营秩序出现严重混乱，需要限制出口的；

(7) 为建立或者加快建立国内特定产业，需要限制进口的；

(8) 对任何形式的农业、牧业、渔业产品有必要限制进口的；

(9) 为保障国家国际金融地位和国际收支平衡，需要限制进口的；

(10) 依照法律、行政法规的规定，其他需要限制或者禁止进口或者出口的；

(11) 根据我国缔结或者参加的国际条约、协定的规定，其他需要限制或者禁止进口或者出口的。

3. 国家对与裂变、聚变物质或者衍生此类物质的物质有关的货物、技术进出口，以及与武器、弹药或者其他军用物资有关的进出口，可以采取任何必要的措施，维护国家安全。

在战时或者为维护国际和平与安全，国家在货物、技术进出口方面可以采取任何必要的措施。

4. 在特定情况下，对一些货物、技术实施临时性限制或者禁止措施。这是指当其他国家违背自由进出口原则，对我国出口的货物、技术给予不公正待遇时，我国根据国际贸易中的对等原则，视情况对该国出口至我国的货物、技术实施临时的限制或者禁止。

## 二、许可证管理制度

### (一) 许可证管理的概念

许可证管理是指被国家规定限制进出口的货物、技术，在进出口时必须事先征得国家的许可，取得进口或者出口许可证，海关凭证查验放行的一种进出口管理制度。它是国家对进出口实施限制的重要手段之一，是各国普遍采用的对外贸易管制方式。

我国早在20世纪50年代初就开始实行进出口许可证制度。1956年外贸业务完全由国营外贸公司经营，外贸公司以外贸部下达的货单为进出口货物的依据，许可证制度自行终止。改革开放以后，对外贸易体制也发生变化。1980年原国家进出口管理委员会和对外经济贸易部联合制定并公布了《关于出口许可证制度的暂行办法》、《对外贸易进口管理试行办法》和《对外贸易地方进口管理试行办法》，重新确立了进出口许可证管理制度。

1984年1月10日正式施行的《进口货物许可证制度暂行条例》是我国第一部有关许可证管理的行政法规，有关部门还为其制定了《实施细则》。1989年海关总署和外经贸部颁布《对违反进出口许可证管理制度处罚规定》,加强执法力度。1994年《对外贸易法》的颁布和实施,将我国的许可证管理制度纳入规范化、法制化的轨道,这也是“入世”的准备之一。

事实证明,许可证管理对我国仍是一种必要的有效的制度,它不但能有效地调节外贸进出口秩序,加强进出口商品的价格管理,维护我国重要商品在国外市场的地位,而且能与配额结合使用,有效地控制配额数量,防止超配额进出口后带来的不利影响。

（二）货物进出口许可证管理

1. 许可证管理的商品范围。

(1) 进口许可证管理的商品范围。我国对限制进口的商品实行许可证管理,商品范围由限制进口货物目录确定和调整。随着外贸体制改革的逐步深入,实行许可证管理的商品品种也在逐步减少。例如,我国从1994年起取消了对农药、钢材、民用飞机等10余种商品的进口许可证管理。到2002年又取消对涤纶纤维、腈纶纤维、聚酯切片、烟草及制品、二醋酸纤维丝束、彩色电视机其显像管、收音机与录音机及其机芯、录音录像磁带复制设备、电冰箱及其压缩机、录像设备及其关键件、空调器及其压缩机、气流纺纱机、酒、彩色感光材料的进口许可证管理;取消对汽车及其关键件、汽车轮胎部分编码商品的进口许可证管理,使实行进口许可证管理的商品减为12种,分为两类:

① 实行进口配额许可证管理的商品,具体包括成品油、天然橡胶、汽车轮胎、汽车及其关键件、摩托车及其关键件、照相机及其机身、手表与汽车起重机及其底盘等8种;

② 实行进口许可证管理的商品,具体包括光盘生产设备、监控化学品、易制毒化学品及消耗臭氧层物质等四种。

(2) 出口许可证管理的商品范围。

2002年实行出口许可证管理的商品有54种,分为五类:

(1) 实行出口配额许可证管理的商品，如玉米、大米、小麦、棉花、茶叶、食糖、蚕丝类、坯绸、棉坯布(对日、韩)、煤炭、焦炭、原油、成品油、稀土、白银、石蜡等；

(2) 实行出口配额招标的商品，如蔺草及蔺草制品、碳化硅、氟石块(粉)、滑石块(粉)等；

(3) 实行出口配额有偿使用的商品，如矾土、人造刚玉、甘草及甘草制品等；

(4) 实行出口配额无偿招标管理的商品，如电风扇、自行车、摩托车及摩托车发动机等；

(5) 实行出口许可证管理的商品，如牛肉、猪肉、鸡肉、重水、消耗臭氧层物质、监控化学品、易制毒化学品、电子计算机等。

2. 货物进出口许可证的申请、审核和签发。

(1) 申请。申请进口或者出口许可证者，必须是具有对外贸易经营者资格的公司、企业或者其他组织。没有对外贸易经营者资格的单位或个人需要进出口的应当委托有资格者代办。办理申请时应当按规定的要求填写申请表，并提供进出口合同或有关部门核发的配额证明。

(2) 审核和签发。我国对进出口许可证的审核和签发实行分级管理，审核和签发机构分别为外经贸部的配额许可证事务所、外经贸部驻各地特派员办事处以及地方经贸委、厅、局。审核的内容，一是申请者的资格；二是申请表、进出口合同的内容是否与有关批件、证明相一致；三是进出口商品的价格是否超过正常合理范围或者低于最低限价。

申请符合各项审核要求，手续完备的，由发证机构签发进口或出口许可证。进口许可证的有效期为1年，到期货物未进口，可申请展期一次，展期不超过2个月。出口许可证的有效期，实行一批一证的，为3个月；允许多次报关(但不得超过12次)的，为6个月。

3. 违反进出口许可证管理制度的处罚。

(1) 伪造进出口货物许可证,企图蒙混进口或出口货物的,没收货物,并处以罚款;情节严重的,可依法追究刑事责任;

(2) 伪报进出口货物品名、规格等,或将一般贸易项下实行进口许可证管理的商品伪报为来料加工、来件装配或以其他名义进口,或进口少报多进,出口少报多出,借以逃避进出口许可证管理的,均可没收货物,并处以罚款;

(3) 涂改进出口许可证货物品名、规格、数量、有效期等内容,或非法冒用进出口许可证的,没收货物,并处以罚款;

(4) 故意采取分签合同、分口岸或分批进口方式,逃避许可证管理,证据确凿的,视情节轻重分别按走私或违反海关监督规定论处。

(三) 技术进出口许可证管理

1. 我国技术进出口要求。

(1) 我国引进的技术必须具有先进性和适用性,符合下列一项以上的要求:

① 能发展和生产新产品,或扩大产品出口,增加外汇收入;

② 能提高产品质量和性能,降低生产成本、节约能源或材料;

③ 有利于充分利用本国资源,或有利于环境保护;

④ 有利于生产安全,有利于改善经营管理,或有利于提高科学技术水平。

(2) 属下列情况之一的为限止或者禁止进出口的技术:

① 为维护国家安全或社会公共利益,需要限制或禁止进出口的;

② 破坏生态环境,需要禁止进出口的;

③ 根据中华人民共和国所缔结或者参加的国际条约、协定的规定,需要禁止进口或者出口的。

2. 技术进出口许可证的申领。我国对限制进出口的技术实行许可证管理。对外贸易经营者进口或者出口限制进出口的技术，必须经过国务院有关部门的审批，并向外经贸部及其授权的许可证签发机构申领技术进口或出口许可证。

## 三、配额管理制度

### （一）配额管理的概念

配额是指一国为维护本国的利益，在一定的时期内，对某些商品的进出口数量或金额所规定的限额。在限额内的商品允许进出口，超过限额，则不准再进出口。

配额管理是世界各国普遍采用的数量限制措施，WTO 虽然一般禁止数量限制，但同时作了许多例外规定。我国作为发展中国家，对进出口商品实行配额管理是十分必要的。通过进口配额管理，可以控制进口商品的种类和数量，防止盲目进口使国内产业受到冲击，外汇储备发生浪费。通过出口配额管理，可以控制重要物资和敏感商品的出口，调整外贸出口秩序，并保证出口商品数量符合与其他国家签订的贸易协议的要求。

我国进出口配额的管理部门是商务部及国务院有关部门。按照配额管理的货物流向，可分为进口配额管理和出口配额管理。按照管理的具体方式，进口配额管理可分为机电产品配额管理和一般商品配额管理；出口配额管理可分为计划配额管理、主动配额管理和被动配额管理。

### （二）进口配额管理

1. 机电产品进口配额管理。机电产品进口配额管理是指对机械设备、电子产品及零部件、元器件等的进口配额管理。机电产品在我国进口商品结构中占有很大比重，但过量进口必将严重影响国内相关工业的发展和国家外汇收支的平衡。

机电产品进口配额管理部门为国家经贸委领导下的国家机电产品进出口办公室。实行配额的产品品种由该办公室会同有关部门，根据国内经济发展及有关的国际双边、多边协议确定和调整，报国务院批准后公布实施。

省、直辖市、自治区、计划单列市、沿海开放城市、经济特区政府以及国务院有关部门指定的行政管理机构，为地区、部门机电产品进口配额管理机构。它们的职能是：向国家机电办申报地区、部门进口配额，审核进口单位的配额申请，转报国家机电办审批，并发放配额证明。

2. 一般商品进口配额管理。一般商品是指除机电产品以外的所有需要实行进口配额管理的商品。具体商品品种根据国家计委、外经贸部公布的《实行进口配额管理的一般商品目录》确定，目前有 26 种，包括原油、木材、棉花、粮食、农药等。

一般商品进口配额管理部门为国家计委，地方管理机构为省、直辖市、自治区、计划单列市政府以及国务院有关部门指定的行政管理机构。

申请一般商品进口配额的单位应向地方进口配额管理机构提出，申请时需要申报进口配额的用途、进口支付能力以及上一年度进口配额实际完成情况等有关材料。地方进口配额管理机构在计委下达的配额数量内，审核进口配额申请，发放进口配额证明。

（三）出口配额管理

1. 计划配额管理。计划配额管理是指国家对关系国计民生的大宗资源性出口商品和在我国出口中占有重要地位的大宗传统出口商品实行的一种出口配额管理。国家对计划配额管理的一些主要商品实行统一联合经营。目前实行计划配额管理的商品有 38 种，包括大米、茶叶、原油、成品油、煤炭、棉花等。计划配额由外经贸部或会同计委负责确定、编制、下达出口计划。地方经贸主管机关按照外经贸部下达的计划配额数量分配额。

2. 主动配额管理。主动配额管理是指在输往国家或地区市场容量有限，外国要求我国对某些出口商品主动限制数量的情况下，国家实施的出口配额管理。实行主动配额的我国商品通常在国际市场或某一国外市场上占有主导地位，如果过量出口，一方面会破坏市场供求关系，导致商品价格下跌，另一方面很可能引来反倾销，最终丧失海外市场。

有关主动配额管理的法规主要是1993年外经贸部发布的《出口商品主动配额管理的实施细则》，同时公布的还有实行主动配额管理的出口商品目录。目前实行主动配额管理的商品有54种，分别向特定国家或地区实行主动出口配额。如，对日本的主动配额商品有红小豆、高粱、蜂蜜、棉漂布等23种；对美国有鲜蜂皇浆等3种；对港澳地区有鲜活冷冻商品等23种。

3. 被动配额管理。被动配额管理是指因进口国就某种特定商品对我国实行配额限制，我国不得不采取的配额管理。被动配额一般由贸易国双方通过协商，签订双边协议确定。

被动配额管理的商品范围根据外经贸部公布的被动配额管理出口商品目录确定和调整。目前有24种，分成两大类：一类是纺织品，包括棉纱、毛纱、毛线、化学纤维及其制品等19种；另一类是非纺织品，包括日用陶瓷、黑白电视机、彩色电视机等5种。

（四）进出口配额的分配

1. 配额分配的原则。根据我国对外贸易法的规定，进出口配额应当按照效益、公正、公开和公平竞争的原则进行分配。在分配配额时，坚持效益原则，必须充分考虑配额的使用效益；坚持公正原则，对所有申请者一视同仁，使他们能公平地获得配额；坚持公开原则，公开配额的分配方式、分配办法及能够公开的分配结果，提高配额分配的透明度；坚持公平竞争原则，改革配额分配方式，推广配额招标办法。

2. 配额的分配方式。配额分配，首先是配额总量确定后，外经贸部和有关部门对地方配额管理机构的配额分配；其次是地方配额管理机构对配额申请者的再分配。这种分配方式实行已久，暴露出不少弊病。1994年外经贸部发布《出口商品配额招标办法(试行)》,对配额分配方式进行改革,尝试以招标方式分配配额。招标方式更有利于配额分配贯彻效益、公正、公开和公平竞争原则,消除配额分配中的不正之风,对我国外贸经济的发展和精神文明建设都有很重要的意义。

## 第三节 海 关 法

### 一、海关和海关法的概念

(一) 海关的概念

海关是国家的进出关境监督管理机关。海关的职责主要是对进出关境的运输工具、货物和物品进行监督管理,征收关税和其他税、费,查缉走私,并编制海关统计和办理其他海关业务。

我国的海关体制是:国务院设立海关总署,统一管理和领导全国海关。国家在对外开放口岸和海关监管业务集中的地点设立海关机构。海关的隶属关系不受行政区划的限制。各海关依法独立行使职权,向海关总署负责。

(二) 海关法的概念

海关法是调整海关在监督管理进出口关境活动中发生的涉外经济管理关系的法律规范的总称。我国第一部海关法是1951年5月1日颁布实施的《中华人民共和国暂行海关法》。现行的海关法是1987年7月1日起生效施行,2000年7月8日修正的《中华人民共和国海关法》,以及其他有关调整海关管理关系的法规,如《进出口关税条例》、《进出口税则》、《海关行政处罚实施细则》、《海关对经济技术开发区进出境货物的管理规定》、《海关对沿海开放地区进出境货物的管理规定》、《海关对进出境旅客行李物品监管办法》、《海关对进出境国际航行船舶及其所载货物、物品监管办法》、《知识产权海关保护条例》、《海关对职业报关企业的管理规定》、《海关对代理报关企业的管理规定》等。

（三）海关的职权

根据《海关法》的规定，海关可以行使下列职权。

1. 检查进出境运输工具，查验进出境货物、物品，对违反有关法律、法规的，可以扣留；

2. 查阅进出境人员的证件，查问违反有关法律、法规的嫌疑人，调查其违法行为；

3. 查阅、复制与进出境运输工具、货物、物品有关的合同、发票、账册、单据、记录、文件、业务函电、录音录像作品和其他资料，对其中与违反有关法律、法规的进出境运输工具、货物、物品有牵连的，可以扣留；

4. 在海关监管区和海关附近沿海沿边规定地区，检查有走私嫌疑的运输工具和有藏匿走私货物、物品嫌疑的场所，检查走私嫌疑人的身体；对走私嫌疑人，经关长批准，可以扣留移送司法机关；

5. 进出境运输工具或者个人违抗海关监管逃逸的，海关可以连续追至海关监管区和海关附近沿海沿边规定地区以外，将其带回处理；

6. 海关为履行职责，可以配备武器。海关工作人员佩带和使用武器的规则，由海关总署会同国务院公安部门制定，报国务院批准。

## 二、海关对进出境运输工具的监管

进出境运输工具是指载运人员、货物、物品进出境的各种船舶、车辆、航空器和驮畜。海关对进出境运输工具的监管程序包括申报、查验和放行。

(一) 申报

申报是指进出境运输工具到达或者驶离设立海关的地点时，其负责人应向海关如实申报，交验有关证件和单据，接受海关的监管和检查。如因不可抗力被迫在未设海关的地点停泊、降落或者抛掷、起卸货物、物品的，其负责人应当立即向附近海关报告。

停留在海关设立地点的进出境运输工具，未经海关同意，不得擅自驶离。若需驶往另一个设立海关的地点，也应符合海关监管要求，办理海关手续，否则不得改驶境外。

进出境运输工具装卸进出境货物、物品完毕，其负责人应向海关递交反映实际装卸情况的交接单据和记录。上下进出境运输工具的人员携带物品的，也应当向海关如实申报，接受海关的检查。运输工具在进境以后申报之前，或者在结关以后出境以前，应当按照交通主管机关规定的或者海关指定的路线行进，不得改道，不得装卸货物，不得上下旅客和行李物品。

(二) 查验

查验是指海关对进出境当事人申报的内容进行核查和验证。海关检查进出境运输工具时，运输工具负责人应当到场，并根据海关要求开启舱室、房间、车门；有走私嫌疑的，应当开拆可能藏匿走私货物、物品的部位，搬移货物、物料。海关根据工作需要，可以派员随运输工具执行任务，运输工具负责人应当提供方便。

(三) 放行

放行是指海关在查验并征收关税和其他税费后，认为该运输工具进出境合法，在有关单证上签印，允许该运输工具进出境。海关对运输工具的放行不等于对其所载货物、物品的放行。货物、物品的放行还要按货物、物品的监管规定办理。但运输工具在途中必须装载的燃料、物料和饮食用品，属免税之列，可以免办进出境手续放行。

## 三、海关对进出境货物的监管

海关对进出境货物的监管,进口货物自进境起到办结海关手续止,出口货物自向海关申报起到出境止,过境、转运和通运货物自进境起到出境止。

### (一) 对一般进出境货物的监管

海关对一般进出境货物监管程序通常包括报关、查验、征税和结关放行。

1. 报关。报关是指进出境货物的收、发货人或其代理人在货物通过关境时,向海关申报,交验单证,接受海关的监督和检查。

(1) 报关单位。报关应由报关单位进行,报关单位是指有资格进行报关的企业和经济组织。海关对报关单位实行注册登记制度,对审查合格的报关单位发给《报关注册登记证明书》。报关单位的报关员要经过海关培训,考核通过后发给《报关员证件》。未经登记注册的单位,不能直接办理报关手续,但可委托报关单位代理报关。

(2) 报关地点。进口货物由收货人在货物进境地海关报关,但经收货人申请,海关同意,也可在设有海关的指运地报关;出口货物由发货人在货物出境地海关报关,但经发货人申请,海关同意,也可在设有海关的启运地报关。过境、转运和通运货物报关的地点,为进境地海关。

(3) 报关期限。进口货物的收货人应当自运输工具申报进境之日起 14 日内,向海关报关;出口货物的发货人,除海关特许外,应当在装货的 24 小时以前向海关报关。进口货物的收货人超过规定期限未报关的,海关依法征收滞报金;出口货物的发货人逾期不报关的,海关可以拒绝接受申报。

(4) 报关交验的单证。报关时应提交的单证主要有:《进(出)口货物报关单》、《进(出)口货物许可证》、《出口外汇核销单》,以及国家主管部门同意进(出)口的其他批准文件;商检、动植物检疫、药物检验等机构签发的证件;货运单据;合同、产地证和其他海关认为必须提交的单证、账册等。报关时因具体情况不同可有所删减。

2. 查验。查验包括审单和验货。审单是海关对报关人提交的单证进行审核,确定所需单证是否齐全、准确、有效,是否单证相符。如发现问题,要求及时补充或更正。验货是实地查验货物,要求单货相符。一切进出境货物,除海关总署批准免验的外,都必须接受海关的查验。海关查验货物时,进出境货物的收、发货人应当到场,并负责搬移货物、开拆和重封货物的包装。海关认为必要时,可以径行开验、复验或者提取货样。

3. 征税。进境货物的进口税在进境地海关缴纳,出境货物的出口税在出境地海关缴纳。转关运输的货物,进口税可在指运地海关缴纳,出口税可在启运地海关缴纳。对产自与我国订有关税互惠条约或协定国家的进口货物,按最低税率征税,其他按普通税率征税。税率实施日期以收、发货人或其代理人申报进口或出口之日实施的税率为准。

4. 结关放行。一般贸易进出境货物办理完报关、查验、征税或提供担保后,海关在货运单据上签印放行。对一般货物而言,放行即结关,海关的监管就此终止。但对一些特定货物,放行并不等于结关。如保税货物只有在复运出口时才能结关,才能完全脱离海关的监管。

5. 担保。担保是指在确定货物的商品归类、估价和提供有效报关单证或者办结其他海关手续前,进出境货物的收、发货人要求海关先予放行货物的,应当向海关缴纳一定数量的保证金或者保证函,保证在担保期间内履行补办申报手续。保证金的数额相当于有关货物各项税费的总和,保证函的担保人必须是具有法人资格的单位,并承担连带责任。因担保得以先予放行的进出境货物,在结关之前,有关当事人可以提取和使用,但未经海关许可,不得转让或移作他用。

(二)对超期未报关货物的处理

1. 对未申报的进出境货物的处理。进口货物的收货人自运输工具申报之日起超过 3 个月,未向海关申报的,其进口货物由海关提取变卖处理。所得价款在扣除运输、装卸、储存等费用和税款后尚有余款的,自货物变卖之日起 1 年内,经收货人申请,予以发还;逾期无人申请的,上缴国库。

2. 对误卸、溢卸的进境货物的处理。经海关审定,确属误卸或溢卸的进境货物,由运输工具负责人或者货物的收、发货人自该运输工具卸货之日起 3 个月内,办理退运或者进口手续;必要时,经海关批准,可延期 3 个月。逾期未办手续的,由海关按照对未申报进口货物的处理办法处理。

3. 对声明放弃的进口货物的处理。收货人或者货物所有人说明放弃的进口货物,由海关提取变卖处理,所得价款在扣除运输、装卸、储存等费用后,上缴国库。

(三)对外商投资企业进出口货物的监管

外商投资企业货物是以中外合资、中外合作和外资企业为收、发货人的进出境货物。外商投资企业成立后,应向主管海关办理企业备案登记。只有办理了这一手续,才能从事进出口业务并享受减免税收优惠。对保税加工贸易的货物,还需进行合同备案登记。

外商投资企业进出口货物,应向海关如实申报并接受查验,属许可证管埋的商品应交验有效的进出口许可证。进出口减免税货物,应事先申领减免税证明书,并在货物实际进出口时呈交海关,否则不得享受减免税优惠。减免税货物和保税货物必须接受海关的后续管理。未经海关特许并补办报关纳税，不得出售、转让、挪作他用或作其他处理。保税加工货物，还应办理后期核销手续。

（四）对特殊形式进出口货物的监管

1. 对暂时进出境货物的监管。暂时进出境货物是指为了开展国际经济、科技、文化合作交流，经海关批准暂时进入我国境内或者暂时运出境外的货物。暂时进出境货物应在 6 个月内复运出境或复运进境，逾期未复运出境，又未办延期使用申请的，应办理正式进口手续和照章纳税；逾期未复运进境，有特殊情况，经海关同意可以延期。暂时进出境货物只能用于特定用途，未经海关许可不得出售、转让或移作他用。

2. 对保税货物和保税仓库的监管。保税货物，是指经海关特许缓办进口手续或存放后复运出口的存放在海关监管区内指定区域内的货物。保税货物存放在保税仓库。保税仓库是经海关同意，建立在海关监管区内的特种仓库。保税货物进仓后封存不动，而保税加工货物则将在国内进行增值性加工。

保税货物入境，货主或其代理人应填写报关单一式三份，加盖“保税货物”印章并注明存放仓库，向海关申报。经海关查验放行后，一份留海关，二份随货交保税仓库。保税仓库收货后在报关单上签收，一份留存，一份交主管海关存查。

保税仓库应遵守海关有关规定，对海关负责。仓库由海关会同仓库经理人双方加锁。海关可以随时派员入库检查货物及有关账册，必要时可派员驻库监管。

保税货物复运出口应办理复运出口手续，经海关查核单货相符后签印放行。经海关核准转为内销的，需补办报关纳税。

3. 对过境、转运、通运货物的监管。过境是指货物从境外起运，通过中国境内陆路运输，继续运往国外。转运是指货物从境外起运，到境内设立海关的地点换装运输工具，而不通过中国陆路再运往国外。通运是指货物从境外起运，由原装运输工具（船舶或航空器)经过中国继续运往国外。过境、转运、通运货物的运输工具负责人应当向进境地海关如实申报,并在规定的期限内结关出境。海关认为必要时,可以对过境、转运、通运货物进行查验。

## 四、违反海关法的法律责任

根据《海关法》和《海关法行政处罚实施细则》,违反海关法的行为主要有三类:走私行为、按走私行为论处和其他违法行为。走私行为是指违反海关法及有关法律、法规,非法运输、携带、邮寄货物、货币、金银或其他物品进出境,逃避海关监管,偷盗应纳税款,逃避国家有关进出境的禁止性或者限制性管理的行为;按走私行为论处是指违反海关法及有关法律、法规,非法运输、收购、贩卖走私物品,伪造海关单证等行为;其他违法行为,或称违规行为,是指违反海关监管规定,尚未构成走私的行为。

(一)走私行为及其处罚

1. 有下列行为之一的,是走私行为。

(1) 运输、携带、邮寄国家禁止或者限制进出境货物、物品或者依法应当缴纳税款的货物、物品进出境的;

(2) 未经海关许可并且未缴纳应纳税款、交验有关许可证件,擅自将保税货物、特定减免税货物以及其他海关监管货物、物品、进境的境外运输工具,在境内销售的;

(3) 有逃避海关监管,构成走私的其他行为的。

2. 处罚。

(1) 有前列走私行为之一,尚不构成犯罪的,由海关没收走私货物、物品、走私运输工具和违法所得,可以并处罚款;

(2) 专门或者多次用于掩护走私的货物、物品,专门或者多次用于走私的运输工具,予以没收,藏匿走私货物、物品的特制设备,责令拆毁或者没收;

(3) 有1.(1)所列走私行为之一，构成犯罪的，由人民法院依法追究刑事责任。

(二) 按走私行为论处及其处罚

1. 有下列行为之一的，按走私行为论处。

(1) 直接向走私人非法收购走私进口的货物、物品的；

(2) 在内海、领海、界河、界湖，船舶及所载人员运输、收购、贩卖国家禁止或者限制进出境的货物、物品，或者运输、收购、贩卖依法应当交纳税款的货物，没有合法证明的；

(3) 伪造、变造、买卖海关单证的；

(4) 与走私人通谋为走私人提供贷款、资金、账号、发票、证明、海关单证的；

(5) 与走私人通谋为走私人提供运输、保管、邮寄或者其他方便的。

2. 处罚。对按走私行为论处的行为，尚不构成犯罪的，由海关没收走私货物、物品、走私运输工具和违法所得，可以并处罚款；构成犯罪的，依法追究刑事责任。

(三) 违反海关监管规定的行为及其处罚

修改后的《海关法》中列举的违反海关监管规定的行为有13项，大致可归纳为以下几方面。

1. 进出口货物和物品方面。进出口货物未依法领取许可证、申报不实；过境、转运货物和复运出境货物擅自改变原来的目的地；暂时进出口货物、转运货物、过境货物超过规定期限运输出境；交验的发票、单据等不真实；擅自更改海关监督货物和物品的标志；擅自开拆、损毁海关封志或海关关封等。

2. 进出境运输工具方面。未经批准，擅自将运输工具驶往国内外港、站；进出境不向海关申报；交海关查验的单据、文件不实；运输工具进出境不按指定路线行进；在海关监管期间，未经许可擅自装卸货物、物品或上下旅客；拒绝、阻碍海关工作人员依法执行任务等。

对违反海关监管规定的行为，海关可处以罚款，有违法所得的，没收违法所得。

（四）不服海关处罚的申诉

当事人对海关处罚决定不服，可以自收到处罚通知书之日起30日内，海关无法通知的，自海关的处罚决定公告之日起30日内，向作出处罚决定的海关或上一级海关申请复议，或者直接向人民法院起诉。对复议决定不服的，可以自收到复议决定书之日起30日内向人民法院起诉。当事人逾期不履行海关的处罚决定又不申请复议或向人民法院起诉的，作出处罚的海关可以将其保证金没收或者将其被扣留的货物、物品、运输工具变卖抵缴，也可以申请人民法院强制执行。

## 第四节　进出口商品检验法

### 一、进出口商品检验制度

（一）进出口商品检验的概念

进出口商品检验，简称商检，是指商品检验机构依照有关法律、法规的规定或者对外贸易合同的约定，对进出口商品的质量、规格、重量、数量、包装以及是否符合安全、卫生要求进行检验、鉴定，并出具检验证书的行为。商检，严格地讲只包括对进出口商品货物的品质检验，不包括对进出口动植物的检疫，但人们通常将两者统称为商检。

（二）进出口商品检验立法

实行进出口商品检验制度是我国对外贸易管理的重要内容之一。建国以来，我国制定和颁布了一系列有关法律、法规，以保证进出口商品检验制度的执行。1950 年财政经济委员会公布《商品检验暂行条例(草案)》,次年修订为《商品检验条例》。1954 年,政务院颁布《输出与输入商品检验暂行条例》。

改革开放以后,随着对外贸易的发展,商品检验立法工作进一步加强。国家商检局先后发布和施行《商品检验局现行实施检验进出口商品种类表》和《增列的出口法定检验种类表》。1984 年国务院颁布《进出口商品检验条例》,同年国家商检局发布《进出口商品检验条例实施细则》。随后,国家商检部门和其他有关部门根据该条例的规定,制定和发布了许多有关商检工作的规章制度、商检标准和商检办法。如《出口食品卫生管理办法(试行)》、《出口商品厂、库最低卫生要求(试行)》、《进出口锅炉及压力容器监督管理办法(试行)》、《进出口家用电器检验管理暂行办法》等。为了进一步完善我国商品检验制度,1989 年 2 月 21 日通过了《中华人民共和国进出口商品检验法》。2005 年 8 月 10 日通过《中华人民共和国进出口商品检验法实施条例》,于同年 12 月 1 日起实施。

(三) 进出口商品检验机构

国家质量监督检验检疫总局(简称国家质检局,AQSIQ),主管全国进出口商品检验检疫工作。国家质检局由原国家出入境检验检疫局和国家质量技术监督局合并而成。国家质检局根据需要在各地设立进出口商品检验机构(简称商检机构),管理所辖地区的商检工作。商检机构及指定的检验机构,依法对进出口商品实行检验。

国家商检局和商检部门的主要职责是:

1. 贯彻执行国家有关进出口商品检验的方针政策,制定有关法规、规则和办法,制定、调整并发布《商检机构实施检验的进出口商品种类表》(简称《种类表》),监督管理进出口商检工作;

2. 对重要的进出口商品和检验项目实施强制性的法定检验;

3. 对法定检验商品和法定检验范围以外的进出口商品实施

监督管理；

4. 办理进出口商品鉴定业务。商检机构作为独立的对外贸易公证鉴定机构，接受对外贸易关系人（买卖双方、承运人等）的申请或外国检验机构的委托，对进出口商品进行检验鉴定，并出具鉴定证明书。商检机构出具的鉴定证明书具有公证效力，是国际贸易中办理结算支付、索赔理赔的有效凭证。

## 二、进出口商品检验的内容和程序

### （一）进出口商品检验的内容

1. 商检的范围应包括以下四个方面的内容。

(1) 对列入《种类表》的进出口商品和其他法律、行政法规规定须经商检机构检验的进出口商品实施强制性检验。未经检验的，不准销售、使用或擅自出口；

(2) 不属于法定检验范围的进出口商品，商检机构有权进行抽查检验，抽查不合格的不准出口；

(3) 不属于法定检验范围的进出口商品，经对外贸易关系人的申请或者进口国政府规定须经我国商检机构出证，由商检机构检验并出证；

(4) 危险货物未经包装容器鉴定，不准出口。装运出口易腐烂变质食品的船舱和集装箱装运前未经检验合格的，不准装运。

2. 免检的条件：

(1) 在国际上获质量奖未超过3年期限的商品；

(2) 经国家质检局认可的国际有关组织实施质量认证，并经商检机构检验质量长期稳定的商品；

(3) 连续3年商检机构检验合格率或出厂合格率达100%，并获得用户和消费者良好评价或没有质量异议的进口或出口商品。

3. 商检的内容。对进出口商品检验的内容，包括商品的质量、规格、数量、重量、包装以及是否符合安全、卫生要求。

4. 商检的标准。

(1) 法律、行政法规规定有强制性检验标准或其他必须执行的检验标准的进出口商品,依照规定的强制性标准执行检验;

(2) 未规定强制性检验标准的进出口商品,依照对外贸易合同约定的检验标准检验。依据对外贸易合同,可包括成交样品、标准、标样、卖方提供的品质证书、使用说明书、图纸等技术资料,及提单、商业发票、装运清单、理货清单、磅码单、残损单、商务记录等;

(3) 对外贸易合同未约定检验标准的或检验标准不明确的,对进口商品,可按生产国现行标准、国际通用标准或我国标准进行检验;对出口商品,可按国家质检局统一核定的标准和有关规定进行检验。

(二) 进出口商品检验的程序

1. 申请报验。凡属强制性检验的进出口商品,其收货人或发货人必须按检验机构规定的地点和期限申请报验。不属法定检验的进出口商品,由收货人或发货人自行安排检验。验收进口商品发现问题需要索赔的,应及早向商检机构办理报验。

2. 预检。对于重要的进口商品和大型成套设备,商检机构可根据需要,派出检验人员参加监造、监装,进行预检。对于法定检验的出口商品,商检机构可向有关生产企业派出检验人员参加出厂前的预检,进行监管。

3. 抽查。检验机构对于需要商检的进出口商品,可根据实际情况,进行抽样检查或检验鉴定。商检机构对于其指定或认可的检验机构或鉴定机构的检验鉴定可再作抽样检验,保证其准确性。

4. 签证。商检机构应在不延误装运期限和索赔期限的前提下检验完毕。经检验合格的,签发检验证书;经检验不合格的,发给不合格通知单。不合格商品经返工整理后可申请一次复验，复验仍不合格的，不准销售、使用或出口。报验人对商检机构的检验结果有异议的，可向商检机构或其上级机构申请复验，由复验机构进行检验，再作结论。

## 三、进出境动植物检疫制度

### （一）进出境动植物检疫的基本概念

实行进出境动植物检疫的目的，是为了有效地防止危害动植物的病菌、害虫、杂草种子及其他有害生物由国外传入或由国内传出，以保护我国农、林、牧、渔业生产和人民健康，履行国际义务，促进对外贸易的发展。我国实行进出境动植物检疫制度的法律依据是1991年颁布的《中华人民共和国进出境动植物检疫法》。

进出境动植物检疫是指根据国家法令，由国家专门机构对进出境动植物及其产品，包括包装材料、运输工具等施行的检疫和管制。应实行检疫的主要是动物传染病、寄生虫和植物危险性病、虫、杂草以及其他有害生物。由国家规定不准入境的病虫，属于检疫对象；由涉外协定、协议、贸易合同规定或者出口单位申请检疫的病虫，属于应检病虫。

进出境动植物接受检疫的范围具体包括以下范围。

1. 动物：家畜、家禽、野生动物、蜜蜂、鱼、蚕等；

2. 动物产品：生皮张、骨、蹄、角、毛类、肉类、脏器、油脂、血液、蛋类等；

3. 植物：栽培植物、野生植物及其种子、苗木、繁殖材料等；

4. 植物产品：粮食、棉花、豆、油、麻类、烟草、籽仁、干果、鲜果、蔬菜、生药材、原木、饲料等；

5. 运载工具和包装材料：运载进出境动植物的车、船、飞机以及各种包装、铺垫材料、饲养工具等。

（二）进出境动植物检疫机关及其职权

我国进出境动植物检疫工作由国家动植物检疫机关统一管理，国家动植物检疫机关在对外开放的口岸、进出境动植物检疫业务集中地点设立动植物检疫所、站，统称口岸动植物检疫机关，代表国家执行检疫任务。其职权为：

1. 依法登船、登车、登机实施检疫；

2. 依法进入港口、车站、机场、邮局以及检疫物存放、加工、养殖、种植的场所，实施检疫；

3. 根据检疫需要，进入有关生产、仓库等场所，进行疫情监测、调查和检疫监督管理；

4. 查阅、复制、摘录与检疫物有关的运行日志、货运单、合同、发票及其他单证。

（三）进出境动植物检疫程序

1. 申请报检。进口有检疫要求的动植物及动植物产品，必须事先申请，得到有关部门的审批同意。在货物到达口岸或到达前，由收货人或其代理人持有关单证，向口岸检疫机关报检。出口有检疫要求的动植物及动植物产品，由货主或其代理人向口岸检疫机关报检。

2. 检疫签证。进出境动植物、动植物产品经检疫未发现检疫对象和应检病虫的，由检疫机关签发《检疫放行通知书》，或在货运单据上加盖检疫放行章，准许进出口。经检疫发现检疫对象或应检病虫的，由检疫机关签发《检疫处理通知书》，作退回销毁，或除害处理。经过熏、蒸、消毒、治疗等除害处理后检疫合格的，准许进出口。

对过境动植物、动植物产品和其他检疫物，检疫机关检查其运输工具或包装，合格者准许过境。发现有检疫对象或应检病虫的，不准过境或作除害处理。过境期间，未经检疫机关批准，不得开拆包装或卸离运输工具。

## 四、违反商检法和检疫法的法律责任

（一）违反商检法的法律责任

1. 对列入《种类表》的进出口商品和其他法律、行政法规规定须经商检机构检验的进出口商品未报经检验而擅自销售、使用或出口的，以及对非法定检验的出口商品经商检机构检验不合格而擅自出口的，由商检机构处以罚款。情节严重，造成重大经济损失的，对直接责任人员依法追究刑事责任；

2. 伪造、变造商检单证、印章、标志、封识、质量认证标志，构成犯罪的，对直接责任人员依法追究刑事责任。情节轻微的，由商检机构处罚；

3. 国家商检部门、商检机构的工作人员和国家商检部门、商检机构指定的检验机构的检验人员，滥用职权，营私舞弊，伪造检验结果的，或玩忽职守，延误检验出证的，根据情节轻重，给予行政处分或者依法追究刑事责任。

当事人对商检机构的处罚不服的，可以自收到处罚通知之日起 30 天内，向作出处罚的商检机构或其上级商检机构或国家商检部门申请复议。对复议不服的，可自收到复议决定书之日起 30 天内，向法院起诉。逾期不申请复议或者不起诉又拒不履行的，由作出处罚决定的商检机构向人民法院申请强制执行。

（二）违反检疫法的法律责任

1. 对未报检或未依法办理检疫审批手续而进出境动植物、动植物产品的，及对未经口岸动植物检疫机关许可擅自将过境动植物、动植物产品或其他检疫物开拆包装或卸离运输工具的，由口岸动植物检疫机关处以罚款。情节严重，引起重大动植物疫情的，依法追究刑事责任；

2. 对伪造、变造检疫单证、印章、标志、封识，构成犯罪的，对直接责任人员依法追究刑事责任；

3. 检疫工作人员，滥用职权，营私舞弊，伪造检疫结果的，或玩忽职守，延误检疫出证的，根据情节轻重，给予行政处分或者依法追究刑事责任。

## 第五节　反倾销和反补贴法

### 一、反倾销法

#### （一）反倾销法的由来

1. 早期反倾销立法。反倾销立法是 19 世纪末 20 世纪初酝酿和产生的，立法目的在于保护公平竞争。1901 年澳大利亚《工业保护法》中正式出现反对外国出口倾销的内容。1904 年加拿大的《海关关税法》中首次规定了反倾销措施。第一次世界大战后，不少国家都制订国内法，以额外的税收限制外国商品不公平竞争。美国在 1916 年的税收法中规定了反倾销措施，1921 年又颁布专门的反倾销法，并引进“购买价格”、“出口商销价格”、“工业损害”、“外国市场价格”等基本概念，奠定了现代反倾销法的基础。

2. GATT《反倾销守则》。第二次世界大战后，国际贸易格局发生很大的变化。各国相继进行反倾销立法，把反倾销作为保护本国工业的重要手段。为了协调各国的反倾销措施，防止反倾销异化为国际贸易中的障碍，1948 年 1 月 1 日生效的《关税和贸易总协定》(GATT)首次对反倾销作出一个国际规则，其第 6 条规定：“缔约方承认倾销，即一国产品以低于该产品的正常价值被输入另一国的商业，应受到谴责。如果倾销对某一国领土内已建立的工业造成重大损害或重大损害威胁，或者严重地阻碍了一项工业的建立……缔约方为了抵消或防止倾销，可以对任何倾销的产品征收数量不超过这种产品的倾销幅度的反倾销税。”1967 年 6 月，GATT 在此国际规则的基础上通过第一个《反倾销守则》，具体规定反倾销中的一系列实质性问题及调查程序。

《反倾销守则》生效后，大多数签字国将其引入国内法，而美国却以种种借口不予遵守，结果导致该守则的修订。1979 年 1 月签署的《关于执行关贸总协定第 6 条的协定》实际上成为一个新的反倾销守则。该协定为美国国会接受，被纳入美国的国内法。但是，统一反倾销规则的任务远没有完成。在 GATT 乌拉圭回合谈判中，反倾销问题的谈判继续进行并达成《关于履行 1994 年关贸总协定第 6 条的协定》。反倾销规则的修订和发展适应了西方发达国家贸易保护主义倾向，对其他贸易伙伴国，尤其是发展中国家的出口产品非常不利，使它们越来越容易遭到反倾销指控和限制。

3. 我国的反倾销立法。1979 年 8 月，欧共体指控我国企业倾销糖精纳和闹钟，进行反倾销调查，揭开了我国出口商品被诉倾销的历史。此后，随着我国对外贸易的发展，我国产品在国外市场被诉倾销的案件越来越多，对我国的外贸发展、出口创汇带来越来越严重的负面影响，而我国国内市场也受到部分外国进口产品的倾销。为此，我国一方面认真研究各国的反倾销法，寻找有效的应对策略，另一方面根据我国实际情况，制订本国的反倾销法，保护国内产业。

1994 年我国在制订《对外贸易法》时，对反倾销规定了专门的条款，确定了倾销的含义和国家可以采取的反倾销措施。根据《对外贸易法》有关反倾销的规定，1997 年 3 月 25 日我国又颁布施行《反倾销和反补贴条例》，对倾销与损害、反倾销调查、反倾销措施、反补贴等作了更详细更具体的规定，使我国反倾销、反补贴制度踏上一个新的台阶。中国加入世界贸易组织后，于 2001 年 11 月 26 日公布新的《中华人民共和国反倾销条例》，自 2002 年 1 月 1 日起施行。该条例共6章59条,包括总则、倾销与损害、反倾销调查、反倾销措施、反倾销税和价格承诺的期限与复审及附则。在遵循WTO反倾销协议相关规定的基础上,坚持适度保护,不歧视、无差别待遇,征税有度等原则,在实体规则或程序规定方面作较大改进,如对进口产品的出口价格、正常价值及倾销幅度的确定方法进行了修订和完善,建立了实质损害累计评估制度,并确立了司法审查制度等。

(二) 反倾销法的基本内容

1. 实质性规定。

(1) 倾销的概念。倾销,是指一国将其产品以低于正常价值的价格向另一国出口销售,使另一国工业遭受实质性损害的行为。从经济学角度看,倾销是价格歧视的一种表现,即同一种产品在国内市场卖高价,而在国外市场却卖低价。但是,反倾销法不是一般性地干涉商品的定价,而是要防止来自国外的价格歧视造成的损害,保护本国的工业。

国际上对倾销的概念是在不断变化和修正的,至今世界各国对倾销的理解也不尽一致。根据GATT第6条的规定,倾销的定义可以这样表述:一国产品以低于该产品的正常价值输入另一国市场,并对某一国领土内已建立的工业造成重大损害或重大损害威胁,或者严重地阻碍了一项工业的建立,即为倾销。

(2) 倾销的分类。

① 突发倾销。是指在短期内出口商为处理库存积压而采取的倾销行为。

② 短期倾销。是指在一段时间内低价倾销,等将竞争对手排挤出市场后,又开始垄断高价。

③ 长期倾销。是指长期以低于正常价值的价格出口产品,其原因大多是出口国生产能力过剩,使国内供过于求,必须在国外倾销方能维持规模生产并保持国内较高的价格水平。

（3）构成倾销的条件。

① 有低价销售行为。所谓低价，是指低于正常价值的价格。正常价值，也称国外市场价值。在西方国家反倾销法中，正常价值有两种不同的判断标准。一种是对市场经济国家，正常价值是指出口国的国内销售价格；一种是对非市场经济国家，不能以其国内售价作为正常价值，而需要选择一个可以类比的第三国作为参照。

② 损害事实的存在。所谓损害事实，是指对生产相同产品的进口国工业造成的损害。即对某一国领土内已建立的工业造成重大损害或重大损害威胁，或者严重地阻碍了一项工业的建立。损害事实是否存在的主要依据是本国同类产品的销售量和失业率的变化。

③ 低价销售与损害事实之间的因果关系。低价销售与损害事实之间必须有因果关系，GATT《反倾销守则》规定："必须表明由于倾销的结果，倾销的进口产品正在造成本守则所指的损害，表明倾销的进口产品和对国内产业造成损害之间的因果关系，其他因素可能也同时在损害该工业，但是其他因素造成的损害不应归咎于倾销的进口产品。"

（4）正常价值的确定。

① 国内销售价格法。国内销售价格是确定正常价值最基本的方法，具体是指被控倾销产品或类似产品在调查期间，在出口国国内市场上消费者购买时实际支付或约定支付的价格。采用这种方法的条件是：被控国必须是市场经济国家，而且采用的国内销售价格应具有代表性，能反映出口国市场的一般价格水平。

② 第三国价格法。如果被控国为非市场经济国家，或因其国内销售量极小，以至不能以国内销售价格作为正常价值时，可采用出口国向第三国出口的可比价格为正常价值。选择第三国的标准：一是在产品特征上相同或最相似；二是出口国出口量最多的国家；三是推销渠道上与对进口国的做法类似。

③ 结构价格法。在上述两种方法都不宜采用时,进口国可以结构价格来确定正常价值。所谓结构价格,是指被控产品在原产地的生产成本,加上管理、销售和其他成本以及一定比率的利润推算得出的价格。生产成本可以生产厂商实际耗用的原料数量乘市场价格得出,所加利润不得超过原产地国内市场同类产品销售时正常得到的利润。

西方国家在反倾销实践中,对非市场经济国家(包括中国)通常采用替代国价格,即选择一个市场经济国家生产相似产品的成本或出售的价格作为基础来计算正常价值,在替代国难以找到的情况下,才采取结构价格或对第三国出口价格。

(5) 出口价格的确定。

① 实际支付价格法。以进口商实际支付或应当支付的价格为基础计算出口价格。实际支付价格通常是指交易发票上所示的价格,其中不包括运费和保险费;应当支付的价格是指货物买卖合同中所确定的价格。

② 首次转售价格法。当进口产品没有实际支付价款或应当支付价款的价格,或者其价格不能确定时,可以该产品首次转售给与进口厂商无关系的独立购买人的价格,作为进口价格。

③ 现有资料推定法。如果有关当事人或第三国拒绝提供有关资料,不能如实反映情况,或者以其他方式阻碍调查,致使价格不能确定时,指控国可以现有资料为依据推定出口价格。

2. 程序性规定。

(1) 反倾销主管机构。世界各国的反倾销机构大致有两种建制:一种为单轨运行机制,由政府行政部门负责全部反倾销事务;另一种为双轨运行机制,由政府行政部门与司法部门同时介入,在行政调查的基础上再增加司法审查,确保反倾销调查的公平公正。

采用单轨制的如欧共体和澳大利亚。欧共体的反倾销主管机构就是欧共体委员会,澳大利亚则由联邦政府全权负责反倾销事务，并设立反倾销管理局，协同海关总署、工商技术部具体处理反倾销投诉。

采用双轨制的如美国，美国的反倾销机构有两个：一是商务部，负责调查倾销和倾销幅度；二是国际贸易委员会，这是一个独立的准司法行政机关，负责调查损害和损害幅度。另外，美国国际贸易法院和联邦巡回上诉法院也具有审查反倾销裁定的职能。

我国的反倾销主管机构原先也有两个，但都是行政机构。一是对外贸易经济合作部，由对外贸易经济合作部会同海关总署负责调查倾销和倾销幅度；二是国家经济贸易委员会，由国家经济贸易委员会同国务院有关部门负责调查对国内产业的损害和损害幅度。对外贸易经济合作部、国家经济贸易委员会根据调查结果分别作出初步裁定，并由对外贸易经济合作部予以公告。2001 年 12 月成立国家经济贸易委员会产业损害调查局，专门负责调查损害和损害程度。2003 年组建商务部后，反倾销事务均归商务部主管。

(2) 倾销投诉主体。倾销案的投诉方应是进口国受到损害的某项国内工业或其代表，即指生产相同产品的全体国内生产者，或产量占相同产品国内总产量主要部分的生产者。根据乌拉圭回合反倾销规则规定，对一项投诉的国内生产商支持者的集体产量超过国内总产量的 50%，肯定可以代表国内产业，若低于 25%，则不应立案调查。

然而，各国法律对投诉资格的解释有很大差异。有的规定投诉厂商必须占国内相同产品生产总量的 60%以上才能代表国内产业；有的规定投诉厂商只要占国内相同产品生产总量的 25%就能代表国内产业；有的不规定确切比例；有的不要求投诉方证明其是否能代表国内工业；有的甚至对投诉方在国内是否有生产行为等都不进行调查。而且，许多国家主张，政府部门依据充分材料也可直接提起反倾销申诉。

我国《反倾销条例》规定:“进口产品的相同或者类似产品的国内生产者或者有关组织,可以依照本条例的规定向对外贸易经济合作部提出反倾销调查的书面申请。”并且规定:“国内产业,为中华人民共和国境内相同或者类似的产品和全部生产者,或者其总产量占国内相同或者相似产品全部总产量的大部分的生产者,但是,国内生产者与出口经营者或者进口经营者有关联,或者其本身就是倾销产品的进口经营者的,可以除外。”同时还规定:“遇有特殊情形,对外贸易经济合作部有充分证据认为存在倾销和损害以及二者之间有因果关系的,经商国家经济贸易委员会后,可自行立案调查。”

(3) 反倾销调查。反倾销调查是处理倾销案件不可缺少的程序,反倾销调查的结果是确定是否存在倾销和如何采取反倾销措施的依据。调查手段主要包括调查表调查、现场核查和抽样调查。

① 调查表调查。调查表发给有关当事人,包括外国制造商、本国制造商、进口商等,所提问题要求足以涵盖确定倾销和损害的基本信息数据。当事人在填写调查表时,应对保密材料作出声明,要求调查当局予以保密。被调查者通常有不少于 30 天的答复时间。

② 现场核查。现场核查是为了核实调查表的填写内容是否属实,可以到投诉方企业、进口商、出口商等处实地调查,查阅各种原始资料和单据。现场核查必须在收到调查表后进行,并需事先取得有关国家及厂商的同意。

③ 抽样调查。适用数量过大、品种过多的商品交易,用抽样调查的方法测算倾销幅度。抽样的最后选择权在反倾销机构,抽样应符合“统计学上有效”的标准。

(4) 申诉与抗辩。在反倾销调查中,各方有直接利害关系的当事人都应有充分机会为其利益进行辩护。调查当局应根据要求,提供具有相反利益的双方当事人会晤的机会,以便申诉人和抗辩人陈述不同观点，提出反驳理由。不少国家设立听证会，如美国还规定当事人有义务应要求参加听证会。听证会在初步裁决作出前10天举行，当事人的申诉和抗辩，对裁决结果往往有很大影响。我国《反倾销条例》规定："在利害关系方请求时，应当为各有关利害关系方提供陈述意见的机会。"但通常不举行听证会。

(5) 初步裁决。初步裁决是在当事人已得到充分机会申诉情况和发表意见，且调查已有结果后作出。通常有两种情况：

① 倾销不成立。调查结果缺乏表明倾销和损害的足够事实，有关当局将终止调查程度，不采取任何保护措施，对被调查的商品进口不加限制，不加税收。

② 倾销成立。调查结果表明存在倾销，有关当局将作出采取临时反倾销措施的裁决。临时反倾销措施有两种，征收临时反倾销税，或者要求出口商提供现金保证或其他形式的担保。保证金的数额相当于临时反倾销税。

临时反倾销措施只有在做出存在倾销并有损害的足够证据的初步裁决后才能采用，其最长实施期限不得超过9个月。

(6) 最终裁决。最终裁决必须在临时反倾销措施有效期满前作出。欧共体反倾销最终裁决由欧共体理事会通过表决做出。美国由商务部和国际贸易委员会分别做出两个最终裁决，但国际贸易委员会的终裁是真正的最终裁决。我国的最终裁决由商务部作出，并予以公告。

3. 惩罚性规定。进口产品被确定倾销并对进口国相关产业造成损害，就要对出口国采取相应的措施进行制裁。这些措施主要有：

(1) 价格承诺或数量承诺。价格承诺是指倾销产品的出口商或出口国政府作出的同意调整其出口产品的价格，以消除倾销损害后果的保证。数量承诺则是指倾销方作出的停止以倾销价格向有关地区出口的承诺。价格承诺或数量承诺实际上是倾销者和反倾销当局达成的协议，承诺协议一般应在进口国作出倾销和损害的肯定裁决后才能谈判和缔结。根据这种协议，倾销方将自愿在承诺期间提高价格或停止以倾销价格向有关地区出口，但价格提高的幅度不应高于要消除的倾销幅度。进口国反倾销当局则中止或终止反倾销调查程序。价格承诺协议在期满 5 年后终止。

价格承诺是一种较温和的争议解决方式，因而受到有些国家的抵触。如美国、加拿大等在反倾销法中制定了非常苛刻的接受价格承诺的条件。价格承诺在 GATT 反倾销规则中有所规定，其中虽然没有强迫规定进口国必须接受价格承诺，但鼓励进口国对来自发展中国家的产品尽量采用价格承诺的方式解决纷争。我国的反倾销法规定："倾销产品的出口经营者或者出口国政府作出拟采取有效措施的承诺，以消除倾销对国内产业造成的损害的，对外贸易经济合作部经商国家经济贸易委员会后，可以决定中止反倾销调查，并予以公告。"显然，我国是把价格承诺作为反倾销的方式之一。

(2) 征收反倾销税。反倾销税是指在正常海关关税与费用之外征收的一种特殊税，可分为临时反倾销税和固定反倾销税。临时反倾销税在初步裁决后征收，固定反倾销税在最终裁决后征收。反倾销税税额一般不得超过最终裁定的倾销幅度。根据"税收从轻原则"，如果较低税收足以抵消倾销造成的损害，则反倾销税可以低于倾销幅度。

反倾销税通常只从初步裁决生效时起征收，不具有追溯力，但是在特殊情况下，如对突发造成损害的倾销行为，可追溯征收倾销税。征收反倾销税的期限通常也为 5 年。

反倾销税的纳税人是倾销产品的进口商。出口商或生产商都不得替进口商代纳，或以补贴形式变相代纳。不少国家规定，如果发现出口商有代纳反倾销税行为，将把代纳部分作为反倾销税的附加税由政府征收。

## 二、反补贴法

（一）补贴和反补贴法

1. 补贴的概念。补贴是指出口国政府或公共机构直接或间接向某些产品的生产商、销售商和出口商提供的财政上、经济上的支持和优惠。补贴通常应具有专向性，是出口国政府为刺激出口，对生产出口产品的特定企业实行的特殊政策，给予特殊的财政或经济上的支持或优惠。

(1) 所谓财政支持，主要是指：

① 涉及直接资金转移的政府行为（如贷款、资产投入）；

② 潜在的资金或债务的直接转移（如贷款担保）；

③ 政府预定收入的免除或不征收（如税收抵免）；

④ 政府对非一般基础设施提供商品、服务或购买货物；

⑤ 政府向基金组织或信托机构支付，或指示某个私人机构执行上述列举的，一般由政府行为承担的职能。

(2) 所谓经济支持，主要是指收入支持或价格支持，以及因此而给予的优惠。但是，免除出口产品的关税或作为内销时征收的国内税，或实行不超过实际征收数额的出口退税，不应视为补贴。

2. 反补贴法的现状。补贴与倾销一样，被视为国际贸易中的不正当竞争行为。各国在制定反倾销法的同时，往往也制定反补贴法。1979 年 GATT 东京回合通过《反补贴守则》，将补贴区分为出口补贴和国内补贴，原则上不限制国内补贴。对出口补贴又细分为初级产品的出口补贴和非初级产品的出口补贴，并严格禁止对非初级产品和矿产品给予出口补贴。1994 年乌拉圭回合就反补贴展开新的谈判，通过了《补贴与反补贴措施协议》。其中对补贴的定义、分类、反补贴措施的范围及进行、负责的机构及成员方的差别待遇等都有较明确的规定。

我国在《对外贸易法》中对反补贴作了规定:“进口的产品直接或者间接地接受出口国给予的任何形式的补贴,并由此对国内已建立的相关产业造成实质损害或者产生实质损害的威胁,或者对国内建立相关产业造成实质阻碍时,国家可以采取必要措施,消除或者减轻这种损害或者损害的威胁或者阻碍。”《反补贴条例》规定:“外国政府或者公共机构直接或间接地向产业、企业提供财政资助或者利益,为补贴。”

(二) 补贴的种类

1. 禁止使用的补贴。是指为提高国内企业的产品在国际市场上的竞争力,从而对国际贸易有扭曲作用的补贴,主要包括两种:

(1) 出口实绩补贴。出口实绩补贴,指在法律上或事实上,以出口实绩作为获得补贴的唯一条件或条件之一。如政府按出口实绩对企业或产业的直接补贴、外汇留存方案或类似的出口奖励;政府或政府代理机构为出口商品提供优于内销商品的国内运输,提供更优惠的条件和费用;免除或减少出口产品应缴的直接税、间接税,超过对内销产品的优惠等。

(2) 进口替代行为。指将进口替代作为获得补贴的一种或多种条件之一。

2. 可申诉的补贴。可申诉的补贴,是指在一定范围内允许使用,但如果该补贴措施对其他成员的经济贸易利益造成不利影响或严重损害,受害方可以提出申诉,并采取反补贴措施或其他补救办法。

3. 不可申诉的补贴。不可申诉的补贴,是指各成员方可以使用,通常不会直接扭曲国际贸易,不对其他成员的经济贸易发展造成损害的补贴。因此,在实行这类补贴时,一般不受其他成员的反对或采取反补贴措施。不可申诉的补贴具有普通实用性,而不具有专向性，或虽具有专向性，但是用于企业开展科研活动，用于企业的环保改造，或是对落后地区提供的资助。

根据《补贴与反补贴措施协议》的规定，实行此类补贴之前，应向补贴与反补贴委员会通告，每年还应提供最新的即期报告，以供其他成员方了解和评价。如果有其他成员认为该项补贴对其本国经济贸易发展造成损害，可以要求与实施方进行磋商，达成解决方案。

（三）反补贴措施

1. 反补贴调查。反补贴调查应基于受到补贴措施不利影响的国内产业或其代表提交的书面申请而正式发起。申请书中应说明补贴的数量、损害的情况，以及受补贴的进口产品与损害之间的因果关系，并提供相应的证据。

调查当局审查申请书所列证据的准确性和充分性，决定是否发起调查。反补贴调查的方式包括调查表和现场调查。被调查方收到调查问卷后，至少有 30 天的时间可作答复，并可要求对机密材料进行保密。现场调查在得到企业或成员国的同意后进行。调查当局在调查发起前和发起后均应提供机会，使被调查方参与磋商，达成解决办法。并应当在裁决之前将形成决定的重要事实通告所有利益方，让各方有足够的时间为自己的利益辩护。

2. 损害的确定。所谓损害，是指出口国的补贴措施对进口国国内已建立的相关产业造成实质损害或者产生实质损害的威胁，或者对国内建立相关产业造成实质阻碍。

（1）实质损害的确定，应特别考虑以下因素。

① 受补贴产品的进口量是否大幅度增长。应从绝对量或与进口成员国国内生产和消费比较的相对量方面考察；

② 受补贴产品的价格是否大幅度削减，或者是否大幅度压低了国内相似产品的价格，或者阻碍了本可出现的大幅度价格上涨；

③ 受补贴产品对国内生产同类产品的产业的影响。应综合

考虑产量、销售、市场份额、利润、生产率、投资收益、设备利用率、就业、工资增长、筹措资本或投资的能力、库存等的实际和潜在的下降。

(2) 实质损害威胁的确定,应特别考虑以下因素。

① 补贴的性质和该补贴对贸易的影响;

② 原产地国或出口国现有的和潜在的出口能力,以及向进口国市场大量增加出口的可能性;

③ 受补贴商品对国内价格的大幅度压低或抑制,导致进口需求的增加。

(3) 实质阻碍的确定,应特别考虑以下因素。

① 国内产业可能发展的程度;

② 国内产业潜在的生存性;

③ 国内产业建立所需要的期限。

3. 临时措施。调查当局在确定补贴的存在,及其对进口方国内产业已经造成损害后,可作出初步肯定的裁决,并采取临时措施。临时措施的形式主要是征收临时反补贴税。临时反补贴税税额等于初步确定的补贴额,可用现金或付款保证书担保。临时措施不得早于自发起调查之日后的 60 天,实施期限不得超过 4 个月。

4. 承诺。调查期间,被调查方作出下列承诺,反补贴调查程序可以中止或终止。

(1) 出口国政府同意取消或限制补贴,或采取其他有关减少补贴的措施;

(2) 出口商同意提高价格,足以消除补贴对国内产业的损害。

5. 征收反补贴税。反补贴税是一种为抵消补贴所造成的损害而征收的特别关税。

最终裁定存在补贴和产业损害,即可决定对受补贴的进口产品征收反补贴税。反补贴税不得超过已经确定的补贴额,执行期限以抵消补贴造成的损害所必需的时间为准，一般不得超过5年。除非调查当局有充分理由需继续执行，才可适当延长。

反补贴税独立于对进口产品通常征收的海关关税、税收和其他规费。同一产品在倾销或补贴所导致的情况完全相同时，不应被同时征收反倾销税和反补贴税。

## 第六节　涉外产品责任法

### 一、产品责任和产品责任法

（一）产品责任的概念

产品责任是指因产品存在缺陷造成他人财产、人身损害的产品生产者、销售者应当依法承担的法律责任。

人们对产品责任的认识和重视有一个逐步发展的过程。1842年英国“温特波顿诉怀特案”是关于产品责任最著名最古老的案例，英国法院在审理邮政马车夫温特波顿因车轮坍塌受伤，要求马车制造商怀特赔偿的纠纷案中，驳回原告的要求，确立了“无合同无责任原则”。这一原则把产品责任和合同关系相连，只要生产者或销售者和消费者之间没有合同关系，就不需对所生产或销售的产品造成的损害承担责任。

到1916年美国“麦克费尔森诉别克汽车公司案”，美国法院在处理因轮胎爆炸破裂而引起伤害赔偿纠纷时，排除了原先的“无合同无责任原则”，确定生产者对与产品有关的伤害应负疏忽责任。这一“疏忽责任原则”以后为各国所采用，成为现代产品责任法最基本的一条原则。

但是，世界意义的产品责任制度却是在20世纪30—60年代逐渐形成的。随着国际贸易的发展，各国产品在世界市场广泛流通,新技术、新产品给人们带来方便和享受,同时也给人们带来现实的和潜在的威胁。因产品质量缺陷造成消费者人身和财产损害事故不断发生,且有越演越烈的趋势。为此,世界各国纷纷以立法的方式,保护本国的消费者利益,要求国内和国外的产品生产者和销售者在获取利润的同时,对消费者和用户承担起更大的责任。

(二)产品责任法的产生和发展

早期处理产品质量责任主要依据合同法。20 世纪 30 年代产品责任从合同法中分离出来,逐渐向侵权法转化。

美国率先制定产品责任法,并不断修订和完善产品责任制度。欧洲大陆国家在战后也开始重视产品责任问题,以侵权行为责任代替合同关系作为处理产品责任的依据。同时,有关产品责任的国际公约也相继问世,如 1973 年海牙国际会议通过的《海牙公约》(全称《关于产品责任适用法律公约》),1976 年欧洲理事会制订的《斯特拉斯堡公约》(全称《关于造成人身伤害与死亡的产品责任的欧洲公约》),1985 年欧共体制订的《产品责任指令》(全称《关于成员国有关缺陷产品责任的法律、法令及行政规定一致的理事会指令》)。

(三)涉外产品责任法的基本特征

1. 涉外产品责任法调整的是因涉外产品责任引起的人身或财产损害,不包括单纯的进出口产品本身的损害;

2. 涉外产品责任侵权行为的发生不是由合同关系引起的,这是涉外产品责任法与有合同关系的涉外货物买卖法最根本的区别;

3. 涉外产品责任法的规定大多数是强制性的,双方当事人不能在订立合同时加以排除或变更;

4. 涉外产品责任法允许的申诉人,可以是受害人,也可以是受害人的亲友,甚至可以是因该产品的使用而受到伤害的旁观者。

## 二、国外产品责任法的主要内容

### (一) 确定产品责任的原则

1. 疏忽责任原则。疏忽责任原则是指由于生产者和销售者的疏忽,造成产品缺陷,致使消费者人身或财产遭受损害,生产者和销售者应对其疏忽承担责任。疏忽责任原则突破了合同关系,其最终确立是1916年美国"麦克费尔森诉别克汽车公司案"。原告在驾驶汽车时,因一轮胎爆裂突然倾覆,原告被抛出车外而受到伤害。审理此案的美国著名法官、法学家卡多佐认为,任何产品依其本质足以危害人的生命和健康,即属危险品。制造人若知道买方以外的人会在不经试验的情况下使用该产品,则不论有无合同,都应对该产品的制造负注意义务,否则就要负疏忽责任。

疏忽责任原则扩大了生产者和销售者承担的责任范围,但是,原告追究疏忽责任时还必须举证。

(1) 被告在生产、销售过程中没有尽到合理注意义务;

(2) 被告确有疏忽行为;

(3) 由于被告的疏忽行为直接造成原告的损失。

2. 担保责任原则。担保责任原则是指因产品有缺陷,生产者或销售者违反对货物明示或默示担保,致使消费者人身或财产遭受损害,生产者或销售者应承担责任。以违反担保提起诉讼时,原告无须证明被告有疏忽,只要证明产品确有缺陷,而由于这种缺陷使他遭受损失。

顾客巴克斯特因相信福特汽车公司宣传汽车质量的广告而购买了福特汽车,因汽车不符合所宣传的质量而造成损害。巴克斯特据此向和他没有合同关系的福特公司起诉,要求赔偿。法院支持他的要求,认为福特公司因违反广告宣传中的明示担保,应负赔偿责任。

默示担保是指生产者或销售者虽然没有明确表示，但法律规定他们应当保证消费者使用产品时的安全可靠，不会伤害使用人，否则生产者或销售者也要承担赔偿责任。

然而，担保责任在某种程度上又是可以排除的，在商业实践中，生产者和销售者常常会制定一些免责条款，如在产品上注明"服用本药须遵医嘱"、"孕妇慎用"等字样，逃避责任。一些国家的法律也允许这种做法，只要生产者或销售者在产品上以明显醒目的文字唤起买方的注意，就能排除默示担保。

3. 严格责任原则。严格责任原则，也称无过失责任原则，是指只要产品有缺陷，对消费者和使用者具有不合理的危险，而造成人身伤害或财产损失，该产品的生产者和销售者就应对此承担责任。严格责任原则是为了克服疏忽责任和担保责任中的漏洞，以便更有力地保护消费者的利益而产生的新原则。

1944 年美国加州最高法院在审理艾斯科拉诉可口可乐瓶装公司案中，首次引入严格责任原则。餐馆女服务员艾斯科拉在往冰箱放置可口可乐瓶时，瓶子在其手中爆炸，使她遭受重伤。原告虽然无法证明被告有特定过失行为，但可口可乐瓶装公司应负赔偿责任。法官特雷诺认为，当生产者将产品投入市场时，明知其产品将不经检查而使用，如果该产品被证明具有使人遭受伤害的缺陷，那么，他就应负有绝对责任。严格责任原则到 1965 年被美国法学会载入正式文件而得到最终确立，并在以后的 20 年里逐渐成为一项法律规范。1985 年欧共体《产品责任指令》也采用严格责任原则。

以严格责任提起诉讼时，原告只需证明产品存在缺陷或处于不合理的危险状态，这种缺陷在出厂时已经存在，且直接造成了伤害，而不需证明产品的生产者或销售者有疏忽、违反担保或其他过失行为。

4. 市场份额责任原则。市场份额责任原则,是指被追究产品责任的生产者可以请求该产品的所有生产者按在产品销售时占有的市场份额分摊责任。市场份额责任扩大了产品责任的义务主体范围,使生产者和销售者对不是自己生产或经销的有缺陷产品造成的损害也要承担产品责任。

市场份额责任原则是在1980年代通过一系列产品责任案例而形成的,其中最有代表性的是1980年加州最高法院审理的“裘德·辛戴尔诉阿博特药厂案”。辛戴尔因其母亲服用乙烯雌酚(DES)而患上癌症。查证结果表明,服用DES的孕妇所生女孩中有0.1%—0.4%受此副作用损害,且均在女孩长到10—12岁时才发现。由于当时有5家公司同时生产这种药,而要查明哪位母亲服用了哪家药厂生产的DES将非常困难。所以,原告将5家公司作为被告,一审法院根据严格责任原则,判原告败诉。原告上诉。最高法院认为,各被告可能给原告造成的损失可以按照他们所占的市场份额来计算,改判5家公司按市场份额分摊赔偿责任。

市场份额原则是对严格责任原则的发展,对消费者的保护比严格责任原则更加有力。原告不必举证具体哪个生产者或销售者应对其承担责任,只要有缺陷的产品对他造成损害,就可以找到应该承担赔偿责任的人。同时,对于被告厂商来说,他们也可以利用该原则减轻自己的责任。当无法逃避产品责任时,被告可以拉进生产或销售同类产品的其他厂商来共同分摊责任。

(二) 产品责任案件的司法管辖和法律适用

1. 产品责任案件的司法管辖。世界各国对产品责任案件的管辖权,有不同的法律规定。大陆法系国家一般认为当事人国籍所在国或被告所在国的法院,对此类案件享有司法管辖权。英国法采取“有效原则”,即只要受诉法院对被告能实际有效地行使权力,就有管辖权。美国采取“长臂管辖原则”,即只要被告经常在该辖境内从事商业活动,且其产品在该境内造成损害,就可构成美国司法管辖所要求的“最低限度的联系”。美国法院有权按照法定程序发出传票，传唤国外的被告出庭，并依法作出有效的判决。被告所在国的法院应美国法院要求会承认和执行此判决。

2. 产品责任案件的法律适用。产品责任案件传统上一般适用侵权行为地法。根据各国不同的解释，侵权行为地可以是加害行为地，也可以是损害发生地。然而，现代产品责任的侵权行为地带有很大偶然因素，往往与受害人没有多大联系。如由汽车事故造成损害的产品责任案件，适用侵权行为地，可能对受害人不利。因此，许多国家先后放弃传统的侵权行为地原则，采取适用对原告最有利的法律，具体有以下几种情况。

(1) 适用原告所在地法。由于产品责任法有倾向原告的特点，适用原告所在地法通常最能有效保护原告的利益。

(2) 原告有权选择适用法律。原告可以选择的法律有产品生产地法、原告惯常住所地法、被告主营业地法、获得产品地法、损害发生地法等。《产品责任法律适用公约》就采用此原则，规定当案件情节过于分散，没有符合公约规定的联结因素时，可由原告选择适用法律。

(3) 适用对原告最有利的法律。通常可适用与发生损害事件有最重要联系以及与发生损害事件当事人有最重要联系地的法律。法院在考虑适用法律时从保护消费者和使用者的利益出发，选择较好法律规则。

## 三、我国涉外产品责任法律制度

### (一) 我国的产品责任立法

我国的产品质量责任立法始于20世纪80年代。《民法通则》规定，“因产品质量不合格造成他人财产、人身损害的，产品制造者、销售者应当依法承担民事责任。运输者、仓储者对此负有责任的，产品制造者、销售者有权要求赔偿损失。”《工业产品质量责任条例》规定，产品的生产、储运、经销企业要承担产品质量责任，对用户造成经济损失的应负责赔偿实际损失。由于产品的质量责任造成用户人身伤亡、财产损失，触犯刑律的，由司法机关依法追究当事人的刑事责任。在这些法律法规中，产品责任与合同责任尚没有明确的区分。以后，在有关执行《民法通则》的补充意见和其他相关的法规中才逐渐将产品责任与合同责任分开。

1993年9月1日起施行的《中华人民共和国产品质量法》明确规定了产品责任：“因产品存在缺陷造成人身、他人财产损害的，受害人可以向产品的生产者要求赔偿，也可以向产品销售者要求赔偿损失。”类似的规定在以后的《消费者权益保护法》中得到再次肯定，从而确立了我国的产品责任制度。这些法律制度既适用于调整国内产品责任法律关系，也适用于调整涉外产品责任法律关系。

（二）我国涉外产品责任法的特点

我国的产品责任法与世界各国的产品责任法大致相同，但有自己的特点，具体表现为以下几方面。

1. 承担产品责任，以产品质量存在缺陷为条件。产品生产者和销售者违反法定或约定的产品质量义务，造成产品存在缺陷，是承担产品责任的前提，质量不合格产品是承担产品责任的条件。产品质量是否合格，以是否符合国家标准或行业标准为准。不符合有关标准的，为不合格产品，应负产品责任。符合产品标准，并通过使用说明告知用户或消费者正确使用，可避免潜在危险，则不能以存在缺陷论。

2. 产品责任不以合同关系为前提。因产品存在缺陷造成人身伤害或财产损害，受害人可以向产品的生产者，也可以向产品的销售者要求赔偿，而不必考虑谁与自己有合同关系，或他们与自己有没有合同关系。这样，有权要求赔偿的受害人就不限于产品的直接购买人,而包括其亲友、借用人、受让人或无辜的旁观者。

3. 产品责任主要是财产责任,同时要追究行政责任和刑事责任。产品质量缺陷所造成的损失主要是财产损失,产品生产者、销售者,以及运输人、仓储人等应承担财产责任。直接造成财产损失的,应补偿受害人的实际损失;造成人身伤害的,应以经济方式补偿,包括补偿费用开支和补偿精神损失。此外,我国法律对责任人还规定了较为严厉的制裁措施,除了损害赔偿、行政处罚外,情节严重,触犯刑法的,由司法机关追究当事人的刑事责任。

4. 涉外产品责任案件的管辖权,由被告住所地、产品制造地、产品销售地,或侵权行为地的法院管辖。

**思考题**

1. 简述我国涉外贸易管理机关及其职责。
2. 我国实行的货物和技术自由进出口制度有什么特点?
3. 什么是进出口许可证制度,我国为什么要实行该制度?
4. 什么是进出口配额管理制度,我国为什么要实行配额管理制度?
5. 海关对进出境货物是如何监管的?
6. 违反海关监管应承担哪些法律责任?
7. 根据《商检法》的规定,进出口商品检验应包含哪些内容?
8. 什么是倾销,反倾销法的实体规定包括哪些内容?
9. 什么是补贴,反补贴的措施主要有哪些?
10. 涉外产品责任法的基本特征和基本原则是什么?
11. 名词解释:涉外贸易管理法、计划配额、主动配额、被动配额、报关、结关、保税货物、保税仓库、商检机构、检疫对象、应检病虫、正常价值、出口价格、价格承诺、反倾销税、反补贴税。

# 第十章　涉外金融法

## 第一节　涉外金融法概述

### 一、涉外金融和涉外金融法

涉外金融是指中国自然人、法人和其他组织与外国自然人、法人和其他组织之间进行的资金融通。涉外金融法是调整涉外金融关系，管理涉外金融活动的法律规范的总称。

自改革开放以来，我国金融业进入了一个新的发展时期，金融在我们的经济生活中的作用越来越显得重要，金融法制建设也在加快进行和不断完善。特别是1995年，可以说是金融立法年。这一年，《中国人民银行法》、《商业银行法》、《担保法》、《票据法》、《保险法》和《全国人民代表大会常务委员会关于惩治破坏金融秩序犯罪的决定》等相继颁布实施，再加上国务院、中国人民银行先后制定的一系列行政法规和规章，以及1998年12月出台的《证券法》，初步构筑了我国的金融法律体系。加入世界贸易组织后，我国进一步调整和完善金融法规，先后于2003年12月27日通过对《中国人民银行法》、《商业银行法》的修改，于2004年8月28日通过对《票据法》的修改，2005年10月27日通过对《证券法》的修改。

由于金融活动非常广泛，在金融活动中形成的社会关系极为复杂，因此我国到目前尚无一部统一的金融法典，而只能以单独立法的形式由各个单行法共同构成金融法律体系。作为金融法一个重要组成部分的涉外金融法也是如此。

目前,我国的涉外金融法规除了散见于《中国人民银行法》、《证券法》等法律条文中之外,主要由国务院、中国人民银行及其他金融管理机关颁布的涉外金融法规、规章组成。其中包括:《外资银行管理条例》及其《实施细则》、《中外合资投资银行类机构管理暂行办法》、《境外金融机构管理办法》、《外汇管理条例》、《银行间外汇市场管理暂行规定》、《外汇账户管理暂行办法》、《境外外汇账户管理规定》、《结汇、售汇及付汇管理暂行规定》、《境内机构对外担保管理办法》等。

从法律体系来讲,我国的涉外金融法可分为涉外金融机构管理法、国际结算和外汇管理法、涉外信贷法、涉外担保法和涉外证券融资法五大部分。它们是调整现存涉外金融关系的有效法律手段。但是,我国涉外金融法毕竟还处于初创阶段,有待于立法的进一步健全和完善,而在我国加入世界贸易组织后,与金融服务和贸易领域的国际规则、惯例接轨就显得尤为紧迫和重要。

## 二、加入 WTO 对我国金融法的影响

### (一)《服务贸易总协定》中关于国际金融服务贸易的五大内容

1. 市场准入。要求各缔约方相互开放本国金融业和金融市场,允许对方的金融服务提供者自由进入本国金融服务领域,设立机构或提供金融服务。

2. 国民待遇。要求各缔约方对于非国民金融服务机构在其境内的服务活动,应给予与本国金融服务业相同的待遇;应允许外国金融机构以同等条件取得国内金融组织成员资格,进入证券和期货交易市场、清算机构、行业自律机构和协会等。

3. 透明度。要求各缔约方公布影响金融服务贸易的有关法律、行政命令及其他决定、规则和习惯做法，并公布其所参加的所有有关国际协定（涉及国家、企业、公共利益以及合法的商业利益的机密资料可不公布）。

4. 最惠国待遇。要求各缔约方在购买公共机构提供的服务和保险、过境贸易等方面提供最惠国待遇。

5. 发展中国家特殊待遇。允许发展中国家在市场准入方面可以根据其经济发展水平，适度开放金融行业和市场，逐步实现金融服务贸易自由化；允许发展中国家针对自身特殊需要，确定其金融服务业发展的国内政策目标。

（二）《巴塞尔协议》对我国金融监管的影响

《巴塞尔协议》是由十国集团（美、英、法、德、意、日、荷、加、比、瑞典）中央银行行长倡议建立的成员包括十国集团中央银行和银行监管部门代表所组成的巴塞尔委员会制定的一系列重要的银行监管协议。随着其影响的扩大，逐渐成为国际社会普遍认可的银行监管国际标准。从 1975 年 9 月第一个《巴塞尔协议》到 2006 年《新巴塞尔资本协议》（即"新巴塞尔协议"）的正式实施，其内容不断丰富，金融监管思路和方法更加成熟和完善。

《新巴塞尔资本协议》的基本内容由三大支柱组成：

1. 资本充足率。资本充足率是指总资本与信用风险资产、市场风险和操作风险资本要求三者之和的比值。计算风险加权资产总额时，将市场风险和操作风险的资本乘以 12.5（即最低资本比率 8%的倒数），转化为信用风险加权资产总额。

银行资本充足率＝总资本/信用风险加权资产＋（市场风险资本＋操作风险资本）×12.5

2. 外部监管。通过监管银行资本充足状况，确保银行有合理的内部评估程序，以便正确判断风险，促使银行建立起依赖资本生存的机制。

3. 信息披露和市场约束。要求银行不仅披露风险和资本充足状况的信息，而且披露风险评估和管理过程、资本结构以及风险与资本匹配状况的信息；不仅披露定量信息，而且披露定性信息；不仅披露核心信息，而且披露附加信息。

新协议将以上三大支柱有机地结合在一起，以监管规定的形式固定下来，要求监管部门认真实施，是资本监管领域的一项重大突破。为了尽可能地为发展水平不同的银行业和银行监管体系提供多项选择办法。《新巴塞尔资本协议》提出了两种处理信用风险办法：

1. 标准法：标准法以 1988 年《巴塞尔资本协议》为基础，采用外部评级结果确定风险权重，使用对象是复杂程度不高的银行。采用外部评级结果，有六项认定合格标准，即客观性、独立性、国际通用性、透明度、资源充分度和可信度。其基本条件是要拥有充足可靠的历史数据和相关信息资源，具有定性与定量分析相结合的稳定的评级方法系统，能够不受政治经济及其他因素的干扰进行独立、客观和公正的评级活动，能反映实际风险水平。国际清算银行允许发展中国家采用标准法。但由于发展中国家市场机制尚不健全，评级公司的实力和技术条件往往处于较低水平，对评级结果的制约和监督机制也欠成熟，导致外部评级机构评业务的可靠性和客观性下降。

2. 内部评级法：内部评级法继承了 1996 年《市场风险补充协议》的创新之处，允许使用银行内部的计量数据确定资本要求。内部评级法与标准法的根本不同在于，银行对于重大风险要素的内部评估值可作为计算资本计量要求的基本参数，即可基于银行自身的内部评级系统来计算信用风险的资本要求。内部评级法有两种形式：初级法和高级法。初级法仅允许银行测算出借款人的违约概率，其他数值由监管部门提供。高级法中所有资本要求的计算参数均可由银行测算数值来决定。然而，采用内部评级法要求更为严格的技术前提和规范，需要银行建立完善的内部评级系统、先进的管理信息系统，以及高级的风险管理和缓释技术等，因此，发展中国家包括中国在内的许多银行很难马上采用内部评级法。为推广使用内部评级法，巴塞尔委员会为采用该法的银行从2004年起安排了3年的过渡期。

## 第二节　涉外金融机构管理法

### 一、涉外金融机构种类及组织形式

我国的涉外金融机构包括外国金融机构的驻华代表处、营业性外资金融机构和境外中资金融机构。

（一）外国金融机构驻华代表处

是指在中国境外（包括港、澳、台）注册的商业银行、投资银行、商人银行、证券公司、保险公司、保险经纪人公司、保险代理人公司、保险评估行、基金管理公司、外汇经纪人公司、信用卡公司、融资租赁公司等金融机构经批准在中国境内设立的非营业性派出机构。主要从事工作洽谈、咨询、联络、服务、市场调研等活动。不是独立的法人，不得营利。

（二）营业性外资金融机构

是指根据我国法律可以在我国境内设立的可营利的外资金融机构，包括：外资银行、外国银行分行、中外合资银行、外国财务公司、中外合资财务公司、中外合资投资银行类机构、外资参股的保险公司、外国保险公司分公司。

（三）境外金融机构

主要包括两类：一是境内金融机构或非金融机构、境外中资金融机构或非金融机构在境外设立或收购的从事存贷款、票据、贴现、结算、信托投资、金融租赁、担保、保险、证券等经营业务的机构；二是境内金融机构在境外设立的分支机构或代表机构，境内非银行金融机构、非金融机构、中资控股的境外机构作为发起人在境外单独或与境外机构共同发起设立的中国产业投资基金。它们可以是中资独资，也可以是中外合资。

## 二、涉外金融管理机构

《证券法》确立了我国证券业和银行业、信托业、保险业分业经营、业务机构分别设立的原则，它与之前出台的《商业银行法》、《保险法》共同奠定了我国金融业分业经营管理的法律基础。中国银行业监督管理委员会、证券监督管理委员会、保险监督管理委员会、中国人民银行、国家银行外汇管理局是我国的金融管理机构。

## 三、设立涉外金融机构的法定程序

根据2006年12月实施的《外资银行管理条例》及《实施细则》，我国全面履行入世时的承诺，全面提高银行业对外开放水平，取消了对外资银行的一切非审慎性市场准入限制，对于在中国注册的外资法人银行，实行与中资银行统一的监管标准，全面体现了国民待遇原则。

（一）设立外资银行营业性机构申请者的条件

设立外资银行及其分支机构，应当经银行业监督管理机构审查批准。

1. 设立外商独资银行、中外合资银行的股东或者拟设分行、代表处的外国银行应当具备下列条件：

（1）所在国家或者地区应当具有完善的金融监督管理制度，

及有效的反洗钱制度；并且其金融监管当局已经与国务院银行业监督管理机构建立良好的监督管理合作机制；

（2）受到所在国家或者地区金融监管当局的有效监管，并且其申请经所在国家或者地区金融监管当局同意；

（3）具有持续盈利能力，信誉良好，无重大违法违规记录；

（4）具有从事国际金融活动的经验；

（5）国务院银行业监督管理机构规定的其他审慎性条件。

2. 拟设外商独资银行的股东应当为金融机构，其申请者如果是唯一或者控股股东，还应当具备下列条件：

（1）为商业银行；

（2）在中华人民共和国境内已经设立代表处 2 年以上；

（3）提出设立申请前 1 年年末总资产不少于 100 亿美元；

（4）资本充足率符合所在国家或者地区金融监管当局以及国务院银行业监督管理机构的规定。

3. 拟设中外合资银行的股东，其中外方股东及中方唯一或者主要股东应当为金融机构，且外方唯一或者主要股东还应当具备下列条件：

（1）为商业银行；

（2）在中华人民共和国境内已经设立代表处；

（3）提出设立申请前 1 年年末总资产不少于 100 亿美元；

（4）资本充足率符合所在国家或者地区金融监管当局以及国务院银行业监督管理机构的规定。

4. 拟设分行的外国银行还应当具备下列条件：

（1）提出设立申请前 1 年年末总资产不少于 200 亿美元；

（2）资本充足率符合所在国家或者地区金融监管当局以及国务院银行业监督管理机构的规定；

（3）初次设立分行的，在中华人民共和国境内已经设立代表处 2 年以上。

5. 外国银行在中华人民共和国境内设立营业性机构的，除已设立的代表处外，不得增设代表处，但符合国家区域经济发展战略及相关政策的地区除外。代表处经批准改制为营业性机构的，应当依法办理原代表处的注销登记手续。

(二) 符合最低注册资本或营运资金的要求

外资独资银行、中外合资银行及其下设分行的注册资本和营运资金要求和中资银行及其下设分行基本保持一致，具体规定如下：

(1) 外商独资银行、中外合资银行的注册资本最低限额为10亿元人民币或者等值的自由兑换货币。注册资本应当是实缴资本；

(2) 外商独资银行、中外合资银行在中华人民共和国境内设立的分行，应当由其总行无偿拨给不少于1亿元人民币或者等值的自由兑换货币的营运资金。外商独资银行、中外合资银行拨给各分支机构营运资金的总和，不得超过总行资本金总额的60%；

(3) 外国银行分行应当由其总行无偿拨给不少于2亿元人民币或者等值的自由兑换货币的营运资金。

国务院银行业监督管理机构根据外资银行营业性机构的业务范围和审慎监管的需要，可以提高注册资本或者营运资金的最低限额，并规定其中的人民币份额。

外商独资银行、中外合资银行的分支机构在总行授权范围内开展业务，其民事责任由总行承担。

(三) 设立外资银行营业性机构的程序

1. 申请筹建。设立外资银行营业性机构，应将有关申请资料报送拟设机构所在地的银行业监督管理机构。拟设机构所在地的银行业监督管理机构应当将申请资料连同审核意见，及时报送国务院银行业监督管理机构。

2. 申请资料。

（1）申请书：内容包括拟设机构的名称、所在地、注册资本或者营运资金、申请经营的业务种类等；

（2）可行性研究报告；

（3）拟设外商独资银行、中外合资银行的章程草案；

（4）拟设外商独资银行、中外合资银行各方股东签署的经营合同；

（5）拟设外商独资银行、中外合资银行的股东或者拟设分行的外国银行的章程；

（6）拟设外商独资银行、中外合资银行的股东或者拟设分行的外国银行及其所在集团的组织结构图、主要股东名单、海外分支机构和关联企业名单；

（7）拟设外商独资银行、中外合资银行的股东或者拟设分行的外国银行最近3年的年报；

（8）拟设外商独资银行、中外合资银行的股东或者拟设分行的外国银行的反洗钱制度；

（9）拟设外商独资银行的股东、中外合资银行的外方股东或者拟设分行的外国银行所在国家或者地区金融监管当局核发的营业执照或者经营金融业务许可文件的复印件及对其申请的意见书；

（10）国务院银行业监督管理机构规定的其他资料。

## 四、外资银行的经营范围

根据WTO有关协议，我国将逐步取消对外资银行外币业务、人民币业务、营业许可等方面的限制。为了履行承诺，在《外资银行管理条例》及《实施细则》的规定中，外资银行的经营业务范围已与中资银行基本一致。独资银行、合资银行的分行在其总行获准的业务范围内，经授权开展业务。

（一）外商独资银行、中外合资银行的业务范围

外商独资银行、中外合资银行按照监督管理机构批准的业务范围，可以经营下列部分或者全部外汇业务和人民币业务：

1. 吸收公众存款；

2. 发放短期、中期和长期贷款；

3. 办理票据承兑与贴现；

4. 买卖政府债券、金融债券，买卖股票以外的其他外币有价证券；

5. 提供信用证服务及担保；

6. 办理国内外结算；

7. 买卖、代理买卖外汇；

8. 代理保险；

9. 从事同业拆借；

10. 从事银行卡业务；

11. 提供保管箱服务；

12. 提供资信调查和咨询服务；

13. 经国务院银行业监督管理机构批准的其他业务。

此外，外商独资银行、中外合资银行经中国人民银行批准，可以经营结汇、售汇业务。

（二）外国银行分行的业务范围

外国银行分行按照国务院银行业监督管理机构批准的业务范围，可以经营上述除“10. 从事银行卡业务”外的部分或者全部外汇业务以及对除中国境内公民以外客户的人民币业务。

外国银行分行可以吸收中国境内公民每笔不少于100万元人民币的定期存款。经中国人民银行批准，可以经营结汇、售汇业务。外国银行分行及其分支机构的民事责任由其总行承担。

（三）外国银行代表处可以从事与其代表的外国银行业务相关的联络、市场调查、咨询等非经营性活动

外国银行代表处的行为所产生的民事责任，由其所代表的外

国银行承担。

（四）外资银行营业性机构经营人民币业务的，应当具备下列条件，并经国务院银行业监督管理机构批准

1. 提出申请前在中华人民共和国境内开业3年以上；

2. 提出申请前2年连续盈利；

3. 国务院银行业监督管理机构规定的其他审慎性条件。

## 第三节　外汇管理法

### 一、外汇和外汇管理法

（一）外汇的概念和形式

外汇是指以外国货币表示的，可以用于国际清算的支付手段和资产。国际货币基金组织对外汇所下的定义是：外汇是货币行政当局（中央银行货币管理机构、外汇平准基金组织及财政部）以银行存款、外汇平准基金、长短期政府债券等形式所持有的在国际收支逆差时可以适用的债权。

根据《中华人民共和国外汇管理条例》第3条的规定，外汇的形式有以下几种。

1. 外国货币，包括纸币和铸币；

2. 外币支付凭证，包括票据、银行存款凭证、邮政储蓄凭证等；

3. 外币有价证券，包括政府债券、公司债券、股票等；

4. 特别提款权、欧洲货币单位；

5. 其他外汇资产。

（二）外汇管理

外汇管理，也称作外汇管制。它是一个国家为了保障本国经

济发展，稳定货币金融，调节资本流进流出，改善国际收支状况，授权货币金融管理部门或者其他政府机构，通过法律、行政法规对外汇的收支、买卖、借贷、转移及国际结算、外汇汇率和外汇市场实行的强制性限制措施。

世界各国和地区对外汇管理的宽严程度不一，大致可分为三种。

1. 严格的外汇管理；

2. 部分的外汇管理；

3. 对经常项目的外汇收支和资本项目的外汇收支都不加以限制，允许外汇自由兑换，自由出入国境。

我国的外汇管理过去实行的是严格管理，现在逐渐放宽，采用的是第 2 种方式。

（三）我国外汇管理的原则

根据《中华人民共和国外汇管理条例》的规定："我国对外汇实行由国家集中管理、统一经营的方针。"这一原则具体体现为：

1. 国家授权中国人民银行行使外汇管理权，负责保管国家外汇储备。

2. 国家外汇管理局及其分局是我国外汇管理的专门机构，由它对外汇的收支、进出国境进行管理；确定与调整人民币对外币的汇价；制定和平衡外汇收支计划；对外汇买卖、国际结算、投资活动实行必要的限制措施。国家外汇管理局为国务院直属的副部级单位，由中国人民银行归口管理。

3. 国家实行国际收支申报制度。凡有国际收支活动的单位和个人，必须进行国际收支统计申报。1995 年中国人民银行颁布《国际收支统计申报办法》，2003 年颁布《实施细则》，作出了具体的规定。

4. 我国境内禁止外币流通，不得以外币计价结算。

5. 任何单位和个人都有权检举、揭发违反外汇管理的行为和活动。对检举、揭发违反外汇管理案件有功的单位和个人，由外汇管理机关给予奖励，并负责保密。

（四）外汇管理法

外汇管理法是指国家为调整外汇管理关系而制定的法律规范的总称。有广义和狭义之分。1979 年我国实行改革开放政策后，与金融体制、外贸体制改革相配套，外汇管理体制也进行了一系列的改革。加速了我国经济与国际经济的接轨，促进了我国经济的发展。1996 年 4 月 1 日起施行的《中华人民共和国外汇管理条例》是狭义的外汇管理法。广义的外汇管理法还包括我国颁布施行的其他许多有关的行政法规和规章。主要有《结汇、售汇及付汇管理规定》、《外资银行结汇、售汇及付汇业务实施细则》、《银行外汇业务范围界定》、《银行外汇业务管理规定》、《出口收汇核销管理办法》、《个人外汇管理办法》等。其目的是为了加强外汇管理，保障国际收支平衡，系统地规范我国的外汇管理行为，促进国民经济健康发展。

我国的外汇管理法是外汇体制改革法制化的成果。汇制改革之初，《关于进一步改革外汇管理体制的公告》中规定 1994 年 1 月 1 日起对经常项目外汇实行银行结售汇制，取消外汇留成，取消经常项目正常对外支付用汇的计划审批，境内机构在经常项目下的对外支付用汇，只要持有效凭证，用人民币到外汇指定银行即能办理兑付，从而实现了人民币在经常项目下有条件可兑换。

《外汇管理条例》的主要精神就是实现人民币在经常项目下有条件可兑换。所谓“有条件”主要是指对非贸易非经营性支付用汇的一些限制和未将外商投资企业纳入银行结售汇体系。

1996 年 6 月 20 日中国人民银行发布公告，宣布从 1996 年 7 月 1 日起在全国将外商投资企业经常项目下外汇收支纳入银行结售汇体系，同时发布了《结汇、售汇及付汇管理规定》。1996 年 12 月我国正式宣布承担《国际货币基金协定》第 8 条的义务，实现经常项目下人民币的可兑换，国内企业与外商投资企业只要持有有效证件就可以到银行结售汇。1997年1月14日我国修改了1996年的《外汇管理条例》，取消了对非贸易非经营性经常项目外汇的汇兑限制，并明确规定："国家对经常性国际支付和转移不予限制。"实现了人民币在经常项目下的可兑换。同时，多次调整经常项目外汇账户管理政策。从1997年起，允许部分大型中资企业开立经常项目外汇结算账户，保留一定限额外汇收入。2001年和2002年，又连续两次进行外汇账户管理改革，放宽中资企业开立经常项目外汇账户的条件限制，统一中外资企业的管理政策，允许所有具有涉外经营权或有经常项目外汇收入的企业开立经常项目外汇账户，账户限额为上年度经常项目外汇收入的20%；2003年，进一步调整部分特殊企业的账户管理政策，允许国际承包工程、国际劳务等项下的经常项目外汇收入全额保留在外汇账户内。

为了强化外汇管理法的力度，维护正常的外汇管理秩序，巩固外汇管理体制改革成果，有效地防范金融风险，1998年在《关于惩治骗购外汇、逃汇和非法买卖外汇犯罪的决定》中增加了骗购外汇罪，并加重处罚。并将刑法规定的逃汇罪的主体由国有公司、企业和其他国有单位扩大到所有公司、企业和单位。对非法买卖外汇，明确规定按非法经营罪处罚。严厉打击违反外汇管理的犯罪活动，对内外勾结、为犯罪分子提供便利或者服务的海关、外汇管理部门和金融机构、外贸企业的工作人员，依法从重处罚。

## 二、我国外汇管理的内容

### （一）经常项目外汇管理

1. 对境内机构经常项目外汇收入的管理。根据规定，境内机构经常项目外汇收入必须纳入银行结售汇体系。结汇有强制结汇、限额结汇和意愿结汇三种。强制结汇是指所有外汇收入必须卖给外汇指定银行，不允许保留外汇；限额结汇是指外汇收入在国家核定的数额内可不结汇，超过限额的必须卖给外汇指定银行；意愿结汇是指外汇收入可以卖给外汇指定银行，也可以开立外汇账户保留，结汇与否由外汇收入所有者自己决定。我国的结汇制度正由强制结汇、限额结汇制，向意愿结汇过渡。

原先我国对非外商投资的境内中资企业基本实行强制结汇制，其外汇收入都必须调回境内按市场汇率全部卖给外汇指定银行，不得存放境外。但部分符合条件的中资企业可以开立外汇账户保留一定限额的外汇收入。这是指具有涉外经营权或有经常项目外汇收入的企业可以开立经常项目外汇账户，账户限额为上年度经常项目外汇收入的20%。对外商投资企业实行限额结汇制。外商投资企业按实投资本和经常项目外汇资金周转的需要，规定基本账户可保留外汇的最高金额，超额部分的外汇必须办理结汇，也就是说，限额以内的实行意愿结汇，限额以外的实行强制结汇。超过等值1万美元的现钞结汇，结汇人应当向外汇指定银行提供真实的身份证明和外汇来源证明，外汇指定银行予以结汇登记后报外汇管理局备案。

自2005年3月1日起，境内机构超限额结汇期限由原来的10个工作日延长为90日，允许境内机构在其经常项目外汇账户余额超出核定限额后的90日内仍可保留其外汇资金。超过90日后仍未结汇或对外付汇的，开户金融机构须在90日期满之后的5个工作日内，为境内机构办理超限额部分外汇资金结汇手续并通知该境内机构。2006年以来，我国出台多项政策拓宽企业运用外汇的渠道，包括取消经常项目外汇账户开户事前审批、提高经常项目外汇账户限额、简化服务贸易售付汇凭证并放宽审核权限等。境内机构可在上年度经常项目外汇收入的80%与经常项目外汇支出的50%之和的限额内保留其经常项目外汇收入。对于因实际经营需要而确需全额保留经常项目外汇收入的进出口及生产型企业，可以按企业实际外汇收入的 100％核定经常项目外汇账户限额。

2007 年 8 月 13 日国家外汇管理局发布《关于境内机构自行保留经常项目外汇收入的通知》，取消境内机构经常项目外汇账户限额。境内机构可根据自身经营需要，自行保留其经常项目外汇收入。与此同时，外汇局将继续加强对经常项目外汇收支活动的真实性和合规性的监督管理，严格监测跨境资金流动，对虚假、违规外汇交易加大查处力度，配合实施国家宏观调控，保持经济和金融的稳定、健康发展。

境内机构经常项目用汇，应当按照国务院关于《结汇、售汇及付汇管理规定》，持有效凭证和商业单据向外汇指定银行购汇支付；境内机构的出口收汇和进口付汇，应当按照《经常项目外汇结汇管理办法》和《进口付汇核销管理暂行办法》的规定办理核销手续。

2. 个人外汇管理。根据 2007 年 2 月 1 日起施行的《个人外汇管理办法》，个人外汇业务按照交易主体区分境内与境外个人外汇业务，按照交易性质区分经常项目和资本项目个人外汇业务。经常项目下的个人外汇业务按照可兑换原则，区分经营性和非经营性外汇进行管理，资本项目项下的个人外汇业务按照可兑换进程管理。具体管理办法主要有：

(1) 在对个人购汇实行年度总额管理的基础上，实行个人结汇年度总额管理。年度总额内的，凭本人有效身份证件直接在银行办理；超过年度总额的，经常项下的银行要审核相关证明材料，资本项下的须符合国家有关规定，并经外汇局核准。

(2) 个人办理对外贸易进行外汇资金收付时，应开立外汇结算账户。在商务部门办理对外贸易经营权登记备案后，个人对外贸易经营者从事货物进出口时的外汇资金收付按机构办理；进行工商登记或者办理其他执业手续后，个人可凭有关单证委托具有对外贸易经营权的企业代理进出口项下及旅游购物、边境小额贸易等项下的外汇资金收付、划转及结汇。只要符合有关规定，个人真实贸易项下的外汇不论结汇还是购汇，都没有总额限制，按实际需要办理。

(3) 境内个人在履行必要的核准、登记手续后，可进行符合国家规定的境外投资；境内个人可通过银行、基金公司等具有相应业务资格的境内金融机构，进行境外股票、债券等金融产品的买卖。境外个人可按规定在境内进行直接投资；境外个人在遵守实需自用的原则下可购买境内商品房；境外个人按照我国有关规定，可购买B股，或者通过合格境外机构投资者(QFII)参与国内人民币股票买卖。个人境内合法财产可按规定对外转移或对外捐赠。境外个人在境内的大额外汇存款纳入存款金融机构短期外债余额管理。

(4) 个人外汇账户按主体类别区分为境内个人外汇账户和境外个人外汇账户；按账户性质区分为外汇结算账户、资本项目账户及外汇储蓄账户。个人进行工商登记或者办理其他执业手续后可开立外汇结算账户；办理资本项下交易，经外汇局核准后个人可开立资本项目账户；个人凭本人有效身份证件可直接在银行开立外汇储蓄账户。外汇局对个人非经营性外汇收付的管理上不再区分外币现钞和现汇账户，统一对现汇和现钞在存取、汇出入等方面的监管标准。银行应根据有关反洗钱规定对大额、可疑外汇交易进行记录、分析和报告。

(5) 境内个人从事外汇买卖等交易，应当通过依法取得相应业务资格的境内金融机构办理。个人携带外币现钞出入境，应当遵守国家有关管理规定。

(二) 资本项目外汇管理

我国目前放松了对经常项目外汇管理，但对资本项目外汇仍实行严格的管理。

1. 对资本项目外汇收入管理的规定。

(1) 境内机构借入的国际商业贷款必须调入境内,未经外汇管理局批准,不得将贷款存放境外或在境外直接支付。

(2) 境内机构以项目融资方式筹集的外汇资金应及时调入国内,未经外汇管理局批准不得存放境外。

(3) 境外投资企业依法宣告停业或解散后,其境内投资者应将清盘后资产负债表、财产目录、财产估价等资料报送外汇管理局备案,并将中方应得的外汇资产在清理结束后6个月内调回境内,并按规定办理结汇,未经外汇管理局批准不得擅自挪作他用或存放境外。境内投资者不得将已经出口的商品(实物)转作投资,而将应收外汇截留境外。

(4) 境内机构的一切形式的资本项目外汇收入都必须调回境内。但有些企业有特殊业务需要将资本项目外汇收入暂时存放境外的或暂时不能调回境内的,必须逐笔到国家外汇管理部门审批。

(5) 境内机构有资本项目外汇收入的单位应当在注册或登记所在地的外汇业务银行开立外汇账户。

(6) 境内机构的外汇账户按规定关闭的,其外汇余额全部结汇,外方投资者的外汇允许转移或汇出。

(7) 经批准在境外开立的外汇账户,自使用到期之日起30天内,开户单位须向外汇管理局提交已经注销境外账户说明,将余额调回境内,并提交销户清单。需延期使用境外账户的,须在到期前30天向外汇管理局申请。

(8) 开户单位不得出租、出借或者串用外汇账户,不得利用外汇账户非法代其他单位或个人收付、保存或转让外汇。

此外,境内机构的资本项目外汇收入需要卖给外汇指定银行的,必须经外汇管理局批准。这是为了防止境内机构以套利为目的将境内外外汇贷款在外汇调剂中心或结售汇银行卖出转换成人民币;或将换得的人民币为本金比照人民币利率计息,到期再将人民币本息在市场上买外汇还贷款，以及其他的套利行为的发生。

2. 对资本项目外汇付汇管理的规定。

(1) 境内机构偿还境内中资金融机构外汇贷款本金，持《外汇(转)贷款登记证》、借贷合同及债权机构的还本通知单，从其外汇账户中支付或者到外汇指定银行兑付。

(2) 境内机构资本项目下的下列用汇，持所列有效凭证向外汇局申请，凭外汇局的核准件从其外汇账户中支付或者到外汇指定银行兑付：

① 偿还外债本金，持《外债登记证》、借贷合同及债权机构还本通知单；

② 对外担保履约用汇，持担保合同、外汇管理局核发的《外汇担保登记证》及境外机构支付通知；

③ 境外投资资金的汇出，持国家主管部门的批准文件和投资合同；

④ 外商投资企业的中方投资者经批准需以外汇投入的注册资金，持国家主管部门的批准文件和合同。

(3) 外商投资企业的外汇资本金的增加、转让或者以其他方式处置，持董事会决议，经外汇局核准后，从其外汇账户中支付或者持外汇局核发的售汇通知单到外汇指定银行兑付；投资性外商投资企业外汇资本金在境内投资及外方所得利润在境内增资或者再投资，持外汇局核准件办理。

(三) 金融机构外汇业务管理规定

1. 金融机构经常外汇业务须经外汇管理机关批准，领取经常外汇业务许可证。未经外汇管理机关批准，任何单位和个人不得经营经常外汇业务。经批准经营经常外汇业务的金融机构，经常外汇业务不得超出批准的范围。

2. 经营外汇业务的金融机构应当按照国家有关规定为客户开立外汇账户，办理有关外汇业务并应当按照国家有关规定交存外汇存款准备金，遵守外汇资产负债比例管理的规定，建立呆账准备金；向外汇管理机关报送外汇资产负债表、损益表以及其他财务会计报表资料，接受外汇管理机关的检查、监督。

3. 外汇指定银行办理结汇业务所需人民币资金，应当使用自有资金。其结算周转外汇，实行比例幅度管理，具体幅度由中国人民银行根据实际情况核定。

4. 金融机构终止经营外汇业务，应当向外汇管理机关提出申请。经批准终止经营外汇业务的，应当依法进行外汇债权、债务的清算，并缴销经营外汇业务许可证。

（四）人民币汇率和外汇市场的管理规定

1. 人民币汇率实行以市场供求为基础的、单一的、有管理的浮动汇率制度。中国人民银行根据银行间外汇市场形成的价格，公布人民币对主要外币的汇率。

2. 外汇市场交易应当遵循公开、公平、公正和诚实信用的原则。

3. 外汇市场交易的币种和形式由国务院外汇管理部门规定和调整。

4. 外汇指定银行和经营外汇业务的其他金融机构是银行间外汇市场的交易者。外汇指定银行和经营外汇业务的其他金融机构应当根据中国人民银行公布的汇率和规定的浮动范围，确定对客户的外汇买卖价格，办理外汇买卖业务。

5. 国务院外汇管理部门依法监督管理外汇市场；中国人民银行根据货币政策的要求和外汇市场的变化，依法对外汇市场进行调控。

（五）法律责任

《外汇管理条例》对套汇、逃汇及其他扰乱金融的行为及处罚分别作了严格的界定，并按其性质与情节规定了行为人应承担相应的责任。

套汇，是指我国境内的单位、企业或个人以各种方式将人民币或物资换取外汇或者外汇收益，套取国家外汇的行为。逃汇，是指我国境内的机构、单位、企业或个人，将应该售给国家的外汇私自保存、使用或存放境外，或以少报收入，多报支出而将外汇私自保存或存放境外，以逃避国家外汇管理的行为。扰乱金融行为，是指非法经营外汇业务或从事外汇交易，干扰和破坏外汇管理秩序的行为。

对违反外汇管理的行为，可根据不同情况进行处罚。具体可采取罚款、没收违法所得、予以警告、通报批评、责令整改、强制收兑、撤销账户；情节严重的予以取缔或停办结售汇业务、吊销《经营外汇业务许可证》。以上处罚可以由外汇管理机关单独作出，也可以并处。构成犯罪的，依法追究刑事责任。具体依照我国《刑法》的有关规定及《关于惩治骗购外汇、逃汇和非法买卖外汇犯罪的决定》办理。

## 第四节　涉外信贷法

### 一、外商企业贷款管理

外商企业贷款是指中国银行按照国家政策、法规，本着安全、有利、服务的原则，对中外合资经营企业、中外合作经营企业和外商独资企业的建设工程及生产经营所需资金提供的贷款。此项贷款优先支持经济效益好的产品出口企业和先进技术企业。

1. 申请贷款的企业应具备的条件。

(1) 取得中国工商行政管理机关发给的营业执照，并在中国银行开立账户；

(2) 注册资本按期如数缴纳，并经依法验资；

(3) 董事会作出借款的决议和出具授权书；

(4) 固定资产投资项目已由有关部门批准；

(5) 有偿还贷款的能力，并提供可靠的还款、付息保证。

2. 申请程序。首先由企业提出贷款申请书，并根据所需贷款的具体情况提供相应的证明和资料；然后由中国银行对上述材料进行审查评估；经审核同意后，借贷双方协商签订合同。

3. 贷款种类及用途。中国银行对外商投资企业办理的贷款有以下几种。

(1) 固定资产贷款。固定资产贷款，是指外商投资企业用于基本建设项目和技术改造项目的工程建设费、技术、设备购置费及安装费而需要的贷款。

(2) 流动资金贷款。流动资金贷款，是指外商投资企业用于企业的商品生产、商品流通及正常经营活动过程中所需的资金而需要的贷款。

(3) 现汇抵押贷款。现汇抵押贷款，是指外商投资企业以自有外汇作抵押取得的人民币贷款。按照中国人民银行《关于外商投资企业外汇抵押人民币贷款的暂行办法》，凡在中国境内注册的外商投资企业，均可以其自有外汇(仅限于美元、日元、港元、德国马克、英镑)作抵押，申请办理人民币贷款。

现汇抵押贷款可用于流动资金和资产投资，有短期和中长期两种。最短的是3个月，最长的为5年。办理现汇抵押贷款应先由抵押单位提出申请，经银行审查同意后与受托银行签订借贷合同。银行对抵押单位发放的人民币贷款，不得超过抵押品价值。贷款到期后，抵押单位应归还原数额人民币贷款，银行退回原数额的外汇，相互不计利息。到期不能归还的，抵押的外汇归中国人民银行所有。

(4) 备用贷款。是根据企业申请的特定用途，经中国银行审查同意安排待使用的贷款。上述贷款货币分为本币(即人民币)和外币两种。外币包括美元、英镑、日元、港币、德国马克以及中国银行同意的其他可兑换货币。

4. 贷款利率和贷款期限。人民币贷款利率按中国人民银行规定。贷款期限的计算，自借款合同生效之日起，至合同规定的还本付息之日止。固定资产贷款期限不超过 7 年，个别特殊项目经中国银行同意，可适当延长，但不能超过企业营业执照限定的经营期结束前 1 年。流动资金贷款不超过 12 个月。

5. 保证。中国银行认为需要担保的，必须提供经中国银行认可的担保。企业提供担保的形式有信用担保和抵押担保两种：

(1) 信用担保：是指企业向中国银行提供由资信可靠、有偿付能力的金融机构、企业及其他单位出具的保证偿付贷款本息的不可撤销的保函。

(2) 对外抵押或质押担保：由企业将其财产或权益抵押或质押给银行，作为偿付中国银行贷款本息的保证。可以作为抵押物的有房产、机器设备等；可以作为质押物的有有价证券、票据等。抵押或质押贷款必须签署合同且应经中国公证机关公证。

6. 违约责任。外商投资企业应按照借款合同的规定按期偿还贷款，支付利息和费用。企业未按期归还所欠贷款本息和费用的，信用担保贷款，由担保单位负责偿还所欠贷款本息和费用；抵押或质押贷款的，中国银行按照法律规定有权以抵押物折价或者以变卖抵押品的价款，优先得到偿付贷款的本息及其他欠款。对于企业逾期未还的贷款，中国银行从逾期之日起加收 20%—50%的罚息。

## 二、涉外信贷管理

### (一) 国际金融机构贷款

国际金融机构是指从事国际金融业务，调整国际金融关系，维系国际货币秩序和信用体系正常运转的超国家机构。目前，我国利用的国际金融机构贷款主要有国际货币基金组织贷款、世界银行贷款和亚洲开发银行贷款等。

1. 国际货币基金组织贷款。国际货币基金组织(IMF)是联合国的专门机构之一,旨在促进国际合作,便利国际贸易的扩大和平稳发展,稳定国际汇兑,避免各国间的货币贬值竞争,消除妨碍世界贸易的外汇管理,并通过贷款调整成员国国际收支的暂时失衡。它与世界银行集团并称为现代国际金融制度的两大支柱,在国际经济活动中起着非常重要的作用。

(1) 贷款规则。与其他国际金融组织相比,国际货币基金组织贷款的对象只限于成员国政府,且形式比较独特,即各成员国向基金组织借款和还款采取"购买"与"购回"的方式。当借款国向基金组织借款时,要用等值的本国货币申请换购自由外汇或特别提款权,还款时则以等值的黄金或外汇购回本国货币。如今则要求不论以何种货币发放贷款,均以特别提款权计值,利息也以特别提款权缴付。

(2) 我国的管理。我国由中国人民银行归口负责与基金组织进行借款的谈判、签约。贷款借入后,由财政部纳入国家财政收支计划统一使用和偿还。我国曾先后三次使用该组织贷款,主要用于调整国际收支状况,现已全部偿还。

2. 世界银行集团贷款。世界银行集团是和国际货币基金组织紧密联系、互相配合的国际金融机构,基金组织贷款中的许多缺陷可以从世界银行贷款的有利因素中得到弥补。世界银行原有两个附属机构,即国际开发协会(IDA)和国际金融公司(IFC)。它们与称之为世界银行的国际复兴开发银行统称为世界银行集团,着重向发展中国家提供长期生产性资金,以促进这些国家经济的发展。我国于1980年5月恢复合法席位。

(1) 贷款的形式。

① 世界银行贷款。主要对发展中成员国的政府及由政府担

保的公私企业提供贷款。

② 国际开发协会贷款。专门向符合条件的低收入发展中国家的公共工程和发展项目提供比世界银行更为优惠的长期贷款。

③ 国际金融公司贷款。向成员国特别是欠发达国家的私营生产性企业提供无需政府担保的贷款和投资。

(2) 贷款的原则。世界银行贷款原则上用于经批准的项目，主要是能源、交通、农业、文教卫生、工业、环保等方面。其贷款通常只占项目总投资的30%—40%，其余由借款国自行解决。

世界银行贷款有软贷款与硬贷款之分。前者的条件较为优惠，期限也长，只收手续费不计利息；后者期限相对较短、利率较高。我国作为低收入的发展中国家，可以得到世界银行的贷款，也可以得到国际开发协会的优惠贷款。

(3) 我国的管理。财政部是我国世界银行贷款的管理机构。负责对外统一联络、谈判和签署协议，对内组织项目，进行转贷和管理，并统一对外还本付息。管理的内容有：

① 项目审批和实施。由各省、自治区、直辖市及项目主管部门写出项目建议书，并提交国家计划委员会；经国家计委平衡后确定适当项目报国务院，批准前要进行可行性研究。财政部将国务院批准的项目作为备选项目提交世界银行考察，经双方协商后正式确定贷款项目，并由世界银行进行评估。财政部分别与项目单位和世界银行洽谈转贷及项目贷款条件，报国务院正式批准。

项目实施后，各省、自治区、直辖市政府和项目主管部门及财政部要对项目进行监督检查，并由国家审计署进行年度审计。项目竣工后，项目单位应编写总结报告，送世界银行并报国家计划委员会备案。

② 对世界银行贷款的转贷。作为世界银行贷款的生效条件之一，财政部对外作为债务人借入世界银行贷款后，对内作为债权人，将借入资金转贷给项目单位的主管部门，并签订转贷协议。转

贷对象有中央有关部委、地方政府部门、中间金融机构等，再由以上部门负责转贷给使用贷款的项目建设单位。年限依需要而定，利率以项目的社会效益和经济效益确定。低于借入时的利率的，差额由国家财政补贴，高出部分则列入当年预算收入，利息每半年结算一次。

③ 招标采购。项目单位在进行世界银行贷款国际招标采购时，必须委托有资格的机构代理。代理资格由对外贸易经济合作部和国家计划委员会审定。

④ 周转金。有贷款周转金的项目单位可设立外汇专用账户，由开户银行严格按贷款协议的规定监督使用。利息只能用于偿还贷款利息、手续费和承诺费。由财政部核拨的周转金，其存款利息应缴财政部账户。

3. 亚洲开发银行贷款。亚洲开发银行是亚洲及太平洋地区的国家于1966年12月24日共同组成的区域性国际金融组织，我国于1986年3月正式参加。亚洲开发银行贷款的主要对象是本地区成员国政府、政府机构及公私企业，其宗旨是通过发放贷款、提供投资、提供技术援助，以促进亚太地区的经济发展与合作，并协助本地区发展中成员国集体或单独地加速经济发展进程。

(1) 贷款种类。

① 普通贷款。又称硬贷款，是指以普通基金发放的贷款，期限一般为12—25年，年利率7.5%(含1%的手续费)。

② 特别基金贷款。又称软贷款，是指以特别基金发放的贷款，期限一般为25—30年，最长可达40年，年利率1%—3%(含1%的手续费)。

(2) 贷款规则。

① 专款专用。亚洲开发银行发放贷款的基本条件之一是必须专款专用，借款者在申请书中必须写明贷款用途，并保证专款专用。

② 借款者必须从贷款提供国购买物资或输入劳务。亚洲开发银行的资金来源于会员国认缴的股本、捐赠和个别国家(如日本)出资构成的基金,发放贷款时必须同时考虑贷款提供国的利益。

③ 贷款以美元计值。归还时需用与借款相同的货币偿还本息。

(二) 外国政府贷款

1. 概念和种类。外国政府贷款是指一国政府利用国库资金向另一国政府提供的具有双边经济援助性质的长期、低息优惠贷款。可分为政府间借贷和政府混合贷款。我国目前利用的政府贷款主要有日本海外经济协会基金贷款、日本输出入银行的能源贷款、科威特经济发展基金会的贷款及其他各国政府的混合贷款。

2. 我国的管理。

(1) 管理机构。对外贸易经济合作部代表我国政府统一对外筹措和归口管理外国政府贷款。中国银行负责日本输出入银行能源贷款的管理和政府混合贷款中的买方信贷业务。

(2) 申请程序。

① 由国务院各部委、地方政府向对外贸易经济合作部初选。

② 初选后向当地计委或国家计委申请立项,并正式向对外贸易经济合作部办理申请手续。

③ 对外贸易经济合作部向外国政府提出贷款备选项目,供外国政府选择,确定项目。

④ 有关单位收到确定项目通知书后,编制贷款项目可行性研究报告,并安排对外签订合同。

⑤ 两国政府签订贷款协议或备忘录。

⑥ 对外贸易经济合作部与国内转贷机构签订转贷协议。

(3) 转贷管理。由中国进出口银行与中国银行等负责办理外国政府贷款在国内的转贷、还本付息、财务结算等债务管理业务。

转贷机构根据贷款协议与项目主管部门或项目单位签订转贷协议。有关转贷金额、期限、利率视项目的经济效益和偿还能力而定。被转贷方应向转贷方提供由金融机构或其他经济实体提供的还贷担保文件。

(4) 物资采购。必须严格遵守贷款协议规定的范围、地域、方式和期限,并委托国内有权经营此项业务的公司办理。对外采购谈判分为技术和商务两方面。受托采购的公司在签订贷款采购合同后,应向对外贸易经济合作部和贷款国政府请示批准或确认。

(5) 贷款支付与偿还。根据贷款协议规定的期限和金额履行。可采用信用证支付和直接支付等方式进行分期付款。统借统还的贷款,列入国家财政预算,由财政部负责偿还;统借自还的由签订转贷协议的借款方负责偿还。对外贸易经济合作部授权中国银行按国家外汇管理的有关规定与贷款协议办理。

(6) 贷款建设项目的管理。贷款项目应纳入国家年度基本建设计划。项目的外汇收支、配套资金和物资要分别纳入外汇、财政、信贷、物资、分配计划,并做好项目的施工管理、总结评价、财务管理、统计和报告工作,以保证贷款项目顺利进行并如期还贷。

(三) 国际商业贷款

1. 概念和种类。国际商业贷款,又称国际商业银行贷款,是指一国借款人(政府机构、公司、企业或个人)向另一国银行借入货币资金的活动。国际商业贷款包括出口信贷、项目贷款和自由外汇贷款。本节所讲的国际商业贷款仅指自由外汇贷款,即不指定用途的商业贷款。

根据贷款期限的不同,国际商业贷款可分为短期贷款和中长期贷款两种。

(1) 短期贷款。短期贷款,是指贷款期在 1 年以内的贷款,主要用于银行同业拆放或出口所需的流动外汇资金。短期贷款通常是信用贷款,一般无需抵押或担保,利率随行就市。

(2) 中长期贷款。中长期贷款，是指贷款期在 1 年以上的贷款，其中 1—7 年为中期贷款，7 年以上为长期贷款。中长期贷款需要政府或银行担保，利率相对较高，但却是国际商业贷款中比重最大的一种，因为其资金供应充分，借取方便，使用较为自由。我国的国际中长期商业贷款应用于引进先进技术设备、提高创汇能力，并符合国家利用外资政策。

2. 我国的管理。为了加强对国际商业贷款的管理，经中国人民银行批准，国家外汇局于 1991 年 9 月 26 日公布施行《境内机构借用国际商业贷款管理办法》，为我国利用国际商业贷款活动规则提供了法律依据。

(1) 管理机构。国际商业贷款的审批机关是中国人民银行。国家外汇管理局及其分局经中国人民银行授权，具体负责对国际商业贷款的审批、监督和管理。

(2) 对外借款人资格。对外借用国际商业贷款的境内机构仅限于以下几种。

① 经国家外汇管理局批准，经营境外借款业务的金融机构；

② 经批准的工贸企业或企业集团。

(3) 申请和批准。

① 向外汇管理部门提出申请，并提供包括对外借款纳入国家利用外资计划的证明文件，借款项目立项批准文件，贷款条件意向书，还款资金来源及还款计划、外汇担保情况及对外借款机构近期的外汇或人民币资产、负债表或其他财务报表等证明和材料。

② 全国性金融机构对外借用中长期国际商业贷款，由国家外汇管理局审批。区域性及省、自治区、直辖市金融机构对外借款，由所在地外汇管理分局审核，报国家外汇管理局审批，但全国性、区域性银行分行须经其总行授权，方可按此程序报批。

③ 全国性金融机构提出短期国际商业贷款余额控制额度（简称短期额度）申请，由国家外汇管理局核定下达。银行分行可以向

其总行申请短期额度，由其总行核报国家外汇管理局批准，由分行所在地外汇管理分局负责监督管理。区域性银行和各省市非银行金融机构申请短期额度，由所在地一级外汇管理分局在核定下达的短期额度内审批。国营企业及企业集团直接对外借用一次性短期贷款，须逐笔报国家外汇管理局批准，方能对外谈判和签约。未经批准，不得直接对外借款。

(4) 其他监管措施。

① 境内机构签订国际商业贷款协议后，须根据《外债统计监测暂行规定》向外汇管理部门办理外债登记手续。

② 借入的国际商业贷款应调入境内，未经外汇管理部门批准，不得将贷款存放境外或在境外直接支付。

③ 实行谁借谁还的原则，可用于偿还国际商业贷款本息的外汇包括：利用贷款新增的产品出口收汇和非贸易创汇项目新增的外汇收入；贷款用于新开发项目的外汇收入；留成外汇和自有外汇；外汇管理部门同意的其他外汇。

④ 对外借款的境内机构应于每年 3 月底前，向外汇管理部门提供上年贷款使用效益等情况。

⑤ 违反对外借款管理规定的境内机构，外汇管理部门可视情节轻重，对其进行警告、罚款或取消境外借款权，并根据《违反外汇管理处罚施行细则》进行处罚。

(四) 国际贷款合同的主要条款

1. 陈述和保证。由借款人向贷款人说明自身与贷款有关的事项(如法律地位、借款和还款能力、财务及经营状况等)，并保证该陈述是真实的。如果陈述和保证与事实不符，贷款人有权拒绝贷款或采取相应的补救措施。

2. 贷款货币。约定贷款货币的种类，及贷款期内币种可否转换问题。

3. 贷款金额或贷款额度。可以是确定的金额，也可以根据借款人的还款能力确定贷款额度。

4. 贷款期限。贷款期限是指从合同生效之日起到贷款本息还清为止,即连用带还的期限。

5. 贷款利率。不同种类的贷款有不同的利率标准,一般来说,国际商业贷款利率较高,国际金融组织和政府贷款的利率较低。合同双方除确定利率外,还应当约定利率的计算方法、利率的适用期及复利问题。

6. 费用。借款人承担的各种其他费用,包括管理费、代理费、杂费及迟付本息罚金等。

7. 贷款担保。根据不同贷款对担保的要求,规定担保形式、担保责任和担保期限。

8. 提取贷款。国际贷款通常是分期提用的,合同中应制定提款时间表,规定分期提款的时间和金额、提款的地点及借款人提前通知事项等。

9. 偿还贷款。借贷双方可选择到期一次偿还、到期分次偿还或逐年分次等额偿还(自支用之日起分期偿还)等不同的还款方式和支付利息方式,并需对提前还款问题达成一致意见。

10. 约定事项。由借款人向贷款人保证他的某些作为或不作为,以维护贷款人的债权不受损害,其中主要有:

(1) 消极保证条款。借款人未征得贷款人的同意,不得改变全部或部分经营范围,不得以其资产和收入为其他债务提供抵押,不得改变贷款人的债权排序。

(2) 比例平等条款。借款人必须维持流动资本和固定资本的比例。

(3) 财务信息条款。借款人必须定期向贷款人报告本公司的财务情况。

11. 违约事件。当贷款期间出现合同列举的情况时,即视为违约,贷款人有权要求获得救济。这些事件大致可分为两类:

(1) 实际违约事件。是指已经发生的违约现象,例如借款人不按期偿付本息和其他费用、不履行约定的义务、违反陈述与保证等,贷款人可以采取事后补救措施。

(2) 先兆性违约事件。又称预期违约事件,是指尚未发生,但有证据表明将会发生的违约,贷款人可以采取预防性措施,防止损失出现或损失扩大。其中较典型的有交叉违约条款:

① 横向交叉违约条款:几个外国贷款人向我国一个项目提供资金,该项目的借款人对其中任何一个贷款人有违约行为,其他贷款人均有权采取措施,解除合同,停止向该项目提供贷款。

② 纵向交叉违约条款:一个外国贷款人向我国几个项目同时提供资金,任何一个项目的借款人对贷款人有违约行为,贷款人即有权采取措施,解除合同,停止向所有项目提供贷款。

## 第五节 涉外担保法

担保是指为了保证债权的实现而由债务人或第三人向债权人提供的确保债务得以实现的措施。担保分为信用担保和物权担保两大类。在涉外借贷中,信用担保比物权担保要普遍得多。我国的涉外担保主要包括外汇担保和对外担保两种。

### 一、外汇担保

外汇担保是我国涉外担保的一个重要内容。近年来,我国境内机构对外提供的外汇担保日益增多,常见于我国各类企业向境外借款、参加承包海外建筑工程投标或办理进出口商品交易等涉外经营业务中。

（一）概念和特征

外汇担保是指担保人以自有的外汇资金向债权人承诺，当债务人未按合同规定偿付债务时，由担保人履行偿付义务的保证。其特征如下。

1. 属于保证人担保，也可以称为信用担保。而非物的担保。它以保证人良好的信誉和较强的外汇清偿能力为基础。凡符合法定条件的境内机构，均可取得担保人资格。

2. 在债务人未如约偿付债务时，以支付约定的外国货币（一般为可自由兑换的货币）给债权人为内容，而非人民币所表示的债权债务。

3. 其受益人即债权人必定是外国或港澳地区的银行、企业及其他经济组织（包括设在我国的外资银行、中外合资银行），而非境内机构。

（二）外汇担保机构

外汇担保机构包括我国法定经营外汇担保业务的金融机构（如国家信托投资公司）和经国家外汇管理局批准允许经营外汇担保业务的金融机构，以及有外汇收入来源的非金融性质的企业法人。国家外汇管理局及其分、支局是对外担保的管理机构，负责外汇担保的审批、管理和登记。

（三）担保的范围

我国法律规定，境内机构可以为债务人提供担保的范围如下：

1. 担保境内企业的对外债务，但不得对企业的注册资本提供担保。

2. 担保中国驻外企业的对外债务，但必须经国家外汇管理局的批准，未经批准，不得办理。

3. 为外国机构或外资企业提供外汇担保，但必须以被担保的外国机构或外资企业提供相应的反担保为前提条件，否则不得提供外汇担保。这种反担保的形式是指有等值的外汇资产作为抵押。其中外汇资产是指外币、外汇票据、外币债券、外币股票等外币有价证券以及在即期内可兑现为外汇的资产。

(四) 外汇担保的限额

担保限额是指担保人应在法律规定的额度内对外承担外汇担保责任。

1. 金融机构的担保限额。金融机构的外汇担保总额和对外债务总额累计不超过自有外汇资金的20倍。对外债务是指金融机构的外汇借款、发行的外币债务和吸收的境外存款。

2. 非金融机构的担保限额。非金融机构的外汇担保总额不得超过其自有的外汇资金。自有外汇资金是指担保人拥有并有权使用的外汇。它是确定担保限额的基础,也是担保人外汇清偿能力的体现。由于担保人自有外汇资金的数额是经常发生变化的,故法律规定以签订担保合同时的数额为准。

(五) 外汇担保合同

1. 订立。担保人提供外汇担保,应签订书面合同。担保人可根据担保的实际风险,要求债务人提供相应的抵押物并收取一定的担保费。债权人有权根据需要,要求担保人提供其财务报告和外汇收支情况等相关材料。

2. 履行。担保人出具担保后,有权对债务人的资金和财务情况进行监督。债务人也有义务向担保人提供债务的变化情况和业务经常情况并提交有关的财务报表。在担保人所担保的合同有效期内,若债务人未按合同规定履行义务,担保人应履行担保义务。履行完毕后,担保人有权向债务人进行追偿。

3. 合同的变更和担保责任的解除。担保合同从属于被担保债务的主合同。债权人不履行主要义务,或者未经担保人同意擅自修改主合同有关贷款币种、金额、利率、期限等主要条款的,均可构成担保人对担保义务的自行解除。担保责任的解除应从债权人违约或擅自变更主合同时开始。但对债权人按原合同履约的那部分债务，担保人仍应承担担保责任。即债权人部分违约只能解除部分违约的担保责任，而不是全部担保责任。

## 二、对外担保

### （一）对外担保的概念

根据《境内机构对外担保管理办法》中的定义，对外担保是指中国境内机构（外资金融机构除外）以保函、备用信用证、本票、汇票等形式出具对外保证，以《担保法》规定的财产对外抵押或者以动产和权利对外质押，向中国境外机构或者境内的外资金融机构承诺，当债务人未按照合同约定偿付债务时，由担保人履行偿付义务。对外担保构成一国的对外债务，因此也是外债管理的内容之一。

### （二）对外担保的种类

1．融资担保。融资担保，是指境内机构为债务人向境外债权人或境内的外资金融机构承诺，当债务人未按合同规定偿还借款时，由担保人履行偿还义务的担保。

2．融资租赁担保。融资租赁担保，是指以融资租赁方式进口设备时，担保人向出租人承诺，当承租人未按合同规定履行给付租金等义务时，由担保人代为履行的担保。

3．补偿贸易项下的担保。补偿贸易项下的担保，是指担保人向提供设备的一方承诺如进口方在收到与合同相符的设备后未按合同规定将产品交付提供设备的一方或经其指定的第三者，又不能以现金偿付货款时，由担保人代为偿付的担保。

4．境外工程承包中的担保。境外工程承包中的担保，是指在境外工程承包以招标投标进行的各种交易中，招标人几乎在交易的每个不同阶段，都要求投标人向其提供的担保，包括投标担保、履约担保、预付款担保、质量担保或维修担保等。

5. 其他具有对外债务性质的担保。

（三）对外担保人的条件

1. 经批准有权经营对外担保业务的金融机构（不含外资金融机构）；

2. 具有代位清偿债务能力的非金融企业法人，包括内资企业与外商投资企业。除经国务院批准为使用外国政府或者国际经济组织贷款进行转贷外，国家机关和事业单位不得对外担保。

（四）对外担保的限制性规定

1. 金融机构的对外担保余额、境内外汇担保余额及外汇债务余额之和不得超过其自有外汇资金的20倍；

2. 非金融企业法人对外提供的对外担保余额不得超过其净资产的50%，并不得超过其上年的外汇收入；

3. 内资企业只能为其直属子公司或有其参股企业中中方投资比例部分对外债务提供对外担保；

4. 担保人为外商投资企业（不含外商独资企业）提供担保，应坚持共担风险、共享利润的原则。被担保人的对外借款投向须符合国家产业政策，未经批准不得将对外借款兑换成人民币使用；

5. 担保人不得为外商投资企业注册资本提供担保；

6. 除外商投资企业外，担保人不得为外商投资企业中的外方投资部分的对外债务提供担保。

（五）对外担保的审批内容和程序

按照我国《境内机构对外担保管理办法》的规定，对外担保须经外汇管理局批准后，方可进行。

1. 为中国境外贸易企业提供对外担保的审查内容。

担保人为中国境外贸易企业提供对外担保时，由外汇管理局负责审查的内容包括：被担保人的贸易规模、资产负债比例、损益情况、核定被担保人应接受的对外担保上限。

2. 为中国境外承包工程型企业提供对外担保的审查内容。

担保人为中国境外承包工程型企业提供对外担保时，应审查的内容包括：承包工程量、工程风险、资产负债比例、损益情况，核定被担保人应接受的对外担保上限；

3. 为境内内资企业、外商投资企业或境外机构提供对外担保的审查内容。

担保人为境内内资企业提供对外担保和为外商投资企业提供1年期以内（含1年）的对外担保时，由担保人报其所在地的省、自治区、直辖市、计划单列市或经济特区外汇管理局审批。为外商投资企业提供1年期以上（不含1年）的对外担保和为境外机构提供对外担保，由担保人报经所在地的省、自治区、直辖市、计划单列市或经济特区外汇管理局初审后，由该外汇管理分局转报国家外汇管理局审批。

（六）报批时需提交的文件

担保人办理担保报批手续时，应当向外汇管理局提供下列全部或部分文件。

1. 担保项目可行性研究报告批准件和其他有关批复文件；

2. 经注册会计师审计的担保人的资产负债表；

3. 经注册会计师审计的被担保人的资产负债表；

4. 担保合同意向书；

5. 被担保项下主债务合同或意向书及其他有关文件；

6. 为外商投资企业提供对外担保所需的其他资料；

7. 为中国境外贸易型企业和中国境外承包型企业提供对外担保所需的其他资料；

8. 外汇管理局要求的其他资料。

（七）对外担保的登记和注销

1. 对外担保的登记。担保人提供对外担保后，应当到所在地的外汇管理局办理担保登记手续。担保人是非金融机构的，应当自担保合同订立之日起15天内到所在地的外汇管理局填写《对外担保登记表》，领取《对外担保登记证书》。金融机构实行按月定期登记制，在每月后的15天内填写《对外担保反馈表》，上报上月担保债务情况。

2. 对外担保的注销。非金融机构的担保人应当自担保项下债务到期、担保义务履行完毕、或者出现终止担保合同的其他情形之日起15天内，将《对外担保登记证书》退回原颁发证书的外汇管理局办理注销手续；金融机构的担保人按月办理注销手续。

## 第六节　涉外证券融资法

### 一、涉外证券法概述

我国《证券法》规定："在中国境内，股票、公司债券和国务院依法认定的其他证券的发行和交易，适用本法。本法未规定的适用公司法和其他法律、行政法规的规定。"涉外证券融资则属于后者，适用公司法和其他法律、行政法规的规定。

根据我国《公司法》规定，股份有限公司经国务院证券管理部门批准，可以向境外募集股份，股票可以到境外上市，具体办法由国务院作出特别规定。1994年8月4日国务院发布了《关于股份有限公司境外募集股份及上市的特别规定》。该规定为协调我国与境外有关国家和地区在证券法律制度上的差异，充分保护投资者利益，在《公司法》的基础上作了具体或变通的规定，增加可操作性。

### 二、涉外股票的发行与交易

#### （一）境内上市外资股的发行与交易

境内上市外资股，也就是我们常常说到的B股，是股份有限公司向境外投资者募集资金在境内证券市场上市交易，以人民币标明面值，以外币认购和买卖的记名股票。根据《公司法》和国务院于1996年1月1日发布并施行的《关于股份有限公司境内上市外资股的规定》，股份有限公司可以通过募集方式设立公司发行境内上市外资股，也可以通过增加资本发行境内上市外资股。

1. 以募集方式设立公司发行境内上市外资股的条件。

(1) 所筹资金用途符合国家产业政策；

(2) 符合国家有关固定资产投资立项的规定；

(3) 符合国家有关外资的规定；

(4) 发起人认购的股本总额不少于公司拟发行股本总额的35%；

(5) 发起人出资总额不少于1.5亿元人民币；

(6) 拟向社会发行的股份达公司股份总数的25%；拟发行的股本总额超过4亿元人民币的，其拟向社会发行股份的比例达15%以上；

(7) 改组设立公司的原有企业或者作为公司主要发起人的国有企业，在最近3年内没有重大违法行为；

(8) 改组设立公司的原有企业或者作为公司主要发起人的国有企业，最近3年连续盈利；

(9) 国务院证监会规定的其他条件。

2. 以增加资本发行境内上市外资股的条件。除应符合上述(1)、(2)、(3)项的规定外，还应符合下列条件。

(1) 公司前一次发行的股份已募足，所得资金的用途与募股时确定的用途相符，且资金使用效益良好；

(2) 公司净资产总值不低于1.5亿元人民币；

(3) 公司从前一次发行股票到本次申请期间没有重大违法行为；

(4) 公司最近3年连续盈利；原有企业改组或者国有企业作

为主要发起人设立的公司，可以连续计算；

(5) 国务院证监会规定的其他条件。

另外，以发起方式设立的公司首次增加资本，申请发行境内上市外资股的，还应符合上述1.(6)的规定。

3. 申请发行境内上市外资股的程序。

(1) 发起人或公司向省、自治区、直辖市人民政府或国务院有关企业主管部门申请，由省、自治区、直辖市人民政府或国务院有关企业主管部门向国务院证券委员会推荐；

(2) 国务院证券委员会向有关部门选定可以发行境内上市外资股的公司；

(3) 被选定的公司将本规定要求提供的文件提交中国证监会审核；

(4) 经中国证监会审核符合条件的，报经国务院证券委批准；拟发行的境内上市外资股面值总额超过3 000万美元的，国务院证券委报经国务院批准后，公司方可发行境内上市外资股。

4. 应报送的文件。申请发行境内上市外资股，应按规定向中国证监会报送文件。其中，以募集方式设立公司而申请发行境内上市外资股的，报送的文件包括：

(1) 申请报告，发起人姓名或者名称；

(2) 发起人认购的股份数、出资种类及验资证明以及发起人会议同意公开发行境内上市外资股的决议；

(3) 国务院授权的部门或者省、自治区、直辖市人民政府批准设立公司的文件，省、自治区、直辖市人民政府或者国务院有关企业主管部门的推荐文件；

(4) 公司登记机关颁发的《企业名称预先核准通知书》、公司章程；

(5) 招股说明书、资金运用的可行性报告。其中，所筹资金用于固定资产项目需要立项审批的，还应当提供有关部门同意固定资产投资立项的批准文件；

(6) 经注册会计师及其所在事务所审计的原有企业或者作为公司主要发起人的国有企业最近3年的财务报告和有2名以上注册会计师及其所在事务所签字、盖章的审计报告；

(7) 经2名以上专业评估人员及其所在机构签字、盖章的资产评估报告，涉及国有资产的，还应当提供国有资产管理部门的确认文件及国有股权的批准文件；

(8) 经2名以上律师及其所在事务所就有关事项签字、盖章的法律意见书；

(9) 股票发行承销方案和承销协议；

(10) 中国证监会要求提供的其他文件。

5. 境内上市外资股的限制性规定。

(1) 投资人仅限于外国及中国香港、澳门、台湾地区的自然人、法人和其他组织；定居在国外的中国公民；国务院证券委规定的境内上市外资股其他投资人；

(2) 发行境内上市外资股的公司向境内投资人发行的内资股，采取记名方式，其与外资股的发行间隔时间可以少于12个月；

(3) 公司发行境内上市外资股，应委托中国人民银行依法批准设立并经证监会认可的境内证券经营机构作为主承销商或主承销商之一；

(4) 股票的代理买卖业务，应由中国人民银行依法批准设立并经证监会认可的证券经营机构办理；

(5) 发行境内上市外资股的公司，应按国家有关外汇管理的规定，在具有经营外汇业务资格的境内银行开立外汇账户；

(6) 境内上市外资股的交易、保管、清算、交割、过户、登记应遵守法律、行政法规以及证券委的有关规定；它与其认购权证和境外存股凭证可以在境外流通转让；

(7) 持有同一种类股份的境内上市外资股股东与内资股股东

依照《公司法》享有同等权利和义务，前者可以委托代理人行使其股东权利，其权益拥有人可以将其股份登记在名义持有人名下，但应依法披露其持股变动信息；

(8) 公司向境内上市外资股股东支付股利及其他款项，以人民币计价和宣布，以外币支付；公司所筹集的外币资本金的管理和公司支付股利及其他款项所需的外币，按国家有关外汇管理的规定办理；

(9) 国务院证券委和中国证监会依法对其发行、交易及相关活动实施管理和监督；

(10) 对公司章程、财务报告和信息披露的特别规定。

### (二) 境外上市外资股的发行与交易

境外上市外资股是股份有限公司向境外投资者募集并在境外公开的证券交易所流通转让的股票。发行境外上市外资股应按国务院证券委的要求提出书面申请并附有关材料，报证券委批准。境外上市外资股采用记名股票形式，以人民币标明面值，由境外投资者以外币认购，亦可采取境外存款证形式或者股票的其他派生形式。证券委或证监会可以与境外证券监管机构达成谅解、协议，对股份有限公司向境外投资者募集股份并在境外上市及相关活动进行合作监督管理。具体规定有：

1. 国有企业或国有资产占主要地位的企业改组为向境外投资者募集股份并在境外上市的股份有限公司，以发起方式设立的，发起人可少于 5 人；该公司一经成立，即可发行新股；

2. 发行境外上市外资股的股份有限公司发行内资股的，应采取记名股票形式；

3. 经证券委批准的发行境外上市外资股和内资股的计划，公司董事会可以作出分别发行的实施安排，于批准之日起 15 个月内分别实施；

4. 在发行计划确定的股份总数内，发行境外上市外资股和内资股的，原则上应分别一次募足；有特殊情况不能一次募足的，经证券委批准，可分次发行；原定计划发行股份未募足的，不得计划外发行新股；公司调整发行计划，须经批准；

5. 公司增资发行境外上市外资股，与前次发行的间隔时间可以少于 12 个月；

6. 公司在发行计划确定的股份总数内发行境外上市外资股，经批准可与包销商约定，在包销数额之外预留不超过该次募集境外上市外资股数额 15％的股份；预留股份的发行，视为该次发行的一部分；

7. 公司分别发行境外上市外资股和内资股的计划，应在公司各项募集股份的招股说明材料中全面、详尽披露；对已经批准并披露的发行计划调整的，必须重新披露；

8. 公司向境外上市外资股股东支付股利及其他款项，以人民币计价和宣布，以外币支付。公司所筹集的外币资本金的结汇和公司向股东支付股利以及其他款项所需的外币，按国务院有关外汇管理的规定办理(具体参阅本章第三节)。

除上述内容外，《特别规定》还在公司章程、股东名册、股东大会、会计师事务所的聘用、公司成立后的信息披露以及争议的解决等方面，作了特别规定。

## 三、香港创业板市场

香港创业板市场是主板市场以外的一个完全独立的新的股票市场，与主板市场具有同等的地位。而不是一个低于主板或与之配套的市场。它主要是面向两岸三地高成长性企业，特别是高科技企业的一个证券融资市场，在上市条件、交易方式、监管方法和内容上都与主板市场有很大差别。其宗旨是为新兴有增长潜力的企业提供一个筹集资金的渠道。它的创建对中国内地和香港经济产生了重大的影响。从长远来说,香港创业板目标是发展成为一个成功自主的市场——亚洲的NASDAQ。在它启动的不长时间里,为亟须发展资金的内地高质量民营企业和中小企业提供了新的重要融资机会。

(一)香港创业板的特点及作用

1. 与现有主板市场相比,香港创业板市场具有以下特色。

(1)以高增长公司为目标,注重公司增长潜力及业务前景;

(2)市场参与者须自律及自发地履行其责任;

(3)买者风险自负,适合有风险容量的投资者;

(4)以信息披露为本的监管理念,要求保荐人具有高度专业水平及诚信。

2. 创业板的作用。香港创业板的市场潜力,是以有增长潜力公司为目标,行业及规模不限。其主要目标是为在香港及内地营运的大量有增长潜质的企业,提供方便而有效的渠道来筹集资金以扩展业务,包括为在大陆投资的香港和台湾的增长公司、大量的"三资"企业,以及内地的一些有发展前景的大中型国有科技企业和中小型民营科技企业提供一个集资市场。另外,综合企业可以把个别增长项目分拆上市,投资经理及创业资本家也可将他们所投资的公司上市。

3. 创业板市场的交易与运作。创业板采用一套先进的交易系统及电子信息发布系统以降低参与者的成本,增加投资者的信心。投资者可以通过电话、互联网及家庭电脑直接进入联交所的交易系统进行买卖,直接落盘。买卖实行竞投单一价,交易分段进行,每一时间段采用集合竞价的方式,决定成交价格和成交委托,为投资者提供一个公平有效的交易方式。另外,联交所还提供了一个独立的网页(http://www.hkgem.com),作为参与者的主要信息交流渠道,发行人可将招股章程、公告及其他公司资料上网,供公众浏览,而无须于报刊登载(公司须发新闻稿),从而减少了成本。所有目前在现有市场进行交易的经纪，将自动被准许在创业板进行交易。创业板针对的是有熟练操作技术和投资经验的投资者，但不设最低投资额。

(二) 创业板上市的要求和程序

1. 上市要求。创业板首次上市要求一般比现有主板市场宽松，具体表现在以下几个方面。

(1) 在业务记录方面，不设最低溢利要求，也无需作盈利预测，仅需有“业务目标声明”，清楚说明大约3年内公司的主要业务方向和所集资金的用途，以及显示公司有2年从事“活跃业务活动”的记录，由会计师申报上市前2年的财务业绩。

(2) 在最低市值要求方面，对企业上市的最低市值规定为4 600万港元，不需要包销要求。首次招股时，最低公众持有量为3 000万港元或已发行股本的20%—25%以上，股东人数100人以上。

(3) 允许业务竞争，上市公司的控股股东如拥有任何与上市公司竞争的业务，须全面披露。最为宽松的是，创业板上市委员会还可按个别情况，考虑豁免公司遵守任何上市要求。而主板市场则要求上市公司在过往3年合计有5 000万港元的赢利记录，最近1年达2 000万港元，上市时最低市值1亿港元，首次招股时，最低公众持有量为5 000万股或已发行股本的25%(两者取其高)，必须全面包销。

(4) 在创业板成立初期，只接受在香港、百慕大、开曼群岛以及中国内地注册企业的上市申请。

(5) 公司须有主营业务，允许有一些支持主营业务的相关业务，多类型综合业务的公司、投资公司及单位信托基金将不允许上市。公司还可发行债务票据、认购权证及其他可换股证券，集资用途说明须具体明确，但衍生工具不允许上市。

2. 上市程序。

(1) 联交所设立一个独立的创业板上市委员会受理创业板的

上市申请。上市委员会成员包括经纪、会计、法律界等市场参与者及科技发展机构人士。创业板上市委员会将保留绝对的权力拒绝任何上市申请,对违反上市规则的事宜进行调查及采取纪律行动,以确保市场的畅顺运作。

(2) 创业板市场没有发行数额的限制,凡符合资格的公司,都可以申请上市。

(3) 公司可自由决定采用何种招股机制上市,但必须在招股章程所载列的最低认购额达到时,才可以上市。

(4) 必须委任一名保荐人以协助上市申请及负责对有关文件作出仔细审核及披露。

(5) 提交上市申请时的所有文件必须是最终的定稿,但上市申请人可就重大疑问于正式提交上市申请前,向创业板上市委员会提出书面咨询。

3. 对创业板上市公司的管治。创业板市场设有较主板市场更为严格的公司管治措施,以促使上市公司遵守上市规则及符合适当的商业守则。

(1) 创业板上市公司必须委任两名独立非执行董事,聘任一名全职符合资格的会计师负责监督财务、会计及内部监管职能,指定一名执行董事为监察主任,督促公司及董事遵守上市规则,成立审计委员会审查有关内部监管事宜,将由一名独立非执行董事出任主席,其大部分成员应为独立人士。

(2) 公司管理层股东及财务股东在公司上市时,须至少持有公司的发行股本的35%。

(3) 上市后,须继续聘用保荐人至少两个完整的财政年度,保荐人须以顾问身份协助发行人遵守上市规则。

(4) 管理层股东所持股份在2年内,财务股东在6个月内不允许转让。

4. 创业板上市公司的资料披露。公司上市后资料披露要求较主板市场更为频密、详尽和准确，除了执行现有主板市场的规定外，创业板公司上市后的额外披露要求包括以下几方面。

(1) 季度及半年业绩报告(不需经过审核)于有关期间结束后的45天内公布；

(2) 末期经审核的全年业绩报告须于年结后的3个月内公布；

(3) 上市后2个财政年度内，每半年要把业务目标及其后的发展速度作一比较，该比较报告须于中期业绩报告及年刊中刊出；

(4) 公司的分配方案只需股东大会通过，没有其他条件限制。

(三) 境内企业申请到香港创业板上市

中国证监会于1999年10月12日公布了《境内企业申请到香港创业板上市审批与监管指引》。结合香港创业板的《上市规则》，境内企业要想申请在香港创业板上市必须达到下面的几项要求。

1. 境内企业申请到香港创业板上市的条件。

(1) 经省级人民政府或国家经贸委批准、依法设立并规范运作的股份有限公司(以下简称“公司”)；

(2) 公司及其主要发起人符合国家有关法规和政策，在最近2年内没有重大违法违规行为；

(3) 符合香港创业板上市规则规定的条件；

(4) 上市保荐人认为公司具备发行上市可行性并依照规定承担保荐责任；

(5) 国家科技部认证的高新技术企业优先批准。

2. 申请上市须向证监会提交的文件。

(1) 公司申请报告。内容应包括：公司沿革及业务概况、股本结构、筹资用途及经营风险分析、业务发展目标、筹资成本分析等；

(2) 上市保荐人对公司发行上市可行性出具的分析意见及承销意向报告；

(3) 公司设立批准文件；

(4) 具有证券从业资格的境内律师事务所就公司及其主要发起人是否符合国家有关法规和政策以及在最近两年内是否有重大违法违规行为出具的法律意见书(参照《公开发行股票公司信息披露的内容与格式准则第六号〈法律意见书的内容与格式〉》制作);

(5) 会计师事务所对公司按照中国会计准则、股份有限公司会计制度编制和按照国际会计准则调整的会计报表出具的审计报告;

(6) 凡有国有股权的公司,须出具国有资产管理部门关于国有股权管理的批复文件;

(7) 较完备的招股说明书;

(8) 证监会要求的其他文件。

3. 审批程序。

(1) 在向香港联交所提交上市申请 3 个月前,保荐人须代表公司向证监会提交上述 2.(1)至(3)项文件(一式四份,其中一份为原件),同时抄报有关省级人民政府和国务院有关部门。如有关政府部门对公司的申请有异议,可自收到公司申请文件起 15 个工作日内将意见书面通知证监会;

(2) 证监会就公司是否符合国家产业政策、利用外资政策以及其他有关规定会同国家经贸委商谈;

(3) 经初步审核,证监会发行监管部自收到公司的上述申请文件之日起 20 个工作日内,就是否同意正式受理其申请函告公司,抄送财政部、外经贸部和外汇局;不同意受理的,说明理由;

(4) 证监会同意正式受理其申请的公司,须向证监会提交 2.中(4)—(8)项文件(一式二份,其中一份为原件);申请文件齐备,经审核合规,而且在正式受理期间外经贸部、外汇局和财政部(如涉及国有股权)等部门未提出书面反对意见的,证监会在 10 个工作日内予以批准;不予批准的,说明理由。经批准后,公司方可向香港联交所提交创业板上市申请。

4. 上市后监管事宜。公司在香港创业板上市后,证监会将根据监管合作备忘录及与香港证监会签署的补充条款的要求进行监管。

5. 其他有关事宜。

(1) 只有香港联交所认可的创业板上市保荐人才可担任境内企业到创业板上市的保荐人。如保荐人有违规行为或其他不适当行为,证监会可视情节轻重,决定是否受理该保荐人代表公司提出的上市申请;

(2) 证监会同意正式受理其申请的公司,须在境内外中介机构确定后,将有关机构名单报证监会备案;

(3) 公司须在上市后15个工作日内,将与本次发行上市有关的公开信息披露文件及发行上市情况总结报证监会备案;

(4) 公司须遵守国家外汇管理的有关规定。

## 思考题

1. 简述我国涉外金融法的体系及其特点。
2.《服务贸易总协定》对我国金融服务贸易提出了哪些要求?
3. 在我国设立涉外金融机构有哪些法定程序?
4. 简述设立或收购境外金融机构的条件和程序。
5. 什么是外汇管理,我国外汇管理的原则有哪些?
6. 违反外汇管理的行为有哪些,应当如何处理?
7. 对外担保人必须具备哪些条件?
8. 香港创业板市场对上市企业有哪些要求?
9. 名词解释:外汇管理、固定资产贷款、流动资产贷款、现汇抵押贷款、备用贷款、国际金融机构贷款、外国政府贷款、国际商业贷款、套汇、逃汇、扰乱金融行为、先兆性违约事件、交叉违约条款、外汇担保、对外担保、境内上市外资股、境外上市外资股、创业板。

# 第十一章 涉外税法

## 第一节 涉外税法概述

### 一、涉外税收和涉外税法

（一）涉外税收

涉外税收，是指我国政府开征的纳税人或纳税对象或征税内容涉及国外因素的各种税收的总称，通常就是指对外商投资企业和外国企业及外籍个人征收的税收及整个征收管理过程。外商投资企业主要有中外合资经营企业、中外合作经营企业和外资企业。外国企业指在外国注册的公司或经济组织。

我国税制改革最终将实现内外统一的税制，对外商投资企业和外国企业实施无差别的“国民待遇”。但是，由于历史原因和对外开放政策的需要，目前我国仍实行内外不同的两套税制。2007年3月16日全国人民代表大会第五次会议通过了《中华人民共和国企业所得税法》，新法从2008年1月1日起实施，同时废止《中华人民共和国外商投资企业和外国企业所得税法》。届时，我国企业所得税制将实现内外统一。现行的税法体系中有14个税种对外商投资企业、外国企业、其他外国组织和外籍人员适用，即：增值税、消费税、营业税、企业所得税、个人所得税、土地增值税、印花税、车船使用牌照税、城市房地产税、关税、资源税、契税、船舶吨位税、屠宰税。

与国际惯例相比，目前我国涉外税收对象比较单一，主要是针对在我国境内的外商投资企业、外国企业和外籍人员，对在境外投资的企业和从事劳务人员的国际税收管理还需进一步完善。目前我国正在加速建立和完善新的涉外税收征管体系，以适应加入世贸组织后的新变化。

（二）涉外税法

涉外税法，是指国家用以调整涉外税收关系的法律规范的总称。它是国内税收法律体系的组成部分，同时也包括我国与其他国家签订的税收方面的双边国际协议。

我国已经对境内的外企和外籍人员税收进行立法，建立了由多个税种组成的涉外税收体系，但是加入世界贸易组织后给我国税收带来很多新问题，需要尽快加以解决。例如，跨国公司在我国业务的发展将带来国与国之间税收分配的问题，同时我国需要应对转让定价等隐蔽的偷逃税问题，以及日益增多的税收国际争议。随着全球经济一体化趋势日益明朗，我国已经面临越来越多的国际税收问题，因此涉外税收法律规范的健全与完善，以及如何同国际惯例接轨就显得更加迫切和重要。

## 二、涉外税收管辖权

税收管辖权是国际税法的基本问题，也是我国涉外税法的基本问题。世界各国采用的确定税收管辖权的原则大致可分为两种。

（一）属地原则

是指国家有权对认为来源于本国领土范围内的收益、所得以及存在于本国领土范围内的财产进行征税，而不管其所有人是否为本国居民。

（二）属人原则

是指国家有权对本国居民的收益、所得和财产征税，而不管收益、所得是否来源于本国范围内或者财产的所在地。

现今单独采用一种原则的国家非常少，多数国家从本国的利益出发兼采属地原则和属人原则，以增加本国的财政收入。我国亦采用这两种原则结合的方法。具体而言，就是按照属地原则，以国籍为标准，对具有外国国籍的自然人及其投资设立的企业、中外共同投资经营的法人都纳入我国涉外税收征收的对象；同时按照属人原则，以居民身份为标准，对长期居住在外国的虽具有中国国籍的个人，因其不属于中国居民且已成为一个具有外国居民身份的纳税人而被适用涉外税法。

我国已先后与日本、美国、英国、德国、比利时、加拿大、新加坡、马来西亚、意大利、泰国等多个国家签订了双边税收协定，在坚持上述原则的同时，又兼顾缔约双方的利益，以实现平等互利。

## 三、我国涉外税法的种类

根据国际通行的分类，税收可分为流转税、所得税和财产税三大税系。涉外税法即包括涉外流转税法、涉外所得税法（其中包括涉外企业所得税法和涉外个人所得税法）、涉外财产税法三大类。

具体的法律、法规主要有：《中华人民共和国外商投资企业和外国企业所得税法》及其《实施细则》；《中华人民共和国个人所得税法》及其《实施条例》；《中华人民共和国增值税暂行条例》及其《实施细则》；《中华人民共和国营业税暂行条例》及其《实施细则》；《中华人民共和国消费税暂行条例》及其《实施细则》；《城市房地产税暂行条例》；《车船使用牌照税暂行条例》等。目前，除了在涉外财产税上仍采用涉外企业和国内企业两套不同税制的规定外，其他各种都适用统一立法、统一税制、统一税种的国际通行模式。

## 第二节　涉外流转税法

流转税是以商品销售者销售商品所取得的商品销售收入额和服务性行业取得的服务收入为征税对象的一种税。包括增值税、营业税和消费税等。我国从1994年1月1日开始,原征收工商统一税的外商投资企业、外国企业及个人同内资企业及国内个人一样,统一征收增值税、营业税和消费税,享受"国民待遇"。涉外流转税法与国内流转税法并轨。

### 一、增　值　税

(一) 纳税主体

增值税是以商品生产、流通和提供劳务过程中新创造价值,即增值额为征税对象的一种税。按照《中华人民共和国增值税暂行条例》及其实施细则的规定,凡在我国境内销售货物或提供加工修理、修配劳务以及报送进口货物入境的外商投资企业、外国企业及个人均应向我国政府缴纳增值税。具体可分为一般纳税人和小规模纳税人。

(二) 一般纳税人的税率

1. 纳税人销售或者进口货物,除以下第2项、第3项外,税率为17%;

2. 纳税人销售或者进口下列货物,税率为13%:

(1) 粮食、食用植物油;

(2) 自来水、暖气、冷气、热水、煤气、石油液化气、天然气、沼气、居民用煤炭制品;

(3) 图书、报纸、杂志;

(4) 饲料、化肥、农药、农机、农膜;

(5) 国务院规定的其他货物。

3. 纳税人出口货物,税率为零;国务院另有规定的除外;

4. 纳税人提供加工、修理、修配劳务,即称为应税劳务的,税率为17%。

(三) 计税依据和计税方法

增值税计税依据是增值额。故计税方法多采用“扣税法”,即以当期销项税额抵扣当期进项税额后的余额作为应税税额,其计算公式为

应税税额=当期销项税额-当期进项税额

销项税额是纳税人销售货物或应税劳务,按照销售额和法定税率计算并向购买方收取的增值税额,其计算公式为:

销项税额=销售额×税率

进项税额是纳税人购进货物或者接受应税劳务,所支付或者负担的增值税额。

(四) 小规模纳税人的税率

所谓小规模纳税人,是指生产、经营规模较小,会计核算不健全,或者不能准确提供税务资料的纳税人。小规模纳税人不得使用增值税专用发票,不得抵扣进项税额,其销售货物或者应税劳务,实行简易办法计算应纳税额。应税税额按照其销售货物或者应税劳务的销售额计算,征收的税率为6%,其计算公式为

应纳税额=销售额×征收率

(五) 进口货物的计税方法

纳税人进口货物,按照组成计税价格和法定税率计算应纳税额,不得抵扣任何税额。其计算公式为

应纳税额=组成计税价格×税率

组成计税价格＝关税完税价格＋关税＋消费税

（六）纳税期限

增值税的纳税期限分别为1日、3日、5日、10日、15日或1个月，具体由主管税务机关根据纳税人应纳税额的大小分别核定。不能按照固定期限纳税的，可以按次纳税。

纳税人以1个月为一期纳税的，自期满之日起10日内申报纳税；以其他期限为一期纳税的，自期满之日起5日内预缴税款，于次月1日起10日内申报纳税并结清上月应纳税款。

## 二、营　业　税

（一）营业税的涉外纳税人

营业税是对在我国境内提供应税劳务，转让无形资产或销售不动产的营业额为征税对象的一种税。按照《中华人民共和国营业税暂行条例》及其实施细则的规定，凡在我国境内从事上述行业的外商投资企业、外国企业和个人均应向我国政府缴纳营业税。

（二）税率

1. 征收3%税率的有交通运输业、建筑业、邮电通信业、文化体育业。其中交通运输包括陆路运输、水路运输、航空运输、管道运输、装卸运输；建筑业包括建筑、安装、修缮、装饰其他工程作业。

2. 征收5%税率的有金融保险业、服务业、转让无形资产和销售不动产。其中服务业包括代理业、旅店业、饮食业、旅游业、仓储业、租赁业、广告业及其他服务业；转让无形资产包括转让土地使用权、专利权、非专利技术、商标权、著作权、商誉等；销售不动产包括销售建筑物及其他土地附着物。

3. 娱乐业按5%—20%的税率征收。其中包括歌厅、舞厅、卡拉OK歌舞厅、音乐茶座、台球、高尔夫球、保龄球馆、游艺厅等。

## 三、消　费　税

（一）消费税的涉外纳税人

消费税是以特定消费品的销售额或销售量为征税对象的一种税。特定的消费品是指法律规定的有害人体健康或消耗资源并有害环境的消费品，以及一些奢侈性消费品。前者如烟酒、摩托车、汽柴油、烟花爆竹，后者如高档化妆品、金银珠宝等。按照《中华人民共和国消费税暂行条例》及其《实施细则》的规定，凡在我国境内从事上述行业的外商投资企业、外国企业及个人均应向我国政府缴纳消费税。

（二）税目和税率

消费税的税目、税率（税额），依照《中华人民共和国消费税暂行条例》所附的《消费税税目税率（税额）表》执行。2006 年 4 月 1 日，我国对消费税进行重大调整，新增高尔夫球及球具、高档手表、游艇、木制一次性筷子、实木地板等税目。增列成品油税目，原汽油、柴油税目作为此税目的两个子目，同时新增石脑油、溶剂油、润滑油、燃料油、航空煤油等五个子目。取消"护肤护发品"税目，并调整部分税目税率（详见表 11－1）。

**表 11－1　消费税税目税率（税额）表**

| 税　目 | 计税单位 | 税率（税额） | 征收范围 |
| --- | --- | --- | --- |
| 一、烟 | | | |
| 1. 卷烟：(1) 每标准条（200 支）调拨价 50 元（含）以上的卷烟 | | 45％；150 元/标准箱（50 000 支） | |
| (2) 每标准条调拨价 50 元以下的卷烟 | | 30％；150 元/标准箱 | |

续　表

| 税　　目 | 计税单位 | 税率(税额) | 征收范围 |
|---|---|---|---|
| 2. 雪茄烟 | | 25% | |
| 3. 烟丝 | | 30% | |
| 二、酒及酒精 | | | |
| 1. 粮食白酒 | | 20%;0.5元/斤 | |
| 2. 薯类白酒 | | 20%;0.5元/斤 | |
| 3. 黄酒 | 吨 | 240元 | |
| 4. 啤酒:(1) 价格在3 000元(含)以上的啤酒 | 吨 | 250元 | |
| (2) 价格在3 000元以下的啤酒 | 吨 | 220元 | |
| 5. 其他酒 | | 10% | |
| 6. 酒精 | | 5% | |
| 三、成品油 | | | |
| 1. 汽油:(1) 含铅汽油 | 升 | 0.28元 | |
| (2) 无铅汽油 | 升 | 0.20元 | |
| 2. 柴油 | 升 | 0.10元 | |
| 3. 航空煤油 | 升 | 0.10元 | |
| 4. 石脑油 | 升 | 0.20元 | |
| 5. 溶剂油 | 升 | 0.20元 | |
| 6. 润滑油 | 升 | 0.20元 | |
| 7. 其他燃料油 | 升 | 0.10元 | |

续 表

| 税　目 | 计税单位 | 税率(税额) | 征收范围 |
|---|---|---|---|
| 四、小汽车 | | | |
| 1. 乘用车:(1) 小于1.5升(含): | 3% | 混合动力汽车等具有节能环保特点的汽车,有税收优惠 | |
| (2) 1.5升至2.0升(含): | 5% | | |
| (3) 2.0升至2.5升(含): | 9% | | |
| (4) 2.5升至3.0升(含): | 12% | | |
| (5) 3.0升至4.0升(含): | 15% | | |
| (6) 4.0升以上: | 20% | | |
| 2. 中轻型商用客车 | 5% | | |
| 五、摩托车 | | | |
| 250毫升以下(含): | 3% | | |
| 250毫升以上: | 10% | | |
| 六、汽车轮胎 | 3% | 子午轮胎免税 | |
| 七、化妆品 | 30% | | |
| 八、贵重首饰及珠宝玉石 | | | |
| 1. 金银首饰 | 5% | 在零售环节征收消费税 | |
| 2. 非金银首饰 | 10% | 在生产环节销售环节征收消费税 | |
| 九、高尔夫球及球具 | 10% | | |
| 十、高档手表 | 20% | | |

续 表

| 税　　目 | 计税单位 | 税率(税额) | 征收范围 |
|---|---|---|---|
| 十一、游艇 | 10％ | | |
| 十二、鞭炮、焰火 | 15％ | | |
| 十三、木制一次性筷子 | 5％ | | |
| 十四、实木地板 | 5％ | | |

## 第三节　涉外企业所得税法

涉外企业所得税法，又称外商投资企业和外国企业所得税法。根据1991年7月1日起施行的《中华人民共和国外商投资企业和外国企业所得税法》的规定，外商投资企业无论其所得是来源于中国境内还是境外都应依法向我国政府缴纳税款；而外国企业只就其在中国境内的所得向我国政府依法纳税。但是，从2008年1月1日起实施新的《中华人民共和国企业所得税法》，同时废止《中华人民共和国外商投资企业和外国企业所得税法》，内、外资企业所得税制即实现统一。

### 一、纳税人和征收对象

（一）纳税人

1. 外商投资企业。包括在中国境内设立的中外合资经营企业、中外合作经营企业和外资企业；

2. 外国企业。包括在中国境内设立机构、场所，从事生产、经营的外国公司、企业和其他经济组织以及虽未在我国境内设立机构、场所，但有来源于中国境内的股息、利息、租金、特许权使用费、财产收益的外国公司、企业和其他经济组织。

（二）征收对象

外商投资企业和外国企业所得税的征税对象是外商投资企业和外国企业生产、经营所得和其他所得。这些所得是指：

1. 涉外企业所得税的纳税人在中境内设立机构、场所，从事生产、经营的所得，以及发生在中国境内、境外与外商投资企业和中国企业在中国境内设立的机构、场所有实际联系的利润（股息）、利息、租金、特许权使用费和其他所得；

2. 外国企业在中国境内未设立机构、场所取得的下列所得：

（1）从中国境内企业取得的利润（股息）；

（2）从中国境内取得的存款或者贷款利息、债券利息、垫付款或者延期付款利息等；

（3）将财产租给中国境内租赁者而取得的租金；

（4）提供在中国境内使用的专利权、专有技术、商标权、著作权等而取得的使用费；

（5）转让在中国境内的房屋、建筑物以及附属设施，土地使用权等财产而取得的收益；

（6）经财政部确定征税的从中国境内取得的其他所得。

此外，外商投资企业境内、外的分支机构的生产、经营所得和其他所得，由总机构汇总缴纳所得税。其总机构是指在中国境内设立的负责该企业经营管理与控制的中心机构。

## 二、应纳税所得额与税率

### （一）应纳税所得额

外商投资企业和外国企业在中国境内设立的从事生产、经营的机构、场所每一纳税年度的收入总额，减除成本、费用以及损失后的余额，为应纳税所得额。

应纳税所得额＝收入总额－成本－费用－损失

（二）税率

1. 企业的所得税，按应纳税的所得额计算，税率为30%。

2. 地方所得税，按应纳税的所得额计算，税率为3%。

3. 外国公司从中国港口运载旅客、货物或者邮件出境而取得的运输收入的税率。其纳税人的纳税额是按照每次从中国港口运载旅客、货物或者邮件出境取得的收入总额，依照4.65%的综合计征率计征，除了3%的营业税外，企业的所得税为1.65%。

## 三、税收优惠规定

（一）对沿海经济开放区和经济特区的优惠税率

1. 设在经济特区的外商投资企业，在经济特区设立机构、场所从事生产、经营的外国企业和设立在经济技术开发区的生产性外商投资企业，减按15%的税率征收；

2. 设在沿海经济开发区和经济特区、经济技术开发区所在城市的老市区的生产性外商投资企业，减按24%的税率征收；

3. 设在上述地区或者国务院规定的其他地区，属于能源、交通、港口、码头或者国家鼓励的其他项目的外商投资企业，可以减按15%的税率征收；具体办法由国务院规定。

（二）对经营期10年以上企业的优惠税率

1. 对生产性外商投资企业，经营期在10年以上的，从开始获利的年度起，第一年和第二年免征企业所得税，第三年至第五年减半征收，但属于石油、天然气、稀有金属、贵重金属等资源开发项目的，由国务院另行规定。

2. 国务院在《中华人民共和国外商投资企业和外国企业所得税法》实施以前公布的，对能源、交通、港口、码头以及其他重要生产性项目所给予比上述规定更长期限的免征、减征企业所得税的优惠待遇，或者对非生产性的重要项目给予免征、减征所得税的优惠措施继续执行。

3. 从事农业、林业、牧业的外商投资企业和设在不发达的边远地区的外商投资企业，按照上述规定享受免税、减税待遇期满后，经企业申请，国务院税务主管部门批准，在以后的10年内可以继续按应纳所得税额减征15%—30%的企业所得税。

（三）对鼓励外商投资的项目的税收优惠

对鼓励外商投资的项目，省、自治区、直辖市人民政府可以根据实际情况决定免征、减征地方所得税。

（四）其他税收减免

根据税法规定，对下列所得，免征、减征所得税。

1. 外国投资者从外商投资企业取得的利润，免征所得税；

2. 国际金融组织贷款给中国政府和中国国家银行的利息所得，免征所得税；

3. 外国银行以优惠利率贷款给中国国家银行的利息所得，免征所得税；

4. 为科研、开发能源、发展交通、农林牧业生产及开发重要技术提供专有技术所取得的特许权使用费，经国务院税务主管部门批准，可按10%的税率征收所得税，其中技术先进或者条件优惠的，可以免征所得税。

除上述规定外，对于利润、利息、租金、特许权使用费和其他所得，需要给予所得税减征、免征的优惠待遇的，由国务院规定。

（五）再投资和税收抵免优惠

1. 外商投资企业的外国投资者，将从企业取得的利润直接再投资于该企业，用于增加注册资本，或者作为资本投资开办其他外商投资企业，经营期不少于5年的，经投资者申请，税务机关批准，可以退还其再投资部分已缴纳所得税的40%税款。再投资不满5年撤出的，应当缴回已退税款。

2. 外商投资企业来源于中国境外的所得，已在境外缴纳的所得税税款，准予在汇总纳税时，从其应纳税额中扣除。但扣除额不得超过其境外所得按我国税法规定计算的应纳税额。

（六）亏损结转优惠

外商投资企业和外国企业在中国境内设立的从事生产、经营的机构、场所发生年度亏损，可以用下一纳税年度的所得弥补；下一纳税年度的所得不足弥补的，可以逐年延续弥补，但最长不超过5年。

## 四、新企业所得税法的规定

2008年1月1日起实施的《中华人民共和国企业所得税法》将以"公平税负，平等竞争"为目标，逐步取消各类按企业性质制定的差别的税收政策，实现"四个统一"（统一税法、统一税率、统一和规范税前扣除办法和标准、统一税收优惠政策），为所有企业创造一个公平竞争的税收法制环境。与现行企业所得税法相比主要有以下重大调整：

（一）明确纳税人的定义

新法规定：在中华人民共和国境内，企业和其他取得收入的组织为企业所得税的纳税人，但个人独资企业和合伙企业除外。为与国际接轨，引进"居民企业"和"非居民企业"概念，实行了"登记注册地标准"和"实际管理机构地标准"相结合的办法。居民企业，指依法在中国境内成立，或者依照外国（地区）法律成立但实际管理机构在中国境内的企业。非居民企业，是指依照外国（地区）法律成立且实际管理机构不在中国境内，但在中国境内设立机构、场所的，或者在中国境内未设立机构、场所，但有来源于中国境内所得的企业。居民企业应当就其来源于中国境内、境外的所得缴纳企业所得税。非居民企业在中国境内设立机构、场所的，应当就其所设机构、场所取得的来源于中国境内的所得，以及发生在中国境外但与其所设机构、场所有实际联系的所得，缴纳企业所得税。非居民企业在中国境内未设立机构、场所的，或者虽设立机构、场所但取得的所得与其所设机构、场所没有实际联系的，应当就其来源于中国境内的所得缴纳企业所得税。

（二）统一企业所得税税率

新法规定：企业所得税的税率为25%。非居民企业在中国境内未设立机构、场所的，或者虽设立机构、场所但取得的所得与其所设机构、场所没有实际联系的，只就其来源于中国境内的所得缴纳企业所得税，适用税率为20%。这一调整解决了长期困扰国内企业的税负不平、苦乐不均问题。新税法实行统一税率，统一和规范税前扣除办法和标准、统一税收优惠政策，使各类企业享受同等的税收待遇，促进了各类企业公平竞争。

（三）合理扣除，降低企业税负

新法规定：企业在计算应纳税所得额时收入总额可以进行多项扣除，如企业实际发生的与取得收入有关的、合理的支出，包括成本、费用、税金、损失和其他支出；企业按照规定计算的固定资产折旧；企业按照规定计算的无形资产摊销费用等。企业发生的作为长期待摊费用，按照规定摊销的支出，如已足额提取折旧的固定资产的改建支出；租入固定资产的改建支出；固定资产的大修理支出及其他应当作为长期待摊费用的支出，均可扣除。此外，企业发生的公益性捐赠支出，在年度利润总额12%以内的部分，准予扣除。企业转让资产，该项资产的净值可予扣除。企业纳税年度发生的亏损，准予向以后年度结转，用以后年度的所得弥补，但结转年限最长不得超过五年。但企业在汇总计算缴纳企业所得税时，其境外营业机构的亏损不得抵减境内营业机构的盈利。

（四）控制税收优惠的规模和范围

新法规定：国家对重点扶持和鼓励发展的产业和项目，可以免征、减征企业所得税。如农、林、牧、渔业项目、公共基础设施项目、环保节能项目、符合条件的技术转让所得等。符合条件的小型微利企业，可减按20%的税率征收。国家需要重点扶持的高新技术企业，减按15%的税率征收。创业投资企业从事国家需要重点扶持和鼓励的创业投资，可以按投资额的一定比例抵扣应纳税所得额。企业的固定资产由于技术进步等原因，确需加速折旧的，可以缩短折旧年限或者采取加速折旧的方法。企业综合利用资源，生产符合国家产业政策规定的产品所取得的收入，可以在计算应纳税所得额时减计收入。企业购置用于环境保护、节能节水、安全生产等专用设备的投资额，可以按一定比例实行税额抵免。这样，所有从事国家鼓励产业的企业都会成为最大的受益者，从而有效地实现国家税收政策的导向作用。同时由于新法明确规定了税收优惠的方向、内容和权限，控制了税收优惠的规模和范围，避免侵蚀税基现象的发生。

## 第四节　涉外个人所得税

个人所得税是国家对自然人个人的所得征收的一种税。个人所得是指我国居民个人从境内外所得和非居民个人从我国境内所得。个人所得税法是调整国家与自然人之间所得税征纳关系的法律规范。我国的个人所得税法对中国公民、外国人、无国籍人均适用，有关的法律主要是1980年9月通过，并经1993年10月、1999年8月和2005年10月三次修正的《中华人民共和国个人所得税法》。

## 一、个人所得税的纳税主体和范围

(一) 纳税主体

个人所得税的纳税主体包括居民和非居民。

1. 居民。是指在我国境内有住所,或者无住所而在境内居住满1年,有从中国境内外所得的个人;

2. 非居民。是指在我国境内无住所又不居住或者居住不满1年,有从中国境内所得的个人。

(二) 征税范围

1. 工资、薪金所得。

2. 个体工商户的生产、经营所得。包括个体工商户从事各种行业取得的与生产、经营有关的所得,以及个人经政府有关部门批准,取得执照,从事办学、医疗、咨询以及其他有偿服务活动取得的所得。

3. 对企事业单位的承包经营、承租经营所得,包括个人按月或者按次取得的工资、薪金性质的所得。

4. 劳务报酬所得。是指个人设计、装潢、安装、制图、化验、测试、医疗、法律、会计、咨询、讲学、新闻、广播、翻译、审稿、书画、雕刻、影视、录音、录像、演出、表演、广告、展览、技术服务、介绍服务、经纪服务、代办服务以及其他劳务的所得。

5. 稿酬所得。是指个人因其作品以图书、报刊形式出版、发表的所得。

6. 特许权使用费所得。是指个人提供专利权、商标权、著作权、非专利技术以及其他特许权的使用权的所得;提供著作权的使用权所得,不包括稿酬所得。

7. 利息、股息、红利所得。是指个人拥有存款、债权、股权而取得的利息、股息、红利所得。

8. 财产租赁所得。是指个人出租建筑物、土地使用权、机器设备、车船以及其他财产所得。

9. 财产转让所得。是指个人转让有价证券、股权、建筑物、土地使用权、机器设备、车船以及其他财产所得。

10. 偶然所得。是指个人得奖、中奖、中彩以及其他偶然性质的所得。

11. 经国务院财政部确定征税的其他所得。

个人取得的所得，难以界定应纳税所得项目的，由主管税务机关确定。

## 二、税率与应税所得额

### (一) 工资、薪金所得，适用5%—45%的超额累进税率

原则上个人工资、薪金所得每月定额扣除2 000元(从2008年3月1日起实行)以后的余额，为应税所得额。但对于在中国境内无住所而在中国境内取得工资薪金所得的纳税人和在中国境内有住所而在中国境外取得工资薪金所得的纳税人来说，其应纳税总收入每月可以扣除2 000元再加上附加减除费用2 800元，即4 800元人民币后作为应纳税所得额。今后若平均收入水平、生活水平或汇率发生变化，此附加减除费用标准可以上、下浮动(详见表11-2)。

**表11-2 个人所得税税率表**

(工资、薪金所得适用)

| 级　数 | 全月应纳税所得额(以每月收入减除2 000元或4 800元后的余额) | 税率(%) |
| --- | --- | --- |
| 1 | 不超过500元的 | 5 |
| 2 | 超过500元至2 000元的部分 | 10 |
| 3 | 超过2 000元至5 000元的部分 | 15 |
| 4 | 超过5 000元至20 000元的部分 | 20 |

续　表

| 级　数 | 全月应纳税所得额(以每月收入减除 2 000 元或 4 800 元后的余额) | 税率(%) |
|---|---|---|
| 5 | 超过 20 000 元至 40 000 元的部分 | 25 |
| 6 | 超过 40 000 元至 60 000 元的部分 | 30 |
| 7 | 超过 60 000 元至 80 000 元的部分 | 35 |
| 8 | 超过 80 000 元至 100 000 元的部分 | 40 |
| 9 | 超过 100 000 元的部分 | 45 |

(注：本表所称全月应纳税所得额是指依《中华人民共和国个人所得税法》修正后的规定，以每月收入额沽除费用 2 000 元的余额或者减除附加减除费用后的余额。)

(二) 个体工商户的生产、经营所得和对企事业各单位的承包经营、承租经营所得，适用 5%—35%的超额累进税率

1. 个体工商户的生产、经营所得以每一纳税年度的收入总额减除成本、费用以及损失后的余额为应纳税所得额；

2. 企事业单位的承包经营、承租经营所得，以每一纳税年度的收入总额，减除必要费用后的余额为应纳税所得额。收入总额是指纳税义务人按照承包经营、承租经营合同规定分得的利润和工资、薪金性质的所得(详见表 11－3)。

**表 11－3　个人所得税税率表**

(个体工商户的生产、经营所得和对企事业单位的承包经营、承租经营所得适用)

| 级　数 | 全年应纳税所得额 | 税率(%) |
|---|---|---|
| 1 | 不超过 5 000 元的 | 5 |
| 2 | 超过 5 000 元至 10 000 元的部分 | 10 |
| 3 | 超过 10 000 元至 30 000 元的部分 | 20 |

续　表

| 级　数 | 全年应纳税所得额 | 税率(%) |
| --- | --- | --- |
| 4 | 超过30 000元至50 000元的部分 | 30 |
| 5 | 超过50 000元的部分 | 35 |

(注：本表所称全年应纳税所得额是指依照《中华人民共和国个人所得税法》第6条的规定，以每一纳税年度的收入总额，减除成本、费用以及损失后的余额。)

(三) 稿酬所得，适用20%的比例税率

稿酬所得，适用的比例税率，并按应纳税额减征30%，其实际税率为14%。每次收入不超过4 000元的，减除费用800元；4 000以上的，减除20%的费用，其余额为应纳税所得额。

(四) 劳务报酬所得，适用20%的比例税率

对劳务报酬所得一次收入较高的，可以实行加成征收。加成的方法是：个人一次取得的劳务报酬，其应纳税所得额超过2万—5万元的部分，依照税法规定计算应纳税额后再按照应纳税额加征五成，超过5万元的部分，加征十成。

(五) 特许权使用费所得、股息、红利所得、财产租赁所得、财产转让所得、偶然所得和其他所得，适用20%的比例税率；利息所得从2007年8月15日起适用5%的比例税率

1. 特许权使用费所得、财产租赁所得的应纳税所得额同(三)；

2. 利息、股息、红利所得、偶然所得或其他所得，以每次收入额为应纳税所得额；

3. 财产转让所得以转让财产的收入额减除财产原值和合理费用后的余额为应纳税所得额。财产原值是指：

(1) 有价证券，为买入价以及买入时按照规定交纳的有关费用；

(2) 建筑物，为建造费或者购进价格以及其他的有关费用；

(3) 土地使用权,为取得土地使用权所支付的金额,开发土地的费用以及其他有关费用;

(4) 机器设备、车船,为购进价格、运输费、安装费以及其他有关费用;

(5) 其他财产,参照以上方法确定。

纳税义务人从中国境外取得的所得,准予其在应纳税额中扣除已在境外缴纳的个人所得税税额。但扣除额不得超过该纳税义务人境外所得依照我国税法规定计算的应纳税额。

从中国境外取得所得的纳税义务人,应当在年度终了后30日内,将应纳的税款缴入国库,并向税务机关报送纳税申报表。

## 三、个人所得税的优惠规定

(一) 免征

1. 省级人民政府、国务院部委和中国人民解放军以上单位以及外国组织、国际组织颁发的科学、教育、技术、文化、卫生、体育、环保等方面的奖金;

2. 国债及国家发行的金融债券利息;

3. 按照国家统一规定发给的补贴、津贴;

4. 福利费、抚恤金、救济金;

5. 保险赔偿;

6. 军人的转业费、复员费;

7. 按照国家统一规定发给干部、职工的安家费、退职费、离退休工资、离休工资、离休生活补助费;

8. 依照我国有关法律规定应免税的各国驻华使馆、领事馆的外交代表、领事官员和其他人员的所得;

9. 中国政府参加的国际公约、签订的协议中规定免税的所得;

10. 经国务院财政部门批准免税的所得。

（二）减征

有以下情况之一的，经批准可以减征个人所得税：

1. 残疾、孤老人员和烈属的所得；

2. 因严重自然灾害造成重大损失的；

3. 其他经国务院财政部门批准减税的；

个人所得税的减征幅度和期限由省、自治区、直辖市人民政府规定。

## 第五节　涉外财产税法

涉外财产税包括城市房地产税、车船税、土地增值税、资源税、印花税、契税、关税等。由于大部分税种实行与我国统一的“国民待遇”，故不一一陈述。这里仅就专门对外商投资企业、外国企业和外籍人员征收的两个涉外税种作介绍。

### 一、城市房地产税

城市房地产税是以城市中的房产、土地为征税对象的一种税。在我国城市拥有房产的外国投资企业、外国企业、外籍人员、华侨、港澳台同胞均是纳税义务人。

（一）计税依据

城市房地产税的计税依据是标准房价值和租金收入，确定的办法为：

1. 有房产原值的，依照房产原值一次减除10％—30％（具体幅度由省一级人民政府规定）后的余值为标准房价；

2. 没有房产原值的，由房产所在地税务机关参考同类房产核定标准房价；

3. 标准租金，是按房产所有人收取的租金或由当地房产计价委员会评定租金。

（二）税率

城市房地产税的税率有两种：即从价计征税率1.2%和从租计征税率18%。

1. 应纳税额按标准房价计算的，其计算公式为

年度应纳税额＝标准房价×1.2%

2. 应纳税额按标准租金计算的，其计算公式为

年度应纳税额＝标准租金×18%

由归国华侨或侨眷所建房屋和港澳台同胞汇款兴建的房屋自颁发产权证之日起免税5年。

## 二、车　船　税

车船税是对车辆、船舶，根据种类按照规定的计税单位和年税额标准计算征收的一种财产税。1951年政务院颁布《车船使用牌照税暂行条例》，对车船征收车船使用牌照税。1986年国务院颁布《车船使用税暂行条例》，开始对车船的使用征税，但对涉外企业及外籍个人仍继续征收车船使用牌照税，从而形成内外不同的两套税制。为了简化税制、公平税负、拓宽税基，方便税收征管，2006年12月通过《中华人民共和国车船税暂行条例》，并于2007年1月1日起实施。将车船使用牌照税和车船使用税两税并一，对所有应纳税人统一征收车船税。

（一）纳税人

在中华人民共和国境内，车辆、船舶（以下简称车船）的所有人

或者管理人为车船税的纳税人。所有人是指拥有车船所有权的单位或个人;管理人是指对车船没有所有权却有管理使用权的单位或个人。其中,单位包括各类内资企业、涉外企业、国家机关、事业单位、社会团体、军队等;个人包括境内居民和外籍个人。另外,车船的所有人或者管理人未缴纳车船税的,使用人应当代为缴纳车船税。

(二) 征税对象和税率

车船税的征税对象,是各类在我国境内依法应当到公安、交通、农业、渔业、军事等管理部门办理登记的车辆、船舶。

车船税实行定额税率,从量定额计征。车船的适用税额,依照《车船税暂行条例》所附的《车船税税目税额表》(表 11－4)执行。国务院财政部门、税务主管部门可以根据实际情况,在《车船税税目税额表》规定的税目范围和税额幅度内,划分子税目,并明确车辆的子税目税额幅度和船舶的具体适用税额。车辆的具体适用税额由省、自治区、直辖市人民政府在规定的子税目税额幅度内确定。

**表 11－4　车船税税目税额表**

| 税　　目 | 计税单位 | 每年税额 | 备　　注 |
|---|---|---|---|
| 载客汽车 | 每辆 | 60—660 元 | 包括电车 |
| 载货汽车 | 按自重每吨 | 16—120 元 | 包括半挂牵引车、挂车 |
| 三轮汽车低速货车 | 按自重每吨 | 24—120 元 | |
| 摩托车 | 每辆 | 36—180 元 | |
| 船舶 | 按净吨位每吨 | 3—6 元 | 拖船和非机动驳船分别按船舶税额的 50%计算 |

(注:专项作业车、轮式专用机械车的计税单位及每年税额由国务院财政部门、税务主管部门参照本表确定。)

（三）免征规定

依照我国有关法律和我国缔结或者参加的国际条约的规定应当予以免税的外国驻华使馆、领事馆和国际组织驻华机构及其有关人员的车船。

（四）税收征管

车船税由地方税务机关负责征收。纳税地点为车船的登记地。纳税义务发生时间，为车船管理部门核发的车船登记证书或者行驶证书所记载日期的当月。车船税按年申报缴纳。具体申报纳税期限由省、自治区、直辖市人民政府确定。从事机动车交通事故责任强制保险业务的保险机构为机动车车船税的扣缴义务人，应当依法代收代缴车船税。

## 第六节　国际双重征税及逃避税

### 一、涉外双重征税

双重征税是国际税法的一个概念，指的是两个或两个以上国家对同一纳税人的同一种跨国所得，各自按本国的税法同时课征所得税而形成的重复征税现象。双重征税是基于本国和他国税收管辖权冲突所致的结果，若单从某一国的角度出发，就是涉外双重征税。我国的涉外双重征税是指我国和其他国家各自依据相应的税收管辖权，对同一纳税主体或同一纳税客体在同一征税期间征收同样或类似的税收。

（一）产生的原因及不利影响

1. 双重征税产生的原因。由于在税收管辖权问题上存在属人管辖（又称居民税收管辖）和属地管辖（又称收入来源税收管辖）两种，当本国和他国同时行使两种不同的税收管辖权时，就会产生对同一跨国收入交叉或重叠征税的问题。世界各国出于本国利益的考虑，大多实行两种税收管辖权，这样使双重征税现象更为常见。

2. 双重征税的不利影响。双重征税是国际经济合作的一大障碍，给国际贸易、经济交往带来了诸多不利影响。

(1) 加重了跨国纳税人的负担，违背了国际经济贸易的公平税负原则。

(2) 严重挫伤了跨国纳税人对外投资的积极性，阻碍了对外投资的发展。

双重税收降低甚至抵消了发展中国家为吸引外资而制定的税收优惠政策，使得投资人不能获得其在本国投资所获得的利润。这无疑成为发展中国家吸引外国资本和技术的一大障碍。与此同时也阻碍了本国投资者到海外投资，影响了国家间的经济联系和贸易往来。

(二) 如何避免双重征税

双重征税可以通过国内法的规定单方面避免，也可以通过协商，缔结国际双边或多边协定来统一确定税收管辖权原则以相互避免，或制定冲突规范加以调整。具体方法有：

1. 国内立法的双重征税避免。

(1) 免税法。免税法，是指纳税人居住国对纳税人来源于国外的收入放弃行使居民税收管辖权，免予征税。即投资者只需交纳收入来源国的税收，而其居住国不再对其征税，这样就完全避免了双重征税。现只有法国、比利时、荷兰和部分拉丁美洲国家采用此法。

(2) 扣除法。扣除法，是指纳税人居住国将纳税人来源于国外的收入扣除掉纳税人已在收入来源国缴纳的税款，再对余额按本国税率征税。这只能部分避免跨国收入的双重征税。由于此法有碍提高跨国纳税人海外投资的积极性，故现已很少被采用。

(3) 税收抵免。税收抵免,是指纳税人居住国对纳税人的国外收入允许在本国应纳税额中抵扣掉已向收入来源国缴纳的税款。这使纳税人的实际纳税负担不超过两个征税国中按任何一个较高税率计征的纳税额,从而避免了双重征税。现很多国家,如美国、英国、加拿大、日本、菲律宾、智利等国家都用此法。

我国为了从税法上保障海外投资者的利益,鼓励跨国投资人到我国境内投资,在《外商投资企业和外国企业所得税法》及其《实施细则》和《中华人民共和国个人所得税法施行细则》中都规定了我国对纳税人的国外收入实行税收抵免。

(4) 税收饶让。税收饶让,是指一国政府对本国纳税人在境外得到减免的那一部分税款同样给予抵免,而不再按照本国的有关税率补征。在涉外税收中,一般通过订立双边协定,解决税收饶让问题。目前,我国与其他国家签订的双边税收协定中,除美国外,都订有此条款。

2. 国际协定的双重征税避免。通过双边或多边协商,订立国际协定,避免双重征税,越来越受到各国的重视。目前,世界上有两个避免双重征税协定的范本,供各国参考。

(1) 经合组织(OECD)范本。全称为经济合作与发展组织关于对所得和财产避免双重征税协定的范本。由经济合作与发展组织于 1963 年提出协定草案,1977 年发表修订文本。该文本由发达国家税收专家起草制订,侧重于居住地管辖原则。

(2) 联合国范本。联合国经济及社会理事会提出的文本,该文本由发达国家和发展中国家的税收专家共同起草,较好地兼顾了各种不同国家的税收利益,为许多国家所采用。

## 二、涉外逃避税

由于各国税收制度的不同,使纳税人在不同的国家承担不同的税负。于是,纳税人为了自身的利益,往往会利用税法本身的缺陷或漏洞,通过合法的方式避税,或者采用非法手段逃税,甚至犯罪。

(一) 逃税和避税的概念

(1) 逃税。所谓逃税,是指跨国纳税人故意违反有关国家的税法或者国际税收协定,采取欺诈或其他非法手段,以逃避应由其承担的纳税义务的行为。逃税是违法行为,为各国法律所禁止。

(2) 避税。所谓避税,是指跨国纳税人利用各国税法规定的差异、漏洞或不明确处,采取变更其经营地点或经营方式等各种公开的合法手段,以最大限度地减轻国际纳税义务的行为。避税虽未直接构成违法,但与逃税一样,严重损害有关国家的税收利益,本质上仍是一种逃税行为。

(二) 常见的逃避税方式

1. 转移定价。所谓转移定价,是指跨国公司为其利益,人为地提高或压低各种交易价格,把利润从高税国转移到低税国或免税地区,以便少纳税或不纳税,从而达到避税的目的。例如,一跨国公司母公司所在国所得税税率较低,而子公司所在国所得税率较高。在这种情况下,母公司可通过人为地抬高向子公司提供的货物、劳务或技术价格的方法,使原本应由子公司取得的利润转移到母公司,适用较低的所得税率,从而达到避税目的。

2. 不合理分摊费用。所谓不合理分摊费用,是指跨国公司总机构和国外分支机构之间利用分摊成本费用的方法使应税所得减少,从而达到逃避税的目的。例如虚列境内外费用、超标准列支、多提折旧费等等,使跨国公司的利润减少、消失,甚至亏损。

3. 在免税区注册公司。免税区,又称为避税港,是指那些不征收或少征收所得税或财产税的国家或地区。主要有巴哈马、百慕大、开曼群岛、瑙鲁、格陵兰、巴拿马、塞浦路斯、黎巴嫩、香港、巴林、牙买加、卢森堡、澳门等。避税港具有一定程度的政治稳定性,税制结构单一,交通、通讯发达,并大多实行严格保护银行秘密和商业秘密的法律制度。跨国公司通过在那里设立“基地公司”(大多只是虚设公司,不从事任何业务或主要经营活动),便可将在避税港境外的财产所得转移到避税港内的基地公司账户下,达到避税目的。在我国的外商投资者除了采用上述方法进行不法逃税及所谓的“合理避税”外,还会采用其他各种方法逃避税,使我国的税收大量流失。这种现象不仅损害了我国国家利益,而且侵害了中方合作者的权益,亟须严加防范和予以法律制裁。

(三)防止涉外逃避税的措施

1. 加强国内立法。

(1)确定独立核算原则。独立核算原则,又称独立交易原则,或独立竞争原则,是指外商投资企业同其他的关联企业之间交易所发生的国际收入和费用,应与无关联企业一样视为独立竞争的主体,进行分配。无关联企业之间的业务往来,应按照公平成交价格和营业常规所进行的业务往来。有关国家的税务部门不必直接审核联属企业之间发生的收入与费用,而是按照一定的标准将该跨国公司的利润分配给各关联企业。

(2)防止利用避税港避税。为了防止利用避税港避税,有些国家制定法律,限制或禁止设立基地公司;有些国家立法规定禁止非正常的利润转移,以制止基地公司的建立;有些国家取消延期纳税,使基地公司在税收上无利可图。

(3)扩大和延伸属人管辖权的范围。为了防止纳税人变更经营地点或居所逃避纳税义务,许多国家通过立法,扩大和延伸属人管辖权的范围,细化纳税人的义务,加大执法力度。

2. 加强国际合作。逃避税是一个世界性问题,单靠一国的力量无法抑制和消除,必须靠各国通力合作才能有效地打击与防止。签订双边或多边国际协定,在避免双重征税的同时又防止国际逃避税,加强国际双边及多边税收合作,包括非正式的情报资料交换、税务信息交流，都是我国涉外税收迫切需要的国际合作。

3. 我国涉外税法中的有关规定。《中华人民共和国外商投资企业和外国企业所得税法》第13条规定："外商投资企业或者外国企业在中国境内设立的从事生产、经营的机构、场所与其关联企业之间的业务往来，应当按照独立企业之间的业务往来收取或者支付价款、费用。不按独立企业之间的业务往来收取或者支付价款、费用，而减少其应纳税的所得额的，税务机关有权进行合理调整。"具体规定如下：

(1) 独立企业之间的业务往来是指没有关联关系的企业之间，按照公平成交价格和营业常规所进行的业务往来。企业有义务就其业务，向当地税务机关提供有关的价格、费用标准等资料；

(2) 企业与关联企业之间的购销业务，不按独立企业之间的业务往来作价的，当地税务机关可以依照下列顺序和确定的方法进行调整；

① 按独立企业之间进行相同或者类似业务活动的价格；

② 按再销售给无关联关系的第三者价格所应取得的利润水平；

③ 按成本加合理的费用和利润；

④ 按其他合理的方法。

(3) 企业与关联企业之间融通资金所支付或者收取的利息，超过或者低于没有关联关系所能同意的，或者其利率超过或者低于同类业务的正常利率的，当地税务机关可以参照正常利率进行调整；

(4) 企业与关联企业之间提供劳务，不按独立企业之间业务收取和支付劳务费用的，当地税务机关可以参照类似劳务活动的正常收费标准进行调整；

(5) 企业与关联企业之间转让财产、提供财产使用权等业务往来，不按企业之间业务往来作价收取、支付使用费的，当地税务机关可以参照没有关联关系所能同意的数额进行调整；

（6）企业不得列支向其关联企业支付的管理费。

上述规定与我国会计、审计、评估及税务申报制度的建立和加强，将使我国防止涉外逃避税的法律制度日渐完善。

**思考题**

1. 确定涉外税收管辖权有哪些原则，我国采取什么原则？
2. 简述我国税制改革的方向。
3. 我国税法对增值税的计税依据和计税方法是如何规定的？
4. 外商投资企业和外国企业所得税的征税对象包括哪些？
5. 我国政府采用何种税收优惠鼓励外商投资企业在我国境内再投资？
6. 造成涉外双重征税的原因主要有哪些？如何避免双重征税？
7. 防止涉外逃避税可采取哪些措施？
8. 名词解释：涉外税收、流转税、所得税、财产税、销项税额、进项税额、小规模纳税人、营业税、消费税、城市房地产税、车船使用牌照税、税收抵免、税收饶让、双重征税、逃税、避税、避税港。

# 第十二章　涉外投资法

## 第一节　涉外投资法概述

### 一、涉外投资与涉外投资法

（一）涉外投资

涉外投资是指一国政府、企业、经济组织、个人以及国际组织将一定的资本投入另一特定国家的经济活动。涉外投资分为直接投资和间接投资两种。直接投资是指一国的公司、经济组织或个人将其资本投放到另一国，举办企业或与该国企业、经济组织合作，通过生产经营或开展其他经营活动而获得利益的活动。它包括资本输出和输入两方面。投资者所在国为资本输出国，接受资本的国家称为资本输入国。同一资本金，在资本输出国用于国外投资的通常称之为海外投资或境外投资；在资本输入国将其引入的外国资本称之为外国投资或外国私人投资。

间接投资是指外国政府、国际经济组织以及商业银行通过提供的贷款，把资本输入另一国的经济活动。（详见第十章第四节）本章所介绍的涉外投资仅指涉外直接投资。在我国，涉外直接投资的形式有中外合资经营企业、中外合作经营企业、外资企业、对外加工装配以及补偿贸易等。

（二）涉外投资法

1. 涉外投资法的概念。涉外投资法是调整涉外直接投资活动中我国政府与外国投资方之间，以及我国政府与我国企业因境外直接投资而产生的管理关系的法律规范的总称。涉外投资法的内容主要涉及外资进入的领域、方式、经营管理活动等方面，故又可称涉外投资管理法。

我国经济体制改革中不断吸引外资的过程，正是涉外投资法不断加强和完善的过程。近年来我国的投资环境（主要指政治环境、经济环境和法制环境）不断改善。就法制环境而言，从 1979 年我国颁布《中华人民共和国中外合资企业法》开始至今，涉外投资法制建设经过 20 多年的发展，在外资准入、外资运营管理以及境外直接投资方面都已形成比较完善的法律制度。同时，与市场经济相适应的各项经济立法及配套法律规范相继出台，为外国投资者创造了较好的法律投资环境。2000 年 10 月 31 日修改后的《中华人民共和国外资企业法》开始实施。该法第 5 条规定："国家对外资企业不实行国有化和征收；在特殊情况下，根据社会公共利益的需要，对外资企业可以依照法律程序实行征收，并给予相应的补偿。"从法律上对外商投资的安全性予以了保障，排除了政治和其他非经济风险。与国际通行做法相一致。

2. 涉外投资法的渊源。

(1) 国内法。我国的涉外投资法主要由《中华人民共和国中外合资经营企业法》、《中华人民共和国中外合作经营企业法》、《中华人民共和国外资企业法》、《中华人民共和国外资企业法实施细则》以及《中外合资经营企业合营期限暂行规定》、《中外合资经营企业合营各方出资的若干规定》、《中外合资经营企业注册资本与投资总额比例的暂行规定》、《鼓励外商投资企业的若干规定》等法律、法规组成。其中修改后的《中华人民共和国中外合作经营企业法》、《中华人民共和国外资企业法》于 2000 年 10 月 31 日通过并实施，修改后的《中华人民共和国中外合资经营企业法》于2001年3月15日通过并实施。

1994年7月1日实施的《中华人民共和国公司法》对保护和规范外商投资企业也有重要作用。该法协调了涉外投资与国内投资在管理关系的法律适用上的问题。例如，该法第18条对如何协调在公司管理制度上与外商投资企业法的关系做出了明确的规定："外商投资的有限责任公司适用本法，有关中外合资经营企业、中外合作经营企业、外资企业的法律另有规定的，适用其规定。"即把外商投资企业法作为公司法的特别法，可优先予以适用。2006年1月1日起实施的新《中华人民共和国公司法》重申此条规定，在第218条规定："外商投资的有限责任公司和股份有限公司适用本法；有关外商投资的法律另有规定的，适用其规定。"

(2) 中外投资保护协定。

中国已与世界上一百多个国家签订了双边投资保护协定，其中大部分已经生效。如美、英、法、德、日、瑞典、罗马尼亚、泰国、新加坡、马来西亚、斯里兰卡、巴基斯坦、柬埔寨等，其中第一个中外投资保护协定是1980年的中美《关于投资保险和保证的鼓励投资协议》。这些协定中，签约双方共同协商，对受保护的投资财产种类；对外国投资者的投资及与投资有关的业务活动给予公平合理的待遇；对外国投资财产的征收、国有化措施及其补偿；投资及其收益的回收；投资争议的解决等问题达成一致，作出明确规定。

(3) 国际投资公约。

①《多边投资担保机构公约》。简称《机构公约》或《汉城公约》，1985年10月11日世界银行年会通过，1988年4月12日生效。多边投资担保机构(MIGA，简称多边机构)是世界银行集团下的一个独立机构，其宗旨是：设立多边投资担保机构，为投资者提供非商业性风险的担保业务，促进和鼓励外国资金和技术流向发展中国家，推动各国经济的发展。

多边机构的业务主要包括承保和促进投资两部分。承保范围，主要包括货币汇兑险、征收险、违约险（指东道国政府对投资者违约）和战争与动乱险等四种政治风险，及其他非商业性保险。向机构申请投资担保的，必须是合格投资者的合格投资。促进投资，主要是通过机构的研究活动、为投资者和东道国提供资料、技术援助等方式，改善发展中国家的投资环境，并努力促进东道国与投资者之间投资争议的非政治性解决。

我国是该公约的创始会员国，认购了多边投资担保机构3.138％的股份，是该机构第六大股东。

②《解决一国与他国国民间投资争端公约》。又称《1965年华盛顿公约》，1965年3月18日世界银行主持制订，1966年10月24日生效。根据该公约设立"解决投资争端国际中心"（ICSID），为解决缔约国与其他缔约国公民之间的投资争端，提供调解或仲裁的便利。

我国于1990年2月9日签署加入，1992年7月1日正式批准。但目前，我国只同意将有关国有化补偿方面的争端提交"解决投资争端国际中心"仲裁。

## 二、加入WTO对我国涉外投资法的影响

中国加入WTO后，WTO的《服务贸易总协定》和《与贸易有关的投资措施协议》等将对我国的外商投资产生相当大的影响，也将成为我国涉外投资法的国际法渊源。《服务贸易总协定》中的特定义务，是要通过谈判由各成员方确定市场准入和国民待遇具体适用的服务部门，各成员方有权决定在其承诺表中列入哪些服务部门，以及维持哪些条件和限制。也就是说，作为特定义务的市场准入和国民待遇，并不是无条件地自动适用于成员国的所有服务部门。

协定将市场准入和国民待遇的概念划分开来，各成员方的承诺表为两者设定单独的栏目，将能够开放的部门、分部门及给予国民待遇的资格、条件等分别列出。

（一）市场准入

成员方可决定其给予其他成员方服务的服务提供者市场准入的期限、限制和条件。在其承担市场准入的服务部门中，除非在承诺单中列明，否则成员方不得采用和维持下列措施：

1. 数量限制。即采用数量配额、垄断和专营方式，或要求测定经济需求的方式，以限制服务提供者的数量、交易或资产的总金额、服务的总产出量，以及某一服务部门或服务提供者为提供某一特定服务而需要雇用自然人的总数。

2. 对法律实体形式的限制。即成员方不得规定服务提供者需要通过特定的法人实体或合营企业才可提供服务。

3. 对外资份额的限制。即成员方不得对参股的外国资本限定最高股权比例，或对个别的或累计的外国资本投资总额予以限制。

（二）国民待遇

作为服务贸易领域的一项特定义务，各成员方只在自己承诺开放的服务部门中给予服务和服务提供者以国民待遇。这涉及本国服务提供者与外国服务提供者的公平竞争机会问题。也就是说成员方在其承诺表所列的服务部门中，应给予其他成员方的服务和服务提供者以不低于其给予本国相同的服务和服务提供者的待遇。不论这些待遇在形式上是否相同，只要不造成对其他成员方服务提供者事实上的歧视，就不违反该条款。反之，如果形式相同或不同的待遇改变了竞争条件，使其有利于国内服务和服务提供者，就可被认为实施歧视待遇而违反了该条款。

加入 WTO 以后，中国政府根据所做的承诺，积极修改和完善外商投资的市场准入和国民待遇条件，制订并颁布了一批新的涉外投资的法规，如《外商投资项目核准暂行管理办法》、《外商投资电信企业管理规定》、《外商投资民用航空业规定》、《利用外资改组国有企业暂行规定》、《外资金融机构管理条例》、《外资保险公司管理条例》、《国际海运条例》、《中外合作音像制品分销企业管理办法》、《国务院关于修改〈旅行社管理条例〉的决定》等。此外，还有不少相关法规正在积极酝酿或制订中，预计不久将出台并实施。

## 第二节　外商投资企业的组织形式

### 一、外商投资企业的种类

我国的外商投资企业，分为中外合资经营企业、中外合作经营企业和外资企业三种。

1. 中外合资经营企业。中外合资经营企业，简称合营企业，是指在我国境内依法设立的由外国企业、其他经济组织或个人与中国企业、其他经济组织共同投资、共同经营、分享收益、分担风险的一种经济组织。在合营企业的注册资本中，外国合营者的投资比例一般不低于25%。合营各方将其出资数额折成股份，各方按出资比例对企业行使权利，承担义务。中外合资经营企业是股权式的具有法人资格的企业。

2. 中外合作经营企业。中外合作经营企业，简称合作企业，是指外国企业、其他经济组织或个人与中国企业、其他经济组织按合同约定出资或提供条件，共同兴办企业，合作各方对企业承担的责任、分享的收益，以及如何进行经营管理和计算最终的企业财产归属等问题，均可以做事先的约定。中外合作经营企业是契约式的合营企业，而非股权式的合营企业。合作企业一般采取非法人的合伙组织形式，但如符合中国法律关于法人条件的规定的，也可以依法取得中国法人资格。

3. 外资企业。外资企业，又称外商独资企业，是按照中国法律在中国境内设立的完全由外国投资者出资的且独立承担责任的经济组织。外国企业的分支机构不在此列。

## 二、外商投资企业的组织形式

### （一）公司

公司是指依法成立，有独立的法人财产，享有法人财产权，从事生产、经营或服务业务，自主经营，自负盈亏，依法独立承担经济责任的经济实体。

公司与企业是两个既有联系，又有区别的概念。企业是指应用资本赚取利润的一种经济组织，它包括个人独资企业、合伙企业、合作企业和法人企业等形式。公司只是法人企业的一种组织形式。外商投资企业中的公司企业应符合《公司法》和外商投资企业法的要求。

1. 有限责任公司。是指由一定人数的股东所组成，股东以其认缴的出资额为限对公司承担责任，公司以其全部财产对公司的债务承担责任的公司。

2. 股份有限公司。又称股份公司，是指将全部资本分为等额股份，股东以其认购的股份为限对公司承担责任，公司以其全部财产对公司的债务承担责任的公司。

外商投资企业形式的转变可以通过向社会公开发行人民币特种股票，即 B 股、增资扩股或转股发行外国股东持有的股份以及在境外发行境外上市外资股，如 H 股或 N 股等等途径来实现。

### （二）合伙

根据我国法律规定，中外合作经营企业和外资企业不具有法人资格的，可以采取合伙形式。合伙型的外商投资企业依照企业联营的规定确定各方的权利与义务关系，即投资各方依照出资比例或者协议的规定，以各自所有的或者经营管理的财产承担责任。依照法律规定或者协议约定负连带责任的，各方应负连带责任。

## 第三节　外商投资企业的设立

### 一、指导外商投资方向

（一）指导目的

1. 使外商投资方向与我国国民经济和社会发展规划相适应；

2. 有利于保护投资者的合法权益。

（二）指导对象

在我国境内投资举办的中外合资经营企业、中外合作经营企业和外资企业的项目以及其他形式的外商投资项目。

（三）法律依据

1995年6月，国家计委、国家经济贸易委员会和外经贸部发布《指导外商投资方向暂行规定》，规定国家计划管理部门应会同国务院有关部门，根据国家经济技术发展情况，将外商投资项目分成鼓励、允许、限制和禁止四类，定期编制和适时修订《外商投资产业指导目录》，经国务院批准后公布，作为指导审批外商投资项目的依据。2002年2月发布《指导外商投资方向规定》，进一步明确由政府有关部门制订《外商投资产业指导目录》和《中西部地区外商投资优势产业目录》，并在今后根据实际情况需要部分调整时，由有关部门适时修订并公布。

《外商投资产业指导目录》和《中西部地区外商投资优势产业目录》是指导审批外商投资项目和外商投资企业适用有关政策的依据。

（四）外商投资项目的分类

外商投资项目分为鼓励、允许、限制和禁止四类。鼓励类、限制类和禁止类的外商投资项目，列入《外商投资产业指导目录》。不属于鼓励类、限制类和禁止类的外商投资项目，为允许类外商投资项目。允许类外商投资项目不列入《外商投资产业指导目录》。

1. 鼓励类外商投资项目。

(1) 属于农业新技术、农业综合开发和能源、交通、重要原材料工业的；

(2) 属于高新技术、先进适用技术，能够改进产品性能、提高企业技术经济效益或者生产国内生产能力不足的新设备、新材料的；

(3) 适应市场需求，能够提高产品档次、开拓新兴市场或者增加产品国际竞争能力的；

(4) 属于新技术、新设备，能够节约能源和原材料、综合利用资源和再生资源以及防治环境污染的；能够发挥中西部地区的人力和资源优势，并符合国家产业政策的。

2. 限制类外商投资项目。

(1) 技术水平落后的；

(2) 不利于节约资源和改善生态环境的；

(3) 从事国家规定实行保护性开采的特定矿种勘探、开采的；

(4) 属于国家逐步开放的产业的；

(5) 法律、行政法规规定的其他情形。

3. 禁止类外商投资项目。

(1) 危害国家安全或者损害社会公共利益的；

(2) 对环境造成污染损害，破坏自然资源或者损害人体健康的；

(3) 占用大量耕地，不利于保护、开发土地资源的；

(4) 危害军事设施安全和使用效能的；

(5) 运用我国特有工艺或者技术生产产品的；

(6) 法律、行政法规规定的其他情形。

(五) 特殊规定

1. 鼓励类外商投资项目，除依照有关法律、行政法规的规定享受优惠待遇外，从事投资额大、回收期长的能源、交通、城市基础设施(煤炭、石油、天然气、电力、铁路、公路、港口、机场、城市道路、污水处理、垃圾处理等)建设、经营的，经批准，可以扩大与其相关的经营范围。

2. 产品全部直接出口的允许类外商投资项目，视为鼓励类外商投资项目；产品出口销售额占其产品销售总额70%以上的限制类外商投资项目，经省、自治区、直辖市及计划单列市人民政府或者国务院主管部门批准，可以视为允许类外商投资项目。

3. 对于确能发挥中西部地区优势的允许类和限制类外商投资项目，可以适当放宽条件；其中，列入《中西部地区外商投资优势产业目录》的，可以享受鼓励类外商投资项目优惠政策。

4.《外商投资产业指导目录》可以对外商投资项目规定"限于合资、合作"、"中方控股"或者"中方相对控股"。限于合资、合作，是指仅允许中外合资经营、中外合作经营；中方控股，是指中方投资者在外商投资项目中的投资比例之和为51%及以上；中方相对控股，是指中方投资者在外商投资项目中的投资比例之和大于任何一方外国投资者的投资比例。

## 二、外商投资项目的核准

(一) 核准机关及权限

1. 总投资1亿美元及以上的鼓励类、允许类项目和总投资5 000万美元及以上的限制类项目，由国家发展改革委核准项目申请报告，其中总投资5亿美元及以上的鼓励类、允许类项目和总投资 1 亿美元及以上的限制类项目由国家发展改革委对项目申请报告审核后报国务院核准。

2. 总投资 1 亿美元以下的鼓励类、允许类项目和总投资5 000万美元以下的限制类项目由地方发展改革部门核准，其中限制类项目由省级发展改革部门核准，此类项目的核准权不得下放。

3. 地方政府按照有关法规对上款所列项目的核准另有规定的，从其规定。

（二）项目申请报告及附件

1. 项目申请报告的内容。

（1）项目名称、经营期限、投资方基本情况；

（2）项目建设规模、主要建设内容及产品，采用的主要技术和工艺，产品目标市场，计划用工人数；

（3）项目建设地点，对土地、水、能源等资源的需求，以及主要原材料的消耗量；

（4）环境影响评价；

（5）涉及公共产品或服务的价格；

（6）项目总投资、注册资本及各方出资额、出资方式及融资方案，需要进口设备及金额。

2. 申请报告的附件。

（1）中外投资各方的企业注册证（营业执照）、商务登记证及经审计的最新企业财务报表（包括资产负债表、损益表和现金流量表）、开户银行出具的资金信用证明；

（2）投资意向书，增资、购并项目的公司董事会决议；

（3）银行出具的融资意向书；

（4）省级或国家环境保护行政主管部门出具的环境影响评价意见书；

（5）省级规划部门出具的规划选址意见书；

（6）省级或国家国土资源管理部门出具的项目用地预审意

见书；

(7) 以国有资产或土地使用权出资的，需由有关主管部门出具的确认文件。

(三) 核准程序及条件

1. 核准程序。按核准权限属于国家发展改革委和国务院核准的项目，由项目申请人向项目所在地的省级发展改革部门提出项目申请报告，经省级发展改革部门审核后报国家发展改革委。计划单列企业集团和中央管理企业可直接向国家发展改革委提交项目申请报告。国家发展改革委核准项目申请报告时，需要征求国务院行业主管部门意见的，应向国务院行业主管部门出具征求意见函并附相关材料。国家发展改革委对核准的项目向项目申请人出具书面核准文件；对不予核准的项目，应以书面决定通知项目申请人，说明理由并告知项目申请人享有依法申请行政复议或者提起行政诉讼的权利。

2. 核准条件。

(1) 符合国家有关法律法规和《外商投资产业指导目录》、《中西部地区外商投资优势产业目录》的规定；

(2) 符合国民经济和社会发展中长期规划、行业规划和产业结构调整政策的要求；

(3) 符合公共利益和国家反垄断的有关规定；

(4) 符合土地利用规划、城市总体规划和环境保护政策的要求；

(5) 符合国家规定的技术、工艺标准的要求；

(6) 符合国家资本项目管理、外债管理的有关规定。

3. 核准的效力。项目申请人凭国家发展改革委的核准文件，依法办理土地使用、城市规划、质量监管、安全生产、资源利用、企业设立(变更)、资本项目管理、设备进口及适用税收政策等方面手续。

未经核准的外商投资项目，土地、城市规划、质量监管、安全生产监管、工商、海关、税务、外汇管理等部门不得办理相关手续。

项目申请人以拆分项目或提供虚假材料等不正当手段取得项目核准文件的，国家发展改革委可以撤销对该项目的核准文件。

国家发展改革委可以对项目申请人执行项目情况和地方发展改革部门核准外商投资项目情况进行监督检查，并对查实问题依法进行处理。

## 三、外商投资企业的设立

外商投资企业在我国投资或经营项目只有经过我国政府的批准，才可得到法律保护并享受各种优惠条件。

商务部是国家审批设立外商投资企业的主管机构。为了简化手续，提高审批效率，根据国务院授权，国务院有关部门批准设立外商投资企业，应将企业批复文件(包括合同、章程等申报材料)向企业所在地省级商务主管部门备案，由省级人民政府颁发《外商投资企业批准证书》；今后国务院有关部门核准的新设外商投资项目，合同、章程报企业所在地省级人民政府审批并颁发批准证书。国务院投资体制改革决定确定的由商务部审批的外商投资项目，须报商务部批准。

### (一) 批准条件

1. 设立中外合资经营企业，应当能够促进中国经济的发展和科学技术水平的提高，有利于社会主义现代化建设。国家鼓励、允许、限制或者禁止设立合营企业的行业，按照国家指导外商投资方向的规定及外商投资产业指导目录执行。

2. 设立外资企业，必须有利于中国国民经济的发展，能够取得显著的经济效益。国家鼓励外资企业采用先进技术和设备，从事新产品开发，实现产品升级换代，节约能源和原材料，并鼓励举办产品出口的外资企业。禁止或者限制设立外资企业的行业，按照国家指导外商投资方向的规定及外商投资产业指导目录执行。

3. 申请设立外商投资企业，有下列情况之一的，不予批准：

(1) 有损中国主权或者社会公共利益的；

(2) 危及中国国家安全的；

(3) 违反中国法律、法规的；

(4) 不符合中国国民经济发展要求的；

(5) 可能造成环境污染的；

(6) 签订的协议、合同、章程显属不公平，损害合营一方权益的。

(二) 审批程序

1. 立项。

(1) 设立合资企业，由中国合营者向企业主管部门呈报设立合营企业的项目建议书和初步可行性研究报告；设立外资企业，由外国投资者向当地人民政府提交有关报告。

(2) 经企业主管部门审查同意并转报审批机构批准后，合营各方以可行性报告为基础签订合营企业协议、合同章程等文件。

2. 申请。合资企业，由中国合营者提出申请，负责向审批机构报送下列文件：

(1) 设立合营企业的申请书；

(2) 合营各方共同编制的可行性研究报告；

(3) 由合营各方授权代表签署的合营企业协议、合同、章程；

(4) 由合营各方委派的合营企业董事长、副董事长、董事人选名单；

(5) 中国合营者的企业主管部门和合营企业所在的省、自治区、直辖市人民政府对设立该合营企业签署的意见。

外资企业，由外国投资者通过当地人民政府向审批机关提出申请，报送申请书、可行性研究报告、企业章程等有关文件。

3. 审批。对于设立中外合资经营企业和外资企业的申请，审批机构自接到上述全部文件之日起3个月(或90天)内决定批准或不批准；对于设立中外合作经营企业的申请，审批机关应在接受申请之日起45天内决定批准或者不批准。审批机构如发现上述应报送文件有不当之处，应要求限期修改，否则不予批准。

4. 登记。申请者应在收到审批机构的批准证书之日起1个月(或30天)内，向国家工商行政管理局或者企业所在地的省、自治区、直辖市工商行政管理部门办理登记手续。工商行政管理部门核准后，发给营业执照，企业即告成立。外商投资企业应当在成立之日起30天内向税务机关办理税务登记手续。

(三) 外商投资有限责任公司的设立

1. 设立有限责任公司的条件。根据《公司法》及2006年4月24日国家工商行政管理总局、商务部、海关总署、国家外汇管理局共同提出的《关于外商投资的公司审批登记管理法律适用若干问题的执行意见》，设立外商投资有限责任公司，应依法办理批准手续，报经批准后再向公司登记机关申请设立登记。外商投资的公司的登记管理适用《公司法》和《公司登记管理条例》；有关外商投资企业的法律另有规定的，适用其规定；《公司法》、《公司登记管理条例》、有关外商投资企业的法律没有规定的，适用有关外商投资企业的行政法规、国务院决定和国家有关外商投资的其他规定。

股东(投资者)应当按期足额缴纳公司章程中规定的各自所认缴的出资额。股东的首次出资经依法设立的验资机构验资并出具证明后，由全体股东指定的代表或者共同委托的代理人向公司登记机关报送公司登记申请书、公司章程、验资证明等文件，申请设立登记。申请外商投资公司的审批和设立登记时，向审批和登记机关提交的外国投资者的主体资格证明或身份证明，应当经所在国家公证机关公证并经我国驻该国使(领)馆认证。香港、澳门和台湾地区投资者的主体资格证明或身份证明应当依法提供当地公证机构的公证文件。符合法定设立条件的，由公司登记机关根据申请，依法登记为有限责任公司，并根据其设立形式在“有限责任公司”后相应加注“（中外合资）”、“（中外合作）”、“（外商合资）”、“（外国法人独资）”、“（外国非法人经济组织独资）”、“（外国自然人独资）”、“（台港澳与外国投资者合资）”、“（台港澳与境内合资）”、“（台港澳与境内合作）”、“（台港澳合资）”、“（台港澳法人独资）”、“（台港澳非法人经济组织独资）”、“（台港澳自然人独资）”等字样，

根据《公司法》的一般规定，设立有限责任公司，应当具备下列条件：

（1）股东符合法定人数(50 人以下)；

（2）股东出资达到法定资本最低限额；

（3）股东共同制定公司章程；

（4）有公司名称，建立符合有限责任公司要求的组织机构；

（5）有公司住所。

以外商独资的形式依法设立一人有限公司的，其注册资本最低限额应当符合《公司法》关于一人有限公司的规定(最低限额为人民币 10 万元)，且一个外国自然人只能投资设立一个一人有限责任公司。该一人有限责任公司不能投资设立新的一人有限责任公司。

2. 注册资本的概念。外商投资企业为有限责任公司。投资各方对公司企业的责任以各自认缴的出资额为限。外商投资企业的注册资本一般应以人民币表示，也可以用投资方约定的外币表示。注册资本是指为设立企业而在工商管理机关登记的资本总额。有关注册资本，世界各国主要有两种不同的制度：法定资本制保证公司有实足的资本，从而保障交易安全及债权人的利益，但同时提高公司设立门槛，可能使资金闲置。授权资本制使公司易于成立，不会闲置资金，但不利于维护交易安全及债权人的利益。鉴于两种

资本制度各有利弊，有些国家便采用折中办法，形成折中资本制。

(1) 法定资本制。又称实缴资本制，法律规定股东必须缴足出资，公司才能成立。增加注册资本必须经股东大会决议，变更章程，并办理变更手续。

(2) 授权资本制。又称认缴资本制，公司注册资本载于公司章程，发起人只要认足并交纳部分，公司即可成立。未发行的资本，授权董事会根据公司营业需要随时发行或募集。法律不严格规定注册资本的额度和缴纳期限，而由投资者自行确定。

(3) 折中资本制。注册资本必须达到法定最低限额，但投资者可在法定出资期限内分次缴纳。折中资本制有两种形式，一为缴付折中资本制，即注册资本需全额认购但无需全额缴付；一为发行折中资本制，即注册资本无需全额认购与发行，但已经认购与发行的应全额缴付。

2006 年 1 月 1 日起实施的新《公司法》采用法定资本制与缴付折中资本制相结合的注册资本制度。

对有限责任公司，无论内资企业或外资企业，均采用缴付折中资本制，规定注册资本为在公司登记机关登记的全体股东认缴的出资额。公司全体股东的首次出资额不得低于注册资本的 20%，也不得低于法定的注册资本最低限额，其余部分由股东自公司成立之日起 2 年内缴足；其中，投资公司可以在 5 年内缴足。有限责任公司注册资本的最低限额为人民币 3 万元 。法律、行政法规对有限责任公司注册资本的最低限额有较高规定的，从其规定。

根据《关于外商投资的公司审批登记管理法律适用若干问题的执行意见》，外商投资有限责任公司，一次性缴付全部出资的，应当在公司成立之日起 6 个月内缴足；分期缴付的，首次出资额不得低于其认缴出资额的 15%，也不得低于法定的注册资本最低限额，并应当在公司成立之日起 3 个月内缴足，其余部分的出资时间应符合《公司法》、有关外商投资的法律和《公司登记管理条例》的规定。

对一人有限责任公司则采用法定资本制。一人有限责任公司,是指只有一个自然人股东或者一个法人股东的有限责任公司。一人有限责任公司的注册资本最低限额为人民币10万元。股东必须一次缴足全部出资,公司方可成立。一人有限责任公司的股东不能证明公司财务独立于股东自己的财产的,应当对公司债务承担连带责任。

3. 注册资本的变更和转让。外商投资企业在经营期内一般不得减少其注册资本。因投资总额和生产经营规模等发生变化,确需减少的,应由董事会会议通过,报审批机构批准,并向登记管理机构办理变更登记手续。外商投资企业在经营期内可以增加注册资本,若增加注册资本,股东应当在公司申请注册资本变更登记时缴付不低于20%的新增注册资本。

中外合资经营企业的合营一方向第三者转让其全部或者部分股权的,须经合营他方同意,并报审批机构批准,向登记管理机构办理变更登记手续。合营企业的一方向股东以外的第三方转让其全部或部分出资时,必须经合营的另一方同意。这比《公司法》中的规定的条件限制更大些。《公司法》的规定是:“股东向股东以外的人转让股权,应当经其他股东过半数同意。股东应就其股权转让事项书面通知其他股东征求同意,其他股东自接到书面通知之日起满30日未答复的,视为同意转让。其他股东半数以上不同意转让的,不同意的股东应当购买该转让的股权;不购买的,视为同意转让。经股东同意转让的股权,在同等条件下,其他股东有优先购买权。两个以上股东主张行使优先购买权的,协商确定各自的购买比例;协商不成的,按照转让时各自的出资比例行使优先购买权。公司章程对股权转让另有规定的,从其规定。”中外合资经营企业的合营一方向第三方转让出资额时,另一方也享有优先购买权。合营一方向第三方转让出资额的条件，不得比向合营他方转让的条件优惠，违反上述规定的，其转让无效。

外商投资企业注册资本的增加或转让，必须经审批机关批准，并向工商行政管理机关办理变更登记手续。

合作企业，可以在合同中约定外国合作者在合作期限内提前收回投资，提前收回投资的方法是从企业净利润中收回，或从固定资产折旧费中收回。外国合作者提前收回投资，合作期满时，企业的全部固定资产即归中国合作者所有。外国合作者在合作期限内先行收回投资的，中外合作者应当依照有关法律的规定和合作企业合同的约定对合作企业的债务承担责任。

4. 注册资本与投资总额的比例。投资总额是指按照企业合同、章程规定的生产规模需要投入的基本建设资金和生产流动资金的总和，包括注册资本和借入资金。各国公司法对注册资本与投资总额的比例都作有规定，我国于 1987 年 3 月由国家工商行政管理局公布《关于中外合资经营企业注册资本与投资总额的比例的暂行规定》，根据不同的投资规模，规定了注册资本至少应占投资总额的比例或最低限额。企业增加投资的，追加的注册资本与增加的投资总额也应符合有关规定。具体规定如下：

(1) 投资总额在 300 万(含 300 万)美元以下的，注册资本与投资总额比例为 7：10。

(2) 投资总额在 300 万—1 000 万(含 1 000 万)美元，注册资本与投资总额比例为 1：2；其中投资总额在 420 万美元以下者，注册资本不低于 210 万美元。

(3) 投资总额在 1 000 万—3 000 万(含 3 000 万)美元，注册资本与投资总额比例为 2：5；其中投资总额在 2 500 万美元以下者，注册资本不低于 500 万美元。

(4) 投资总额在 3 000 万美元以上，注册资本与投资总额比例为 1：3；其中投资总额在 3 600 万美元以下者，注册资本不低于

1 200万美元。

（四）外商投资股份有限公司的设立

1. 设立外商投资股份有限公司的条件。根据《公司法》的规定，设立股份有限公司应当具备下列条件：

(1) 发起人符合法定人数；

(2) 发起人认购和募集的股本达到法定资本最低限额；

(3) 股份发行、筹办事项符合法律规定；

(4) 发起人制订公司章程，采用募集方式设立的经创立大会通过；

(5) 有公司名称，建立符合股份有限公司要求的组织机构；

(6) 有公司住所。

股份有限公司发起人的法定人数为 2 人以上 200 人以下，其中须有过半数的发起人在中国境内有住所。

股份有限公司的法定资本最低限额，采取发起设立方式设立的，注册资本为在公司登记机关登记的全体发起人认购的股本总额。公司全体发起人的首次出资额不得低于注册资本的 20%，其余部分由发起人自公司成立之日起 2 年内缴足；其中，投资公司可以在 5 年内缴足。在缴足前，不得向他人募集股份。

股份有限公司采取募集方式设立的，注册资本为在公司登记机关登记的实收股本总额。股份有限公司注册资本的最低限额为人民币 500 万元。但法律、行政法规对股份有限公司注册资本的最低限额有较高规定的，从其规定。根据 1995 年《关于设立外商投资股份有限公司若干问题的暂行规定》，设立外商投资股份有限公司注册资本的最低限额为人民币 3 000 万元，其中外国股东购买并持有的股份应不低于公司注册资本的 25 %。

公司登记机关根据申请，依法登记为股份有限公司，并根据其设立形式在“股份有限公司”后相应加注“（中外合资，未上市）”、“（中外合资，上市）”、“（外商合资，未上市）”、“（外商合资，上市）”、

"(台港澳与外国投资者合资,未上市)"、"(台港澳与外国投资者合资,上市)"、"(台港澳与境内合资,未上市)"、"(台港澳与境内合资,上市)"、"(台港澳合资,未上市)"、"(台港澳合资,上市)"等字样。公司登记机关可以根据国家利用外资产业政策及其相关规定,在公司类型后加注有关分类标识,如"(外资比例低于25%)"、"(A股并购)"、"(A股并购25%或以上)"等。

2. 设立外商投资股份有限公司的方式。设立外商投资股份有限公司可以通过发起或募集的方式设立。发起设立是指由发起人认购公司应发行的全部股份而设立公司;募集设立是指由发起人认购公司应发行股份的一部分,其余部分向社会公开募集而设立公司。

《关于设立外商投资股份有限公司若干问题的暂行规定》明确了中外股东可以在中国境内共同举办外商投资股份有限公司。中外股东可通过发起方式和募集方式创立新的股份有限公司,也可以通过发行老企业股份的方式,将采取其他组织形式的外商投资企业转变为股份有限公司的形式。

以发起设立的公司,除应符合《公司法》的规定外,其发起人中至少应有一名外国股东;以募集方式设立公司,除满足以上条件外,还要符合下列要求:

(1) 发起人中至少有一人应有募集股份前3年连续盈利的记录,该发起人为中国股东时,应提供其近3年经过中国注册会计师审计的财务会计报告;

(2) 该发起人为外国股东时,应提供该外国股东居所地注册会计师审计的财务报告。

## 四、外商投资企业的组织机构

### (一) 董事会

采取有限责任公司形式的外商投资企业,董事会是企业的最高权力机构。董事会成员为3—13人。董事名额的分配由中外合营各方参照出资比例协商确定,董事由合营各方委派和撤换。董事的任期为4年,经合营各方继续委派可以连任。

董事会设董事长1人,可以设副董事长,由合营各方协商确定。合营一方担任董事长的,由他方担任副董事长。董事会会议每年至少召开一次,由董事长召集和主持。董事长不能履行职务或者不履行职务的,由副董事长召集和主持。副董事长不能履行职务或者不履行职务的,由半数以上董事共同推举一名董事召集和主持。董事会应当对所议事项的决定做成会议记录,出席会议的董事应当在会议记录上签名。董事会决议的表决,实行一人一票。董事会的议事方式和表决程序,由公司章程规定。

外商投资企业的董事会与《公司法》规定的公司董事会不同,在其之上没有作为最高权力机构的股东大会,外商投资企业的董事会既是最高权力机构,也是经营决策机构。

1. 外商投资企业的董事会可行使下列职权:

(1) 决定公司的发展规划、生产经营计划和投资方案;

(2) 制订年度财务预算、决算方案;

(3) 制订利润分配方案和弥补亏损方案;

(4) 聘任或者解聘公司总经理、副总经理、财务负责人等,决定其报酬事项;

(5) 制订公司的基本管理制度。

2. 下列事项须由出席董事会会议的董事一致通过方可作出决议:

(1) 企业章程的修改;

(2) 企业的中止或解散;

(3) 企业注册资本的增加、减少或转让;

(4) 企业与其他经济组织的合并。

（二）经营管理机构

外商投资企业实行总经理负责制。设总经理1人，副总经理若干人，负责日常经营管理工作，对董事会负责。

1. 总经理、副总经理由董事会聘任或者解聘。

2. 总经理行使下列职权：

(1) 组织领导企业的日常生产经营管理工作，组织实施董事会决议；

(2) 在董事会授权范围内，对外代表公司企业；

(3) 对内任免下属人员；

(4) 行使董事会授予的其他职权。

（三）对高级管理人员行为的限制

为了保障外商投资企业业务的正常开展，企业高级管理人员的行为必须受到一定的限制，这些限制主要包括：

1. 消极任职资格，即不得担任公司的董事、监事、高级管理人员的几种情况：

(1) 无民事行为能力或者限制民事行为能力；

(2) 因贪污、贿赂、侵占财产、挪用财产或者破坏社会主义市场经济秩序，被判处刑罚，执行期满未逾5年，或者因犯罪被剥夺政治权利，执行期满未逾5年；

(3) 担任破产清算的公司、企业的董事或者厂长、经理，对该公司、企业的破产负有个人责任的，自该公司、企业破产清算完结之日起未逾3年；

(4) 担任因违法被吊销营业执照、责令关闭的公司、企业的法定代表人，并负有个人责任的，自该公司、企业被吊销营业执照之日起未逾3年；

(5) 个人所负数额较大的债务到期未清偿。

公司违反上述规定选举、委派董事、监事或者聘任高级管理人员的，该选举、委派或者聘任无效。董事、监事、高级管理人员在任职期间出现上述情形的，公司应当解除其职务。

2. 善管义务：要求公司董事、监事、高级管理人员应当遵守法律、行政法规和公司章程，对公司负有忠实义务和勤勉义务。董事、监事、高级管理人员不得利用职权收受贿赂或者其他非法收入，不得接受他人与公司交易的佣金归为己有，不得侵占公司的财产，不得挪用公司资金，不得将公司资金以其个人名义或者以其他个人名义开立账户存储，不得违反公司章程的规定，未经股东会、股东大会或者董事会同意，将公司资金借贷给他人或者以公司财产为他人提供担保。不得擅自披露公司秘密。公司董事、监事、高级管理人员执行公司职务时违反法律、行政法规或者公司章程的规定，给公司造成损失的，应当承担赔偿责任。如有营私舞弊或严重失职行为，除依法承担责任外，经董事会决议，可以随时解聘。

3. 竞业禁止：外商投资企业的董事、高级管理人员不得参与其他经济组织对本企业的商业竞争，不得利用职务便利为自己或者他人谋取属于公司的商业机会，不得自营或者为他人经营与所任职公司同类的业务。若违反规定所得的收入应当归公司所有。

4. 兼职禁止：外商投资企业的总经理和副总经理不得兼任其他经济组织的总经理和副总经理。

5. 私人交易限制：总经理、副总经理以及其他高级管理人员除公司章程规定或董事会同意外，不得与本公司订立合同或进行交易。

### （四）其他组织管理形式

非法人形式的合作企业可以采取联合管理制，由合作各方选派代表共同组成联合管理机构，作为企业最高权力和决策机构。联合管理机构依照合作企业合同或者章程的规定，决定企业的重大问题，决定任命或聘请总经理负责合作企业的日常经营管理工作。

合作企业也可以采取委托管理制，委托合作一方全权管理或者委托其他第三方经营管理。合作企业成立后改为委托中外合作者以外的他人经营管理的，必须经董事会或联合管理机构一致同意，报审查批准机关批准，并向工商行政管理机关办理变更登记手续。

## 五、外商投资企业的财务会计管理

外商投资企业应当在中国境内企业所在地设置专门的财务会计机构，配备必要的会计人员。外商投资企业的财务会计工作必须遵守我国法律、法规的有关规定，其中较重要的有：1991 年 11 月 8 日财政部发布的《关于外商投资企业若干财务管理问题处理意见的通知》、1992 年 7 月 1 日起施行的《中华人民共和国外商投资企业财务管理规定》和《中华人民共和国外商投资企业会计制度》，1993 年 1 月 22 日国家审计署发布施行的《中外合资合作企业审计办法》等。

（一）会计年度

外商投资企业的会计年度采用历年制，按照日历年度确定，即自每年公历 1 月 1 日起至 12 月 31 日止。对于在年度中间成立的企业，自成立的月份起，至当年 12 月 31 日止，为第一个会计年度。

（二）计账原则和计账方法

外商投资企业的会计记账按照国际通用的权责发生制原则，采用借贷记账法。

1. 权责发生制。权责发生制，是指凡本期已经实现的收入和已经发生的费用，不论款项是否在本期收付，都应当作为本期的收入和费用入账，凡不属于本期的收入和费用，即使款项已经在本期收付，也不应作为本期的收入和费用处理。

2. 借贷记账法。借贷记账法，是指在会计核算中，用“借”和“贷”作为记账符号，以“有借必有贷，借贷必相等”为记账规则，记录和反映企业资金来源、收入和资金占用、支出增减变动的一种复式记账方法。

（三）记账文字和记账本位币

1. 记账文字。外商投资企业的一切凭证、账簿、报表可以根据需要自制，但必须用中文书写，也可同时用合营各方商定的一种外文书写。

2. 记账本位币。记账本位币，是指在会计核算中统一使用的记账货币。外商投资企业原则上应以人民币作为记账本位币，但经投资各方商定，也可以采用某种外币为本位币。记账本位币一经确定，不得随意变更。经营多种货币信贷业务或融资租赁业务的企业，可以根据实际需要，按照人民币和各种有关外币分别记账。

外商投资企业如以人民币为本位币，企业的外币资金和外币往来要按实际发生之日中国国家外汇管理局公布的外汇牌价折算成人民币统一记账；如以某种外币为本位币，企业在报送会计报表时，除编制外币的会计报表外，还应另外编制折合为人民币的会计报表。

## 第四节　外商企业的出资方式

根据我国法律的规定，外商投资企业的出资方式主要有货币出资、实物出资、工业产权和专有技术出资、土地使用权或其他财产权利出资等多种。以何种方式出资，可以由投资各方根据自身的实际情况，经友好协商确认后，在合同和章程中予以确定。

### 一、货币出资

以出资各方自有现金或以出资者自己的名义取得的银行贷款

进行投资。出资货币可以是人民币，也可以是可自由兑换的任何一种外币。如以外币进行投资，则要按缴款当日我国中国人民银行公布的汇率的中间价折算成人民币或换算成各方约定的外币；如以人民币出资的，则必须是投资者从在中国境内设立的外商投资企业中取得的利润，且需有当地县级以上外汇管理机关出具的有效证明。股东以货币出资的，应当将货币出资足额存入公司在银行开设的账户。

## 二、实 物 出 资

以出资方的建筑物、厂房、机器设备或其他物料出资，是外商投资的重要形式。

### （一）有关实物出资的规定

外国投资者以机器设备作价出资的，该机器设备应当是外资企业生产所必需的设备。股东以实物出资的，其价格可以由合营各方评议商定，但该机器设备的作价不得高于同类机器设备当时的国际市场正常价格。对作价出资的机器设备，应当列出详细的作价出资清单，包括名称、种类、数量、作价等，作为设立外资企业申请书的附件一并报送审批机关。

作价出资的机器设备运抵中国口岸时，外资企业应当报请中国的商检机构进行检验，由该商检机构出具检验报告。作价出资的机器设备的品种、质量和数量与外国投资者报送审批机关的作价出资清单列出的机器设备的品种、质量和数量不符的，审批机关有权要求外国投资者限期改正。

### （二）中方应注意的问题

为防止外方投资者利用以实物出资的机会，以次充好或以“二手货”出资，损害中方利益，合营或合作前应审查以下文件：

1. 投资者拥有实物所有权的有效证明文件，并查明该物是否已设置了担保或抵押；

2. 只有使用权的实物不得以此出资；

3. 严格审查合同中是否订明有关出资实物质量、数量、规格、价格等条款；

4. 验收文件签署前一定要请有关专家仔细检验，确认无误后再签字。

## 三、工业产权和专有技术出资

设立外商投资企业，中外各方均可以以此方式投资，即以无形资产出资。中方合作者应了解国际技术市场的动态和信息，增强评估能力并采取相应的对策以平衡双方的利益，有效地维护自己的合法权益。

（一）无形资产出资应符合的条件

1. 能显著改进现有产品的性能、质量，提高生产效率的；

2. 能显著节约原材料、燃料、动力的；

3. 为外国投资者自己所有的。

（二）操作方式

1. 将商标、专利或专有技术等一次性作价投入；

2. 将无形资产所有权归合营企业所有；

3. 以“许可使用”方式投入，由合营企业支付无形资产所有权人许可使用费。

（三）应注意的几个问题

1. 无形资产的出资比例不得超过其出资的 50%或注册资本的 20%，高新技术企业中最高不得超过 35%；

2. 中方可以要求外方的货币出资比例不低于无形资产的出资比例；

3. 无形资产的作价应当与国际上通常的作价原则相一致，中方应请专业的无形资产评估机构进行评估，使作价更科学、合理，并注意技术老化问题；

4. 应以名牌商标作价出资，且将商标使用权同技术一同转让，则中方或合营企业无需再支付外方技术咨询、学习、提成等等费用；

5. 投资方应出具无形资产所有权的有效证明文件，包括所有权证书的复制件，有效状况及其技术性能、实用价值，作价的计算根据和标准等，作为设立外商投资企业申请书的附件一并报送审批机关。作价出资的无形资产实施后，审批机关有权进行检查。该无形资产与外国投资者原提供的资料不符的，审批机关有权要求外国投资者限期改正。

## 四、土地使用权折股出资

这是拥有土地所使用权的中方出资者独有的一种出资方式。此方式的作价标准应与取得该土地使用权所支付的费用相适应，且在合营期限内不得改变。以中方出资者用土地使用权折股投资而取得土地使用权的外商投资企业，在工商行政管理机关注册登记，领取营业执照后，即取得土地使用权。

## 五、其他财产权利出资

根据《中华人民共和国中外合作经营企业法》及我国签订的双边投资协定，中外合作经营企业还可以其他财产权利作价出资。它们包括：

(1) 抵押权、质权或留置权；

(2) 经营权、国有资源的使用经营权、承包经营权；

(3) 商业特许权；

(4) 公司股权或其他形式的权益；

(5) 金钱的请求权或具有经济价值的任何行为的请求权；

(6) 版权、厂商名称、商誉以及工艺流程等。

股东以货币、实物、知识产权、土地使用权以外的其他财产出资的，应当经境内依法设立的评估机构评估作价，核实财产，不得高估或者低估作价。实缴出资时还必须经境内依法设立的验资机构验资并出具验资证明。

## 第五节　灵活投资方式

### 一、对外加工装配

#### (一) 对外加工装配的概念和特征

1. 对外加工装配的概念。对外加工装配是指由外商提供全部或部分原材料、辅料、零配件、元器件、配套件和包装材料，由我国境内企业按对方要求进行加工装配，将成品交还对方销售，收取工缴费的一种灵活投资方式。对外加工装配主要有来料加工、来样加工、来件装配三种业务，俗称“三来”，与补偿贸易合称为“三来一补”，是我国直接引进外资的一种重要形式。

2. 对外加工装配的法律特征。

(1) 与国内一般加工承揽关系不同。对外加工装配是境外定作方与境内承揽方之间的一种合作关系。境外定作方是指外国或港澳台地区的公司、企业、其他经济组织或个人，境内承揽方是指我国的公司、企业或其他经济组织。

(2) 与雇佣劳动关系不同。对外加工装配是平等主体之间的双务有偿合同关系，而不是雇佣劳动关系。定作方有按时获得符合要求的制成品的权利，也有承担提供原材料、辅料、零部件、元器件等,并支付工缴费的义务;承揽方有收取工缴费的权利,也有按对方要求加工,按时交付制成品的义务。

(3) 与投资合营关系不同。在整个加工装配过程中,定作方始终保持对原材料至制成品的所有权并承担相关的风险,而承揽方有独立自主的生产经营权,外商只能检查监督,不得直接干预。

(二) 对外加工装配的管理

1. 法律依据。有关对外加工装配的法规主要有:1978 年 7 月国务院颁布的《开展对外加工业务试行办法》;1979 年 9 月国务院颁布的《开展对外加工装配和中小型补偿贸易办法》;1982 年 8 月外经贸部发布的《海关对加工装配和中小型补偿贸易进出口货物监管和征免税实施细则》;1989 年 4 月外经贸部发布的《对外加工装配业务有关问题的规定》;1990 年 10 月海关总署发布的《关于对外加工装配业务的管理规定》等。

2. 管理机关。

(1) 各级人民政府中的对外经济贸易委员会,或者由各级对外经济贸易委员会建立的专门的对外加工装配办公室;

(2) 各级海关;

(3) 各级商品检验部门;

(4) 各级工商行政管理部门;

(5) 各级税务部门;

(6) 中国国际贸易促进委员会及其在各地的分会。

3. 管理的主要内容。

(1) 合同审批管理。对外加工装配合同必须经过对外经济贸易部门的审查批准方可成立。

(2) 工商行政管理。承接对外加工装配业务的企业必须经当地工商行政管理机关核准登记,领取营业执照,依法取得法人资格方可开业。若增加加工装配业务项目,应办理变更登记手续。

(3) 税务和海关管理。对外加工装配企业应向税务管理机关登记,领取税务登记证,并依法享受税收优惠。加工装配进口的料、件及出口的制成品均属海关保税货物,应受海关监管。已执行完毕的合同应及时核销结案。与此同时,应坚决打击以对外加工装配为名,走私漏税的犯罪活动。

## 二、补 偿 贸 易

### (一) 补偿贸易的概念和特征

1. 补偿贸易的概念。补偿贸易是指由外商提供技术、设备,或利用国外的出口信贷进口技术和设备,由国内企业以引进的技术、设备生产,以产品或其他约定的商品偿还技术、设备价款或贷款的一种灵活投资方式。

补偿贸易主要有三种形式,即直接补偿贸易、间接补偿贸易和综合补偿贸易。

(1) 直接补偿贸易。进口方以产品返销的方式,即用引进的技术、设备所生产的产品偿还引进技术、设备所需支付的款项。

(2) 间接补偿贸易。进口方以商品回购的方式,即不以引进的技术、设备所生产的产品,而以双方事先约定的其他商品偿还引进技术、设备所需支付的款项。

(3) 综合补偿贸易。进口方部分以引进的技术、设备所生产的产品直接补偿,部分以双方事先约定的其他商品间接补偿,或部分再以现汇偿还。

2. 补偿贸易的法律特征。

(1) 带有易货贸易性质。补偿贸易是一方以特定的产品或商品换取另一方技术、设备的交易,带有易货贸易性质,但与一般的易货贸易又有区别。一般易货贸易是一次性完成的买卖行为,补偿贸易则需要持续较长时间，包含多次买卖行为。一般易货贸易双方交换的产品没有联系，补偿贸易特别是直接补偿，返销产品正是引进技术和设备的结果。

(2) 带有延期支付性质。补偿贸易中的进口方要在引进的技术、设备投产后，相隔一段时间，才能偿还货款。因此，进口方不仅要支付实际货款，还需支付延期的利息。如果偿还期较长，通常需要由金融机构提供信贷来完成补偿贸易。

(3) 其法律关系是一种债权债务关系。在补偿贸易中，提供技术、设备的出口方是先履行方，当其将技术、设备交付进口方后，即取得对进口方的债权。进口方对接收的技术、设备拥有所有权，同时承担对出口方的债务，该债务在进口方履行自己的义务，即以产品或约定商品偿还货款后消灭。

(二) 补偿贸易的管理

1. 法律依据。有关补偿贸易的法规主要有：1979 年 9 月国务院颁布的《开展对外加工装配和中小型补偿贸易办法》；1982 年 8 月外经贸部发布的《海关对加工装配和中小型补偿贸易进出口货物监管和征免税实施细则》；1996 年 4 月财政部发布的《关于来料加工、来件装配和补偿贸易进口设备税收问题的通知》。

2. 立项原则。开展补偿贸易必须先做好前期准备工作——立项，立项的原则是：

(1) 项目的选择要有利于我国国民经济的发展，引进的技术、设备具有先进性和实用性，是我国发展经济所必要的和急需的，且不会造成环境污染和资源浪费的；

(2) 项目的选择要以产品出口为目标，要慎重处理补偿贸易与正常贸易出口的关系。作为进口补偿的产品应当是在国际市场上有一定销路，且不会与我国传统出口产品争夺市场的产品，应选择产品没有配额或销往非配额地区的项目。

3. 合同审批程序。补偿贸易项目初步选定后，要编制项目建议书。项目建议书经主管部门审查批准后，再编制可行性研究报告。可行性研究报告经政府主管部门审查批准后，主办单位才能与外商进行技术谈判和商务谈判，签订补偿贸易合同。

补偿贸易合同经双方当事人签字后成立，但正式生效还须经有关政府部门审核批准。审批补偿贸易项目的机构是计划委员会和对外经济贸易主管部门。凡进口所需外汇较多的项目，由国家计委和对外贸易经济合作部审批；用汇较少的项目，由省、自治区、直辖市的计委和对外经贸委(厅、局)审批。

4. 海关管理。补偿贸易合同生效后，主办单位应将合同副本或影印件及政府机关的批准文件送交当地海关，办理登记手续。当外商进口补偿贸易项下设备及中方出口产品时，仍需报关，经海关查验核对，与合同相符，享受税收减免待遇。

## 三、涉外租赁

### (一) 涉外租赁的概念和特征

1. 涉外租赁的概念。涉外租赁是指外国出租人将自己的设备等商品，在一定时期内交付我国承租人使用，而收取租金的一种灵活投资方式。

涉外租赁主要有两种形式。

(1) 融资性租赁。由出租方融资为承租方提供设备等，具有融资和融物的双重功能，是现代租赁的主要方式。通常是出租方与承租方订立租赁合同(租期不少于 2 年)，出租方根据承租方的要求，购买设备并交付承租方使用。承租方分期交付租金，在租赁期间享有使用权，并承担设备的管理、保养等责任。租赁期满后，承租方通常可按合同规定取得设备的所有权，或以象征性的价格留购。

(2) 经营性租赁。或称服务性租赁，是由出租人提供设备及维修保养等售后服务并承担一切风险，承租人为使用设备而支付租金。经营性租赁适合于操作维修技术复杂、更新换代快的通用设备，即短期商品租赁，租赁期较短。

2. 涉外租赁的法律特征。

(1) 涉外租赁是一种生产性租赁，而不是消费性租赁。涉外承租人以生产经营为目的向出租人租用设备(包括工厂、机器、设备、交通工具等)，以较少的投资，达到引进先进技术，改造企业的良好效果。

(2) 兼有融资和融物的双重功能。涉外租赁是一种商品信贷和资金信贷相结合的灵活投资方式。承租人通过分期支付租金取得急需设备的使用权的方式，达到融通资金的目的。出租人按承租人要求购买设备，再分期向承租人收取租金，等于在向承租人提供信贷方便，所以，涉外租赁的租金中除出租物的成本外，还包括融资的利息。

(3) 租赁期间，设备的所有权和使用权分离。在涉外租赁期间，租赁设备的所有权归出租人，使用权和收益权归承租人。租赁期满后租赁设备的处分，可按合同中的事先约定或双方协商处理。

(二) 涉外租赁的管理

1. 法律依据。有关涉外租赁，我国尚没有专门立法，但在相关的法律法规中有不少涉及这方面的规定。如 1987 年 8 月国家外汇管理局发布的《外债登记实施细则》；1995 年 9 月国务院颁布的《关于进一步加强借用国际商业贷款宏观管理的通知》；1995 年 12 月国家税务总局发布的《关于融资租赁业务征收营业税的通知》。另有最高人民法院 1996 年 5 月发布的《关于审理融资租赁合同纠纷案件若干问题的规定》。

2. 融资租赁的计划管理。对涉外租赁的管理，主要是对以融资租赁方式获得的对外借款实行计划管理。贷款规模应纳入国家中长期和年度借用国外贷款计划。具体方法按 1996 年 4 月发布的《国家计委关于借用国外贷款实行全口径计划管理的通知》执行。实行指令性计划的借用国外贷款规模如有突破，须报请国务院批准。

## 四、BOT投资方式

### （一）BOT投资方式的概念和特征

1. BOT的概念。BOT（Build－Operate－Transfer，建设—经营—移交），是指政府与企业签订合同，将某项基础设施的建设、经营、管理、收益权在一定期限内授予企业，合同期满后企业将该基础设施无偿移交给政府的一种灵活投资方式。

BOT投资方式最早始于美国，20世纪80年代后，这种投资方式为国际资本集团和发展中国家所重视。许多国家采取通过特许权方式的安排，鼓励外国投资者投资大型基础设施建设项目，促进国内经济的发展。

2. BOT的法律特征。

（1）投资领域局限于基础设施建设项目，主要集中在交通、能源领域。

基础设施建设通常由政府财政直接负担，政府财力有限，影响城市建设和改造的进度。利用BOT方式可减轻政府财政负担，提前满足社会发展需要。

（2）基础设施项目在建成后一段时间内由投资者经营、管理和收益。基础设施项目属公营事业，通常由政府直接管理。采用BOT方式，该基础设施在一定时间内成为私人企业的投资项目。

投资者为了尽快收回投资，就会努力提高管理水平，增收节支，提高投资效率。

（3）投资者面临较大的投资风险。在BOT方式下，投资者承担的风险较大。基础设施建设项目周期较长，一般在20—30年左右，且属不动产投资范畴，投资者在整个过程中将承担建设风险、市场风险、金融风险、政治风险和自然灾害风险。一旦遇到不测，损失极大。

(4) 政府也承担相当风险。采用BOT方式利用外资，政府也承担一定的风险。这些风险主要因政府在一定期限内和一定程度上将失去对该基础设施的控制权和收益权。由于基础设施建设项目投资大、周期长，投资者的收益很难确定。如果投资者收益过高，等于政府失去较多的财政收入；如果投资者收益过低，将会影响投资者继续投资的信心。基础设施项目建设是为了满足社会公众需要的，如果外国投资者过度注重经济效益而忽视社会效益，就会给社会公众的利益造成损失。

(二) BOT投资方式的管理

1. 法律依据。对BOT投资方式，虽然目前尚未有专门的法律法规，但国家和地方有关部门已制订出有些规则，如1995年1月对外贸易经济合作部发布的《关于以BOT方式吸引外商投资有关问题的通知》；1995年8月国家计委、电力部、交通部联合发布的《关于试办外商投资特许权项目审批管理有关问题的通知》。1994年4月上海市人民政府发布的《上海市延安东路隧道专营管理办法》是有关BOT投资方式的第一部地方性法规。

2. 采用BOT方式的暂定范围。

(1) 建设规模为2×30万千瓦及以上火力发电厂；

(2) 建设规模为25万千瓦以下水力发电厂；

(3) 30—80公里高等级公路；

(4) 1 000米以上独立桥梁和独立隧道及城市供水厂等项目。

3. 项目审批管理。国家中长期规划内的项目，采用BOT方式，由所在省、自治区、直辖市的计划部门会同行业主管部门按现行计划管理体系提出特许权项目的预可行性研究报告，经行业主管部门初审后由国家计委审批，必要时由国家计委初审后报国务院审批。特许权协议经国家计委批准后，授权省、自治区、直辖市政府或行业主管部门与项目公司正式签署，协议从签字之日起生效。

特许权项目的预可行性研究报告获得批准后，地方政府负责编制资格预审及标书文件，通过公开招标的方式选择境外投资者。国家计委将组织由行业主管部门、地方政府部门及技术、经济、法律顾问参加的评标委员会，负责标书的审查、投资者资格的预审、评标、定标及授标工作。

政府应协助中标者凭中标批准文件到外经贸部办理项目公司章程的报批手续，及工商注册登记手续。

（三）上海市延安东路隧道专营管理办法

延安东路隧道北线建设是上海市政府采用 BOT 方式的成功例子。合作者为中信（香港集团）公司，双方于 1993 年签订“沪港合作上海中信隧道发展有限公司合同”，成立上海中信隧道发展有限公司。投资总额 18 亿元，公司注册资本 6 亿元。公司对延安东路隧道的专营期限为 30 年，专营期内享有的特许权包括：建造、经营、管理延安东路隧道；经批准在延安东路隧道范围内经营广告业务、房地产业务；经批准经营出租车客运服务业务；经营地下工程、汽车、机电设备的维修保护业务。专营期限自新隧道土建工程开工典礼之日起计算，期满后公司在隧道范围内的所有固定资产和设备等器材的所有权以及期末现金，全数无偿归上海市人民政府所有。

新隧道于 1994 年 1 月开工，至 1996 年 11 月底完成。预计投资者在 10 年后才能获得利润，但根据《上海市延安东路隧道专营管理办法》规定，港方投资者在专营期内可从隧道公司取得 15% 的投资回报率。如果不足，由沪方投资者给予补偿，仍不足，由上海市城市建设投资开发总公司以计息挂账形式负责补偿；如果超过，超出部分在先偿还前述补偿费后，全部上缴上海市城市建设投资开发总公司。

**思考题**

1. 加入 WTO 对我国涉外投资法有什么影响?
2. 我国在鼓励外商投资方面有哪些新举措?
3. 比较不同种类的外商投资企业有什么重要区别?
4. 我国法律对外商投资企业的注册资本有什么规定?
5. 简述外商投资企业的出资方式。
6. 设立外商投资股份有限公司的条件是什么?
7. 简述对外加工装配、补偿贸易和涉外租赁的法律特征。
8. 什么是 BOT 投资方式,这种投资方式有什么法律特征?
9. 名词解释:直接投资、间接投资、多边投资担保机构、解决投资争端国际中心、合营企业、合作企业、外资企业、注册资本、实缴资本制、授权资本制、投资总额、兼职禁止、竞业禁止、私人交易限制、联合管理制、委托管理制、权责发生制、借贷记账法、记账本位币、三来一补。

# 第十三章　涉外知识产权法

## 第一节　涉外知识产权法概述

### 一、知识产权和涉外知识产权法

（一）知识产权的概念和特征

1. 知识产权的概念。知识产权（Intellectual Property），是指权利主体基于其智力的创造性活动所产生的成果，依法享有的一种权利。知识产权的概念最早是在 17 世纪由法国人卡普佐夫首次使用，但至今尚无统一的定义。

传统知识产权的范围包括工业产权和版权两大类。工业产权又包括专利权和商标权。1967 年签订，1970 年生效的《成立世界知识产权组织公约》（WIPO）对知识产权的范围作了更符合现代观念的扩大，包括：

（1）有关文学、艺术和科学作品的权利；

（2）有关表演、艺术家的演出、录音和广播的权利；

（3）有关人类在一切活动领域内的发明权利；

（4）有关科学发现的权利；

（5）有关工业品外观设计的权利；

（6）有关商标、服务标记、厂商名称和牌号的权利；

（7）有关制止不正当竞争的权利；

(8) 在工业、科学、文学或艺术领域内一切来自知识活动的权利。

另外,世界贸易组织《知识产权协议》中规定的知识产权的范围则包括:版权和相关的权利、商标、地理标志、工业产品外观设计、专利、集成电路布图设计、商业秘密、协议许可证中对限制竞争行为的控制等。

2. 知识产权的法律特征。

(1) 客体的无形性。知识产权是一种无形财产,其客体是人类从事脑力劳动所取得的创新智力成果,即知识产品。这种智力成果的物化产品或物质载体并不是知识产权的有形客体。例如,运用某项技术发明生产的新产品是这项技术发明的物化产品,它当然不能成为知识产权的客体,而只有这项技术发明本身才是知识产权的客体。

(2) 人身权和财产权的双重性。知识产权是一种无形财产,具有财产权的特性,能直接体现经济利益,可以转让和继承。但同时知识产权又具有人身权的特征,知识产权与其创造者或原始取得者的人身有不可分离的关系。当今世界上大多数国家都承认这种双重性,注意知识产权的人身权保护和财产权保护。

(3) 排他性。也称"垄断性"或"独占性",主要体现在三个方面:其一,知识产权属于权利人专有,知识产权人有使用和实施该项知识产权的权利,并受到国家法律的保护,任何其他人或单位不得以任何理由阻止或妨碍知识产权人行使该项权利;其二,除非法律另有规定或合同另有约定,不经过权利人的许可,任何其他人不得使用或实施该项知识产权,否则要承担侵权责任;其三,同一创新性智力成果的知识产权只能授予一次,只能确定一个所有权主体。例如,一项已经授予某人的发明专利,其他人即使完全独立地作出同样内容的发明,也不可能再获得专利权。

(4) 地域性。在一国获得批准授予的知识产权,只在该国法律管辖的范围内得到认可和保护。知识产权的取得，一般需要经过法律规定的程序，由政府主管机关审查批准或登记后，方能成立。各国批准授予知识产权的依据是本国的法律，只要符合本国法律，就可获得知识产权，因此，对其他国家并不发生法律效力。

（5）时间性。知识产权不是永久性的权利。国家法律对它的保护是有一定期限的，超过法律规定的期限，就不再对其进行保护。法律对知识产权的保护主要是为了补偿创造该项智力成果所付出的劳动和资本。知识产权人在一定时间内享受专有权，获得经济收益，能鼓励他继续创造，从而促进社会科技、文化的快速发展。但如果保护的期限太长甚至没有期限，将会使知识产权人获得过高的经济利益，反而会使其丧失继续创造的积极性，同时对人类广泛利用该项成果也不利。因此，各国法律都规定知识产权超过一定期限，即成为社会公有财产，任何人都可以无偿使用。不过，知识产权的时间性是就其财产权利而言，而不是对其人身权利而言的。

（二）涉外知识产权法

涉外知识产权法是指调整具有涉外因素的知识产权关系的法律规范的总称。主要包括国内的专利法、商标法、著作权法，以及我国参加的保护知识产权的国际公约。

1. 我国的知识产权法律制度。改革开放以后，我国在很短的时间内，制订了一系列保护知识产权的法律、法规，先后颁布《发明奖励条例》、《自然科学奖励条例》、《商标法》、《专利法》，及其相关的《实施细则》，初步建立起我国的知识产权法律保护制度。但是，我国的知识产权保护制度与世界其他国家，尤其是与发达国家相比仍有很大的差距。

从 1988 年开始，美国就企图以我国未能充分有效地保护美国的知识产权而将我国列入“重点观察国家”名单之中，对我国适用“特殊 301 条款”。虽然我国对此作出积极的反应，在 1989 年加入

《马德里协定》,1990年颁布实施《著作权法》,并承诺修改《专利法》,但美国方面仍在1991年5月宣布将中国升为保护知识产权不力的“重点国家”,调查期6个月,届时美国政府将实行单方面的贸易制裁。

在这种形势下,我国采取了积极的应策,一方面于6月4日颁布《计算机软件保护条例》,一方面与美国加紧谈判,终于在1992年1月16日下午达成《中美关于保护知识产权谅解备忘录》。在该备忘录中,中国承诺尽快加入保护知识产权的《伯尔尼公约》、《日内瓦公约》;承诺对国内知识产权法进行修改或增加。美国则承诺终止“特殊301条款”调查,并取消把中国列为“重点国家”。

此后,为了加快恢复我国在关贸总协定中的地位,并为满足《中美关于保护知识产权谅解备忘录》中的要求,我国进行了一系列法律修改和制订活动。1992年修改了《专利法》和《实施细则》,延长了专利保护期限,增加了专利保护对象,完善了专利审批程序。1993年修改了《商标法》和《实施细则》,增加了对服务商标的注册保护,严格了侵犯商标专用权的法律责任。从而使国内外的专利权人和商标权人都能得到更全面更有效的保护,为国际科技贸易和经济交往提供了良好的法制环境。

1995年世界贸易组织成立后,进一步完善我国知识产权保护制度,成为“入世”的一项重要准备活动。为了满足《知识产权协定》中的有关要求,我国制定颁布了《知识产权海关保护条例》,以法律手段制止侵权商品的进口或出口。

2. 世界知识产权制度的发展。世界上最早的一批知识产权立法是英国1624年和1710年颁布的《垄断法规》和《安娜女王法令》,以及法国1803年和1857年颁布的《关于工厂、制造场和作坊的法律》和《关于使用原则和不审查原则为内容的制造标识和商标的法律》。

随着资本主义经济的迅速发展,国际贸易的发达和国际市场的形成，知识产权的国外保护问题日益突出，于是产生了知识产权制度国际化的需要。1873 年参加维也纳国际博览会的各国厂商提出必须对展出的新发明产品给予更充分保护的要求。在美国的建议下，经过几次国际专利会议的商讨，最后在 1883 年 3 月 20 日由法国、比利时、瑞士、荷兰、意大利、西班牙、葡萄牙、萨尔瓦多、塞尔维亚、巴西、危地马拉等 11 国在巴黎成立了"保护工业产权国际联盟"(简称《巴黎联盟》)，签订了《保护工业产权巴黎公约》(简称《巴黎公约》)。该公约于 1884 年起生效，英美等国随后参加。《巴黎公约》以后经过多次修改，成员国达到 90 余个。我国于 1985 年 3 月 19 日正式加入该公约。

继《巴黎公约》之后，有关工业产权的国际公约和协定不断增加，工业产权得到日益增强的国际性保护。1886 年《保护文学艺术作品伯尔尼公约》的签订，标志着国际著作权保护制度的建立。该公约经过多次修改，成员国已近 90 个。此后有关国际著作权保护的公约主要有：1952 年的《世界版权公约》、1961 年的《保护表演者、唱片录制者和广播组织国际公约》、1971 年的《保护录音制品作者防止未经许可复制其录音制品公约》、1974 年的《关于播送由人造卫星传播载有节目信号的公约》，和 1982 年的《避免对版权使用费双重征税的多边公约》。我国于 1992 年 10 月正式加入《伯尔尼公约》和《世界版权公约》，1993 年 4 月正式加入《保护录音制品作者防止未经许可复制其录音制品公约》。

在知识产权国际组织中，最为重要的是世界知识产权组织(WIPO)。该组织成立于 1967 年，旨在管理、监督、执行有关知识产权的一系列国际公约，以利更有效地保护世界知识产权。世界知识产权组织合并了《巴黎公约》和《伯尔尼公约》的国际机构，在日内瓦设立世界知识产权组织国际局作为常设机构。并在当年 12 月正式成为联合国的一个专门机构，管理 20 多个重要的国际公约。

## 二、保护知识产权的国际公约

(一)《保护工业产权巴黎公约》

1883 年 3 月 20 日签订于巴黎,1884 年生效,是迄今为止最有影响最重要的保护工业产权国际公约。该公约的规定不仅适用于专利权,也适用于商标权及其他工业产权。凡成员国都应受公约基本原则的约束,这些基本原则主要有:

1. 国民待遇原则。在保护工业产权方面,任何成员国应给予其他成员国国民与本国国民相同的待遇。凡是公约成员国的国民,不论他们在该成员国境内有无永久住所或营业所,只要符合对该国国民适用的条件和手续,就享有与该国国民同样的待遇;非成员国国民,如果在该成员国境内有永久住所或营业所,也能享受与成员国国民同样的待遇。

2. 优先权原则。优先权是指从申请人在某一成员国首次提出工业产权申请之日起,如果在一定期限内以同一内容向其他成员国提出知识产权申请的,其首次申请日即可作为该次申请的日期。也就是说,他后来那次申请的日期可以提前,以首次申请日来计算。

行使优先权的期限是:发明和实用新型为 12 个月,工业品外观设计和商标为 6 个月。

行使的条件是:申请人必须先在一个成员国完成一次合格的工业产权申请,而以后向其他成员国提出工业产权申请的内容必须与首次申请的内容完全相同。

3. 独立性原则。独立性是指各成员国均独立地按照本国的法律规定决定是否授予、撤销或终止某项工业产权,而不受其他成员国决定的影响。也就是说,同一项发明创造或商标在一个成员国取得了专有权,在其他成员国不一定就能取得同样的权利,而且即使够取得，它们彼此独立，相互之间并无关联。同样的工业产权在一个成员国被撤销或终止，不影响在其他成员国的效力。

4. 强制许可原则。强制许可，也称非自愿许可，是指从申请专利之日起满 4 年，或者从批准专利之日起满 3 年，二者以较长者为准，取得专利的发明，无正当理由不在授予国境内实施或没有充分实施，主管专利机构可根据有关申请人的要求，给予实施该项发明的强制许可。

采取强制许可，一方面是为了促使专利权人尽快把创造发明转化为生产力，推动国内经济技术的发展；另一方面则是为了防止专利权的滥用，如专利权人在取得专利权后，不在该国实施这些专利发明，却利用专利权垄断进口，排斥其他国家的同类产品进入该国市场，获取垄断高额利润，损害该国的利益。

申请强制许可的单位或个人必须提交证明专利权人无理拒绝许可及申请人已具备实施条件的书面文件。主管专利机构应根据专利权人的意见，仔细审查，作出批准或驳回的决定。审查批准后，申请人应与专利权人签订书面协议，确定双方的权利义务关系。强制许可的专利使用费应按公平价格而定，双方就使用费达不成协议的，可请求专利机构裁决。

经强制许可取得的专利实施权不是独占性的。专利权人在许可申请人实施该项专利后，仍有权自己实施或将此专利许可给其他第三人使用。取得实施强制许可的单位或个人，除了将利用该项许可的那部分企业或商誉一起转让外，不得转让。

(二)《专利合作条约》

1970 年 6 月 19 日签订于华盛顿，1978 年 6 月 1 日生效。我国于 1994 年 1 月 1 日正式加入该条约。中国专利局成为该条约的受理局、指定局和选定局、国际检索单位和国际初步审查单位。

《巴黎公约》主要解决工业产权的保护问题，而没有涉及其国际申请问题。根据独立性原则，不同国家授予的专利权彼此独立，互不相干。在一个成员国取得的专利要在其他国家也受到保护，必须分别向其他成员国提出申请，由各国按自己的法律和程序审查批准。这样不但麻烦，而且增加费用成本。《专利合作条约》的签订正是为了解决这一难题。

根据《专利合作条约》的规定，成员国的专利申请人可以向设在世界各地的国际专利申请受理处提出专利申请，并指明要求同时在哪些成员国获取专利。受理处接受专利国际申请后，先作初步审查，并将审查报告送交申请人指定要求给予专利的国家的专利机构。但是，该项申请能否在其他成员国获得批准，应由有关国家的专利机构根据本国的法律自行决定。

《专利合作条约》统一规定了同一发明在几个国家要求获取专利保护的申请手续和审批程序，加强了各成员国之间在专利文献的检索、初步审查的完成及公布出版专利文献等方面的合作。从而大大简化国际专利申请手续和审批程序，给成员国专利局和专利申请人提供了很多方便，为统一国际专利制度作出重要的贡献。

(三)《商标国际注册马德里协定》

简称《马德里协定》，1891 年 4 月 14 日签订于西班牙马德里。《马德里协定》是对《巴黎公约》中有关国际商标注册内容的补充。根据有关规定，参加该协定的国家必须先成为《巴黎公约》的成员国。我国于 1989 年 10 月 4 日起正式加入该协定。

根据《马德里协定》规定，申请商标国际注册的前提条件是先在本国申请商标注册。凡成员国国民在本国注册商标后，可以通过本国商标主管机关向世界知识产权组织国际事务局申请国际注册。国际事务局审查同意后即予公告，并通知申请人指定的各成员国。接到通知的成员国如不同意接受，应当在 1 年内向国际事务局提出驳回理由；1 年内不提出驳回的，该商标即被认为在该成员国注册生效，受该国法律保护。对商标国际申请驳回的理由应可同样适用于本国商标的申请，如与该国已确定的其他商标权相冲突,与该国社会公共程序相违反,或在该国市场上缺乏识别性等。

根据《马德里协定》规定,行使商标申请优先权的期限为6个月。该协定规定了统一的商标保护期限,即20年,期满时可申请续展,同时还规定,一个商标如果在国际注册后的第一个5年内被原始注册国废除,则该商标在其他成员国的注册也同时失效。

商标的国际注册给商标申请人带来的便利,一是手续简单,申请人只需用一种文字(法文)申请,办理一次注册手续,就可以在几个国家取得商标权。若向各国分别申请,就需要用各种文字逐一申请,相当麻烦;二是费用节省,每一商标的基本注册费为720瑞士法郎,每增加一个国家只加80瑞士法郎。申请人同时要求几个国家保护,一次所付的费用,远低于分别申请费用的总和。

(四)《保护文学艺术作品伯尔尼公约》

简称《伯尔尼公约》,1886年9月9日签订于瑞士伯尔尼,是国际上第一个著作权保护的国际公约,也是迄今影响最大、成员国最多的著作权保护国际公约。公约生效后经多次修订,现在大多数成员国都适用1971年7月的巴黎修订本。我国于1992年10月正式加入该公约。参加该公约的国家组成保护文学艺术作品国际联盟,简称伯尔尼同盟,成员国约有130个左右。

《伯尔尼公约》的宗旨是,尽可能有效、尽可能一致地保护作者对其文学或艺术作品所享有的权利。为此,各成员国必须遵守以下四个基本原则:

1. 国民待遇原则。国民待遇原则,是指凡公约成员国国民创作的作品或非成员国国民在某一成员国境内创作或首次发表的作品,其作者在其他成员国中可享受各该国法律现在给予和今后可能给予本国国民的权利,以及公约特别授予的权利。

2. 自动保护原则。自动保护原则,是指作者在公约成员国中享受著作权保护不需要履行任何手续而自动生效。这些手续包括登记、注册、送交样本及在作品上加注标记等。但公约并不禁止成员国对起源于本国的作品要求进行登记、注册或加注标记。如美国的国内版权法规定,已出版的作品上必须加注版权标记[①]才能取得版权,与公约并不违背。

3. 独立保护原则。独立保护原则,是指各成员国给予其他成员国作品的保护都按照本国法律独立产生,不受作品起源国著作权保护状况的影响。提出这条原则的出发点是,各成员国国内法著作权保护水平的不一致,公约如果强制性地规定统一标准,将会使保护水平较低的国家不敢加入该公约。而且采用独立保护原则,起源国保护水平较低的作者在其他成员国要求保护时,可不受起源国低水平的影响而获得更好的保护,对维护作者的权益十分有利。

4. 最低保护原则。最低保护原则是指公约成员国不论对本国作者或者对其他成员国作者的著作权保护,均不得低于公约规定的最低限度。这些最低限度包括:

(1) 应受保护的作品范围:包括文学、科学和艺术领域内的一切成果,不论其表现形式如何,都属保护对象。但不保护日常新闻或纯属报刊消息性质的社会新闻。

(2) 应授予作者的各项权利:经济权利方面主要有翻译权、复制权、公演权、广播权、朗诵权、改编权、录制权和制片权;精神权利方面主要有署名权、修改权和保护作品完整权。公约规定,精神权利独立于经济权利而存在。经济权利的转让,不影响精神权利仍属作者所有,而且精神权利至少应保护到经济权利期满为止。

(3) 保护期限:作者有生之年及其死后 50 年;电影作品自其

---

① 版权标记:也称著作权标记,表明作品受著作权保护的记号,通常应刊在作品的显著位置。国际通用的著作权标记为符号©或"Copr"、著作权人姓名和首次出版日期。音像制品的著作权标记为符号℗、表演者、录制者姓名和首次发行日。目前仅少数国家立法规定受保护的作品必须有著作权标记。

合法公之于众后 50 年，若自作品完成后 50 年内尚未公之于众，则自作品完成后 50 年；不见名作品或假名作品自其合法公之于众后 50 年，但作者身份已确定或在 50 年内被披露的，则以作者有生之年及其死后 50 年；摄影艺术作品和实用艺术作品的保护期限由各国自定，但不应少于自该作品完成后 25 年。

（五）《世界版权公约》

简称《日内瓦公约》，1952 年签订于瑞士日内瓦，1955 年 9 月 16 日生效。《日内瓦公约》的主要目的是为了协调《泛美公约》成员国与《伯尔尼公约》成员国之间的关系。

19 世纪末《伯尔尼公约》问世时，其主要成员国都是欧洲的国家，而美国及其他美洲国家在版权交易中处于劣势，认为《伯尔尼公约》对他们不利，就另行缔结了版权保护水平较低的《美洲国家间版权公约》，简称《泛美公约》。

第二次世界大战后美国崛起，一跃成为版权出口大国，急需建立一个新的世界版权保护制度，而许多发展中国家也觉得《伯尔尼公约》的保护水平过高，对他们不利，于是在美国的倡导下，由联合国教科文组织发起并主持缔结了《世界版权公约》。该公约对版权的保护水平介于《伯尔尼公约》和《泛美公约》之间，美国和其他《泛美公约》成员国都先后参加，部分《伯尔尼公约》成员国也加入其中。我国在 1992 年 10 月加入《伯尔尼公约》的同时也正式加入了该公约。

《世界版权公约》与《伯尔尼公约》并无实质性的差别，只是其对版权的保护水平稍低。比如，《世界版权公约》没有明确提出对版权精神权利的保护；《世界版权公约》采用了非自动保护原则，规定任何成员国如果其国内法要求履行一定手续才能取得版权保护，则非该国国民的作品，只要从首次出版之日起在每份复制品上标明版权标记，注明版权人姓名和首次出版年份，即视为符合受该国版权保护的条件；《世界版权公约》对版权的保护期限也规定得较短，即不得少于作者有生之年及其死后 25 年。

（六）《成立世界知识产权组织公约》

也称《世界知识产权组织公约》，1967 年 7 月 14 日签订于瑞典斯德哥尔摩，1970 年 4 月 26 日生效。根据该公约成立了世界知识产权组织（WIPO）。

其宗旨为：通过国家之间的合作和与其他国际组织之间的协作，促进国际范围对知识产权的保护，并保证各知识产权公约所建立的联盟之间的行政合作。

其职责为：鼓励缔结新的国际公约；协调各国有关知识产权的国内法；向发展中国家提供有关法律和技术援助；收集和传播技术情报；办理有关知识产权的国际注册。

世界知识产权组织的常设机构——世界知识产权组织国际局位于日内瓦，统一管理《巴黎公约》、《伯尔尼公约》及其他有关的国际公约。我国于 1980 年 3 月正式加入该组织。

《世界知识产权组织公约》的内容主要包括：世界知识产权组织的宗旨和职责；知识产权包括的内容；组织成员的资格；组织机构的设置等。

在世界贸易组织成立之前，世界知识产权组织在知识产权国际保护方面是影响最大的国际组织，但现在由于世贸组织在知识产权国际保护方面的诸多努力，其重要地位已逐渐被后者所取代。

（七）《知识产权协定》

《知识产权协定》是关贸总协定乌拉圭回合谈判的最后成果之一，草案全名为《与贸易有关的知识产权包括冒牌商品贸易问题的协议》。1994 年 4 月 15 日签订于摩洛哥的马拉喀什，1995 年 1 月 1 日正式生效。其时关贸总协定为世贸组织所取代，世贸组织专门成立知识产权理事会，管辖《知识产权协定》。其内容主要包括：

1.《知识产权协定》的宗旨。在于减少对国际贸易的扭曲和障碍，促进对知识产权充分有效地保护，并保证知识产权的实施和程序本身不对合法贸易构成壁垒。

2. 知识产权保护的基本原则。

(1) 必须遵守有关的知识产权国际公约,如《巴黎公约》、《伯尔尼公约》、《罗马公约》(即《保护表演者、唱片录制者和广播组织国际公约》)和《集成电路知识产权条约》;

(2) 所有缔约方在保护知识产权方面除了要遵守WIPO确定的原则外,还必须遵守规定的国民待遇原则和最惠国待遇原则;

(3) 知识产权的保护和实施应当有利于促进技术进步,有利于增强国际技术交流,并使科学技术的发明者和使用者都能从中受益。

3. 知识产权保护的范围和期限。协议对知识产权保护的范围和期限作了扩大性的规定。例如,在版权方面,要求成员国必须把计算机程序,包括源码或目标码、数据、方法、体系以及相关的说明资料作为文字作品加以保护,保护期限不应少于50年;在专利权方面,把许多发展中国家不予保护的药品、食品、饮料,及用化学方法获得的物质都列入专利保护的对象,并要求专利保护期限不少于15年;在商标权方面,强调了对服务标记、地理标记的保护,要求成员国提供法律手段防止假冒原产地标记的行为,拒绝为假冒原产地标记的商标注册,并对已注册的予以撤销。

协议要求各成员国对商业规模的商标仿冒、商品假冒、盗版的侵权行为,除了在民法、行政法范围处置外,还应以足够的刑事手段去制止,如监禁、罚金等,以及扣押、没收、销毁等措施。

协议强调各国海关之间在知识产权保护上的交流和配合。要求各成员国采取有效的边境措施,制止侵犯知识产权的商品在市场上流通。规定各成员国有义务为知识产权所有人提供机会制止冒牌货和盗版货入境,只要知识产权所有人有充分理由怀疑某批产品系侵权或假冒产品,即可向主管当局或司法机关申请海关扣留或销毁。

4. 防止和解决争端的机制。协议认为防止争端的一个重要条件是各成员国依据透明度原则，及时公布有关知识产权的法律、条例、司法决定和行政裁决，并把公布文件的内容全部通知知识产权理事会，接受其监督。双边或多边政府间有关知识产权的协议、条约，生效后也应立即公开。

争端的解决按照世贸组织统一争端解决程序，而不诉诸任何一种单方措施。在此前提下，可以借助跨行业的交叉贸易报复和制裁来制止侵权行为。也就是说，当一国知识产权受到其他成员国侵犯而不能得到妥善解决时，该成员国可以对与之没有联系的货物进行报复和制裁，如采用中止履行关税减让义务和提高关税等办法，迫使侵权方遵守协议规定。

5. 过渡安排。协议规定，在该协议生效后，发达国家履行义务的期限为1年，即在1年之内，这些国家应使其国内法律、条例与本协议相符合。发展中国家和由计划经济向市场经济转轨的国家可以另加4年的过渡期，对实行专利方法而不实行产品保护的最不发达国家可以再给5年的过渡期，以便他们修订法律、法规，在过渡期内与本协议的规定相符合。但是在过渡期内，该国应给予专利以追溯保护。

## 第二节　涉外专利法

### 一、专利和专利法概述

#### （一）专利和专利制度

专利（Patent），通常就是指专利权。专利权是指由国家专利主管机关依法确认并授予的对发明创造成果享有的一种专有权。享有专利权的人为专利权人，其他单位或个人要利用这项发明，必须取得专利权人的许可，签订合同并支付使用费，以保障专利权人的权益。专利权是一种知识产权，具有知识产权的各项法律特征。

专利制度是以各种法律、行政和经济手段保护专利权，加速科学技术进步的一种管理制度。专利制度诞生于自由资本主义时期。在专利制度建立前，人们对发明创造的保护主要采取保密的方法，但是保密并不可靠，而且不利于社会经济和技术的发展。于是便产生了以技术公开作为前提的专利保护制度。专利制度要求发明人公开自己的发明，“专利”(Patent)一词就是由拉丁文(Patere)转化而来，意为公开出示的衣服挂钩。发明公开，经国家有关机关审查批准后，得到法律的保护。发明人在一定期限内享有专有权，并把自己的发明成果贡献给社会，为人类造福。

(二) 我国的专利法制建设

专利法是专利制度的核心，是保护专利权最有力的手段。建国初，政务院曾颁布《保障发明权与专利权暂行条例》，但其后只批准授予过5项发明权和4项专利权，至1957年该条例实际已停止实施，1963年正式废止，而以发明奖励制度代替专利保护制度。

拨乱反正以后，随着重心向经济建设转移，我国的专利制度得以迅速恢复和建立。1980年初国务院批准成立专利局，1984年3月12日颁布《中华人民共和国专利法》，并于1985年4月1日起施行。为了与发达国家的专利制度相协调，我国于1992年1月与美国签署了《中美关于保护知识产权谅解备忘录》，并在1992年9月对国内《专利法》进行了重大修改，修改后的《专利法》于1993年1月1日起正式施行。

在国际上，我国在1980年参加了世界知识产权组织，1985年正式加入《巴黎公约》，走上专利保护国际化的道路。1992年中国以观察员身份参与乌拉圭回合谈判最后达成的《知识产权协议》草案的签订。1993年加入《专利合作公约》，1994年成为该公约的正式成员国。

## 二、涉外专利法的基本内容

### （一）涉外专利法律关系的主体

专利法律关系的主体，即专利权的主体，是指依照法律规定有权申请专利，取得专利权，并承担相应义务的自然人或法人。

1. 发明人或设计人。发明人或设计人是指对发明创造的实质性特点作出创造性贡献的人。根据专利法规定，如果发明人或设计人不是执行本单位的任务，也不是主要利用本单位的物质条件，或虽然利用了单位的物质条件，但事先约定将来要返还使用费所完成的发明创造，属于非职务发明。非职务发明，专利申请权归发明人或设计人，专利权的主体是发明人或设计人。

2. 发明人或设计人所在的单位。如果发明人或设计人是执行本单位的任务，或者主要是利用本单位的物质条件所完成的发明创造，属于职务发明。职务发明，专利申请权归发明人或设计人所在的单位，发明人或设计人所在的单位是专利权的主体。

3. 共同发明人或设计人。由两人或两人以上，对所完成的发明创造共同作出创造性的贡献的，可称为共同发明人或设计人。专利申请权归共同发明人或设计人或他们所在的单位。

4. 外国自然人或法人。在中国有经常性居所或营业所的外国自然人、外国企业或外国经济组织，在中国申请专利时，可享受国民待遇。其中外国自然人的职务发明创造，专利申请权属于其所在单位或企业；非职务发明，专利申请权属于发明人自己。

在中国没有经常性居所或营业所的外国自然人、外国企业或外国其他经济组织，在中国申请专利时，可依照其所属国与中国签订的协议或共同参加的国际组织，或依照互惠原则，享受国民待遇。但他们在申请专利或办理其他专利事务时，应当委托我国国务院指定的专利代办机构办理。

5. 中国当事人向外国申请专利。我国单位或者个人将其在国内完成的发明创造向外国申请专利的，应当先向中国专利局申请专利，并经国务院有关主管部门同意后，委托国务院指定的专利代理机构办理。中国当事人在国外完成的发明创造申请专利的，由我国驻外使馆科技处负责管理，职务发明创造依所在国法律规定申请权的归属，非职务发明创造专利申请权属发明人或设计人的，应报使馆科技处，在国外申请专利后，再办理国内申请或向第三国申请专利。

目前，国务院指定的涉外专利代理机构有中国国际贸易促进委员会专利代理处，上海专利事务所，中国专利代理（香港）有限公司，中国永新专利代理有限公司。这些机构专门接受委托，代办涉外专利申请及其他专利事务。

（二）涉外专利法律关系的客体

专利法律关系的客体，即专利权的客体，是指专利法保护的对象。包括发明、实用新型和外观设计。

1. 发明。发明，是指对任何技术领域内的难题所提出的新的、先进的、有效益的，又非显而易见的技术解决方案。具体包括产品发明、方法发明和改进发明。

根据我国专利法规定，对违反国家法律、社会公德或者妨碍公共利益的发明，不授予专利权。对下列五种情况也不授予专利权。

(1) 科学发现；

(2) 智力活动的规则和方法；

(3) 疾病的诊断和治疗方法；

(4) 动物和植物品种，但动物和植物品种的生产方法除外；

(5) 用原子核变换方法获得的物质。

2. 实用新型。实用新型，是指对产品的形状、构造或者其结合所提出的适于实用的新的技术方案。实用新型专利的技术水平低于发明专利，故被称为“小专利”或“小发明”。实用新型必须是产品，不能是方法，而且其产品必须是有一定形状结构的物品。但是，目前世界上对实用新型进行保护的国家并不很多。

3. 外观设计。外观设计，是指对产品的形状、图案、色彩或者其结合所作出的富有美感并适于工业上应用的新设计。一种外观设计的专利权，只适用于一类产品，如果有人将它用于另一类产品，不视为侵犯外观设计专利权。

（三）授予专利的条件和程序

1. 授予专利的条件。授予专利的条件包括实质条件和形式条件。实质条件，就发明和实用新型而言，必须具备新颖性、创造性和实用性；就外观设计而言，只要具备新颖性和实用性。

（1）新颖性。新颖性是指在申请日以前没有同样的发明在国内外出版物上公开发表过，在国内外公开使用过或者以其他方式为公众所知。这是世界范围的新颖性，或称绝对新颖性，发达国家大采用绝对新颖性。我国专利法规定的新颖性是一种相对新颖性，即指在申请日以前没有同样的发明在国内外出版物上公开发表过，在国内公开使用过或者以其他方式为公众所知，也没有同样的发明由他人向专利局提出过申请并且记载在申请日以后公布的专利申请文件中。判断发明是否具有新颖性，以提出申请的日期为准。

另外，申请专利的发明在申请日以前6个月内，有下列情况之一的，不丧失新颖性。

① 在中国政府主办或者承认的国际展览会上首先展出的；

② 在规定的学术会议或者技术会议上首次发表的；

③ 他人未经申请人同意而泄露其内容的。

（2）创造性。创造性是指同申请日以前已有的技术相比，该发明有突出的实质性特点和显著的进步。创造性要求该发明比同一领域里的现有技术进步，不是所属技术领域的普通专业人员显而易见的。然而，判断创造性远比判断新颖性复杂，很难有一个统一的标准。特别是各国技术水平有很大差异，判断标准也会受到专利审查人员主观因素的影响。

(3) 实用性。实用性是指发明能够制造或者使用，并能够产生积极效果。但这种实用性并不要求经过工业试验加以证实，而是由专利审查人员根据情况加以分析推论，确定其实际应用的可能性。作为专利申请人只要对该发明作出具体的文字说明或者制作出模型，即可申请专利。

2. 授予专利的程序。

(1) 申请。世界上除了少数国家仍采用先发明原则，绝大多数国家都采用先申请原则。我国也采用先申请原则，即同样的发明创造，专利权授予最先申请的人。申请的先后以专利局收到专利申请文件的时间为准。

专利申请人向专利局提交专利申请文件的形式必须符合法律规定的要求，是授予专利的形式条件。发明和实用新型专利申请应当提交请求书、说明书、摘要和权利要求书。

① 请求书。内容主要是发明创造的名称，发明人或设计人的姓名，申请人的名称、地址，以及其他事项。

② 说明书。说明发明创造所属技术领域，发明目的；清楚、完整地写明发明创造的内容，以所属技术领域的普通技术人员能够实现为准；说明该发明创造与现有技术相比具有的优点或积极效果；详细描述申请人认为实现发明创造的最佳方式。如有附图，应有图面说明。

③ 摘要。即说明书的摘要，便于专利情报交流。应写明发明创造所属的技术领域、需要解决的技术问题、主要技术特征和用途等。

④ 权利要求书。以说明书为依据，提出要求专利保护的范围。一项专利申请只能有一个独立权利要求，但可以有多个从属

权利要求。独立权利要求应当从整体上反映发明创造的主要技术内容，记载发明创造最必要的技术特征。它不需要其他权利要求来确定其范围和含义。从属权利要求指包括另一项或几项权利要求的全部技术特征，又含有若干新的技术特征的权利要求。它必须依赖于独立权利要求。

外观设计专利申请应当提交请求书以及该外观设计的图片或照片等文件，并且应当写明使用该外观设计的产品及其所属类别。

(2) 审批。世界各国实行的专利审查制度主要有三种：

① 登记制。或称形式审查制。即对专利申请只审查其手续是否合法，文件是否完备，而不考虑其实质条件是否具备。只要形式条件符合规定，即可登记，授予专利权。形式审查制简便易行，省时省费，但被批准的专利水平不高，容易引起纠纷。

② 实质审查制。不但对专利申请的形式条件进行审查，而且还要对实质条件进行审查。即在对申请作形式审查后，还必须进行严格的技术审查，确定该项发明创造具有新颖性、创造性和实用性，才能授予专利权。实质审查制工作量大，审批周期长，没有一支强大的高水平的审查员队伍，很难完成任务，但被批准的专利质量高，纠纷少。发达国家多采用这种审查制度。

③ 延期审查制。又称申请审查制，或早期公开延期审查制。这种制度综合上述两种制度的优点，由荷兰于 1964 年首创。所谓延期审查，是指对每一项发明专利申请先进行初步审查，如其形式条件合格，自申请日起满 18 个月或经申请人请求提前予以公告，并给予临时保护。自申请日起 3 年内，专利局可根据申请人请求或在专利局认为必要时，对该申请进行实质审查。申请人无正当理由在 3 年内不提出实质审查请求的，视为撤回申请。实质审查结果认为不符合专利法规定的，专利局应通知申请人，要求其陈述意见或进行修改，仍不符合的，即予驳回。实质审查结果认为没有驳回理由的，应授予专利权，发给发明专利证书，并予以登记和

公告。

我国对发明专利申请的审批采用延期审查制，对实用新型和外观设计专利申请的审批则采用形式审查制。

发明专利已在外国提出过申请的，申请人请求实质审查时，应提交该国为审查申请进行检索的资料或者审查结果的资料。无正当理由不提交的，视为撤回申请。

3. 专利权的期限、终止和无效。我国专利法规定，发明专利的保护期限为20年，实用新型和外观设计专利的期限为10年，均自申请日起计算。期限届满，专利权终止。

专利权的提前终止，可因为专利权人没有按照规定缴纳年费，或者因为专利权人以书面声明放弃其专利权。

自专利局公告授予专利权之日起6个月内，任何单位或个人认为该授予不符合专利法规定的，都可以请求专利复审委员会宣告该专利权无效。宣告无效的专利权视为自始即不存在。

（四）专利权的保护

1. 专利权人的权利。

（1）独占实施权。专利权人有权为生产经营目的制造、使用、销售、进口其专利产品，或者使用其专利方法以及使用、销售、进口依照该专利方法直接获得的产品。有权禁止他人未经其许可从事上述行为，但外观设计的专利权人无权禁止他人使用其外观设计专利产品。

（2）转让权。专利权人可以部分或全部转让其专利权。专利权的转让必须签订书面合同，经专利局登记和公告后生效。但是全民所有制单位转让专利权的，必须经上级主管部门批准；中国单位或个人向外国人转让专利申请权或者专利权的，必须经国务院有关主管部门批准。

（3）许可权。许可与转让不同，许可他人实施其专利，专利权不发生转移。在一般情况下，专利权人可自由行使专利的许可权，由当事人双方自愿签订书面许可合同，但必要时可实行强制许可。

（4）标记权。专利权人有权在其专利产品及其包装上标明专利标记和专利号。专利标记没有统一规定，可以自行设计。

2. 专利侵权。专利侵权是指专利权人的合法权利遭到违法行为的侵害。专利侵权行为是指未经专利权人许可，为生产经营目的制造、使用、销售、进口其专利产品，或者使用其专利方法以及使用、销售、进口依照该专利方法直接获得的产品的行为。

发明或实用新型专利权的保护范围以其权利要求的内容为准，并可以说明书及附图的解释为补充；外观设计专利权的保护范围以表示在图片或照片中的该外观设计专利产品为准。

有下列情况之一的，不视为侵犯专利权：

（1）专利权人制造、进口或者经专利权人许可制造、进口的专利产品出售后，使用、许诺销售或者销售该产品的；

（2）在专利申请日前已经制造相同产品、使用相同方法或者已经作好制造、使用的必要准备，并且仅在原有范围内继续制造、使用的；

（3）临时通过中国领土、领水、领空的外国运输工具，依照其所属国与中国签订的协议或者共同参加的国际条约，或者依照互惠原则，为运输工具自身需要而在其装置和设备中使用有关专利的；

（4）专为科学研究和实验而使用有关专利的。

3. 对专利权的保护方法。对侵犯专利权的行为，专利权人或者利害关系人可以请求专利管理机关进行处理，也可以向人民法院起诉。保护方法主要有：

（1）追究民事责任。专利管理机关对专利侵权行为的处理方法，主要有责令侵权人停止侵权行为；赔偿被侵犯人的经济损失；责令侵权人公开更正以恢复专利权人的信誉等。当事人对处理不服的，可以在收到通知之日起3个月内向人民法院起诉；期满不起诉又不履行的，可请求人民法院强制执行。

(2) 追究行政和刑事责任。

① 对假冒他人专利、将非专利产品冒充专利产品或者将非专利方法冒充专利方法，或者侵犯专利权情节严重的，除追究民事责任外，还可处以没收违法所得、没收侵权产品、罚款等行政处罚及追究刑事责任。

② 对没有按照专利法规定，擅自向外国申请专利，泄露国家重要机密的，由所在单位或上级主管机关给予行政处分。情节严重的，依法追究刑事责任。

③ 对侵夺发明人或设计人的非职务发明创造申请权和专利法规定的其他权益的，由所在单位或者上级主管机关给予行政处分。

④ 对专利行政管理部门工作人员及有关国家工作人员徇私舞弊的，由专利行政管理部门或者有关主管部门给予行政处分。情节严重的，依法追究刑事责任。

## 第三节　涉外商标法

### 一、商标和商标法概述

#### (一) 商标的概念和作用

1. 商标的概念。商标是商品的标记，是商品的生产者、经营者用以标明自己所生产、经营的商品与市场上他人生产、经营的商品相区别的标记。

服务商标是指商业服务的提供者为了将自己所提供的服务与他人提供的服务相区别的标记。服务商标所指的服务，主要包括信息移动服务、金融服务、租赁服务、运输服务、咨询服务、中介服务、教育服务、娱乐服务，及提供特殊或专门技术的服务。

商标和服务商标通常以文字、图案、颜色或以文字、图案、颜色结合起来表示。

2. 商标的作用。

(1) 标示商品的来源。商标能把不同来源的商品、服务区别开来。识别性是对商标最基本的要求。世界各国通常把“视觉能够识别”作为授予商标权的条件之一。商品的来源，主要是指商品由谁生产由谁经销。商品的出产地也表示商品的来源，因此地理标志、地理名称也被作为知识产权中的范畴，越来越受到各国重视。

(2) 保证商品的质量。一种商标标志一种商品，商品的质量越好，商标的信誉越高，商标的价值就越大。商标的拥有者要增加商标的含金量，必须尽力保证并不断提高商品本身的质量。

(3) 增强广告的效果。好的商标本身就是一种广告，而在广告宣传中运用商标的文字、图案，简洁明了，好认好记，更能提高广告的宣传效果。

(4) 开拓更大的市场。一个商标就是一个市场。随着消费者自我保护意识的提高，认牌购物已成时尚。在国际上，品牌的作用尤其明显。创名牌，保名牌，已成为争夺市场最重要的手段之一。

(二) 我国的商标法制建设

新中国第一部商标法是1950年颁布的《商标注册暂行条例》及其《实施细则》。《商标注册暂行条例》实行全国商标自愿注册制度，保护各种经济成分所拥有的注册商标，使大量名牌商标诞生，繁荣了市场。

然而，在社会主义改造基本完成以后，企业重生产不重销售，商标的作用受到轻视，申请注册商标明显减少。1957年我国开始实行强制性商标全面注册制度，随后又简化商标审定程序，一经核准即予注册，发给商标注册证书。1963年颁布《商标管理条例》和《实施细则》，继续实行商标全面注册制度，但商标法的重点已不是保护商标权，而是通过商标管理监督企业保证和提高产品质量。

"文革"期间商标管理受到极大的冲击，商标管理机构被撤销，内销产品名义上归地方注册和管理，实际上无人管理。商标的使用和注册极为混乱，假冒商标无人追究。出口产品也受影响，许多在国际上已有一定声誉的中国名牌，在"文革"期间因被他人抢注而失去。

1978年，工商行政管理总局成立后，立即着手恢复商标管理工作。第二年，开始规范全国商标注册工作，但仍沿用1963年的《商标管理条例》，实行全面注册制度。改革开放后，社会主义市场经济的发展对商标管理提出新的要求，暴露出《商标管理条例》的最大缺点，即缺少对商标专用权的保护条款。1982年8月23日颁布，1983年3月1日正式实施的《中华人民共和国商标法》是一部以保护商标权为核心的法律。它标志我国商标管理制度走上了制度化、法律化的道路。

为了使商标管理制度尽快与国际接轨，我国于1985年加入《巴黎公约》，1989年加入《商标国际注册马德里协定》。1993年2月22日通过了关于修改《商标法》的决定，并在同年7月1日起施行修改后的《商标法》。修改后的商标法增加了服务商标专用权的规定，扩大了商标保护的范围；增强了对商标侵权行为的法律制裁，加强了对商标保护的力度。

## 二、涉外商标法的主要内容

### （一）涉外商标法律关系的主体

商标法律关系的主体，即商标权的主体，是指依照法律规定有权申请注册商标，取得商标权的人。按照我国法律规定，商标注册申请人，必须是依法登记并能独立承担民事责任的企业、个体工商户和具有法人资格的事业单位。这就是说，国内的企业或法人都可成为商标权的主体，而自然人除非取得营业执照，登记为个体工商户，否则就不能申请注册商标，成为商标权的主体。

在一定条件下，外国人和外国企业也可以取得商标权，成为我国商标权的主体。外国人或外国企业在中国申请注册商标，应当按其所属国与我国签订的协议或者共同参加的国际条约办理，或者按对等原则办理。外国人或外国企业在我国申请注册商标和办理其他商标事宜的，应当委托我国政府指定的机构代理，如中国国际贸易促进委员会商标代理处。

中国商标在外国申请注册，可根据《马德里协定》采取商标国际注册的方法，由国家商标局代理，到多个协定成员国同时申请；也可以逐一向各国申请注册。需要在外国逐一申请商标注册，具备条件的，可以直接向外国商标主管机关申请；不具备条件的，可委托国内外代理机构或代理人代理。如委托中国国际贸易促进委员会商标代理处、中国商标事务所、外贸部门各总公司或分公司，或注册国的商标代理机构。

（二）涉外商标法律关系的客体

商标法律关系的客体，即商标权的客体，是指经过国家商标管理部门核准注册的商标。商标的注册是对商标权的确认，没有经过注册的商标，没有商标权，不是商标法律关系的客体。注册商标必须具备下列条件。

1. 法定的构成要素。注册商标的构成要素是文字、图形或者文字与图形的组合，我国商标法不承认其他形式的构成要素。

2. 具有显著的特点，便于识别。每一个注册商标必须有其独特性，使人们容易识别，不允许与其他注册商标相同或近似。

3. 不得使用下列文字、图形。

(1) 同中华人民共和国的国家名称、国旗、国徽、军旗、勋章相同或近似的；

(2) 同外国的国家名称、国旗、国徽、军旗、相同或近似的；

(3) 同政府间国际组织的旗帜、徽记、名称相同或近似的；

(4) 同“红十字”、“红新月”的标志、名称相同或近似的；

(5) 本商品的通用名称和图形；

(6) 直接表示商品的质量、主要原料、功能、用途、质量、数量及其他特点的；

(7) 带有民族歧视性质的；

(8) 夸大宣传并带有欺骗性的；

(9) 有害于社会主义道德风尚或者有其他不良影响的。

此外，县级以上行政区划、公众知晓的外国地名，不得作为商标，但是，地名具有其他含义的除外。已经注册的使用地名的商标继续有效。

(三) 商标注册的原则

1. 自愿注册原则。1983 年《商标法》实施后，我国放弃先前的商标全面注册原则，改行商标自愿注册原则。根据商标法规定，企业、事业单位和个体工商业者，对其生产、制造、挑选、加工或者经销的商品，需要取得商标专用权的，应当向商标局申请注册。对于是否需要取得商标专用权，由商标使用人决定；如果不需要取得专用权，可以不注册，未注册的商标允许使用。但是，商标自愿注册原则对少数特殊商品并不适用。法律规定，对于那些关系国计民生或者需要严格管理的商品，如药品、卷烟等，实行强制注册原则。

2. 申请在先原则。世界各国在确定商标权的归属时，大致有四种原则。

(1) 申请在先原则。我国采取这种原则。根据《商标法》规定，两个或两个以上的申请人，在同一种商品或者类似商品上，以相同或者近似的商标申请注册的，初步审定并公告申请在先的商标。

（2）使用在先原则。谁先使用，商标权归谁。先使用人随时可以对他人已注册的商标提出指控，要求撤销。

（3）混合原则。商标权原则上属于先申请人，但先使用该商标的人可以在一定时期内（2—5 年）提出指控，要求撤销。

（4）保护先使用人原则。商标权属于先申请人，但允许先使用人在原使用范围按原规模继续使用该商标，不得超越，也不得将此使用权任意转让，除非连使用该商标的企业一起转让。

（四）商标权的取得

1. 申请。商标注册的申请，由申请人或委托代理人向所在地商标管理机构提出。申请注册商标按"一项申请，一个商标，一类商品"的原则办理。即一项申请只能申请一个商标，而这个商标只在一个类别的商品上受到保护。商品类别的区分，按照 1988 年国家工商管理局发布的《关于实行商标注册用商品国际分类表的通知》中所附《商标注册用商品和服务国际分类表》。

商标注册申请人在申请时，需提交申请书 1 份、商标图样 10 份（指定颜色的彩色商标，应交送着色图样）、黑白墨稿 1 份以及有关证明文件。商标注册的申请日期，以商标局收到申请文件的日期为准。

2. 审查核准。商标局受理申请后，对申请注册的商标进行初步审定。初步审定包括形式审查和实质审查。形式审查主要审查申请人的资格和申请文件是否完备，实质审查主要审查商标的内容是否具有新颖性及是否违反商标法。审查合格，即予公告；审查不合格，即予驳回申请。

自公告之日起 3 个月内，任何人均可提出异议，无异议或者经裁定异议不能成立的，给予核准注册，发给商标注册证，并再次予以公告;经裁定异议成立的,不予核准注册。申请人或异议人对裁定不服的,可在收到通知之日起 15 日内申请复议,由商标评审委员会做出终局裁定。对已经注册的商标,自核准注册之日起 1 年内发生争议,可向商标评审委员会申请裁定。

商标权自核准注册之日起生效。我国商标法规定的商标注册有效期限为 10 年,期满需要继续使用的,可以在期满前 6 个月至期满后 6 个月内申请续展注册,过期不申请续展的,注销该注册商标。每次续展注册的有效期仍为 10 年,续展次数不限。

(五) 商标权的保护

1. 对商标侵权行为的制裁。商标侵权行为是指侵犯他人注册商标专用权的行为,主要包括:

(1) 未经注册商标所有人同意,在同一商品或类似商品上使用与其注册商标相同或近似的商标的;

(2) 销售明知假冒注册商标的商品的;

(3) 伪造、擅自制造他人注册商标标识或者销售伪造、擅自制造的注册商标标识的;

(4) 给他人的注册商标专用权造成其他损害的行为。

对商标侵权行为,任何人都可以要求地方工商行政管理机关予以查处,被侵权人也可以直接向人民法院起诉。行政处理包括责令停止侵权行为,封存或收缴其商标标识,消除现存商品和包装上的商标,赔偿被侵权人的损失等。情节严重的可由司法机关追究刑事责任。

2. 对违反商标法行为的处分。违反商标法行为包括:

(1) 强制注册的商品不使用商标或不申请注册商标的;

(2) 未注册商标冒充注册商标的;

(3) 未注册商标使用的文字、图形违反商标法规定的;

(4) 利用改换商标降低商品质量或变相提高价格的行为。

对违反商标法行为,地方工商行政管理机关可根据情节轻重,给予警告、罚款、没收商品的处分。

3. 注册商标的撤销。使用注册商标有下列行为之一的，由商标局责令限期改正或者撤销该注册商标。

(1) 自行改变商标的文字图形或者其组合的；

(2) 自行改变商标注册人的名义、地址或者其他注册事项的；

(3) 自行转让注册商标的；

(4) 连续3年停止使用的；

(5) 用欺骗手段或者其他不正当手段取得注册商标的。

另外，使用注册商标，其商品粗制滥造，以次充好，欺骗消费者的，由工商管理机关责令限期改正，予以通报或罚款，或者由商标局撤销其注册商标。

4. 对驰名商标的特殊保护。驰名商标(Well-known Trade Mark)，是指具有相当信任程度和极高声誉的，在流通领域具有很强的促销功能的，并以法律授权商标主管机关依法确认的注册商标。对驰名商标的确认，虽然至今国际上尚无一个统一的标准，但大致可根据该商标在消费大众中的知名度、广告或宣传传播的范围、持续使用的时间、商标所标示商品的产销状况等来确定。

国际上对驰名商标的保护程度在不断提高。《巴黎公约》规定，对驰名商标应给予特殊保护，与其相同或部分相同的标识应被排除在注册之外；驰名商标自注册之日起满5年，就成为不可争议的商标。《知识产权协定》对驰名商标的保护更进了一步，不但把《巴黎公约》的特殊保护延伸到驰名的服务商标，而且把保护范围扩大到禁止在不类似商品或服务上使用与驰名商标相同或相似的标识。

我国《商标法》对驰名商标的特殊保护没有明文规定，但在商标管理实践中对驰名商标有特殊照顾。加入WTO后，《知识产权协定》将对我国生效，对驰名商标的特殊保护就意味着：驰名商标的所有人不但在同类产品或服务上获得该商标的独占使用权，而且在其他所有产品或服务上也享有该商标的独占权;禁止任何其他人在任何产品或服务上使用与驰名商标相同或相似的标识,如有违反,当事人可请求成员国主管机关对此商标拒绝或撤销注册。这样,未在该成员国注册的驰名商标也能得到特殊保护,可以排除已注册的普通商标。

但是,由于各国利益不同,地方保护势盛,国际上对驰名商标抢先注册、仿冒注册的行为相当普遍。为了更有效地保护驰名商标,有些国家给予驰名商标的所有人进行防御商标注册的权利。防御商标是在许多不同类的产品上注册同一个驰名商标,以防他人侵权。

## 第四节 涉外技术转让法

### 一、涉外技术转让的概念

涉外技术转让是指我国公司、企业、其他经济组织或个人同外国公司、经济组织或个人之间,通过贸易方式有偿转让技术的商业活动,包括技术引进和技术输出。其国际公认的定义是:“技术转让是关于制造产品、应用生产方式或提供服务的系统知识的转让,但不包括单纯的货物买卖或租赁。”

技术转让的标的是无形的技术,机器设备等有形产品虽然经常会随同技术一起转让,但机器设备不能单独构成技术转让的标的。单纯的机器设备买卖或租赁,不属技术转让的范畴。

根据技术不同的法律地位,可分为专利技术、专有技术和普通技术三种。

(一) 专利技术

专利技术在专利申请或批准时已经向社会公开,同时得到专利法的保护。

（二）专有技术

专有技术(Know-How)是指某种尚未公开的生产工艺或设计秘密，它包括已成图文的技术资料及人的经验、知识和技巧。专有技术不受专门法律的保护，其内容需要持有者自己保密。专有技术中有一部分是不具备申请专利条件的技术，无法获得专利法的保护；另一部分则虽已具备申请专利的条件，但持有人为了保证对该技术的垄断，不愿公开，宁愿通过保密手段取得比专利保护期更长的有偿转让时间。

在实践中，技术持有人为了更好地保证自己的利益，往往将专有技术与专利同时转让。他们在专利说明书上只公开人们容易领会的大致方法，而将一些关键步骤或诀窍作为专有技术保留起来。购买这些专利技术的人必须同时取得他们的专有技术，才能发挥最佳经济效益。

（三）普通技术

普通技术是指已经成为公众所有的技术。普通技术有些属常识性技术，根本不具备申请专利的条件，也包括已经超过专利保护期限的专利技术。普通技术公知公用，本不应成为技术转让的标的，但是，有些发达国家的普通技术，在不发达国家却还未被人知晓，在实际运用时仍存在较大的技术障碍，就可能被作为专有技术转让。

普通技术转让不采用技术贸易性质的许可协议，而是采取技术咨询、技术服务、技术培训、技术示范、合作生产、工程承包等形式，即工程技术贸易形式。

## 二、涉外技术转让的方式

涉外技术转让的通行方式是采用许可证合同，即许可证贸易。

所谓许可证,是指一项专利、专有技术的所有人允许他方在一定范围一定期限内有偿使用该专利、专有技术的协议。在国际许可证贸易中,一般都是将专利、专有技术甚至相关的商标结合在一起,作为一项许可证的内容,而很少单独以其中之一作为许可证的标的。

(一) 许可证的种类

1. 普通许可证。普通许可证(Simple Licence),是指许可方允许被许可方在指定区域内使用许可证项下的技术,但同时保留自己或再允许第三方在该区域使用该技术的权利。

2. 独占许可证。独占许可证(Exclusive Licence),是指被许可方在指定区域内享有对许可证项下技术的独占使用权。许可方不得自己或再允许第三方在该区域内使用该项技术。

3. 排他许可证。排他许可证(Sole Licence),是指许可方允许被许可方在指定区域内享有对许可证项下技术的独占使用权。这种独占只排除第三方,而不影响许可方的权利。即许可方不得再允许任何第三方在该区域使用该技术,但许可方自己仍可在该区域使用。

4. 可转让许可证。可转让许可证(Sub-Licence),又称分售许可证,是指被许可方不仅享有在指定区域内对许可证项下技术的使用权,而且有权向第三方转让该项使用权。在向第三方转让许可证时,原被许可方应向许可方负责。

5. 交叉许可证。交叉许可证(Cross Licence),是指双方以价值相当的技术,互惠交换使用权的许可证。较多发生于改进技术后的被许可方与原许可方交叉使用对方技术的情况下。

(二) 许可证合同的主要内容

1. 序言部分。

(1) 主体条款:包括双方当事人的名称、法律地位、地址、国籍;

(2) 鉴于条款：阐明合同订立的目的、意图及合法性的说明；

(3) 定义条款：对合同中使用的一些关键性术语作明确的定义，以免双方在合同的解释和执行上产生分歧。

2. 正文部分。

(1) 授权条款：包括特许权的性质、范围及再转让的权利；

(2) 使用费条款：包括计算方法、金额、支付方式和结算方式；

(3) 技术援助条款：包括技术资料的交付、技术培训和技术服务；

(4) 担保条款：包括技术担保（保证提供的技术是先进的、可靠的、有效的）和权利担保（保证出让的权利是合法的、完整的，不受第三方的指控）；

(5) 保密条款：被许可方应对专有技术承担保密责任，包括保密对象、保密范围、保密期限及泄密责任等；

(6) 违约救济条款：包括终止或解除合同、停止支付或要求退还使用费、要求支付违约金或赔偿金等；

(7) 不可抗力条款：也称免责条款，规定不可抗力事件的范围、当事人的补救和通知义务以及法律后果；

(8) 争议解决条款：规定争议解决的方式、适用的法律。

3. 结尾部分。

主要包括合同的生效、合同的期限、合同的变更或终止、使用的文字、各文本的效力，以及签约日期和地点等。

（三）禁止限制性商业条款

限制性商业条款，也称限制性商业行为、违反公平贸易条款或反垄断禁令，是指在国际技术贸易中，许可方利用自己的优势，对被许可方施加种种不合理的限制。各国法律对此均有不同程度的禁止。联合国 1980 年通过的《关于控制限制性商业行为的多边协议的公平原则和规则》对限制性商业行为的定义是："凡是通过滥用或者谋取滥用市场力量的支配地位，限制进入市场或以其他方式不适当地限制竞争，对国际贸易，特别是对发展中国家的国际贸易及其经济发展造成或可能造成不利影响，或者通过企业之间的正式的或非正式的，书面的或非书面的协议以及其他安排造成了同样影响的一切行动或行为。”

限制性商业行为很多，具体应包括哪些行为，各国至今尚无一致意见。根据我国《技术引进合同管理条例》的规定，许可证合同中不得含有下列限制性条款，否则将导致违法无效：

1. 搭卖条款。要求受方接受同技术引进无关的附带条件，包括购买不需要的技术、技术服务、原材料、设备或产品。欧共体《专利(与专有技术)许可证规则》规定，诱使被许可人接受其本不需要的专利、商品或者服务，是违反欧共体竞争法的限制性行为。美国则视为违反反托拉斯法的行为。

2. 限制被许可人营销策略条款。包括限制被许可人利用引进技术生产产品的数量、品种；采用以限制竞争为目的的价格固定条款；限制被许可人以其他来源获得类似技术或与之竞争的同类技术；限制被许可人自由选择从不同来源购买原材料、零部件或设备；限制被许可人销售对象的范围和销售方式等。欧共体、美国、日本等国法律都视为非法，予以禁止。

3. 回授条款和不合理的提成费。回授条款是关于许可证贸易双方如何交流改进技术的专门条款。对等的相互回授，即任何一方取得技术改进和发展，均应允许对方使用，一般不受禁止。单方面回授条款，即要求被许可方单方面地回授改进技术或有关信息，使双方交换改进技术的条件不对等，则违反竞争法或反垄断法。

4. 不合理的提成费。一是指对非使用许可人的技术生产的产品支付提成费；二是指对已经进入公开领域，失去专有性的专利或专有技术支付提成费。各国法律禁止这种行为。

## 第五节　涉外著作权法

### 一、著作权和著作权法概述

（一）著作权和邻接权

著作权(Copyright)也称版权，是指文学、艺术和科学作品作者依法对其所创作的作品享有的专有权利。著作权包含两部分：一是精神权利，属人身权范畴，包括发表权、署名权、修改权和保护作品完整权；二是经济权利，属财产权范畴，包括对作品的复制、录制、表演、播放、展览、翻译、改编、发行、摄制电影、电视、录像等权利，以及许可他人以上述方式使用其作品并由此获得报酬的权利。

邻接权，或称著作权的邻接权，是指通过再创作方式传播他人作品而产生的专有权利。包括图书出版人的专有出版权；表演者的对其表演进行录音、录像或向公众传播的权利；音像作品制作者的对其制品复制、进口和发行的权利；广播组织者的转播、录制和复制其广播节目的权利。各国法律在保护作者和著作权的同时，也保护传播者的邻接权。

著作权和邻接权均无须经过申请和批准即可自动产生，受到法律的保护。未经著作权人或邻接权人的授权或许可，任何人不得侵犯或行使该项权利。

（二）我国的著作权法

著作权法，也称版权法，是调整著作权关系，即因创作、传播和使用作品而产生的各种社会经济关系的法律规范的总和。我国的著作权法包括国内著作权法和我国参加的保护著作权的国际公约。

1955 年，我国曾拟订过《出版物的著作权保护条例》，因形势变化没有出台，此后一直没有对著作权进行有力的法律保护。1979年我国开始组织起草《著作权法》，同年中美两国签订《中美贸易关系协定》，要求我国按国际标准保护著作权，客观上推动了我国著作权法的诞生。我国现行的著作权法是1990年9月7日通过，1991年6月1日起施行的《中华人民共和国著作权法》。我国已经参加的著作权保护国际公约有《伯尔尼公约》、《世界版权公约》等。

## 二、涉外著作权法的基本内容

### （一）涉外著作权法律关系的主体

著作权法律关系的主体，即著作权人，是指依法对文学、艺术和科学作品享有著作权的人。包括：

1. 作者。是著作权的原始主体，即创造作品的人，可以是自然人、法人或者非法人单位。作者的认定标准是：

（1）创造作品的公民为作者；

（2）由法人或非法人单位授意和主持，并承担责任的作品，法人或非法人单位为作者；

（3）没有相反证明时，作品上署名的自然人、法人或非法人单位为作者。

2. 依法取得著作权的自然人、法人或非法人单位。是著作权的继受主体，但他们只能取得著作权的财产权利，取得的途径主要有：

（1）公民以继承、遗赠获得著作权的财产权利；

（2）法人或非法人单位变更、终止后，承受其权利义务的法人或非法人单位享有其著作权的财产权利。没有承受其权利义务单位的，由国家享有；

（3）公民、法人或非法人单位根据合同约定取得著作权。根据我国著作权法的规定，中国公民、法人或非法人单位的作品，不论是否发表，均依法享有著作权；外国人的作品首先在中国境内发表的，依法享有著作权；外国人在中国境外发表的作品，根据其所属国与中国签订的协议或者共同参加的国际条约享有著作权。而《伯尔尼公约》则规定，任何成员国国民的作品，无论出版与否，均受保护；非成员国国民的作品首次在一成员国出版，或在一非成员国与一成员国同时出版的，均应受到保护。

（二）涉外著作权法律关系的客体

著作权法律关系的客体，即著作权法保护的对象，是作者创造的作品。包括以各种形式创作的文学、艺术、自然科学、社会科学、工程技术等作品。而不包括法律、法规、国家机关决议、命令等具有立法、司法、行政性质的文件，及官方正式译文。也不包括时事新闻、历法、数表、通用表格和公式。

（三）著作权的法律保护

1. 著作权的保护期限。我国著作权法规定，公民的作品其发表权、使用权和获得报酬权的保护期为作者终生及其死后 50 年。截止于作者死后第 50 年的 12 月 31 日。合作作品，截止于最后死亡的作者死亡后第 50 年的 12 月 31 日。

法人或非法人单位的作品，或者由法人、非法人单位享有的职务作品，以及电影、电视、录像和摄影作品的发表权、使用权和获得报酬权的保护期为 50 年，截止于作品首次发表后第 50 年的 12 月 31 日。但作品自创造完成后 50 年内未发表的，不再保护。

计算机软件的保护期为 25 年，截止于软件首次发表后第 25 年的 12 月 31 日。保护期满前，著作权人可以向软件登记管理机构申请续展 25 年，但保护期最长不超过 50 年。

2. 合理使用的限制。合理使用是指法律允许当事人不经著作权人同意，不向其支付报酬的自由使用。根据我国著作权法的规定，在一定的条件下，如为个人学习、研究或欣赏，为介绍、评论某一作品或说明某一问题，为了教育活动、学术研究、报道时事新闻、执行公务、公共陈列和借阅，而使用或引用他人作品的为合理使用，不侵犯著作权人的权利。

3. 著作权的法律保护形式。

(1) 追究民事责任。著作权人可以请求人民法院责令侵权人停止其侵权行为、消除不良影响、公开赔礼道歉、赔偿损失及承担其他相应的民事责任。

(2) 行政制裁。对于恶意侵权、造成著作权人损失较大，或者影响极大、性质恶劣的侵权行为，著作权管理机关可以不经被侵权人申请主动采取制裁措施，作出行政处罚。包括警告、责令停止侵权行为、没收非法所得、没收侵权复制品及制作设备、罚款及责令侵权人赔偿受害人的损失。

4. 著作权的许可使用。著作权的许可使用是指著作权人授予他人使用其作品的权利，并由此获得报酬的法律行为。著作权的许可使用是有限的，被许可人只能按照许可使用合同条款规定的内容行使使用权，著作权许可使用合同的主要条款包括：

(1) 许可使用作品的形式。规定被许可人能以何种方式利用作品，如出版、复制、表演等；

(2) 使用权的性质。确定是专有使用权或是非专有使用权。专有使用权，著作权人不得自己或再授予第三人使用该项权利，非专有使用权，著作权人可以自己或再授予第三人使用该项权利；

(3) 许可使用的范围和期间。使用范围通常是指地域范围，期间是指被许可人能够利用该作品的最长期限；

(4) 付酬标准和办法。在我国，使用作品的付酬标准由国务院著作权行政管理部门会同有关部门制定。但如果合同另有约定，可以按照合同约定的标准和办法支付报酬；

(5) 违约责任。

## 三、计算机软件的著作权保护

《著作权法》把计算机软件列为保护对象，保护办法由国务院另行规定。1991 年 6 月 4 日，国务院制定了《计算机软件保护条例》，于 10 月 1 日起实施。1992 年 4 月 6 日，机械电子工业部公布《计算机软件著作权登记办法》，于 5 月 1 日起实施。1992 年 9 月 25 日，国务院发布《实施国际著作权条约的规定》，于 9 月 30 日起实施。这些法规的颁布和实施，初步构成了我国计算机软件的法律保护体系。

### （一）软件的定义

软件的定义为"计算机程序及有关文档"。计算机程序，是指用文字、代码等形式表示的能够使计算机完成某种任务或得到某种结果的一组指令。文档，是指用自然语言或形式化语言编写的文字资料和图表，以表示计算机程序的内容、功能规格或使用方法，如程序设计说明书、用户手册等。

受保护的软件应具备下列条件：

1. 软件必须是由开发者独立开发的，具有独创性；

2. 该软件必须已经固定在某种有形物体上；

3. 软件的保护不能扩大到开发软件所用的思想、概念、发现、原理、算法、处理过程和运行方法。

### （二）软件著作权的获得

软件著作权的获得需要经过登记程序。登记是取得软件著作权的证明，也是提出软件权利纠纷行政处理或诉讼的前提。软件著作权登记的程序为：

1. 申请。软件创作者应向软件登记管理机构申请办理软件著作权登记。提交的申请文件中，应包括部分源程序及有关文档组成的鉴别材料，将软件的功能、性能、编程技巧以固定的表现形式记载下来。

2. 审核发证。软件著作权登记管理机构审核申请文件中所述事实，作出登记或拒绝的决定。若准予登记，即发给登记证明文件。登记证明文件是软件著作权有效的初步证明。

3. 软件著作权的转移登记。已经登记的软件，若发生软件权利转移，应当向原登记机构办理登记备案，否则不能对抗第三人。

（三）软件著作权的保护。

1. 软件著作权的侵权行为主要包括以下五个方面。

(1) 未经软件著作权人同意发表其软件作品；

(2) 将他人开发的软件当作自己的作品署名或发表，或者未经合作者的同意，将合作开发的软件当作自己单独完成的作品发表；

(3) 未经软件著作权人或其合法受让人的同意，修改、翻译、注释、复制或部分复制其软件作品；

(4) 未经软件著作权人或其合法受让人的同意，向公众发行、展示其软件的复制品；

(5) 未经软件著作权人或其合法受让人的同意，向任何第三方办理其软件的许可使用或者转让事宜。

对于软件著作权侵权行为，可依照著作权侵权行为处理，追究民事责任或给予行政处罚。

2. 对软件著作权人的权利限制。

(1) 合理使用。因教育、科研、国家机关执行公务等非赢利性的少量复制使用，可不经软件著作权人的同意，也不必支付报酬。但合理使用时，应说明软件的名称、开发人，并不得侵犯著作权人的其他权利。

(2) 合法持有软件复制品的单位或个人，在不经软件著作权人同意的情况下，有下列权利：

① 根据使用需要，把该软件装入计算机内；

② 为了存档而制作备份复制品，但这些复制品不得以任何方式提供给他人使用；

③ 为了实际的计算机应用而对该软件进行必要的修改。

**思考题**

1. 简述知识产权的定义及其法律特征。
2. 《保护工业产权巴黎公约》规定了哪些基本原则？
3. 《保护文学艺术作品伯尔尼公约》的基本原则是什么？
4. 简述《知识产权协定》对知识产权保护的原则性规定。
5. 我国授予发明和实用新型专利的实质条件是什么？
6. 世界各国实行的专利审查制度有哪几种，我国实行的是哪一种？
7. 我国法律对商标的国际注册有哪些规定？
8. 在许可证贸易中，法律禁止哪些限制性商业条款？
9. 如何取得计算机软件著作权，我国对软件著作权有何保护措施？
10. 名词解释：知识产权、工业产权、专利权、发明、实用新型、外观设计、强制许可、服务商标、驰名商标、防御商标、专有技术、普通许可证、独占许可证、排他许可证、可转让许可证、交叉许可证、著作权、邻接权。

# 第十四章　涉外纠纷处理的法律制度

## 第一节　涉外合同争议的解决

### 一、涉外合同争议的解决方式

（一）协商

协商是指争议发生以后，双方当事人通过直接磋商达成协议，解决纠纷的一种方式。协商不需要任何第三人参与，双方当事人之间可以在自愿平等、互谅互让的基础上直接沟通，寻求双方都能接受的和解方案。

通过协商解决涉外合同争议的优点是：

1. 协商可以不拘形式和程序。争议发生后，只要一方提出，另一方同意，即可开始协商。如果双方都有诚意，便能以最快的速度解决争议。因而，协商是一种省时省费、经济有效的解决争议方式。

2. 协商不伤双方感情。采用协商解决争议，既能消除当事人双方的误解和分歧，又不伤双方感情。如果通过协商，双方相互沟通，更加了解和理解对方，反而能促进友好，有利于双方今后继续保持并发展涉外经济合作关系。

3. 协商可以保守当事人之间的商业秘密。采用协商解决争议，可以有效地保守当事人之间的商业秘密。因为协商时没有第三人参加，而且协商的内容也无需公之于众，商业秘密不会因此而泄漏。

4. 协商不妨碍当事人采取进一步的法律行为。协商和解是一种任意性行为，没有任何强制力。任何一方不得诱骗或强迫另一方接受和解协议，否则达成的协商和解无效。任何一方也无权依据协商达成的和解协议强制对方履行，对和解协议的履行只能出自双方当事人的自愿。如果一方事后反悔，不愿意履行和解协议，另一方可以再次与其协商，或采取其他方式解决，如仲裁或诉讼。

（二）调解

调解是指争议发生后，由第三人出面主持调停，使双方当事人自愿达成和解协议，解决争议的一种方式。调解除有第三人参加这一特点外，具有协商和解的大部分优点。调解也是一种程序简便、灵活快速的争议解决方法，调解不伤及双方感情，有利于当事人双方继续保持和发展友好合作关系。由于调解人通常是有经验，有声誉，明白事理或有专业知识的人，能够据事实讲道理，说服双方当事人互谅互让，更使和解的可能性大大增加。

调解根据调解人的身份和地位的不同，可以分为民间调解、仲裁调解和法院调解。仲裁调解和法院调解将在第三、四节中介绍，这里仅讲民间调解。

民间调解，是指由民间人士或组织担任调解人，主持调解，达成和解协议。民间调解的调解人可以由双方自行指定或提请民间机构委派，但应该是与双方都没有利害关系的，且能为双方所信服的人。民间调解的程序和方式也可以由当事人约定。国际社会为国际民间调解制定了专门的规则，如《国际商会调解规则》。但这种规则属任意性规范，当事人可以自行决定是否采用。

民间调解不具有法律上的约束力。通过民间调解达成的协议,可以看作是当事人之间一项新的合同关系,但需要靠当事人自觉履行,任何一方不能强迫对方履行,也不能据此请求法院强制执行。如果当事人一方不愿意履行调解协议,另一方可以追究其违约责任,或采取其他方式解决,如仲裁或诉讼。

在解决涉外经济纠纷争议中,涉外调解机构的作用值得重视。中国国际贸易促进委员会下附设的北京调解中心,成立于1987年,是专门受理国际经济贸易和海事争议调解案件的涉外调解机构。北京调解中心与德国的"北京—汉堡调解中心"、美国的"纽约调解中心"签订有调解合作协议,共同制定了相关的调解规则。根据调解规则,中德、中美当事人之间发生的由于合同关系或其他法律关系,包括经济、贸易、交通运输、金融、保险、技术转让等引起的或与法律关系有关的争议,均可通过联合调解的方式予以解决。

联合调解以当事人双方自愿为基础。当事人可以协商选定两调解中心秘书处中任何一方作为案件的行政管理机构,如未选定,则由被申请人所在国的秘书处进行管理。秘书处负责组织安排调解会议,为当事人和调解员交换材料及提供其他必要的协助和服务。

联合调解有两名调解员,分别由双方当事人从其所在国的调解中心调解员名册中指定。调解员可以按照他们认为适当的方式进行调解,但必须以独立、公正,不偏袒任何一方,可以单独会见一方当事人,可以在适当的时候提出和解建议。

调解最终未达成和解协议的,调解员可以在以后同一争议案件的仲裁程序中被指定为仲裁员。但是,调解员在调解过程中提出过的建议或者当事人所做过的对事实和法律的承认或接受建议的事实,都不能作为证据在以后的仲裁程序中予以引用。

调解最终达成和解协议的,双方当事人应签署和解协议书,并由调解员作出调解书。

**(三)仲裁和诉讼(详见第三、四节)**

## 二、涉外经济合同争议处理的时效

### （一）时效的概念

时效，是指法律规定一定事实状态在法定期间内的持续存在而产生的法律效力。时效的产生，以一定事实状态的存在为前提。这一事实状态必须是客观存在的，而且必须是持续存在经过一段时间，达到法律规定的期限，才能产生与该事实状态相适应的法律效力。

时效有两种：一是占有时效，也称取得时效，是指占有人以自己所有的意思，善意地、公开地、不间断地占有他人的财产，经过法定期间，可以取得占有财产的所有权；二是诉讼时效，也称消灭时效，是指权利人在法定期间不及时行使其民事权利或请求保护其民事权利，法律规定消灭其胜诉权。涉外经济争议处理所涉及的时效问题，主要是诉讼时效。

### （二）诉讼时效期间

诉讼时效消灭的是胜诉权，即诉讼时效期间届满，当事人将丧失请求法院依诉讼程序强制对方履行义务的权利。时效制度是一种强制性规范，时效期间由法律规定，当事人无权自行协商。

世界各国对诉讼时效期间的规定各不相同，如德国、法国长达30年，日本为20年，泰国为10年。我国《民法通则》规定，请求民事权利保护的诉讼时效期间为2年。《合同法》规定，因国际货物买卖合同和技术进出口合同争议提起诉讼或者申请仲裁的期限为4年。因其他合同争议提起诉讼或者请求仲裁的期限，依照有关法律的规定。

诉讼时效期间从当事人知道或者应当知道其权利受到侵害之日起计算，但最长诉讼时效期间从权利被侵害之日起不得超过20年。

(三)时效的中止和中断

在诉讼时效期间，因发生一定的事由，致使诉讼时效期间不能在法定期间届满时完成，即出现完成的障碍，可引起诉讼时效的中止或中断。

1. 诉讼时效的中止。诉讼时效的中止，是指在诉讼时效期间的最后6个月内，因不可抗力或者其他障碍使当事人无法行使请求权，诉讼时效暂停。从中止事由消除之日起，诉讼时效期间继续计算。

2. 诉讼时效的中断。诉讼时效的中断，是指因提起诉讼、当事人一方主张权利或者另一方同意履行义务，诉讼时效终止，从中断之日起，诉讼时效期间重新计算。

## 第二节　涉外行政争议的解决

### 一、涉外行政争议的产生

(一)涉外行政争议的概念

涉外行政争议，是指具有涉外因素的行政争议。在涉外经济贸易领域，就是指行政机关在行使涉外经济管理职能时，与被管理方之间产生的争议。在涉外经济管理关系中，管理方和被管理方的法律地位是不平等的，管理方有依法实施管理的权利，被管理方只有服从管理的义务。但是，管理方不能因此依仗职权任意干涉被管理方的行为和侵犯他们的合法权益。如果管理方任意干涉被管理方的行为或侵犯被管理方的合法权益，被管理方有权维护自己的权益，对行政管理行为提出异议，这便产生行政争议。

涉外经济贸易领域的行政争议的特点主要表现为：

1. 涉及争议的被管理方情况复杂，包括有关的外国公民、企业、公司或其他经济组织，也包括参加涉外经济活动的我国公民、企业、公司或其他经济组织。而其中在中外合资、外商投资管理中发生的行政争议较多。

2. 涉及争议的管理方部门较多，涉外行政争议往往发生在多个行政管理环节，牵涉到多个行政部门。

3. 由于争议涉及面广，案情比较复杂，影响也往往比较大，必须慎重对待，认真处理。

（二）涉外争议产生的原因

涉外经济贸易领域的行政争议大致由以下几种原因引起：

1. 因国家征收或类似征收行为而引起争议。如撤销已经批准的外商投资项目、收回已经批租给外商的土地所有权等。

2. 因优惠政策或优惠措施没有落实而引起争议。如税收减免、给予进出口配额或许可证的承诺不能兑现等。

3. 因行政行为不规范或不合法而引起争议。如行政部门乱收费、乱摊派、拒绝履行法定的职责等。

4. 因行政处罚的不当而引起争议。如行政处罚缺乏事实依据、定性错误或使用法律错误等。

## 二、涉外行政争议的解决方式

（一）行政复议

行政复议是指公民、法人或其他组织认为行政机关或者行政机关工作人员的具体行政行为侵犯了自己的合法权益，可以依法向有关行政机关提出申请，要求其对具体行政行为进行审议。

行政复议是一种行政救济手段，是上级行政机关对下级行政机关或行政机关对行政机关工作人员的行政监督。复议机关在接到申请后，应在规定的时间内对引起争议的具体行政行为的合法性和适当性进行审查，作出处理决定。如我国《外商投资企业和外国企业所得税法》规定，外商投资企业同我国税务机关就纳税问题发生争议，必须先按照规定纳税，然后再向上级税务部门申请复议，上级税务部门应当在接到申请后3个月内作出处理决定。当事人对行政复议不服的，可向人民法院提起诉讼。

（二）行政诉讼

行政诉讼是指公民、法人或其他组织认为行政机关或者行政机关工作人员的具体行政行为侵犯了自己的合法权益，可以依据《中华人民共和国行政诉讼法》向有管辖权的人民法院提起诉讼，由法院按照行政诉讼程序对引起争议的具体行政行为的合法性进行审理，作出判决。

提起行政诉讼应当符合下列条件。

1. 要有有权起诉的原告。原告必须是认为具体行政行为侵犯了其合法权益的公民、法人或其他组织。外国人、无国籍人及外国组织在我国进行行政诉讼，同我国公民、组织享有同等的权利和义务。不具备法人资格的其他组织（如外国公司的分公司或办事处、中外合作经营企业等）可由其主要负责人作为法定代表行使诉讼权利。

2. 要有明确的被告，而且被告必须是行政机关。我国行政诉讼法确定被告的基本原则是“意思表示原则”，即根据具体行政行为体现谁的意志，就以谁为被告。因此，如果原告没有申请行政复议，或者复议机关不作更改决定的，以作出具体行政行为的行政机关为被告，复议机关更改原行政行为的，以复议机关为被告。

3. 要有具体的诉讼请求以及支持该请求的事实根据。但是，在行政诉讼中，被告对其所作的具体行政行为是否合法和适当、是否侵犯原告的合法权益负有举证义务和责任。

4. 向具有行政诉讼管辖权的人民法院提起诉讼。

受理第一审行政案件的人民法院是指普通人民法院，专门人民法院(如铁路、海事、军事法院)不受理行政案件。根据《行政诉讼法》规定,行政诉讼的管辖有级别管辖、地域管辖、选择管辖、移送管辖和指定管辖五种,可根据具体情况确定具有管辖权的人民法院。

(三) 解决涉外行政争议的国际机制

解决涉外行政争议的国际机制,最重要的就是《解决一国与他国国民间投资争端公约》(简称《1965年华盛顿公约》)。该公约旨在建立一个解决外国投资者与东道国之间行政争议的国际调解和仲裁机制,并为此目的设立了"解决投资争端国际中心"。我国在1992年7月1日正式加入该公约,但作了保留,只同意将我国政府与外国投资者关于国有化补偿额的争议提交中心。

(四) 行政争议解决方式的特点

1. 协商和解的方式不适宜解决行政争议。一般经济纠纷争议可以通过协商和解的方式解决,双方当事人互谅互让,达成协议,消除争端,而行政争议却不能用和解的方式解决。因为行政争议的对象是行政机关的具体行政行为。行政行为是行政机关代表国家进行的,一旦作出就具有一定的权威性,不容双方当事人协商改变。

2. 调解的方式不适宜解决行政争议。我国法律规定,在行政复议或行政诉讼中不适用调解。这是因为行政机关作出的具体行政行为只有合法和不合法两种可能,双方当事人不可能在第三方的主持下就具体行政行为的是否合法问题进行协商,达成协议。

3. 仲裁的方式不适用解决行政争议。仲裁是解决一般经济纠纷的重要方式,但是我国的仲裁机构不能对国家行政机关的行政行为进行监督和裁判,因此仲裁的方式也不适用于行政争议的解决。

4. 行政诉讼可参照适用民事诉讼的有关法律规定。行政诉讼与民事诉讼是两种不同的诉讼制度,在诉讼主体、受案范围、执行方式等许多方面有很大的区别。行政诉讼依据的是《行政诉讼法》,但在审理行政案件时,对行政诉讼法没有规定或者没有明确规定的,人民法院可以参照民事诉讼的有关规定进行审理。

## 第三节　涉外经济仲裁法

### 一、涉外经济仲裁法概述

（一）涉外经济仲裁的概念

仲裁,也称公断,是指双方当事人之间发生争议或纠纷,根据事先约定或事后协议,自愿将争议或纠纷交给与双方都没有利害关系的第三者从中调停,作出对双方当事人都有约束力的裁决的一种解决争议方式。

涉外经济仲裁,也称为中国国际商事仲裁,是指以仲裁的方式解决中外双方当事人在涉外经济活动中产生的争议或纠纷的一种法律制度。涉外经济仲裁按照案件的性质和内容,可分为国际经济贸易仲裁和海事仲裁两类。

1. 国际经济贸易仲裁。国际经济贸易仲裁,是指为解决国际贸易中产生的争议或纠纷而进行的仲裁。其受理范围很广,主要包括:有关国际货物买卖、运输和保险等引起的争议;有关国际贸易支付、结算和国际融资等引起的争议;国际租赁、补偿贸易、加工贸易、服务贸易和劳务贸易等引起的争议;中外合资、中外合作、外资企业和中外合作开发项目等引起的争议。

2. 海事仲裁。海事仲裁,是指为解决海事活动中产生的争议或纠纷而进行的仲裁。其受理范围主要包括:船舶互相救助报酬的争议;船舶碰撞赔偿责任的争议;因船舶租赁、代理、拖航、打捞、修理、买卖、建造业务以及海上货物运输和保险所发生的争议;海洋环境污染的争议;双方当事人协议要求仲裁的其他海事争议。

（二）涉外仲裁立法

我国最早的涉外仲裁法规是1954年5月政务院通过的《关于在中国国际贸易促进委员会内设立对外贸易仲裁委员会的决定》，对我国涉外仲裁机构、受案范围、组织和仲裁程序等事项作了原则性规定。中国国际贸易促进委员会在1956年和1959年先后制订了《中国国际贸易促进委员会对外贸易仲裁委员会仲裁程序暂行规则》和《中国国际贸易促进委员会海事仲裁委员会仲裁程序暂行规则》，作为我国受理涉外经济仲裁案件的主要依据。

改革开放以后，以仲裁解决涉外经济纠纷的方式日益为人们所重视，在一些单行涉外经济法规，如《中外合资经营企业法》、《中外合作经营企业法》、《涉外经济合同法》中都规定有关仲裁解决争议的条款。在1982年的《民事诉讼法（试行）》和1991年的《民事诉讼法》中有专章对仲裁作了详细的规定。

1988年6月，国务院批准中国国际贸易促进委员会对外经济贸易仲裁委员会改名为中国国际经济贸易仲裁委员会，受案范围扩大到国际经济贸易中发生的一切争议。8月，批准中国国际贸易促进委员会海事仲裁委员会改名为中国海事仲裁委员会，受案范围扩大到一切海事纠纷争议。9月，中国国际贸易促进委员会对原先两个仲裁规则进行修订，通过了《中国国际经济贸易仲裁委员会仲裁规则》和《中国海事仲裁委员会仲裁规则》，建立起比较完善的涉外经济仲裁制度。1995年9月1日起施行的《中华人民共和国仲裁法》是我国调整仲裁关系的基本法，从此我国涉外经济仲裁制度进入一个成熟发展阶段。

## 二、涉外经济仲裁机构和仲裁原则

（一）涉外经济仲裁机构

1. 我国的涉外经济仲裁机构。我国涉外经济仲裁机构常设机构是中国国际商会(即中国国际贸易促进委员会)设立的中国国际经济贸易仲裁委员会和中国海事仲裁委员会。这两个仲裁机构是属于民间性质的全国仲裁机构,总部均设在北京。

中国国际经济贸易仲裁委员会以仲裁的方式,独立、公正地解决契约性或非契约性的经济贸易等争议。仲裁委员会设名誉主任1人、顾问若干人,由主任1人、副主任若干人和委员若干人组成。其日常事务由秘书局负责处理。仲裁委员会设立仲裁员名册,仲裁员由仲裁委员会从具有法律、经济贸易、科学技术等方面专门知识和实际经验的中外人士中聘任。

中国国际经济贸易仲裁委员会先后在深圳和上海设立了分会。总会和分会是一个整体,适用相同的仲裁规则,享有一个仲裁管辖权。1993年以来,中国国际经济贸易仲裁委员会的受案数量跃居世界国际商事仲裁机构的第一位,越来越受到国际商贸界的关注。

中国海事仲裁委员会受理各类海事争议仲裁案件,由主任1人、副主任若干人和委员若干人组成。

2. 国外常设国际商事仲裁机构。

(1) 国际性的仲裁机构。国际性仲裁机构是指由多边公约或国际性组织设立的常设仲裁机构,主要有:

① 解决投资争端国际中心。1966年设立于华盛顿,是国际复兴开发银行的一个附属机构。我国于1992年批准加入。该中心具有国际法人资格,设有一个行政理事会,由各缔约国派代表1人组成,一个秘书处、一个调解员小组和一个仲裁小组。各缔约国可向每个小组指派4名具备法律、商务、工业或金融方面公认资格的人任职,任期6年,可以连任。

② 国际商会仲裁院。1923年成立于巴黎,设在国际商会总部,是国际商会的附属机构。仲裁院成员由国际商会理事会和各成员国任命。国际商会仲裁院根据《国际商会调解和仲裁规则》审

理案件。无论是商会的成员国或非成员国的当事人，都可以自愿将争议提交国际商会仲裁院进行仲裁。

③ 亚洲及远东经济委员会商事仲裁中心。由联合国亚洲及远东经济委员会设于曼谷，其仲裁规则也由该委员会制定。中心有一个 7 人组成的特别委员会，由亚洲及远东经济委员会的执行秘书从委员会的代表中推选。

（2）外国的常设仲裁机构。通常是一国国内社会团体下的组织，设在该国的主要城市。其中影响较大的主要有：

① 瑞典斯德哥尔摩商事仲裁院。成立于 1917 年，设立在瑞典斯德哥尔摩商会内，是瑞典全国性的仲裁机构。该仲裁院没有统一的仲裁员名册，仲裁员可以由当事人任意指定。由于瑞典在政治上的中立地位，且仲裁制度较完备，使它成为东西方国际经济贸易争议的仲裁中心。

② 英国伦敦仲裁院。成立于 1892 年，附属伦敦商会，其成员由伦敦商会和伦敦市指定的委员组成。

③ 瑞士苏黎世商会仲裁院。成立于 1911 年，是瑞士全国性的仲裁机构。

④ 美国仲裁协会。成立于 1926 年，总部在纽约，并在旧金山、洛杉矶、波士顿等 35 个城市设有分会。

⑤ 日本国际商事仲裁协会。成立于 1950 年，设于日本工商会议所内，总部在东京，并在神户、大阪、名古屋等地设有办事处。

根据我国法律规定，当事人可根据合同的仲裁条款或事后达成的仲裁协议的约定，将争议提交中国仲裁机构或其他仲裁机构仲裁。其他仲裁机构即指国外的仲裁机构。

（二）仲裁原则

1. 当事人自愿原则。当事人采用仲裁方式解决纠纷，应当双方自愿，达成仲裁协议（包括在合同中订立仲裁条款和以其他方式在争议发生前或发生后达成请求仲裁的协议）。没有仲裁协议，一方申请仲裁的，仲裁机关不予受理；双方达成仲裁协议的，一方再向法院起诉的，法院不予受理。

2. 据实合法原则。仲裁应以事实为依据，以法律为准绳，作出公正裁决，合理解决纠纷。

3. 独立仲裁原则。仲裁依法独立进行，不受任何行政机关、社会团体和个人的干涉。

4. 一裁终局原则。仲裁实行一裁终局制度。裁决作出后，当事人就同一纠纷再申请仲裁或者向法院起诉的，仲裁机关或法院不予受理。裁决被法院依法裁定撤销或者不予执行的，当事人就该纠纷可以根据重新达成的协议申请仲裁，也可以向法院起诉。

（三）涉外仲裁的程序

1. 申请和受理。当事人申请仲裁应当符合下列条件：

（1）有仲裁协议；

（2）有具体的仲裁请求和事实、理由；

（3）属于仲裁委员会的受理范围。

申请时当事人需向仲裁委员会递交仲裁协议、仲裁申请书及副本。仲裁委员会自收到仲裁申请书之日起 5 日内，认为符合受理条件的，应当受理，并通知当事人；认为不符合受理条件的，应当书面通知当事人不予受理，并说明理由。

仲裁委员会受理仲裁申请后，应当在规定的期限内将仲裁规则和仲裁员名册送达申请人，并将仲裁申请书副本和仲裁规则、仲裁员名册送达被申请人。

被申请人收到仲裁申请书副本后，应当在规定的期限内将答辩书副本送达申请人。被申请人未提交答辩书的，不影响仲裁程序的进行。

在仲裁申请被受理后，一方当事人因另一方当事人的行为或者其他原因，可能使裁决不能执行或难以执行的，可以申请财产保全。仲裁委员会应当将当事人的财产保全申请依法提交人民法院。

2. 组成仲裁庭。仲裁庭可以由 3 名仲裁员或者 1 名仲裁员组成。当事人约定由 3 名仲裁员组成仲裁庭的，由双方当事人从仲裁员名册中各自选定或者各自委托仲裁委员会主任指定 1 名仲裁员，并共同选定或共同委托仲裁委员会主任指定第三名仲裁员，第三名仲裁员为首席仲裁员。当事人约定由 1 名仲裁员成立仲裁庭的，应当由当事人共同选定或者共同委托仲裁委员会主任指定仲裁员。

仲裁员有下列情形之一的，必须回避，当事人也有权提出回避申请：

（1）是本案当事人或者当事人、代理人的近亲属；

（2）与本案有利害关系；

（3）与本案当事人、代理人有其他关系，可能影响公正仲裁的；

（4）私自会见当事人、代理人，或者接受当事人、代理人的请客送礼的。

当事人提出回避申请，应当说明理由，在首次开庭前提出。回避事由在首次开庭后知道的，可以在最后一次开庭终结前提出。仲裁员是否回避，由仲裁委员会主任决定；仲裁委员会主任担任仲裁员时，由仲裁委员会集体决定。仲裁员因回避或者其他原因不能履行职责的，应按规定重新选定或指定仲裁员。因回避而重新选定或指定仲裁员后，当事人可以请求已进行的仲裁程序重新进行，是否准许，由仲裁庭决定。同时，仲裁庭也可以自行决定已进行的仲裁程序是否重新进行。

3. 开庭和裁决。

（1）开庭。仲裁庭应当开庭审理案件。当事人协议不开庭的，仲裁庭可以只依据书面文件进行审理并作出裁决。仲裁案件第一次开庭日期，由仲裁委员会在开庭前规定的期限内（一般为

30天)通知双方当事人。当事人有正当理由的,可以在规定的期限内以书面形式请求延期开庭。是否延期,由仲裁庭决定。

经书面通知,申请人无正当理由不到庭或未经仲裁庭许可中途退庭的,可以视为撤回仲裁申请;被申请人无正当理由不到庭或未经仲裁庭许可中途退庭的,可以缺席裁决。

当事人应当对其申请、答辩和反请求所依据的事实提出证据。仲裁庭认为必要时,可以自行调查事实,搜集证据。仲裁庭可以就案件中的专门问题向中外专家咨询或者指定鉴定人进行鉴定。专家报告和鉴定报告的副本,应送给双方当事人,给予他们提出意见的机会。经当事人要求,仲裁庭同意,专家或鉴定人可以参加开庭,并就报告作出解释。

在证据可能灭失或者以后难以取得的情况下,当事人可以申请证据保全。当事人申请证据保全的,仲裁委员会应当将当事人的申请提交证据所在地的基层人民法院。

当事人在仲裁过程中有权进行辩论。辩论终结时,首席仲裁员或独任仲裁员应当征询当事人的最后意见。仲裁庭应当将开庭情况记入笔录。笔录由仲裁员、记录人员、当事人和其他仲裁参与人签名或盖章。

(2) 和解与调解。当事人请求仲裁后,可以自行和解。达成和解协议的,可以请求仲裁庭根据和解协议作出裁决书,也可以撤回仲裁申请。当事人达成和解协议,撤回仲裁申请后反悔的,可以根据仲裁协议申请仲裁。

仲裁庭在作出裁决前,可以先行调解。当事人自愿调解的,仲裁庭应当调解。调解不成的,应当及时作出裁决。调解达成协议的,仲裁庭应当制作调解书或者根据协议的结果制作裁决书。调解书与裁决书具有同等法律效力。

调解书经双方当事人签收后,即发生法律效力。在调解书签收前当事人反悔的,仲裁庭应当及时作出裁决。

（3）裁决。裁决应当按照多数仲裁员的意见作成，少数仲裁员的不同意见可以记入笔录。仲裁庭不能形成多数意见时，裁决应当按首席仲裁员的意见作出。仲裁庭仲裁纠纷时，其中一部分事实已经清楚，可以就该部分先行裁决。

裁决书应当写明仲裁请求、争议事实、裁决理由、裁决结果、仲裁费用的负担和裁决日期。当事人协议不愿写明争议事实和裁决理由的，可以不写。裁决书由仲裁员签名，加盖仲裁委员会印章。对裁决持不同意见的仲裁员，可以签名，也可以不签名。

对裁决书中的文字、计算错误或者仲裁庭已经裁决但在裁决书中遗漏的事项，仲裁庭应当补正；当事人自收到裁决书之日起30天内，可以请求仲裁庭补正。裁决书自作出之日起发生法律效力。

（四）仲裁裁决的撤销与执行

1. 仲裁裁决的撤销。当事人申请撤销仲裁裁决，应当自收到裁决书之日起6个月内提出。当事人提出证据证明裁决有下列情形之一的，可以向仲裁委员会所在地的中级人民法院申请撤销裁决。

（1）没有仲裁协议的；

（2）裁决的事项不属于仲裁协议的范围或者仲裁委员会无权仲裁的；

（3）仲裁庭的组成或者仲裁的程序违反法定程序的；

（4）裁决所根据的证据是伪造的；

（5）对方当事人隐瞒了足以影响公正裁决的证据的；

（6）仲裁员在仲裁该案时有索贿受贿，徇私舞弊，枉法裁决行为的。

人民法院经组成合议庭审查核实裁决有上述情形之一的，或者认定该裁决违背社会公共利益的，应当裁定撤销。撤销裁决或者驳回申请的裁定应在受理撤销申请之日起2个月内作出。人民法院受理撤销申请后，认为可以由仲裁庭重新仲裁的，通知仲裁庭在一定期限内重新仲裁，并裁定中止撤销程序。仲裁庭拒绝重新仲裁的，人民法院应当裁定恢复撤销程序。

2. 仲裁裁决的执行。

(1) 我国仲裁裁决在我国执行。我国涉外仲裁机关作出裁决后，当事人应当履行裁决。一方当事人不履行的，另一方当事人可以依照民事诉讼法的有关规定向人民法院申请执行，受申请的人民法院应当执行。但被申请人提出证据证明裁决有下列情形之一的，经人民法院组成合议庭审查核实，裁定不予执行。

① 当事人在合同中没有订立仲裁条款或者事后没有达成书面仲裁协议的；

② 裁决的事项不属于仲裁协议的范围或者仲裁委员会无权仲裁的；

③ 仲裁庭的组成或者仲裁的程序违反法定程序的；

④ 认定事实的主要证据不足；

⑤ 适用法律确有错误的；

⑥ 仲裁员在仲裁该案时有索贿受贿，徇私舞弊，枉法裁决行为的。

一方当事人申请执行裁决，另一方当事人申请撤销裁决的，人民法院应当裁定中止执行。人民法院裁定撤销裁决的，应当终结执行。撤销裁决的申请被裁定驳回的，人民法院应当裁定恢复执行。

(2) 我国仲裁裁决在外国的承认和执行。我国涉外仲裁机关作出发生法律效力的仲裁裁决，当事人请求执行而被执行人或者其财产不在我国境内的，应当由当事人根据国际公约直接向有管辖权的外国法院申请承认和执行。根据我国加入的国际公约或缔结的双边条约，我国仲裁裁决在外国的承认和执行有三种情况：

① 在《承认和执行外国仲裁裁决公约》（简称《纽约公约》）缔

约国境内申请承认和执行。

《纽约公约》在联合国的主持下于 1958 年通过，1987 年 4 月 22 日起对我国生效。公约规定缔约国应当相互承认和执行对方国家所作出的仲裁裁决，并且不得较承认或执行本国的仲裁裁决附加更苛刻的条件或征收更高的费用。但是，如果被申请人能证明仲裁协议无效、仲裁庭超越仲裁权限、仲裁庭的组成或仲裁程序不当、裁决尚未生效或已被撤销，以及被申请承认和执行的法院认定依该国法律该争议事项不能仲裁，或违反该国的公共政策，也可以拒绝承认和执行。

② 在非缔约国却与我国签有双边条约的国家申请承认和执行。可以根据双边条约中有关承认和执行仲裁裁决的规定，由当事人向该国有管辖权的法院申请。申请时，应遵守该国的法律规定和司法程序。

③ 在非缔约国也未与我国签有双边条约的国家申请承认和执行。当事人可以通过外交途径或直接向该国法院申请承认和执行。申请时，必须遵守该国的法律规定和司法程序。

(3) 外国仲裁裁决在我国的承认和执行。外国仲裁裁决需要我国法院承认和执行的，应当由当事人直接向被执行人住所地或者财产所在地的中级人民法院申请，人民法院应当依照我国缔结或参加的国际条约，或者按照互惠原则办理。由于我国在加入《纽约公约》时作了互惠保留和商事保留，所以只有在另一缔约国境内作出的商事性质争议的仲裁裁决，才能根据该公约得到承认和执行。

对非缔约国家作出的仲裁裁决，可以按照双边条约或互惠原则办理，如果该裁决在形式上符合我国法律的规定，裁决的执行又不违反我国的基本原则，不违反我国国家主权、安全、社会公共利益，我国法院将按照民事诉讼法规定的程序承认并执行。

## 第四节　涉外经济诉讼法

### 一、涉外经济诉讼法概述

（一）涉外经济诉讼的概念

涉外经济诉讼是指涉外经济纠纷的当事人将其争议诉诸人民法院，由人民法院依法进行审理和判决的活动。涉外经济诉讼是因财产权益争议而引起的诉讼。在我国，涉外经济诉讼属涉外民事诉讼性质，是民事诉讼的组成部分。我国《民事诉讼法》专设一章，对涉外民事诉讼程序作出特别规定。

涉外经济诉讼与国内民事诉讼的区别主要表现在：

1. 诉讼法律关系的要素不同。涉外经济诉讼具有涉外因素，或者当事人一方或双方是外国人、无国籍人、外国企业或组织，或者诉讼标的物在外国，或者引起当事人之间民事法律关系的设立、变更、终止的法律事实发生在外国。国内民事诉讼不具有涉外因素，其主体、客体和内容均在国内。

2. 诉讼程序不同。涉外经济诉讼的程序，按照特别法优先于普通法的原则，首先适用民事诉讼法中关于涉外民事诉讼法的特别规定，没有特别规定的，适用民事诉讼法的其他有关规定。国内民事诉讼的程序则遵循民事诉讼法中的一般规定，不适用特别规定。

3. 适用的法律不同。涉外经济诉讼可以根据国际私法的原则确定适用的实体法，适用的实体法可以是本国法，也可以是外国法。国内民事诉讼只适用本国的实体法。

（二）外国人在涉外经济诉讼中的地位

外国人包括非法院所在地国家的自然人、企业和其他组织以及无国籍人。外国人在涉外经济诉讼中的地位，是指他们在法院所在地国家能否作为民事诉讼的原告或被告，以及在诉讼中享有民事诉讼权利和承担民事诉讼义务的实际状况。

1. 外国人民事诉讼地位的一般原则。

(1) 主权原则。主权原则是涉外民事诉讼最重要的原则，主要体现在：一国法院对位于该国境内的一切人和物都有管辖权，审理涉外民事诉讼适用本国民事诉讼法；外国人参加涉外诉讼应使用法院地国家的语言、文字；委托律师代理诉讼的，必须委托法院地国家的律师代理；非经本国法院承认，外国判决不能在本国生效和执行；享有外交特权和司法豁免权的外国人、外国组织或者国际组织在一国参加诉讼，应当依照该国有关法律及该国缔结或者参加的国际条约的规定办理。

(2) 同等与对等原则。同等原则是指外国人参加涉外民事诉讼，应当享有与本国当事人同等的诉讼权利和承担同等的诉讼义务。这是国民待遇原则在民事诉讼中的延伸，但是“同等”不是完全相等，各国法律通常会对外国人规定一些特定的义务，如证据材料必须经过公证和本国驻该国使领馆的认证等。

对等原则是指国家之间在民事诉讼中给予外国人与本国当事人同等待遇，必须建立在对等的基础之上。这体现了国际交往中的互惠原则。我国《民事诉讼法》规定：“外国法院对中华人民共和国公民、法人和其他组织的民事诉讼权利加以限制的，中华人民共和国人民法院对该国公民、企业和组织的民事诉讼权利，实行对等原则。”

(3) 遵守国际条约原则。遵守本国缔结或参加的国际条约，承认其在本国的效力是国际交往中的一项原则，在涉外民事诉讼中，当国际条约与国内法的规定发生冲突时，应当优先适用国际条约。我国《民事诉讼法》规定，我国缔结或者参加的国际条约与该法有不同规定的，适用国际条约的规定，但我国声明保留的条款除外。

2. 外国人在我国的民事诉讼地位。根据上述原则可知，外国人在我国人民法院起诉、应诉，享有国民待遇，与中国当事人有同等的权利和义务。同时，为了保障我国当事人在外国也享有平等的民事诉讼地位，对外国人实行的国民待遇以对等为条件。

（三）涉外经济诉讼的管辖

涉外经济诉讼管辖是指一国法院受理涉外经济诉讼案件行使审判权的权限。各国对涉外经济案件的司法管辖权首先依据本国缔结或者参加的国际条约，其次依据国内立法。管辖权的确定直接关系到案件审理的结果，影响到当事人的利益。同时，受案法院行使管辖权不适当，也会导致其判决得不到相关国家的承认和执行，同样不能保障当事人的利益。因此，正确处理管辖权问题具有十分重要的意义。

1. 涉外经济诉讼管辖的一般原则。

(1) 属人管辖原则。属人管辖是根据当事人的国籍来确定法院的管辖权。凡有一国国籍的当事人，不论其现居国内还是国外，也不论其是原告还是被告，其国籍所在地法院均有管辖权。该原则旨在保护本国当事人，却往往与他国的属地管辖发生冲突，所以采用的国家不多。当今在法国等拉丁法系国家及部分拉美国家中，该原则仍起着重要作用。

(2) 属地管辖原则。属地管辖，又称地域管辖或领土管辖，是以领土为标准，凡涉外经济纠纷案件的当事人或诉讼标的物或引起涉外经济关系发生、变更、终止的法律事实在一国领土内，除享有司法豁免权的外，该国法院对该案件拥有管辖权。国际上以属地管辖原则确定管辖权有三种情况：

① 以当事人尤其是被告所在地为标准确定管辖权。在涉外经济诉讼中，通常采用“原告就被告”的原则，由原告向被告所在地国家的法院起诉。但是，各国对“被告所在地”往往有不同的理解。

德国等大陆法系国家认为是指被告的住所地，即被告的永久定居地，可以是公民的出生地或户籍所在地，法人的注册登记地或主营业所所在地。如不能确定住所地，则由惯常居所地法院管辖。英美法国家则认为只要被告身在受诉法院国境内并能送达传票，该法院即可行使管辖。因此被告的住所地、居所地以及临时住所地都可作为确定管辖权的标准。

② 以诉讼标的物或者被告财产所在地为标准确定管辖权。诉讼标的物为不动产时，由所在地国家的法院管辖，是国际上普遍认同的原则。为动产时，由所在地国家的法院管辖，也已为大多数国家所接受。在有些国家，还以被告财产所在地作为管辖的标准，被告财产包括与诉讼无关的财产。

③ 以行为发生地为标准确定管辖权。如因合同纠纷提起的诉讼，可由合同缔结地或合同履行地国家法院管辖；因侵权行为提起的诉讼，可由侵权行为地国家法院管辖。但是，各国对“侵权行为地”有不同的理解，有的认为是指侵权行为发生地，有的认为是指损害结果发生地，有的则认为两者都是侵权行为地，可由原告选择。

(3) 协议管辖原则。协议管辖是指当事人在争议发生前或发生后，明示或默示同意将他们的争议交由某国法院管辖。明示包括书面协议和口头协议，默示是指虽然双方没有达成书面或口头协议，但一方当事人在某国法院起诉时，另一方当事人不表示异议，而是应诉或反诉，则表示双方当事人都同意由该国法院管辖。但是，协议管辖通常受到一定限制，比如，当事人的协议管辖不得违反有关专属管辖和级别管辖的规定。

(4) 专属管辖原则。专属管辖，也称排他管辖，是指由一国法律明确规定，该国法院对某些涉外经济纠纷案件拥有独占的、排他的管辖权，不承认其他国家的法院对此类案件的管辖权。专属管辖是强制性的，不允许当事人协议变更。世界各国在本国立法中都规定了一定范围的专属管辖，而其他国家通常也都尊重这些专属管辖权。

2. 我国有关涉外经济诉讼管辖的法律规定。

(1) 地域管辖。一般适用“原告就被告”原则，当被告住所地与经常居住地不一致时，由经常居住地的人民法院管辖，若同一诉讼的几个被告住所地、经常居住地在两个以上人民法院辖区的，则各该人民法院均有管辖权。

因合同纠纷或其他财产权益纠纷而对中国领域内没有住所的被告提起的诉讼，应根据具体情况由下列法院管辖：

① 若合同在我国领域内签订或者履行，则可由合同签订地或者合同履行地人民法院管辖；

② 若诉讼标的物在我国领域内，则可由诉讼标的物所在地人民法院管辖；

③ 若被告在我国领域内有可供扣押的财产，则由可供扣押财产所在地人民法院管辖；

④ 若被告在我国领域内设有代表机构，则可由该代表机构所在地人民法院管辖；

⑤ 若侵权行为发生在我国领域内，则由侵权行为地人民法院管辖。

(2) 专属管辖。

① 因不动产纠纷提起的诉讼，由不动产所在地人民法院管辖；

② 因港口作业中发生纠纷提起的诉讼，由港口所在地人民法院管辖；

③ 因履行中外合资经营企业合同、中外合作经营企业合同、中外合作勘探开发自然资源合同发生纠纷提起的诉讼，由我国人民法院管辖。

(3) 协议管辖。根据我国《民事诉讼法》的规定，涉外合同或者涉外财产权益纠纷的当事人，可以用书面协议选择与争议有实际联系的地点的法院管辖。选择我国人民法院管辖的，不得违反有关级别管辖和专属管辖的规定。另外，涉外民事诉讼的被告对于人民法院的管辖不提出异议，并应诉答辩的，视为承认该人民法院为有管辖权的法院。

## 二、涉外经济诉讼程序

（一）起诉和受理

1. 起诉。涉外经济诉讼和国内民事诉讼一样，原告起诉必须符合下列法定的条件：

（1）原告是与本案有直接利害关系的公民、企业或其他组织；

（2）有明确的被告；

（3）有具体的诉讼请求和事实、理由；

（4）属于人民法院受理民事诉讼的范围和受诉人民法院管辖。

原告起诉应向人民法院递交起诉状，起诉状应当记明下列事项：

（1）当事人的姓名、住所、国籍等自然状况，企业或其他组织的名称、住所和法定代表人或主要负责人的姓名、职务；

（2）诉讼请求和所根据的事实与理由；

（3）证据和证据来源、证人姓名和住地。

2. 受理。法院收到起诉状后，应当依法进行审查，审查结果认为符合起诉条件的，应在7日内立案，并通知当事人；认为不符合起诉条件的，应在7日内裁定不受理，原告对裁定不服的，可以提起上诉。

人民法院受理案件后应在立案之日起5日内，将起诉状副本发送被告。被告在中国领域内有住所的，应在收到起诉状副本之日起 15 日内提出答辩状。被告在中国领域内没有住所的，应在收到起诉状副本之日起 30 日内提出答辩状。被告申请延期的，是否准许，由人民法院决定。

（二）财产保全

诉讼中的财产保全，是指法院对可能因当事人一方的行为或者其他原因，使判决不能执行或者难以执行的案件，可以根据对方当事人在起诉前、起诉时或诉讼中提出的申请，作出财产保全的裁定。当事人没有提出申请的，法院在必要时也可以裁定采取财产保全措施。利害关系人因情况紧急，不立即申请财产保全将会使其合法权益受到难以弥补的损害的，可以在起诉前向法院提出财产保全申请。人民法院采取财产保全措施，可以责令申请人提供担保。申请人不提供担保的，驳回申请。

财产保全限于诉讼请求的范围，或者与本案有关的财物。财产保全是强制性措施，可采取查封、扣押、冻结或者法律规定的其他方法，也可责令被申请人提供担保。

法院裁定准许诉前财产保全后，申请人应当在 30 日内提起诉讼。逾期不起诉的，法院应当解除财产保全。申请有错误的，申请人应当赔偿被申请人因财产保全所遭受的损失。

（三）审理

涉外经济纠纷案件的审理程序适用《民事诉讼法》的有关规定。除涉及国家秘密、个人隐私或者法律另有规定的以外，人民法院审理涉外经济纠纷案件都应当公开进行。法院应当在开庭前 3 日通知当事人及其他诉讼参与人参加庭审，通知当事人可以用传票，通知其他人应用通知书。开庭审理主要包括法庭调查、法庭辩论和评议宣判等步骤。

在法院判决前能够调解的，还可以进行调解。当事人自愿调解的，法院应当调解。调解达成协议的，法院应当制作调解书，调解书与判决书具有同等法律效力。

调解书经双方当事人签收后，即发生法律效力。调解不成，或当事人在调解书签收前反悔的，法院应当及时判决。

法庭调查是在法庭上对争议的事实和提出的证据进行全面的调查。其顺序为：当事人陈述；证人作证；出示书证、事物和视听材料；宣读鉴定结论、勘验笔录。在法庭调查阶段，当事人可以提出新的证据、增加诉讼请求或提出反诉，也可以要求重新调查、鉴定或勘验。是否准许，由法院决定。

法庭辩论是双方当事人及其代理人就有争议的事实和法律问题进行辩驳和质证。其顺序为：原告方发言；被告方答辩；第三方发言或者答辩；互相辩论。辩论终结，由审判长按照原告、被告、第三人的先后顺序征询各方最后意见。

评议是由合议庭根据审理情况，认定有关事实，确定当事人的责任，依法作出处理决定。宣判可以当庭宣判，也可以定期宣判。当事人无正当理由拒不出庭的，法院可以缺席判决，缺席判决的裁判文书依法公告送达。自公告送达之日满 6 个月的次日起，当事人经过 30 日不上诉的，一审判决生效。

（四）上诉

我国实行两审终审制。在我国领域内有住所的当事人不服第一审法院判决或裁定的，有权在判决书送达之日起 15 日内，在裁定书送达之日起 10 日内，向上一级人民法院提起上诉。在我国领域内没有住所的当事人，不服第一审法院判决、裁定的，有权在判决书、裁定书送达之日起 30 日内提起上诉。被上诉人在收到上诉状副本后应在 30 日内提出答辩状。当事人不能在法定期间提起上诉或者提出答辩状，申请延期的，是否准许，由人民法院决定。

第二审人民法院对上诉案件，经过审理后按不同情况作出判决或裁定：

1. 原判决认定事实清楚、适用法律正确的，判决驳回上诉，维持原判；

2. 原判决认定事实清楚,适用法律错误的,二审法院确认一审认定的事实,依法改判;

3. 原判决认定事实错误,或者认定事实不清,证据不足的,裁定撤销原判决,发回原审法院重审,或者由二审法院查清事实后改判;

4. 原判决违反法定程序,可能影响案件正确判决的,裁定撤销原判决,发回原审法院重审。

第二审法院作出的改判是终审的判决和裁定,当事人不得再行上诉。对发回重审案件的判决和裁定,当事人可以上诉。

对已经发生效力的判决、裁定及调解书,当事人、法院或检察院基于法定事实和理由认为有错误的,可以要求原审人民法院或者上一级人民法院再审。再审不是三审,而是一种审判监督程序。当事人申请再审,应当在判决、裁定发生法律效力后2年内提出。

## 第五节　司 法 协 助

### 一、司法协助的概念和内容

#### (一) 司法协助的概念

司法协助,也称国际司法协助,是指两个国家的法院之间,根据有关国际条约或互惠原则,相互应对方的请求,协助代为送达文书、调查取证及其他诉讼行为。

#### (二) 司法协助的内容

司法协助有狭义和广义之分,狭义的司法协助仅包括代为送达诉讼文书和代为调查取证。广义的司法协助除了代为送达诉讼文书和代为调查取证之外,还包括承认和执行外国法院的判决。

英美法系的国家对司法协助采取狭义的理解,我国和一些大陆法系的国家对司法协助采取广义的理解。我国《民事诉讼法》规定，根据我国缔结或者参加的国际条约，或者按照互惠原则，人民法院和外国法院可以相互请求，代为送达文书、调查取证以及进行其他诉讼行为。外国法院请求协助的事项有损我国的主权、安全或者社会公共利益的，人民法院不予执行。

## 二、有关司法协助的国际条约

（一）《关于向外国送达民事或商事司法文书和司法外文书公约》

该公约是有关国际司法协助最有影响的公约，由海牙国际私法会议于 1965 年 11 月订立，1969 年 2 月 10 日生效。我国于 1991 年 3 月 2 日批准加入，同年 12 月 1 日起对我国生效。该公约的主要内容包括：

1. 各缔约国指定一个中央机关作为送达文书的通常转递途径；

2. 如被请求国依其国内法规定的方式对在其境内的人员完成了送达，即足以构成该收件人对该文书的“实际知悉”；

3. 规定了在未完成送达的情况下对被送达人的保护；

4. 规定了送达文书的条件、程序、方法、文字、途径、拒绝理由等。

根据该公约，我国指定司法部为接受和转递外国司法文书的中央机关。

（二）《关于从国外调取民事或商事证据的公约》

该公约 1970 年 3 月订于海牙，1972 年 10 月 2 日生效。公约的内容主要包括请求的提出及途径、取证执行机关、外交领事人员及特派员取证、拒绝执行请求的条件等。

我国于 1997 年 7 月 3 日批准加入该公约，同时作了声明保留，我国只允许外国驻华外交官员、领事代表在我国向其本国公民在不采取强制措施的情况下调取证据，禁止他们向我国公民、在我国境内的第三国公民调查取证，并且不接受外国指派特派员取证。

（三）我国与其他国家签订的双边司法协助协定

1987年以来，我国已与波兰、法国、比利时、西班牙、意大利、土耳其、罗马尼亚、俄罗斯、白俄罗斯、乌克兰、古巴、蒙古等国分别签订了双边司法协助协定。缔结国互为送达司法文书和司法外文书以及承认和执行对方法院的判决。

（四）专门性国际公约中对司法协助的规定

在《国际公路货物运输合同公约》、《国际铁路货物运输合同公约》、《国际油污损害民事责任公约》等公约中，都订有关于外国判决在缔约国得到承认和执行的条款。

我国于1980年参加了《国际油污损害民事责任公约》。根据该公约规定，有管辖权的缔约国法院作出的任何有关油污纠纷案件的判决，其他缔约国原则上应予承认。承认的手续和程序，按承认国国内法的规定进行。一旦承认就必须执行而不再进行审查。但是，如果判决是以欺骗手段作出或者未给被告以合理的通知和陈述其立场的公正机会时，有关缔约国可以不予承认。

## 三、代为送达文书和调查取证

（一）诉讼文书的域外送达

1. 我国诉讼文书的域外送达。我国《民事诉讼法》对在中国领域内没有住所的当事人送达诉讼文书，规定可采用下列方式。

(1) 依照受送达人所在国与我国缔结或者共同参加的国际条约中规定的方式送达；

(2) 通过外交途径送达；

(3) 对具有中国国籍的受送达人,可委托我国驻受送达人所在国的使领馆代为送达;

(4) 向受送达人委托的有权代其接受送达的诉讼代理人送达;

(5) 向送达人在中国领域内设立的代表机构或者有权接受送达的分支结构、业务代办人送达;

(6) 送达人所在国的法律允许邮寄送达的,可以邮寄送达。邮寄送达的发信日期以邮戳日期为准,自邮寄之日起满 6 个月,送达回证没有退回,但根据各种情况足以认定已经送达的,期间届满之日视为送达;

(7) 不能用上述方式送达的,可采用公告送达。自公告之日起满 6 个月,即视为送达。

2. 外国诉讼文书的代为送达。外国法院向我国境内的当事人送达文书,规定可以采用以下途径。

(1) 依照该法院所在国与我国缔结或者共同参加的国际条约中规定的方式送达。外国法院请求我国司法协助的,应通过我国指定的中央机关司法部转最高人民法院,由最高人民法院审查送交有关高级人民法院,由高级人民法院指定有关中级人民法院或基层人民法院办理。有关人民法院办理完毕后,报经原高级人民法院审核后转报最高人民法院,由最高人民法院审查后译成外文,连同原文书一并送司法部,再由司法部转递原请求司法协助的外国司法部。

(2) 没有条约关系的外国法院需要司法协助,可以通过外交途径进行。通过外交途径送达文书必须是与我国有外交关系的国家,并且传递的文书必须附有送达委托书。委托书及其所附文书应当译成中文或国际条约规定的其他文字。

(3) 外国驻华使领馆的直接送达。外国驻华使领馆可以直接向其在华的本国公民送达法律文书,但不得因此损害我国主权和安全,不得采取强制措施。

(4) 我国不允许外国法院通过邮寄方式向在我国境内的当事人送达法律文书。

(二) 域外调查取证

1. 领事取证。领事向在驻在国的本国国民调查取证,已为世界各国普遍认可。领事能否向驻在国的国民或第三国国民调查取证,各国的态度并不一致。有的需事先经驻在国许可,有的采取对等原则,有的完全禁止。

2. 特派员取证。一国法院委派专员去外国境内调查取证,大多数国家法律规定必须事先征得该国许可,也有国家完全禁止此类活动。

3. 当事人或诉讼代理人自行取证。英美法系的国家允许这种方式,而大多数国家则予以禁止。

我国法律允许领事向其本国国民调查取证,但不得违反我国法律和采取强制措施。未经我国主管机关许可,任何外国机关和个人不得在我国领域内调查取证。需要司法协助代为调查取证的,应根据有关国际条约或互惠原则向我国提出请求。代为调查取证包括:代为询问当事人、证人、鉴定人;代为调取证据;代为进行鉴定或司法勘验。

## 四、外国法院判决的承认与执行

一国法院的判决不能自动在域外发生效力,必须得到其他有关国家的承认,才可能产生域外效力。承认外国法院判决是执行外国法院判决的前提,执行外国法院判决是承认外国法院判决的结果,但并不是所有被承认的判决都需要执行。

(一) 承认和执行外国法院判决的条件

1. 作出判决的法院有管辖权。如何判断作出判决的法院是否有管辖权，国际上有以下四种做法。

(1) 以被请求国的法律为标准。为多数国家所采用，我国与法国、波兰、蒙古、古巴和罗马尼亚等国签订的司法协助条约即采取此法。

(2) 以被请求国对该案件是否有专属管辖为标准。日本、西班牙、匈牙利等国采用，我国与俄罗斯签订的司法协助条约也采用此法。

(3) 以作出判决的法院所在国法律为标准。拉美国家 1928 年《布斯达曼法典》、欧共体 1968 年《关于民商事案件管辖权及判决执行公约》及一些国家的双边协定采用此法。

(4) 通过条约规定统一的管辖权标准。1971 年海牙《关于承认和执行外国民事和商事判决的公约》、我国与意大利签订的司法协助条约采用此法。

2. 判决必须是已经发生法律效力的。各国法律几乎都有这样的规定：请求承认和执行的判决必须是生效的判决。生效的判决，是指终审判决以及当事人放弃上诉权或已过上诉期限的非终审判决。

3. 作出判决的诉讼程序必须公正，判决必须是合法取得的。诉讼程序的不公正会直接影响判决的公正，不公正的判决不能得到承认和执行。通过欺诈手段(如行贿受贿、虚假陈述、伪造证据等)非法取得的判决，也不能得到他国的承认和执行。

4. 本国未就同一案件作出判决或此前未承认第三国的判决。各国法律和国际公约都规定，对外国法院的判决，如果本国法院就同一案件已作出判决，或在此之前已承认了第三国的判决，则本国法院可以拒绝承认和执行。

5. 承认和执行外国法院的判决不违背本国法律和社会公共利益。

(二) 我国法院承认和执行外国法院的判决

我国《民事诉讼法》规定，外国法院作出的发生法律效力的判决、裁定，需要由我国法院承认和执行的，可以由当事人直接向我国有管辖权的中级人民法院申请承认和执行，也可以由外国法院依照该国与我国缔结或者参加的国际条约的规定，或者按照互惠原则，请求人民法院承认和执行。

人民法院对申请或者请求承认和执行的外国法院作出的判决、裁定，依照我国缔结或者参加的国际条约，或者按照互惠原则，认为不违反我国法律的基本原则或者国家主权、安全、社会公共利益的，裁定承认其效力，需要执行的，发出执行令，依照民事诉讼法的规定执行。违反我国法律的基本原则或者国家主权、安全、社会公共利益的，不予承认和执行。

（三）外国法院承认和执行我国法院的判决

我国人民法院作出的发生法律效力的判决、裁定，如果被执行人或者其财产不在我国领域内，当事人请求执行的，可以由当事人直接向有管辖权的外国法院申请承认和执行，也可以由人民法院依照我国缔结或者参加的国际条约的规定，或者按照互惠原则，请求外国法院承认和执行。

**思考题**

1. 除仲裁和诉讼外，解决涉外合同争议的方式有哪些，各有什么特点？
2. 涉外经济贸易领域的行政争议的特点主要表现在哪些方面？
3. 提起行政诉讼应符合哪些条件？
4. 简述涉外经济仲裁的原则和程序。
5. 我国承认和执行外国仲裁裁决有什么条件？
6. 确定外国人民事诉讼地位的一般原则是什么？
7. 简述我国关于涉外经济诉讼管辖的法律规定。
8. 什么是司法协助，司法协助包括哪些内容？

9．我国法院承认和执行外国法院的判决有哪些条件？

10．名词解释：民间调解、联合调解、诉讼时效、诉讼时效中止、诉讼时放中断、行政救济、行政复议、纽约公约、国际经济贸易仲裁、海事仲裁、仲裁协议、回避、证据保全、财产保全、地域管辖、专属管辖、协议管辖、两审终审制、司法协助。

# 附　涉外经济纠纷案例30题

1. 中国A公司与美国B公司共同投资设立中美合资企业C公司。C公司成立后，将自用的免税进口设备出售给中国D公司，事后遭海关查究处罚，D公司也因此受到损失。D公司要求C公司赔偿其损失，C公司拒绝。D公司向法院起诉。

问：(1) 本案中有哪些涉外经济法律关系？它们之间有无联系？

(2) 请指出本案中各涉外经济法律关系的三要素。

2. 中国M公司与意大利K公司签订经销某种花布的独家代理合同。不久M公司一业务员又与意大利S商行签订同样商品3 000箱的销售合同，价格比售予K公司的低20%，被K公司发现。K公司即要求M公司撤销与S商行签订的合同，并要求降价20%，否则将解除代理合同，并追究M公司的违约责任。

问：(1) 独家代理关系中代理人和被代理人各有哪些权利义务？

(2) K公司的要求能否得到支持，为什么？

3. 美国W公司委托与其有良好业务往来的北京P公司在中国市场上代购50万元人民币的计算机元件。委托协议书中规定代理的佣金为总价款的2%，列明了代购元件的品名，而对它们的数量、质量、价格和代理期限均未详细说明。协议签订后，W公司向P公司汇款50万元。P公司起初积极为W公司寻找合适货源，但不久双方因其他业务矛盾，关系出现裂痕。其时计算机元件价格暴跌，P公司怕W公司撤销委托，找到生产计算机元件的T厂，以W公司的名义与T厂的代理人S进出口公司签订了一份计算机元件购销合同。P公司要求T厂将合同单价提高一倍，并把提高部分通过货物或折价处理给P公司。T厂一一答应。合同签订后，双方按约履行，P公司获得货物折价和佣金共25万元。货到美国后，W公司发现P公司代购的计算机元件价格几乎是市场价的3倍，始知受骗，遂向北京中级人民法院起诉。

问：(1) P公司的代理行为是否有效，为什么？

(2) 本案当如何处理，为什么？

4. 我国E公司与荷兰F公司签订一份为期2年的供货合同。合同规定，E公司每月按合同规定的规格、质量交货1 000打，并规定“一切更改或废止均以书面作出为准”。合同生效后，E公司按约交付第1批货。不久F公司以口头方式通知E公司，因用户方面要求，必须改变原定规格，否则将拒绝收货。E公司即按新规格发出第2、3、4、5批货，F公司照收不误，并付清了货款。当E公司交付第6批货时，F公司突然拒收，并要求E公司严格按照合同规定的规格执行。双方发生争执，诉诸法院。

问：(1) 在E公司履行第2、3、4、5批交货义务时，该供货合同是否已经变更？

(2) F公司能否拒绝接受第6批货物，为什么？

(3) 该供货合同是否还需继续履行，应当如何履行？

5. 美国G公司向中国H公司购买一批冻火鸡，合同写明该批火鸡专为供应圣诞节市场，并规定H公司必须在10月15日前装船。后来由于种种原因，H 公司在 10 月 22 日才装船。G 公司因此拒收，并主张解除合同。

问：G 公司的主张能否得到支持，为什么？

6. 中国 P 公司向香港 Q 公司订购 20 台仪器设备。合同规定，每台仪器的价格为 3 万港元，违约金 1 万港元。但在履行时，Q 公司实际只交付了 12 台仪器，余下 8 台，明确表示无法交付，愿以支付违约金了结。其时该仪器的市场价格已涨至每台 4 万港元，P 公司坚持要 Q 公司实际履行，否则至少应当赔偿其实际损失 8 万港元。

问：(1) 涉外合同中的违约金具有什么性质？

(2) P 公司的要求能否得到支持，为什么？

7. 中国 S 公司和英国 T 公司签订一份出售茶叶 1 万千克的合同，合同规定买方 T 公司应于当年 10 月至卖方 S 公司仓库直接提货。S 公司于 9 月 28 日将提货单交付于 T 公司，T 公司即付清全部货款，但 T 公司直到 11 月 1 日仍未至 S 公司仓库提货。于是，S 公司将该批货物移至另一仓库存放。11 月 26 日 T 公司前来提货时，发现有 40%的茶叶已与堆放在旁边的牛皮串味。T 公司不肯取货，并要求解除合同，退还货款。双方争执不下。

问：(1) T 公司在 10 月份不取货要承担哪些风险和责任？

(2) 茶叶串味污染，该由谁承担责任，为什么？

(3) 本案当如何处理，为什么？

8. 中国 E 公司与美国 H 公司在半年中先后签订了 12 份供货合同。当 E 公司准备履行第 8 份合同时，发现前面有 5 份合同 H 公司没有按期付款，共拖欠 30 万美元，因而怀疑 H 公司信用有问题，便停止发货。H 公司得知后，请 T 银行为其出具保函，要求 E

公司继续按合同发货。E公司坚持要H公司先付清货款,否则不再发货。双方僵持不下,几个月后,H公司诉E公司违约,要求赔偿。

问:(1) E公司能不能单方停止发货,为什么?

(2) H公司能否诉E公司违约,为什么?

9. 1990年5月19日,法国S公司与中国C公司签订一份芦笋罐头买卖合同。合同规定,C公司向S公司提供芦笋罐头300吨,单价每箱16美元,包装及规格为每箱装800克×12听。允许卖方C公司在1991年6月前分批发货,随时装运。C公司在交付150吨货后,于1991年4月接到中国出口商品广州交易会《1991年春交会远洋地区罐头出口价格表》,规定芦笋罐头出口的最低价为19.70美元。接着,又收到国家对外经济贸易部正式通知,确定此价为芦笋罐头最低出口价,并要求按此价格核发许可证。C公司据此向S公司提出修改价格条款,以符合最低限价规定。双方经多次协商,无法达成一致,C公司遂以无法取得出口许可证为由,停止履行余下的150吨交货义务。S公司得知后便以19美元的价格购买同样规格的芦笋罐头150吨,并要求C公司赔偿其多支付的48 000美元及利息。C公司则认为最低限价系中国政府采取的外贸管制措施,属不可抗力,应予免责。

问:(1) C公司能否以不可抗力免除责任,为什么?

(2) S公司要求赔偿其多支付的48 000美元及其利息是否合理,为什么?

10. 中国D公司按CIF条件向马来西亚E公司出售一批罐头食品,信用证规定应于8月31日前装船。因船未按时到达,货物在9月1日才装船。D公司立即通知E公司修改信用证的装船期,但直至船离港,修改信用证仍未到。这样,D公司虽交货,却无法向银行交单议付货款，因而全部装运单据包括提单在内均留在自己手中。1个月后，E公司来信说：货物已于9月20日到达。经检验，其中30%货物严重损坏，我方已就地销毁；另有50%货物因包装破损和品质欠佳，拟折价40%处理；其余货物可按合同价格支付，请即函告贵方意见，以便汇付货款。

问：(1) E公司对货物的处分是否合理，为什么？

(2) D公司可采取什么对策，以保护自己的权益？

11. 有一份CIF合同，出售一批小麦。合同规定卖方需交付提单、保险单和商品检验证书，买方凭单据付款。合同履行时，卖方向买方提交的提单和检验证书上有擦改的痕迹，买方提出异议并暂停付款。事后查明，擦改的是配舱的舱位号，并且是在单据签字前擦改的。

问：(1) 有擦改痕迹的提单是否是不清洁提单？

(2) CIF合同有什么特征，买方能否坚持拒收单据拒付货款，为什么？

12. 1990年10月5日，德国D公司(买方)与中国K公司(卖方)签订一份45吨灰鹅毛买卖合同，价格每千克2.10美元，CIF汉堡，交货期为1991年1月至3月，每月15吨。11月28日，K公司传真D公司：因国内灰鹅毛价格上涨，难以供货，建议更改价格条款为每千克2.50美元，CIF不来梅，否则我方不得不撤销合同。D公司于12月10日、20日两次传真要求K公司按原合同履行。12月28日，K公司再次传真：价格调至每千克2.30美元，交货期顺延1个月。1991年1月17日，D公司至函K公司，要求K公司于21日上午9时前确认履行原合同，逾期将向其他客户购买替代品。19日，K公司回电坚持2.30美元的最低价。D公司遂于21日与中国另一家土畜产公司签约，以每千克2.50美元的价格买下

45 吨灰鹅毛，并于第二天向 K 公司提出索赔。双方争执不下，D 公司提请仲裁，要求 K 公司赔偿货物差价 1.8 万美元，以及 1 万马克的律师费和本案仲裁费。K 公司认为，双方在过去履行其他合同时，经常修改合同条款，已成惯例。本次交易我方两次提出愿以每千克 2.30 美元成交，D 公司不接受，却以每千克 2.50 美元的价格向他人购买，是故意扩大损失，因此主张最多只能承担9 000美元的差价损失。

问：(1) D公司有没有权利向其他客户购买替代品，并要求赔偿？

(2) K 公司指责 D 公司故意扩大损失是否成立？

(3) 本案当如何处理，为什么？

13. 1992 年 6 月中国 A 公司与香港 B 贸易行签订一份 5 000 套彩电散件供货合同，总价款 88 万美元，付款条件为 T/T 120 天。7 月中旬，A 公司依约发出全部货物。7 月底，B 贸易行管理层发生重大变故，业务停止。该批货物的直接用户香港 C 公司与 A 公司联系，要求撤销原合同，由 C 公司与 A 公司另签一份内容相同的合同，C 公司承担支付合同项下货款的义务。于是，A 公司依照新合同开具了发票和汇票，C 公司承兑了汇票。不料在付款到期日，C 公司以未收到货物为由拒绝付款。A 公司多次催讨不果，请求仲裁。在仲裁时，C 公司提出的抗辩理由是：C 公司与 A 公司订约时，A 公司已将货物发给 B 贸易行，提单指明收货人为 B 贸易行，A 公司根本无权处分合同项下的标的物，所以，该合同为无效合同，C 公司不能承担付款责任。

问：(1) C 公司与 A 公司之间的合同是否有效，为什么？

(2) C 公司能否拒付汇票，为什么？

14. 1994 年 12 月，香港 S 公司与中国 T 公司的业务代理人李某约定,S公司借100万元给李某暂付T公司的货款,李某为S公司在大陆筹集400万元人民币。12月21日,S公司通过香港某银行开出三张总面额为100万元的支票,兑现日期分别为1995年4月20、30日,5月20日,收款人为T公司。移交支票时李某保证,这些支票只在自己不能按时支付货款时,才作抵押担保之用。不久,李某因其他案件被捕,S公司得知后于1995年2月23日以"因收票人与被担保人没有履行承诺及本公司与收票人没有发生金钱上及生意上的往来"为由,通知香港某银行止付。支票兑现到期后,T公司持票向银行提示兑付未成,转向S公司要求兑付。S公司拒绝,反要求T公司归还这些支票。双方协商不成,香港S公司向T公司所在地的人民法院起诉。

问:(1) 本案中当事人的哪些行为属于票据行为,这些行为是否有效?

(2) 本案当如何处理,为什么?

15. 1990年4月,中国T公司向某国A公司出售一批总价为5万美元的货物。A公司按合同规定开出不可撤销即期信用证一份,开证行为该国R银行,通知行、保兑行和议付行均为该国在我国的C分行。8月25日,T公司按期将货物以多式联运方式发出,由当地外运公司签发陆海联运提单。27日,T公司将全套单据寄交C分行议付。9月12日,C分行通知T公司,因所交单据未显示"已装船"字样,遭开证行R行拒付。R行表示,若T公司愿降价25%,开证申请人可接受有不符点的单据。T公司认为,信用证单据条款中有"陆海联运提单可以接受"的内容,所以单证并无不符,不同意退单或降价,要求作为保兑行的C分行履行付款义务。C分行答复,保兑行只是在开证行倒闭时才有责任付款,现开证行以单证不符拒付,我行无代为付款的责任。1991年3月底,C分行将全套单据退还T公司。

问：(1) 本案单证是否相符，为什么？

(2) T 公司应当如何保护自己的合法权益？

16. 1991 年 2 月，福建省 A 公司(卖方)与加拿大 BF 公司(买方)签订一份总价为 161 万加元的蘑菇罐头购销合同。支付条件为不可撤销、可转让、可分割的即期信用证。BF 公司委托加拿大 ABN 银行先后开出 5 张信用证，但均附加一项条款："本信用证以此为条件，货物通关所需的文件凭信托收据放行给申请人(即 BF 公司)。仅当本行接到申请人货物已由加拿大政府批准进口之通知后，支付方始生效。如果自见单日起 60 天内没有收到此种通知，我们将电传通知议付行。"卖方数次要求删除此条款，均遭拒绝。后 BF 公司因受国内经济萧条影响濒临破产，故意不向银行提交加拿大农业部颁发的检验合格证，ABN 银行则于每一信用证 60 日期满通知福州中行，关闭所有的信用证，拒付货款 26.5 万加元。A 公司向加拿大不列颠哥伦比亚国际商事仲裁中心提请仲裁，要求 BF 公司偿付货款及违约金 56 万加元。BF 公司则以破产清盘为由与所有的债权人签订清偿 1/4 债务的协议。

问：(1) A 公司该不该接受清偿协议，为什么？

(2) A 公司能否直接向法院起诉 ABN 银行？

(3) ABN 银行如果有责任，应该承担的是什么责任？

17. 1984 年，香港 A 公司(卖方)与澳门 B 公司(买方)签订了一份 200 台佳能复印机的销售合同，总价款为 337 万港元，CIF 珠海，收货人为珠海 C 公司，交货期限为 1985 年 1 月底。A 公司在合同规定的期限内交付了 60 台复印机并与 B 公司结算完毕。第二批 80 台于 1985 年 2 月 27 日装船，由承运人 D 公司签发提单。由于 A 公司提交的单证与信用证要求不符，议付行拒付，全套单据无法及时转交，货到后 C 公司无法提货。3 月 5 日，B 公司向 D

公司出具保函让C公司提货。5月3日,B公司向A公司支付部分货款,扣下47.6万港元以A公司违约为由拒付。A公司几经交涉无效,于1987年1月向广州海事法院起诉,要求承运人D公司赔偿其损失。

问:(1) A公司要求D公司赔偿其损失是否有理?

(2) B公司能否扣下部分货款以追究A公司的违约责任?

(3) 本案当如何处理,为什么?

18. 1986年8月25日,美国一家公司向本国商务部和国际贸易委员会投诉,指控中国向美国倾销圆锥滚子轴承。指控方选择西班牙为替代国,以西班牙轴承价为参考价,确定中国轴承的倾销幅度为115.9%;后又以印度(印度不是圆锥滚子轴承的重要生产国)为替代国,确定中国轴承的倾销幅度为285%。美国国际贸易委员会于1986年10月初步裁定中国轴承对美国同类工业造成实质性的损害。1987年2月2日,美国商务部初步裁定中国轴承的倾销幅度为18.9%,经香港转口美国的轴承倾销幅度为1.03%,平均为9.65%。同年3月底,美国税务部派员来华查证,4月底举行听证会,5月20日作出中国轴承没有倾销幅度的终裁,决定终止倾销调查。

问:(1) 美国公司确定中国轴承倾销幅度的做法有哪些不合理处?

(2) 中国企业应对这一反倾销诉讼的正确方法是什么?

19. 1993年6月,中国人民银行Z市分行外汇调剂中心工作人员王某获知Y市外资P公司有数百万美元的信息,即向分行领导汇报,并于第二天告知急需外汇的市邮电局和市外贸公司。市分行、邮电局和外贸公司决定分别购买70万、130万和17万美元的外汇，但邮电局和外贸公司并未向市分行提交购汇申请书，也未与市分行订立代理购汇协议书。三单位各派人员由王某带领共赴Y市购汇。代表市分行的王某在当地了解情况后，认为P公司不可靠，决定停止购汇，并告知邮电局和外贸公司注意风险。邮电局和外贸公司则认为无风险，坚持继续购汇，并将购汇资金人民币1 472余万元悉数汇入P公司账户。P公司向他们出具了付汇保证书，注明购汇单位分别是邮电局和外贸公司，并承诺15个工作日后支付美元。然而，承诺期过后P公司并未履行付款义务。邮电局和外贸公司多次催讨未果，到Y市去，发现P公司已人去楼空。于是，邮电局和外贸公司向法院起诉，要求市分行赔偿其购汇损失。

问：(1) 本案当事人有哪些违反国家外汇管理有关规定的行为？

(2) 邮电局和外贸公司的购汇是自主行为还是市分行的代理行为？

(3) 市分行该不该承担邮电局和外贸公司的购汇损失责任，为什么？

20. 1994年11月中国F市纺织印染厂与香港M公司签订三份来料加工合同，M公司提供总价值2 233万瑞士法郎的生产设备，由纺织印染厂以收取的来料加工费分5年偿还，合同有效期为10年。合同签订后，纺织印染厂向M公司支付了定金167万瑞士法郎。M公司向香港S银行申请贷款2 066万瑞士法郎购买设备，并由纺织印染厂、F市外贸公司和F市外经委共同向贷款银行出具了不可撤销的保证书，保证借款人不能按期还款，保证人将代替借款人清偿全部欠款。M公司取得贷款后，按时向纺织印染厂提供了全部设备，但因该来料加工合同无法执行，导致M公司无力偿还借款。香港S银行遂将M公司及F市的三家保证人告上法庭。

问：(1) 本案中的外汇担保人是否具备主体资格，该担保合同是否有效，为什么？

(2) F市的三家保证人要不要对M公司的债务承担责任，为什么？

21. 日本某公司代表伊藤先生是日本籍公民，在中国工作已满2年。1997年伊藤将其在日本申请的一项制药发明专利权转让给中国某医药公司，获得专利权使用费人民币15万元。当地税务机关根据个人所得税法关于特许权使用费所得应按20%的税率计算，向伊藤征收个人所得税3万元，伊藤不服。

问：(1) 税务机关的处理是否正确，为什么？

(2) 伊藤究竟应缴多少个人所得税？

22. 中国W电器设备厂与美国S公司多次协商，就合营问题达成一致意见，签订了一份中美合资企业投资协议，协议中规定：

(1) 合资企业的投资总额为1 500万美元，注册资本为900万美元，其中中方以场地使用权、厂房设备、劳动力和现金出资，合计700万美元，美方以专利权和专有技术出资，作价200万美元；

(2) 合资企业由美方出任董事长，中方出任总经理；

(3) 合资企业今后扩大再生产所需的资金，将采取向社会发行股票的方式筹集；

(4) 合资双方发生争议，可提交中国国际经济贸易仲裁委员会或美国仲裁协会进行仲裁，均适用美国法律。

问：本案双方当事人签订的合资协议有何不妥，应如何改正？

23. 某市外贸总公司协同本市H金银首饰加工厂与香港S公司签订了6份来料加工金银饰品合同。合同规定由S公司提供原料、辅料和部分加工工具，H 厂按 S 公司的式样加工，加工费和交货日期按批另议。合同经市外贸局批准生效后，S 公司按合同规定履行，H 厂收到来料后却将大部分饰品发外加工。S 公司发现后，多次提出异议，H 厂不理。H 厂履行完前 3 份合同后，S 公司收下货物却未付清加工费。在履行第 4 份合同时，因 S 公司来料迟延使 H 厂未能按期交货。S 公司即以 H 厂迟延交货违约，拒付加工费 14 万港元，并停止发后两批来料。H 厂遂留置 S 公司来料剩余的银料。双方僵持数月，市外贸公司和 H 首饰厂向法院起诉。

问：(1) H 厂和 S 公司的来料加工合同是否有效？

(2) 本案中谁是违约者，有哪些违约行为？

(3) 本案当如何处理，为什么？

24. 浙江 E 渔业公司与香港 F 公司签订补偿贸易协议一份，协议规定由 F 公司向 E 公司提供速冻设备三套，E 公司在今后 3 年中用这些设备加工出口的水产品偿还设备款。合同经省进出口管理委员会批准生效后，香港 F 公司按期交付速冻设备，E 公司却将此三套设备全部转售给另一家水产公司。此后，E 公司陆续以冻水产品偿还 F 公司的设备款，但到 3 年期满，尚欠 1/4 的货款没有还清。E 公司要求继续履行合同，F 公司不同意，表示将不再接受 E 公司的水产品，要求对方立即以外汇还清余款。双方协商未果，F 公司向该县人民法院起诉，要求 E 公司清偿余款并赔偿其损失。

问：(1) 本案中 E 公司和 F 公司各应承担哪些义务？

(2) E 公司有哪些行为违反了我国法律规定？

(3) 本案当如何处理，为什么？

25. 西安某大学的李教授于 1993 年 1 月 4 日向中国专利局提

出一项发明专利申请，又于3月18日就同一发明提出实用新型和外观设计专利申请。这三项专利均在当年12月21日被批准授予。1994年2月6日，李教授通过我国专利代理机构向法国专利局申请此三项专利，却被告知已有M公司在1993年7月5日申请了此三项专利，并于同年11月5日被批准授予。

问：(1) 李教授还能不能取得在法国的专利权，为什么？

(2) 你认为李教授应当如何保护自己的权益？

26. 1992年7月，中国A公司与英国P公司签订了一份技术引进协议。协议规定P公司将生产LH型数控机床的实用新型专利技术转让给A公司，A公司支付专利权使用费18万元。1993年2月，A公司将应用引进技术生产的第一批数控机床投放市场。不料有B公司向法院起诉，称A公司侵犯其于1990年12月获国家专利局批准的“新型数控机床”发明专利所有权，要求A公司停止其侵权行为，并赔偿经济损失。经调查认定，LH数控机床的专利技术与新型数控机床的专利技术实质相同，因而LH数控机床的主要技术特征覆盖了B公司新型数控机床的专利保护范围。但A公司认为其使用的技术是从英国P公司引进的专利，不可能侵犯B公司的发明专利权。

问：(1) A公司的生产行为是否已构成侵权，为什么？

(2) A公司能否追究英国P公司的责任，为什么？

27. 1992年12月，美国鸿利公司与北京W商社签订了商标使用许可合同。合同规定，鸿利公司许可W商社使用其在中国注册的HONGLEE(鸿利)商标，并向W商社提供美国加州牛肉面的专有制作技术，同意W商社经营美国加州牛肉面及各种产品。W商社将其月营业额的15%作为商标及专有技术使用费支付鸿利公司。合同生效后，W商社在合同约定地点设立HW餐厅，鸿利公司按合同规定向 HW 餐厅委派了经理 1 人、出纳 1 人及后厨技术人员。1993 年 2 月 22 日，因鸿利委派的后厨人员带菌操作，造成食物污染，引起食物中毒。区卫生防疫站对餐厅罚款 1 800 元，并责令其停业整顿 13 天。HW 餐厅因此受损 12 万元。W 商社认为，鸿利公司应对此次食源性疾患引起的损失承担赔偿责任，于是自 1993 年 1 月起不再向鸿利公司支付商誉费。鸿利公司于 1994 年 5 月向北京中级人民法院起诉，要求 W 公司支付拖欠的商誉费 20 万元。

问：本案当如何处理，为什么？

28. 中国 A 公司与香港 B 公司签订一份乳胶手套买卖合同。合同规定，B 公司应于 1990 年 7 月 31 日前将全部货物 100 万双乳胶手套在香港装船发往上海。A 公司则于装运前 20 天向 B 公司开出不可撤销信用证。合同订立后，由于香港 B 公司的过错，货物在 8 月 20 日才装船，使 A 公司坐失销售良机，受到严重损失。于是，A 公司拒收货物，主张解除合同，并要求 B 公司赔偿损失。双方争执不下，诉诸法院。

问：(1) 本案应由何地法院管辖，为什么？

(2) 如果当事人未选择合同适用的法律，法院在审理此案时，应确定适用什么法律？

(3) A 公司是否有权解除合同，并要求赔偿，为什么？

29. 中国深圳 A 公司向香港最高法院提出申请，请求法院准予执行中国国际经济贸易仲裁委员会于 1991 年 1 月 8 日作出的仲裁裁决。代表被申请人香港 B 公司的律师对该执行提出异议：其一，当事人从未同意在中国仲裁，而是同意在香港仲裁，故该仲裁不属于香港仲裁条例所指的“公约仲裁”；其二，仲裁庭的仲裁程序是按照中国国际经济贸易仲裁委员会 1989 年新的仲裁规则进行的，这与当事人约定的1956年中国国际贸易促进委员会对外贸易仲裁委员会仲裁程序暂行规则不符。经调查发现，申请人和被申请人曾于1988年8月签署了英文和中英文对照合同各两份，标的内容基本一致，但中英文对照合同中的仲裁条款规定在北京由中国国际贸易促进委员会对外贸易仲裁委员会仲裁，而英文合同规定在香港仲裁。

问：该仲裁裁决能否被香港法院承认和执行，为什么？

30. 中国F集团公司与X国G投资公司合资营建南国商城。G公司以投资建造南国商城为名，向本国H银行贷款550万美元。省外汇局批准F公司为该贷款协议提供担保，但明确规定贷款必须用于合营项目。F公司遂向H银行出具了不可撤销的担保书，并约定该担保书受X国法院管辖，适用X国的法律解释。然而，G公司取得550万美元贷款后，仅将60万美元投入南国商城。贷款到期后，G公司无法还款，H银行在本国起诉，X国法院判令G公司及其担保人偿还全部贷款本息。因X国与中国之间尚未签署司法协助协定，H银行又向F公司所在地的中级人民法院起诉担保人F公司。

问：(1) X国法院已经对本案作出判决，我国法院能否再受理？
(2) 假如我国法院能够受理，应当适用哪国法律，为什么？
(3) 如果由我国法院受理，且适用中国法律，应当具备什么条件？

**图书在版编目(CIP)数据**

涉外经济法新编/施正康等编著. —2 版. —上海：复旦大学出版社，2008. 8(2020. 3 重印)
ISBN 978-7-309-02835-5

Ⅰ. 涉…　Ⅱ. 施…　Ⅲ. 涉外经济法-法律解释-中国　Ⅳ. D922. 295. 5

中国版本图书馆 CIP 数据核字(2001)第 018772 号

**涉外经济法新编**(第 2 版)
施正康　陈明皓　翟小琪　编著
责任编辑/徐惠平

复旦大学出版社有限公司出版发行
上海市国权路 579 号　邮编：200433
网址：fupnet@fudanpress. com　http://www. fudanpress. com
门市零售：86-21-65642857　团体订购：86-21-65118853
外埠邮购：86-21-65109143　出版部电话：86-21-65642845
大丰市科星印刷有限责任公司

开本 850 × 1168　1/32　印张 14. 375　字数 361 千
2020 年 3 月第 2 版第 11 次印刷
印数 30 201—31 300

ISBN 978-7-309-02835-5/F · 650
定价：25. 00 元

如有印装质量问题，请向复旦大学出版社有限公司出版部调换。
版权所有　　侵权必究